Haftung für Steuerberatung

Europäische Hochschulschriften

Publications Universitaires Européennes
European University Studies

Reihe II
Rechtswissenschaft

Série II Series II
Droit
Law

Bd./Vol. 4515

PETER LANG
Frankfurt am Main · Berlin · Bern · Bruxelles · New York · Oxford · Wien

Carsten Heuel

Haftung für Steuerberatung

Eine rechtsvergleichende Untersuchung zum deutschen und US-amerikanischen Recht

PETER LANG
Europäischer Verlag der Wissenschaften

Bibliografische Information der Deutschen Nationalbibliothek
Die Deutsche Nationalbibliothek verzeichnet diese Publikation in der Deutschen Nationalbibliografie; detaillierte bibliografische Daten sind im Internet über <http://www.d-nb.de> abrufbar.

Zugl.: Marburg, Univ., Diss., 2006

D 4
ISSN 0531-7312
ISBN-10: 3-631-55535-0
ISBN-13: 978-3-631-55535-4

www.peterlang.de

Meiner Frau Susanne

und

unserer Tochter Isabel Victoria

Inhaltsverzeichnis

„Keine Gesetzgebung der Welt kann einen einmal eingetretenen Schaden beseitigen, das Recht steht demselben machtlos als einer vollendeten Thatsache gegenüber. Die Gesetzgebung kann daher in Beziehung auf die Schadensgefahr nur zweierlei Zwecke verfolgen: sie kann darnach trachten

(1) möglichst vorbeugend zu wirken und

(2) den gleichwohl eingetretenen Schaden jenen Personen zuzuwenden, welche nach den Forderungen der Gerechtigkeit und der volkswirtschaftlichen Interessen als die geeignetsten Trägerinnen der Last erscheinen."

(Mataja, S. 19)

A. Einleitung

Die Haftung für die Beratung in steuerlichen Angelegenheiten durch die damit befassten Berufsgruppen hat sich in den letzten Jahren zunehmend verschärft. Dies betrifft sowohl die steuerliche Beratung in den USA als auch in Deutschland.

In den USA ist die Zahl der Klagen gegen Berater in steuerlichen Angelegenheiten in den letzten Jahrzehnten sprunghaft angestiegen.[1] Diese Entwicklung begann in den 70er Jahren. Die Zahl von Gerichtsentscheidungen über die Haftung von *Tax Practioners* vervierfachte sich im Zeitraum von 1970 bis 1980 gegenüber dem vorangegangenen Jahrzehnt.[2] Ein besonders rasantes Wachstum erlebte die Entwicklung dann in den 80er Jahren, in denen die Anzahl von Klagen jedes Jahr um knapp 20 % zunahm.[3] Auch in den Jahren zwischen 1990 und 2000 haben sich die Klagen gegen *Tax Practitioner* nochmals verdoppelt.[4] Dieser rapide Anstieg der Klagen kann zurückgeführt werden auf die Durchbrechung der Lehre der *privity of contract* (vgl. hierzu Kapitel B II 10), den Verlust an Ansehen von *Attorneys* in der Bevölkerung sowie eine geringere Qualität der Arbeit der *Tax Practitioners*.[5] Einen wesentlichen Einfluss auf die Entwicklung hatte aber auch die Akzeptanz der sogenannten *Fault Finding Rule* in der Gesellschaft. Hiernach soll eine geschädigte Person den Schaden von einer anderen an dem schädigenden Ereignis beteiligten Person ersetzt bekommen, wenn diese andere Person in der Lage ist, den Schaden einfacher zu tragen (*best loss bearer*).[6]

Eine Studie des *American Bar Association Standing Committee on Lawyer's Professional Liability* wertete 30.000 Klagen gegen *Attorneys* aus, die dem *National Legal Malpractice Data Center* der *American Bar Association* in den Jahren 1983 bis 1986 gemeldet wurden.[7] Die Studie belegt, dass 44 % aller Haftungsklagen gegen Anwälte auf materiellen Pflichtverletzungen beruhen.[8] Als sonstige Pflichtverletzungen, die Anlass zu einer Klage gegen den *Attorney* gegeben haben, listet

---

1 Vgl. allgemein zum Anstieg der Klageflut: *Lück/Holzer*, DB 1993, 237, 237 ff.; *Lück/Knetsch*, DB 1992, 901, 901 ff.; *Sabella*, VersR 1990, 1186, 1186 ff. (zur Arzthaftung).

2 *Mallen/Levit*, Legal Malpractice, S. 18 ff.

3 *Portuonodo*, Malpractice Risks of Tax Practitioners, 46 N.Y.U. Inst. on Fed. Tax'n § 18.01 (1988); *Moss*, Going Bare - Practicing Without Malpractice Insurance, ABA Journal, December 1987, S. 82, der vermutete, daß im Jahre 1988 gegen jeden siebzehnten Tax Attorney eine Klage anhängig gemacht werde.

4 *Rule*, What and When Can a Taxpayer Recover From a Negligent Tax Advisor?, Journal of Taxation, March 2000, 176, 176.

5 *Portuonodo*, a.a.O.

6 A.a.O.

7 American Bar Association Standing Committee on Lawyer's Professional Liability, Profile of Legal Malpractice - A Statistical Study of Determinative Characteristics of Claims Asserted against Attorneys (1986).

8 A.a.O., S. 7.

die Studie "administrative" Pflichtverletzungen (26 %), *client relation errors* (16 %) sowie vorsätzliche Schädigungen durch den *Attorney* (12 %) auf.[9] Im Rahmen der "materiellen" Pflichtverletzungen entfielen 23 % auf die mangelnde Kenntnis des Rechts oder dessen fachgerechte Anwendung.[10] 21 % der Klagen im Rahmen der "materiellen" Pflichtverletzungen beruhten auf einer unzureichenden Sachverhaltsermittlung. Weitere materielle Pflichtverletzungen basierten auf organisatorischen Fehlern (19 %) und mangelnder Fristenwahrung (16 %). 4 % der "materiellen" Pflichtverletzungen entfielen dabei auf fehlerhafte steuerliche Beratung durch den *Attorney*. Auf den ersten Blick mag dieser Prozentsatz niedrig erscheinen. Die Haftung für steuerliche Beratung ist dennoch sehr relevant, da sie als einziges rechtliches Haftungsgebiet in der Statistik genannt ist.

Die Zahlen für Haftungsklagen fallen bei *Tax Accountants* noch viel dramatischer aus. Nach einer Untersuchung des *Accountant's Legal Liability Committee des American Institute of Certified Public Accountants* beruhten 44 % aller Schadensersatzklagen gegen Accountants auf Pflichtverletzungen auf dem Gebiet der steuerlichen Beratung.[11] Hier werden auch die größten Schadensersatzforderungen gestellt.[12]

Auch in Deutschland gewinnen Fragen des Haftungsrechts für die Berater in steuerlichen Angelegenheiten kontinuierlich an Bedeutung. In den letzten Jahren sind sowohl die Anzahl der Haftungsfälle als auch die jeweiligen Haftungssummen deutlich angestiegen. Haftungsfälle sind statistisch keine Seltenheit, etwa jeder vierte Rechtsanwalt wird jährlich einmal bei seiner Berufshaftpflichtversicherung vorstellig.[13] Bei Steuerberatern und Wirtschaftsprüfern dürfte diese Zahl aufgrund der Vielzahl von veröffentlichten Entscheidungen sogar noch dramatischer aussehen. Freilich ist die genannte Zahl wenig aussagekräftig, da sie weder Fälle erfasst, in denen es nicht einmal zur Meldung an den Versicherer kam, noch mit der Zahl gleichgesetzt werden kann, in denen Schadensersatzansprüche letztlich zuerkannt werden.[14] In der Folge kam es bereits zu Prämienerhöhungen in den Berufshaftpflichtversicherungen und sogar zu Kündigungen der Versicherungspolicen durch den Haftpflichtversicherer.[15]

---

9 A.a.O., S. 7.

10 A.a.O.

11 *Portuonodo*, a.a.O., §18.02. Nur 20 % der Klagen haben ihre Ursache in Pflichtverletzungen im Rahmen der Buchführung. 18% der Klagen gegen Accountants sind im Bereich der Wirtschaftsprüfung angesiedelt und 13 % im Bereich der Wirtschafts- und Anlageberatung. Vgl. auch: *Lück/Knetsch*, DB 1992, 901, 901.

12 *Lück/Knetsch*, DB 1992, 901, 901.

13 *Schulz*, S. 14 m.w.Nachw.

14 *Weidemann*, NJW 2002, 196.

15 *Leiber/Holzkämper*, DB 2004, 2087, 2087.

Das Risiko der Haftung eines steuerlichen Beraters gegenüber seinem Mandanten hat sich dabei stetig verschärft. Waren es früher zumeist Nachlässigkeit oder Selbstüberschätzung des Berufsangehörigen, die seine Haftung begründeten,[16] so kann sich heute selbst der gewissenhafteste Berater dem Haftungsrisiko nicht entziehen.[17]

Ein Hauptgrund für die Vielzahl der Haftungsfälle ist zunächst die ständige Verkomplizierung des Steuerrechts. So lässt sich das deutsche Steuersystem als Vielsteuersystem klassifizieren.[18] Es besteht aus rund 60 Einzelsteuern.[19] Die einzelnen Steuern sind nicht nach einem einheitlichen Gesetz geregelt.[20] Die Einzelgesetze wiederum sind nicht nach einheitlichen Gesichtspunkten gegliedert. Dadurch wird das Spezialistenwesen gefördert, die Rechtszersplitterung begründet und die Einheit der Steuerrechtsordnung beeinträchtigt oder gar zerstört.[21] Im Rahmen seiner Gesetzgebungstechnik unterlaufen dem Gesetzgeber zudem häufig Mängel.[22] So werden die allgemeine gesetzliche Gliederung und der Paragraphenaufbau nicht eingehalten.[23] Die Gesetze besitzen eine unangemessene Abstraktionshöhe, was sich z.B. daran zeigt, dass in vielen Gesetzen eine Technik der doppelten und dreifachen Verneinung[24] das Verständnis ungemein erschwert. Auch werden Begriffe in der derselben gesetzlichen Vorschrift uneinheitlich gebraucht: So wird in § 22 EStG das Wort "Einkünfte" nicht weniger als 12-mal, allerdings mit drei verschiedenen Bedeutungen verwendet. Das Wort umschreibt dabei die Einkunftsart i.S.d. § 2 Absatz 1 Nr. 7 EStG, die Unterarten dieser Einkunftsart und wird darüber hinaus i.S.v. Einnahmen und Erträgen im umgangssprachlichen Sinne benutzt.[25] Schließlich werden auch noch vage Tatbestandsmerkmale[26] verwendet.[27] Aufgrund der Hektik des Gesetzgebers befindet sich der gesamte Normenkomplex des Steuerrechts ständig in Bewegung.[28] Diese Gesetzesflut[29] ist ge-

---

16 *Ditges/Graß*, DStR 1995, 819, 819.

17 *Busse*, DStR 1995, 660, 660; *Gounalakis*, NJW 1998, 3593, 3593.

18 *Tipke/Lang*, Steuerrecht, § 4 Rn. 94 und § 8 Rn. 18.

19 So gibt es z.B. Einkommensteuer, Umsatzsteuer, Gewerbesteuer, Mineralölsteuer, Körperschaftssteuer, Tabaksteuer, KFZ-Steuer, Grundsteuer, Vermögenssteuer, Zölle, usw.

20 Tipke/Lang, Steuerrecht, a.a.O.

21 *Tipke/Lang*, Steuerrecht, 13. Aufl., 1991, § 2, 1., S.17.

22 *Raupach*, in: *Raupach/Tipke/Uelner*, Niedergang oder Neuordnung des deutschen Einkommensteuerrechts, 1985, S. 25 ff.

23 Vgl. § 22 Nr. 1 a) EStG und § 22 Nr. 1a EStG. Nach § 33 I S. 3 der gemeinsamen Geschäftsordnung der Bundesministerien sollen in der Paragraphengliederung Buchstaben nur als Untergliederung von Nummern verwandt werden.

24 Vgl. z.B. § 8 AStG.

25 *Meßmer*, „Steuergerechtigkeit" durch Normenflut, offene und verdeckte Subventionen und Entlastung der Finanzgerichtsbarkeit, BB 1981, Beil. 1 zu Heft 4, S. 12.

26 Vgl. z.B. § 15 a I S. 3 EStG: "nicht [...] nach Art und Weise des Geschäftsbetriebs unwahrscheinlich sein"; s. hierzu: *Dopfer*, DB 1982, 1027, 1027 f.

27 Eine eingehende Aufzählung der Mängel in der Gesetzestechnik erfolgt bei *Raupach*, a.a.O., S. 25 ff. und *Meßmer*, a.a.O., S. 11 ff.

28 *Birk*, Steuerrecht I, S. 1.

29 *Fasolt*, DStR 2000, 7, 8 spricht sogar von einer „Regelungswut".

kennzeichnet[30] durch eine wachsende Zahl von Änderungsgesetzen und geänderten Vorschriften,[31] durch eine stetig zunehmende Zahl von Paragraphen und Absätzen[32] und häufige Änderungen derselben Vorschrift[33]. Neben dieser Verkomplizierung der Gesetzeslage tragen darüber hinaus auch die Meinungsdifferenzen zwischen Literatur und Verwaltung über Inhalt und Auslegung der neuen Gesetze[34] und die z.T. unzähligen und permanent geänderten Verwaltungsanweisungen desselben Finanzministers zum Steuerdickicht bei.[35]

Ein weiterer Faktor, der zum Anstieg des Haftungsrisikos für steuerliche Berater in Deutschland geführt hat, ist die immer kritischer werdende Klientel, die neben Steuerberatern, Wirtschaftsprüfern und Rechtsanwälten auch Ärzten in ihrer täglichen Praxis begegnet.[36] Der jedoch wohl entscheidendste Aspekt der Haftungsverschärfung basiert auf einer immer verbraucherfreundlicher werdenden Tendenz der Rechtsprechung, die den Pflichtenmaßstab des Steuerberaters (aber auch des Rechtsanwalts) stetig erweitert.[37] Mit der stetigen Verkomplizierung des Steuerrechts geht zugleich ein kontinuierlicher Anstieg der Berufspflichten einher. Beratungsfehler werden unvermeidbar.

Diese Pflichtenmaximierung gipfelte in einer Entscheidung des BGH[38], wonach ein Steuerberater nicht nur die vertragliche Pflicht hat, die Abgabenlast des Mandanten möglichst gering zu halten, sondern zudem die vertragliche Aufgabe, den Mandanten vor strafbaren oder mit Buße belegten Falschangaben zu bewahren.[39] Dementsprechend wurden bei der Bemessung des Schadensersatzes gegen einen Steuerberater wegen falscher Beratung auch die vom Steuerzahler bezahlten Bußgelder berücksichtigt. Damit führt der BGH nochmals eine deutliche Verschärfung der bisherigen Haftung herbei. Eine vertragliche Pflicht des Beraters – über sein ordnungswidriges Handeln hinaus – auch seinen Mandanten davor zu schützen, dessen eigene öffentlich-rechtlichen Verpflichtungen dem Finanzamt gegen-

---

30 Vgl. zum Ganzen: *Raupach*, a.a.O., S. 20 ff.

31 So wurden im August 1980 innerhalb einer Woche durch drei Änderungsgesetze 50 Paragraphen des EStG (das sind ca. 37 % aller Paragraphen des EStG) geändert. Im Dezember 1981 wurden dann 27 Paragraphen (20 %), im Dezember 1982 wieder 20 Paragraphen (15 %) geändert. Zwei Jahre später, im Dezember 1984, wurden durch das Steuerbereinigungsgesetz 1985 50 Paragraphen (37 %) abgeändert.

32 Der § 7a EStG weist z.B. neun Absätze auf. § 52 EStG hat 65 Absätze mit wiederum jeweils mehreren Untergliederungen; insgesamt nimmt er 19 Seiten Gesetzestext ein und stellt somit den Paradefall der Normenkompliziertheit dar.

33 Vgl. z.B. die ständigen Änderungen des § 10 EStG (Sonderausgaben).

34 *Von der Horst*, Grundlagen und Umfang der Haftung des Steuerberaters und Möglichkeiten der Haftungsbeschränkung, DStR 1995, 2027, 2027.

35 *Ditges/Graß*, DStR 1995, 819, 819.

36 *Von der Horst*, DStR 1995, 2027, 2027.

37 So wohl auch: *von der Horst*, a.a.O. S. 2027.

38 NJW 1997, 518, 518 ff.

39 BGH, NJW 1997, 518, 519.

über nicht zu vernachlässigen, wurde nämlich von der Rechtsprechung der Instanzgerichte und in der Literatur entgegen der jetzigen Entscheidung des BGH im Allgemeinen abgelehnt.[40] Die Entscheidung des BGH reiht sich nahtlos in eine immer umfangreichere und vielfach unkalkulierbare[41] Kasuistik der Rechtsprechung ein, die mitunter als "Pflichtenerfindungsrecht"[42] charakterisiert und als Überforderung des Berufsangehörigen empfunden wird.[43]

Fest steht, dass die stetige Verkomplizierung des Steuerrechts einen kontinuierlichen Anstieg der Berufspflichten des steuerlichen Beraters mit sich bringt. Als Konsequenz werden Beratungsfehler zur unvermeidbaren Folge.

Es ist in diesem Zusammenhang zu fragen, wie diesem zunehmenden Haftungsrisiko, das nicht nur das Risiko einer Klage gegen den steuerlichen Berater zunehmend erhöht, sondern auch die Qualität der Steuerberatung wesentlich beeinflusst und sich damit negativ für den Mandanten auswirken kann, begegnet werden kann. Dabei werden im Folgenden gerade rechtsvergleichende Ausführungen zugrunde gelegt, wobei eine Diskussion dieses Haftungsrisikos im Rahmen des US-amerikanischen Rechtssystems den auf das deutsche Steuerrecht beschränkten Blickwinkel erweitern soll. Im Mittelpunkt dieser Arbeit steht daran anschließend dann die grundlegende Frage, welche Maßnahmen besonders aus Sicht der deutschen Rechtsprechung für das zunehmende Haftungsrisiko für Steuerberater in Deutschland empfohlen werden können. Wesentlich ist auch der Gesichtspunkt, welche Konsequenzen sich für die Arbeit des Steuerberaters in Deutschland aus dem zunehmenden Haftungsrisiko ergeben.

Die vorliegende Arbeit soll daher die Grundlagen und Tendenzen der Haftung für steuerliche Beratung in den USA (Abschnitt B) und Deutschland (Abschnitt C) darstellen und kritisch hinterfragen, bevor die Ergebnisse einer rechtsvergleichenden Würdigung (Abschnitt D) unterzogen werden.

Nachfolgend werden im Abschnitt B zum US-Recht das Berufsbild und die Regelungen der Steuerberatung in den USA (unter I.) dargestellt, bevor die Haftung für Steuerberatung in die Systematik des US-amerikanischen eingeordnet und kritisch hinterfragt wird (unter II.). Dabei wird insbesondere auf die Besonderheiten des *case law* und die aus ihm entstammenden unterschiedlichen Klageformen sowie deren Unterscheidungsmerkmale auf der Tatbestands- (vgl. hierzu die Kapital II. 2.-4.) und Rechtsfolgenseite (vgl. hierzu insbesondere Kapitel II. 5.) eingegangen.

---

40 Vgl. OLG Koblenz, DStR 1981, 237, 238 f. m. Anm. *Späth*; LG München, DStR 1978, 51 m. Anm. *Messmer*.

41 *Ditges/Graß*, DStR 1995, 819, 819.

42 So bei *von der Horst* (o. Fn. 18), S. 2027.

43 Vgl. etwa *Späth*, Die zivilrechtliche Haftung des Steuerberaters, 4. Auflage, 1994, S. 141, Rn. 132.

Anschließend werden in Kapitel III. die grundsätzlichen Pflichten des steuerlichen Beraters in den USA untersucht, bevor dann die Grenzen dieser Pflichten in Kapitel IV. erläutert werden.

Im Anschluss an die Untersuchung des US-amerikanischen Rechts wird im Abschnitt C das deutsche Recht der Haftung für Steuerberatung eingehend untersucht. In ihrer Darstellung und ihrem Gang folgt die Untersuchung dem Aufbau der Untersuchung des US-amerikanischen Rechts in Abschnitt B. Folglich werden zunächst das Berufsbild und die Regelungen der Steuerberatung in Deutschland (unter I.) dargestellt, bevor die Haftung für Steuerberatung in die Systematik des deutschen Rechts eingeordnet wird (unter II.). Da anders als im amerikanischen Recht bei der Haftung des Steuerberaters in Deutschland Ansprüche des Mandanten aus Deliktsrecht sowie treuhänderischen Verhältnissen keine wesentliche Rolle spielen, liegt daher der Schwerpunkt der Untersuchung in Kapitel II. auf dem Vertragsrecht. Anschließend werden auch hier in Kapitel III. die grundsätzlichen Pflichten des steuerlichen Beraters in Deutschland untersucht, bevor dann die Grenzen dieser Pflichten in Kapitel IV. erläutert werden.

Im Abschnitt D werden dann die Ergebnisse aus den Untersuchungen des US-amerikanischen und deutschen Rechts einer kritischen rechtsvergleichenden Würdigung unterzogen.

B. Amerikanisches Recht

I. Steuerberatung in den USA – Berufsbild und Regelungen

1. Kein einheitlicher Berufsstand

Ein einheitlicher Berufsstand des Steuerberaters, so wie man ihn aus Deutschland kennt, existiert in den USA nicht. Der Zugang zur Tätigkeit und Beratung auf dem Gebiet des Steuerrechts und der Steuerdeklaration ist nicht umfassend geregelt.[44] Steuerberatung wird in den USA überwiegend von drei verschiedenen Personengruppen (*Income Tax Return Preparers, Attorneys (Lawyers)* und *Certified Public Accountants (CPA)*) ausgeübt. Steuerberatung wird darüber hinaus auch von *Employee Benefit Counselors*, Banken, Versicherungsagenten sowie alle sonstigen Berufsgruppen, die in irgendeiner Weise mit der Steuerberatung in Kontakt kommen, angeboten. Die Analyse des amerikanischen Rechts wird sich aber im Wesentlichen auf den Pflichtenkreis und die Haftung des *Attorney* und *Certified Public Accountant* erstrecken. Diese beiden Personengruppen werden im Folgenden als „*Tax Practitioner*" – oder kurz als „*Practitioner*" – bezeichnet. Auf die *Income Tax Return Preparer* wird bei abweichenden Regelungen separat hingewiesen.

a. Lawyers *(Anwälte)*

Ein *Lawyer* (Anwalt) in den USA ist eine Person, die Rechtswissenschaften studiert hat und die Aufnahmeprüfung zur Anwaltschaft (*Bar Exam*) in einem oder mehreren Bundesstaaten bestanden[45] sowie den Nachweis sonstiger Kompetenz und moralischer Eignung erbracht hat.[46] Da die Anwaltschaft in den USA sich selbst reguliert, unterliegen Anwälte einem komplexen System von formellen und

---

44 Generelle Hinweise zur Regelung der Aufgaben der Tax Practitioner siehe: *Wolfman/Holden/Harris*, Standards of Tax Practice, §§ 101 – 107; *National Conference of Lawyers and Certified Public Accountants*, Lawyers And Certified Public Accountants: A Study of Interprofessional Relations, 36 Tax Lawyer 26, 28 ff. (1982). Einen umfassenden Einblick in die Aufgaben und Haftung der *Income Tax Return Preparer* gibt *Shafiroff*, Liability of Tax Return Preparers.

45 *National Conference of Lawyers and Certified Public Accountants*, 36 Tax Lawyer 26, 29. (1982). Im Staate Wisconsin ist das erfolgreiche Bestehen des *Bar Exam* nicht notwendig, wenn der Kandidat Abschlüsse von zwei im Staat Wisconsin gelegenen *Law Schools* nachweisen kann.

46 Diese Nachweise müssen z.B. im Staat New York durch drei Gutachten von bereits zugelassenen Anwälten, das positive Beantworten eines Fragebogens zum bisherigen Lebenswandel des Bewerbers sowie ein Interview des Bewerbers mit einem Mitglied des Supreme Courts des Staates New York erbracht werden.

informellen Normen, das fast ausschließlich durch die Anwaltschaft selbst geschaffen wurde.[47]

Die historischen Wurzeln der amerikanischen Anwaltschaft liegen in England. Der Gedanke, dass eine Person als Stellvertreter einer anderen Person deren Rechte durchsetzt, war fremd in einer primitiven Gesellschaftsstruktur. Mit der Entstehung des *Case Law* (z.T. auch *Common Law* genannt[48]), einem im Wesentlichen einheitlichen[49] Fallrecht, welches sich nach der Eroberung Englands durch Wilhelm I. im Jahre 1066 im 12. und 13. Jahrhundert entwickelte,[50] wurde die Rechtsstruktur jedoch immer komplizierter, denn dieses Fallrecht ist gekennzeichnet durch in richterlichen Entscheidungen festgelegte, allgemeine Prinzipien, die aus den Umständen des jeweiligen Einzelfalles abgleitet werden.[51] Dabei sind Gerichte durch die Entscheidungen höherer Gerichte gebunden, d.h., diese Entscheidungen müssen befolgt werden und zwar grundsätzlich ohne Rücksicht darauf, ob sie dem Untergericht richtig oder falsch erscheinen.[52] Die Entscheidung, d.h. die in ihr enthaltene Regel (*ratio decidendi*) ist solange *binding on the courts*, wie sie nicht außer Kraft gesetzt wird; *overruled* (außer Kraft gesetzt) werden kann sie durch eine spätere Entscheidung des erkennenden Gerichts, soweit dieses nicht an seine eigenen Entscheidungen gebunden ist, oder durch die eines höheren Gerichts, des Weiteren durch die Gesetzgebung.[53] Entscheidungen rangniederer Gerichte sind für die ranghöheren Gerichte lediglich von *persuasive authority* (überzeugender Autorität), aber nicht bindend.[54] Aufgrund der jahrhundertelangen kontinuierlichen Entwicklung des englischen Rechts existieren weit mehr als 300.000 dokumentierte Entscheidungen, so dass es nicht immer einfach ist, den relevanten Präzedenzfall ausfindig zu machen und damit die Rechtseinheitlichkeit zu wahren.[55]

---

47 Vgl. umfassend zur Regulierung des Berufstandes der amerikanischen Anwälte: *Rhode*, Professional Responsibility, Ch. 3.

48 Neben der Gegenüberstellung *Common Law* (oder *Law*) - *Equity* (= strenges Recht - Billigkeitsrecht) wird der Begriff *Common Law* noch stellvertretend für das gesamte *Case Law* und das anglo-amerikanische Rechtssystem verwandt: *Common Law - Statute Law* (= Richterrecht - Gesetzesrecht), bzw. *Common Law - Civil Law* (das anglo-amerikanische Recht im Gegensatz zum kontinentaleuropäischen Recht); vgl. *Blumenwitz*, § 3, S. 5.

49 Es gehört zu den Bestandteilen der Verfassungsentwicklung in England, dass sich die königliche Gerichtsbarkeit überall gegenüber der örtlichen oder der sonstiger Gerichte durchsetzte; vgl. hierzu *Blumenwitz*, a.a.O.

50 *Zweigert/Kötz*, 3. Aufl., § 16 II.

51 *Eddey*, S. 126.

52 *Blumenwitz*, a.a.O., S. 23.

53 A.a.O.

54 A.a.O. Vgl. zur *persuasive authority* generell *Smith/Baley*, Part I, 7. E., S. 399. Auch ausländischen Entscheidungen kommt lediglich der Charakter einer *persuasive authority* zu; *Metcalfe/Westwood*, S. 11.

55 *Eddey*, a.a.O.

Trotz ständig wachsender Komplexität des englischen Rechts war es zunächst ausschließliches Privileg des englischen Königs, sich vor Gericht vertreten zu lassen. Schnell wurde jedoch die Notwendigkeit deutlich, jeder Person die Vertretung durch einen Anwalt zu gestatten.[56] Eine Unterscheidung zwischen *Solicitor* und *Barrister*, wie sie in England bis heute existiert, hat es in den USA nie gegeben.[57] Die USA hatte keine städtischen Ballungszentren, geschweige denn ein einziges Ballungszentrum, wie es England mit London hatte, in dem sich ein separates anwaltliches Monopol, wie das des *Barristers*, hätte entwickeln können. Darüber hinaus nahm die Anzahl von Rechtsstreitigkeiten zunächst recht langsam zu. Während der englischen Kolonialzeit genossen Anwälte in Amerika ein recht niedriges Ansehen[58] und wurden durch zahlreiche Gesetze in der Gesellschaft diskriminiert.[59] Begründet war dies dadurch, dass die amerikanischen *Attorneys* wie ihre englischen Kollegen, die *Solicitors*[60], keine formelle Ausbildung hatten.[61] Der Ausbildungsstand der amerikanischen Anwälte verbesserte sich dann aber zusehends vor der Revolution der englischen Kolonien in Amerika gegen England. Von der sorgfältigeren Ausbildung und dem damit verbundenen gesteigerten sozialen Ansehen profitierte rasch der gesamte Berufsstand. *Attorneys* stiegen nun in bedeutende politische Ämter auf und wurden zu einer *lawyer elite*, welche die Führung in der amerikanischen Revolution übernahm.[62]

56 *Mallen/Smith*, Legal Malpractice, Vol. I, § 1.3, S, 10. Vgl. auch eingehend zur Entwicklung der Anwaltschaft in England: *Pollack/Martland*, History of English Law, Vol. I.

57 *„Separated as was the barrister from the lower legal order by social distinction and his exposure to the Inns of Court, he exemplified a caste-conscious society which was never successfully transplanted to the British North American Colonies. (...) a permanent distinction of function ased on education and length of experience never took root in the emerging republican society.“*; *Morris*, The Legal Profession in America on the Eve of the Revolution, S. 10 f.

58 So fasste ein Kommentator die generelle Ablehnung gegenüber Anwälten in der damaligen Zeit zusammen: *„Of lawyers and physicians I shall say nothing, because this country is very peaceable and healthy: Long may it so continue, and never have occasion for the tongue of one nor the pen of the other – both equally destructive of men's estates and lives; besides, forsooth, they, hangman-like, have a license to murder and make mischief“*; vgl. Historical and Geographical Account of the Province and County of Pennsylvania and West Jersey in America (1968), zitiert in *Hicks*, Materials and Methods of Legal Research, S. 131.

59 So verbot Virginia im Jahre 1647 den Anwälten Gebühren für ihre Tätigkeit in Prozessangelegenheiten zu verlangen. In Rhode Island verbot ein Gesetz 1727 Anwälten, Mitglieder in Volksversammlungen zu werden. Ein populäres Sprichwort in New York zu dieser Zeit war: *„No lawyer in the Assembly.“*; vgl. *Mallen/Smith*, § 1.4, S. 15.

60 Die englischen *Solicitors* hatten zudem noch den Nachteil, dass alle lukrativen und „sauberen“ Rechtsangelegenheiten im Monopol der *Barrister* standen und für sie nur die weniger attraktiven und in der Bevölkerung beliebten Tätigkeiten übrig blieben, wie das Eintreiben von Schulden, die Befriedung aus Hypotheken und Immobiliarrecht; vgl. *Mallen/Smith*, § 1.4, S. 14.

61 A.a.O.

62 *Morris*, S. 27 ff.

b. Certified *Public Accountants*

Ein *Certified Public Accountant* ist eine Person, die eine Ausbildung auf dem Gebiet der Buchhaltung absolviert und eine einheitliche Prüfung bestanden hat sowie den Nachweis sonstiger Kompetenz und moralischer Eignung erbracht hat.[63] Das Betätigungsfeld des *Certified Public Accountant* ist recht weit gespannt. Zu ihm gehören u.a. Buchhaltung, Wirtschaftsprüfung, Steuerberatung und jegliche Art von Wirtschaftsberatung. All dies wird in den USA als *accounting* bezeichnet. Dabei wird *accounting* als ein Mittel verstanden, welches die grundlegenden ökonomischen und sonstigen Informationen liefert, die für eine effiziente Betriebsführung und die zur Bewertung des Nutzens von Handlungen und Prozessen für jegliche Art von Organisationsformen erforderlich sind.[64] *Accounting* wird teilweise auch als die Sprache der Wirtschaft bezeichnet.[65] Eine wichtige Aufgabe des *Certified Public Accountants* ist die steuerliche Gestaltung von Transaktionen, die Anfertigung von Steuererklärungen sowie die Vertretung vor den Finanzbehörden.[66]

c. Income *Tax Return Preparers*

Da die Inanspruchnahme sowohl von *Attorneys* als auch von *Certified Public Accountants* recht kostspielig ist, ist sie dem Normalverdiener meist nicht möglich. Die Hilfe der so genannten *professionals* wird deshalb im Regelfall nur von Firmen, Einzelpersonen mit sehr hohem Einkommen sowie Selbständigen und Freiberuflern, deren Steuererklärung einen überdurchschnittlichen Schwierigkeitsgrad aufweist, in Anspruch genommen. *Lawyers* und *Certified Public Accountants* berechnen für ihre Dienste oftmals mehrere hundert Dollar pro Stunde.[67] Für den Großteil der amerikanischen Bevölkerung ist eine Beratung durch die *professionals* somit unerschwinglich. Dennoch besteht aufgrund der Komplexität des amerikanischen Steuerrechts auch bei ihnen der Bedarf nach einer Steuerberatung durch einen fachkundigen Berater, insbesondere bei der Erstellung der Steuererklärung, die für nahezu jeden Amerikaner Pflicht ist.[68] Im Rahmen der Selbstver-

---

63 *National Conference of Lawyers and Certified Public Accountants*, 36 Tax Lawyer 26, 28 (1982).

64 A.a.O.

65 *Herwitz/Barrett*, Accounting for Lawyers, Preface v. und S. 1.

66 *National Conference of Lawyers and Certified Public Accountants*, 36 Tax Lawyer 26, 29 (1982).

67 So berechneten größere Anwaltskanzleien im Frühjahr 2000 für Junganwälte, die im ersten Jahre praktizieren, bereits zwischen $ 150 und $ 300 pro Stunde. Die Stundensätze für erfahrene Anwälte und insbesondere für Partner liegen bei einem Vielfachen und übersteigen oftmals $ 1000. Die Honorare der so genannten *Accounting Firms* stehen denen der Anwaltskanzleien in nichts nach.

68 Sec. 6001, 6011 und 6012 IRC.

anlagung (*self assessment*)[69] ist jeder Steuerzahler verpflichtet, seine Steuerlast selbst zu errechnen und in der Steuererklärung anzugeben. An das Nichteinreichen der Steuererklärung oder das fehlerhafte Errechnen der Steuerlast des Steuerzahlers knüpft der *Internal Revenue Code*[70] zum Teil dramatische Strafen, die oftmals schon bei leichter Fahrlässigkeit in Kraft treten.[71] Der Zeitraum vor dem 15. April eines jeden Jahres (dem Stichtag, an dem die Frist für die Einreichung der Steuererklärung abläuft) wird alljährlich für viele Amerikaner zum Alptraum, die mit dem außerordentlich komplizierten amerikanischen Steuersystem konfrontiert sind und oftmals mehrere Wochen ihrer Freizeit opfern, um ihre Steuererklärung auszufüllen. Dabei sind sie dem Spannungsverhältnis ausgesetzt, dass sie einerseits ihre Steuerlast nicht zu niedrig berechnen wollen, um Strafen zu vermeiden, andererseits möchten sie jedoch alle legalen Möglichkeiten (und von denen gibt es zahlreiche in den USA) ausschöpfen. Der Steuerzahler wird in diesem Prozess mit vielen rechtlichen Bewertungssachverhalten konfrontiert, die sein Laienwissen zumeist überfordern.

Hilfe in dieser Spannungssituation bieten die *Income Tax Return Preparers*. Man findet sie in den USA in jeder Stadt und bezeichnet sie deshalb auch als „*High Street Tax Shops*“. Diese existieren entweder als Einzelbüro oder sind Teil einer oftmals die USA umspannenden Kette von Steuererklärungshelfern. Zu letzteren gehören die in den USA sehr bekannten Ketten *Taxman*[72] und *H&R Block*,[73] die mit mehreren Filialen in jeder Stadt präsent sind und mit Werbespots im Fernsehen auf sich aufmerksam machen.

Die *Income Tax Return Preparers* sind weder *Attorneys* noch *Certified Public Accountants*. Zulassungsvoraussetzungen oder sonstige Ausbildungs- und Prüfungserfordernisse werden an sie nicht gestellt. Deshalb sind ihre Gebühren bedeutend geringer als die eines *professionals*. Aufgrund der Tatsache, dass Steuererklärungen für Individualpersonen nur zwischen Anfang des Jahres[74] und Mitte April[75] eines jeden Jahres abgegeben werden können, beschäftigen die *Income Tax Return Preparer* überwiegend saisonale Kräfte. Hierbei stellt sich dann vielfach die Frage, ob diese Kräfte überhaupt die minimalen fachlichen Anforderungen an das Ausfüllen einer Steuererklärung besitzen. In der Rechtsprechung finden sich daher

---

69 Sec. 6001 ff. IRC.

70 Das Steuergesetzbuch der USA

71 Sec. 6651 ff. IRC und sec. 6671 ff. IRC.

72 Siehe: http://www.taxman.com.

73 Siehe: http://hrblock.com.

74 Nämlich dann, wenn der Steuerzahler sein Formular W2 bekommt, auf dem die Höhe seines Einkommens für das Vorjahr vermerkt ist, und auch das sonstige Einkommen des Vorjahres ermittelt werden kann, da der Ermittlungszeitraum abgelaufen ist.

75 Vorgeschriebener Zeitpunkt, zu dem die Einkommensteuererklärung spätestens eingereicht sein muss, sofern der Steuerzahler keine Verlängerung der Frist beantragt hat; vgl. Sec. 6072 (a) IRC.

zahlreiche Entscheidungen, in denen der *Income Tax Return Preparer* zwar intensiv für die Genauigkeit seiner Steuererklärungen und seine fachliche Kompetenz geworben hatte, dann jedoch Kräfte einsetzte, die nicht kompetent genug waren, Steuererklärungen zu erstellen und gravierende Pflichtverletzungen begingen.[76]

2. Beschränkungen der Rechtsberatung durch Nichtanwälte

a. Allgemein

Alle Bundesstaaten der USA haben gesetzliche Beschränkungen der Rechtsberatung.[77] Diese Regulierungen schließen Nichtanwälte auf zweierlei Art von der Rechtsberatung aus: (1) Indem sie nicht zugelassenen Personen die Rechtsberatung verbieten und (2) eine Unterstützung von Nichtanwälten bei der Rechtsberatung durch Anwälte beschränken.[78] Die Grenzziehung zwischen der zulässigen und unzulässigen Rechtsberatung in der Tätigkeit auf dem Gebiet des amerikanischen Steuerrechts ist kompliziert. Die Ursachen hierfür sind vielfältig:
Zum einen erfasst *Tax Practice* zahlreiche Tätigkeiten in den verschiedensten Bereichen. Dazu gehören unter anderem die Planung im Rahmen der Steuergestaltung, die Steuerdeklarationsberatung und die Vertretung vor Gerichten in Steuersachen. Die *Tax Practice* wird ferner auch von mehreren Berufsgruppen wahrgenommen. Eine verbindliche Definition der Rechtsberatung (*Practice of Law*) existiert schließlich nicht.[79]

Gleichwohl werden die Prozessvertretung, die Anfertigung von rechtlichen Gutachten und Dokumenten und die Beratung in rein rechtlichen Gebieten als Kernbereich der Rechtsberatung angesehen.[80]

---

76 Siehe z.B. *H & R Block, Inc. v. Testerman*, 338 A.2d 48 (Md. 1975) und *Midwest Supply, Inc. v. Waters*, 510 P.2d 876 (Nev. 1973).

77 Manual on Professional Responsibility (ABA/BNA), 21:8001.

78 ABA Model Rule 5.5: *A lawyer shall not: (a) practice law in jurisdiction where doing so violates the regulation of the legal profession in that jurisdiction; or (b) assist a person who is not a member of the bar in the performance of activity that constitutes the unauthorized practice of law.* Diese Beschränkungen werden z.T. in der Literatur kritisiert. Siehe z.B. *Posner*, S. 348, der zwar das Schutzbedürfnis der Allgemeinheit vor unqualifizierter Rechtsberatung anerkennt, es gleichwohl als Monopol zu Gunsten der Anwälte bezeichnet und dem Verbraucher im Rahmen einer effizienten Verteilung der Ressourcen ein Wahlrecht zu Gunsten der Inanspruchnahme geringer qualifizierter Dienste zu einem geringeren Preis geben möchte. Vgl. ferner auch: *Wolfman/Holden/Schenk*, Ethical Problems In Federal Tax Practice, S. 377 f.

79 Sowohl der *ABA Model Code* als auch die *Model Rules* schweigen zur Definition des Begriffs *Practice of Law*. Model Code EC 3-5 stellt sogar ausdrücklich fest, dass eine Definition gar nicht erwünscht ist („*[i]t is neither necessary nor desirable to attempt the formulation of a single specific definition of what constitutes the practice of law*").

80 *Wolfman/Holden/Harris*, Standards of Tax Practice, § 801.1.

Die Rechtsprechung hat verschiedene Tests zur Abgrenzung von regulierter und nicht regulierter Rechtsberatung herausgearbeitet:

(1) *Incidental Test*:

Einige Gerichte vertreten die Auffassung, dass ein Nichtjurist alle rechtlichen Angelegenheiten erledigen dürfe, die in den gewöhnlichen Aufgabenbereich seines Berufes fallen.[81] In *re New York County Lawyer's Association*[82] wurde die Beratung eines Mandanten über die Absetzbarkeit von Verkaufsteuern (*sales tax*) durch einen *CPA* als unzulässige Rechtsberatung eingestuft. Das Gericht wies darauf hin, dass eine Beratung im Rahmen der Anfertigung der Steuererklärung oder einer sonstigen Tätigkeit eines Certified Public Accountants zulässig gewesen wäre. Danach ist trotz ähnlichen Charakters und Inhalts die reine (gutachterliche) Beratung nicht erlaubt, wenn sie losgelöst von der Erstellung der Steuererklärung oder Buchhaltung erfolgt.

(2) *Simple-Complex Test*:

Unter dem *Simple-Complex Test* ist ein Nichtjurist befugt, einfache rechtliche Angelegenheiten des Mandanten wahrzunehmen, die mit der typischen Rechtskenntnis eines juristischen Laien zu bewältigen sind. Schwierige rechtliche Angelegenheiten bleiben damit der Berufsgruppe der Anwälte vorbehalten.[83]

(3) *Traditional „Areas of Law" Test*:

Oftmals wird der Begriff „Practice of Law" mit den klassischen Aufgabengebieten der Anwälte – wie der Prozessvorbereitung und Prozessführung sowie der juristischen Vertragsgestaltung – gleichgesetzt.[84]

(4) *Public's Interest Test*:

Vereinzelt wird auch darauf abgestellt, ob die Rechtsberatung durch einen juristischen Laien im Interesse des Allgemeinwohls liegt.[85]

---

81 So z.B. *In re New York County Lawyer's Association*, 273 A.D. 524, 78 N.Y.S.2d 209 (1948), aff'dmem., 299N.Y. 728, 87N.E.2d451 (1949).

82 273 A.D. 524, 78 N.Y.S.2d 209 (1948), aff'dmem., 299N.Y. 728, 87N.E.2d451 (1949).

83 *Agran v. Shapiro*, 127 Cal.App.2d.Supp.807,273P.2d619 (1954); Gardner v. Conway, 234Minn.468,48N.W. 2d788 (1951).

84 Z.B.: State Bar of Arizona v. Arizona Land Title & Trust Co., 90Ariz. 76, 366P.2d 1 (1961), ergänzt in 91 Ariz. 293, 371 P.2d 1020 (1962).

85 Z.B.: *LeDoux v. Credit Research Corp.*, 52 Cal. App. 3d 451, 125 Cal.Rptr. 166 (1975).

Die Bedeutung dieser Theorien wird in der Praxis allerdings häufig durch Gesetze eingeschränkt, welche auch Nichtanwälten auf bestimmten Gebieten der Steuerberatung die Rechtsberatung gestatten. So sind dem *CPA* und *Income Tax Return Preparer* bestimmte Tätigkeiten auf dem Gebiet der Rechtsberatung ausdrücklich gesetzlich erlaubt. Certified Public Accountants dürfen ihre Mandanten vor den Finanzbehörden (*Internal Revenue Service*) vertreten.[86] Weiterhin kann der *United States Tax Court* Nichtanwälte zur Prozessführung zulassen, wenn sie die Zulassungsprüfung bestanden haben.[87]

Wesentlich für eine rechtlich zulässige Steuerberatung sind in diesem Zusammenhang die Zulassungsbeschränkungen und Standesrichtlinien des *Treasury Departments*,[88] das befugt ist diese Richtlinien für Personen zu erlassen, die vor den Finanzbehörden Steuerberatung für Dritte ausüben.[89] Das *Treasury Department* hat Richtlinien erlassen, welche (1) die Zulässigkeit der Vertretung Dritter vor den Finanzbehörden, (2) die Pflichten und Beschränkungen einer solchen Vertretung und (3) Disziplinarmaßnahmen für den Fall der Verletzung der Richtlinie regeln.[90] Die Richtlinien sind allgemein als „*Treasury Circular 230*" – oder kurz „*Circular 230*" – bekannt. Der Begriff der Vertretung umschließt dabei nicht nur die Vertretung vor Anhörungen und Ausschüssen, sondern beinhaltet ferner auch die Vertretung des Steuerzahlers bei der Erstellung von Dokumenten und jeglicher Übermittlung von Informationen.[91]

b. Certified Public Accountants und Rechtsberatung

Certified Public Accountants haben weitreichende Befugnisse zur Rechtsberatung auf dem Gebiet des Steuerrechts. Sie dürfen Steuererklärungen erstellen, Gutachten über steuerrechtliche Fragen anfertigen und ihre Mandanten vor den Steuergerichten und Steuerbehörden vertreten. Die weitest reichenden Befugnisse stehen dem *CPA* bei der Erstellung von Steuererklärungen zu. Während es früher unsicher war, ob der *CPA* eine Steuererklärung auch dann erstellen durfte, wenn die Erstellung die Bewertung komplizierter steuerrechtlicher Fragen erforderte, bestimmt nunmehr *Circular 230*[92] (ohne auf den Schwierigkeitsgrad abzustellen),

---

86 5 U.S.C. § 500(c) und Treasury Circular 230.

87 Rule 200 of the United States Tax Court.

88 Vergleichbar mit dem Bundesfinanzministerium in Deutschland.

89 31 U.S.C. § 330, ursprünglich Abschnitt III des Gesetzes vom 7. Juli 1884 (31 U.S.C. § 1026) (abgeändert durch P.L. 97-258, § 1, 96 Stat. 884, 13. September 1982).

90 31 C.F.R. 330. Siehe hierzu auch ausführlich: *Holden*, Standards of Practice and Treasury Circular 230, 46 N.Y.U. Tax. Inst., Ch. 46 (1988).

91 Circular 230, § 10.2(e).

92 § 10.2(a).

dass Steuererklärungen in den zulässigen Tätigkeitsbereich eines *CPAs* gehören.[93] Die Anfertigung von Gutachten fällt zwar nicht unter den Wortlaut von *Circular 230*, dennoch wird *Circular 230* großzügig ausgelegt und soll nun auch Steuerrechtsberatung, losgelöst von der Steuerdeklarationsberatung, erlauben. Voraussetzung ist allerdings, dass sich die rechtliche Beratung nicht auf umstrittene Rechtsfragen erstreckt, die eine Interpretation des Rechts erfordern.[94] Die Vertretung seiner Mandanten vor den Finanzbehörden ist dem *Certified Public Accountant* uneingeschränkt erlaubt.[95] Eine Vertretung vor den Finanzgerichten (nicht jedoch vor anderen Gerichten) ist ihm – ebenso wie jedem Nichtanwalt – nur dann möglich, wenn er zuvor die Zulassungsprüfung zu den Finanzgerichten besteht.[96] Da steuerliche Rechtsklagen in den USA nicht nur vor dem *United States Tax Court* möglich sind, sondern auch vor dem *Federal District Court* oder dem *United States Claims Court*, und die richtige Wahl des Gerichtsforums eine strategisch bedeutende Rolle auf den Ausgang der Entscheidung haben kann,[97] sollte der *CPA* immer den Rat eines *Attorneys* suchen, um herauszufinden, welches Gerichtsforum im besten Interesse seines Mandanten liegt.[98]

c. Income Tax Return Preparers und Rechtsberatung

Die Erstellung von Steuererklärungen fällt zwar gemäß *Circular 230* unter die Vertretung vor den Steuerbehörden, unterliegt aber nicht den besonderen Zugangsvoraussetzungen und Regelungen von *Treasury Circular 230*.[99] Somit kann die Erstellung von Steuererklärungen auch von anderen Personen als *CPAs*, *Attorneys* und sonstigen zugelassenen Personen betrieben werden. Hierdurch erhalten insbesondere die *Income Tax Return Preparer* die Berechtigung zur – wenn auch deutlich limitierten – Beratung auf dem Gebiet des Steuerrechts. Alle rechtsberatenden Aktivitäten, die sich nicht auf die Erstellung der Steuererklärung erstrecken, sind ihnen aber versagt. Dennoch ist die Tätigkeit der *Income Tax Return Preparer* nicht ungeregelt, da der *Internal Revenue Code* zahlreiche Vorschriften für die Erstellung von Steuererklärungen vorsieht, an deren Verletzung

---

93 Diese Beschränkungen werden auch von der *National Conference of Lawyers and CPAs* getragen, die hierzu ausführt: *„[i]t is a proper function of a lawyer or a certified public accountant to prepare federal income tax returns“*, siehe: *National Conference of Lawyers and CPAs*, 36 Tax Lawyer 26, 33.

94 *National Conference of Lawyers and CPAs*, a.a.O., S. 34.

95 5 U.S.C. § 500(c) und Treasury Circular 230.

96 Rule 200 of the United States Tax Court.

97 Jedes dieser Gerichte hat seine Prozessordnungen. Das United States Tax Court ist zuständig für eine Reihe von Steuerrechtsstreitigkeiten; vgl. IRC §§ 7441, 7442. Anders als vor den anderen Gerichten sind Verfahren vor dem Tax Court bereits vor der Festsetzung des Steuerbetrages möglich.

98 *Wolfman/Holden/Harris*, Standards of Tax Practice, § 801.3.1.3.

99 Circular 230, § 10.7(c).

bestimmte Strafen geknüpft sind.[100] Anders als bei den *CPAs* ist eine weite Auslegung von *Circular 230* indes abzulehnen, da die *Income Tax Return Preparer* nicht die Zugangsvoraussetzungen von *Circular 230* aufweisen und somit nicht zu einer anderen Vertretung vor den Finanzbehörden als der Erstellung von Steuererklärungen befugt sind.[101] Eine gutachterliche Rechtsberatung, losgelöst von der Erstellung der Steuererklärung, ist ihnen damit absolut untersagt. Weiterhin ordnet *Circular 230* die Erstellung von Steuererklärungen nur dem *Attorney* und *CPA* als ausdrücklich in deren Tätigkeitsbereich liegend zu.[102] Damit sind die von der Rechtsprechung erarbeiteten Tests zur Abgrenzung der zulässigen von der unzulässigen Rechtsberatung[103] auf die Gruppe der *Income Tax Return Preparer* und alle sonstigen Personengruppen, die in irgendeiner Art Steuerberatung betreiben, weiterhin uneingeschränkt anwendbar. Rechtsberatung ist dem *Income Tax Return Preparer* damit nur erlaubt, wenn sie in den gewöhnlichen Aufgabenbereich der Erstellung der Steuererklärung fällt (*Incidental Test*),[104] mit der typischen Rechtskenntnis eines juristischen Laien zu bewältigen ist (*Simple-Complex Test*),[105] nicht in den klassischen Aufgabenbereich eines Anwalts fällt (*Traditional „Areas of Law" Test*)[106] und die Rechtsberatung im Interesse des Allgemeinwohls liegt (*Public's Interest Test*).[107] Nur wenn diese vier Anforderungen kumulativ erfüllt sind, liegt eine zulässige Rechtsberatung durch den *Income Tax Return Preparer* vor. Erfüllt der *Income Tax Return Preparer* auch nur einen einzigen der ersten drei Tests nicht, so handelt es sich um eine unzulässige Rechtsberatung.

Das Interesse des Allgemeinwohls an einer Beschränkung der Rechtsberatung liefert in diesem Zusammenhang den Schlüssel zur Auslegung der Tests.[108] Die Wahrnehmung komplizierter juristischer Aufgaben durch einen juristischen Laien kann nicht im Interesse der Allgemeinheit liegen, die durch die Beauftragung des *Income Tax Return Preparer* auf eine zwar preiswerte, aber dennoch fachgerechte Erstellung ihrer Einkommensteuererklärungen hofft und die Konsequenzen einer

---

100 Sec. 6001 ff. IRC.

101 Auch die Ermächtigung zur Vertretung gemäß 5 U.S.C. § 500(c) gilt nur für den CPA.

102 Diese Auffassung wird auch von der *National Conference of Lawyers and CPAs* getragen, die hierzu ausführt: „*[i]t is a proper function of a lawyer or a certified public accountant to prepare federal income tax returns*", siehe: *National Conference of Lawyers and CPAs*, 36 Tax Lawyer 26, 33.

103 Siehe hierzu oben unter 1. m.w.Nachw.

104 In re New York County Lawyer's Association, 273 A.D. 524, 78 N.Y.S.2d 209 (1948), aff'dmem., 299N.Y. 728, 87N.E.2d451 (1949).

105 *Agran v. Shapiro*, 127 Cal.App.2d.Supp.807,273P.2d619 (1954); Gardner v. Conway, 234Minn.468,48N.W. 2d788 (1951).

106 *State Bar of Arizona v. Arizona Land Title & Trust Co.*, 90Ariz. 76, 366P.2d 1 (1961), ergänzt in 91 Ariz. 293, 371 P.2d 1020 (1962).

107 *LeDoux v. Credit Research Corp.*, 52 Cal. App. 3d 451, 125 Cal.Rptr. 166 (1975).

108 So sind wohl auch *Wolfman/Holden/Harris*, Standards of Tax Practice, § 801.1, S. 561, zu verstehen: „*Analysis of whether particular lay participation is in the public interest is also sometimes identified as a separate test for determining what constitutes the practice of law.*"

unsachgemäßen Erstellung der Erklärung fürchtet. Der Steuerzahler fühlt sich oftmals außerstande, die Anforderungen, die für die Erstellung der Steuererklärung an ihn gestellt werden, selbst zu erfüllen. Er hat deshalb ein Interesse daran, auf die Sachkunde des *Income Tax Return Preparer* zu vertrauen. Dieser wiederum hat keine sachkundige juristische Ausbildung und ist mit komplizierten juristischen Problematiken oftmals nicht weniger überfordert als der Steuerzahler selbst. Berät der *Income Tax Return Preparer* dennoch über diese juristischen Sachverhalte, so verletzt dies das Vertrauen, das die Allgemeinheit in die Beratung durch Fachleute setzt. Klassische Aufgabenfelder des Juristen, wie die Prozessvertretung oder das Erstellen von Gutachten zu komplizierten Rechtsfragen, die einer juristisch geschuldeten Analyse bedürfen, erfordern eine sorgfältige juristische Ausbildung. Die Wahrnehmung dieser Aufgaben durch den *Income Tax Return Preparer* kann daher von vornherein nicht im Interesse der Allgemeinheit liegen. Der Standard für die zulässige Rechtsberatung durch den *Income Tax Return Preparer* erstreckt sich demnach nur auf juristische Standardfragen bei der Erstellung der Steuererklärung, die der Steuerzahler selbst, wenn auch mit einigem Aufwand, durch das Lesen der zahlreichen Instruktionen in den Merkblättern zur Anfertigung der Steuerklärung hätte lösen können.[109] Die Abwägung juristisch streitiger Positionen ist dem *Income Tax Return Preparer* damit schlichtweg versagt.

3. Der Practitioner im Spannungsverhältnis zwischen Mandant und Steuersystem

Eine der grundlegenden Pflichten des *Tax Practitioner* ist es, die Interessen seines Mandanten immer und zu dessen Gunsten (*warm zeal*) im Rahmen des gesetzlich Zulässigen zu vertreten.[110] Ein *Tax Practitioner*, der zugleich auch *Attorney* ist, schuldet seinem Mandanten darüber hinaus auch die berufsüblichen anwaltlichen Pflichten der fachkundigen Vertretung, der Wahrnehmung der Interessen des Mandanten sowie der Verschwiegenheit. Der *Certified Public Accountant* hat ähn-

---

109 So wird der *Income Tax Return Preparer* entscheiden dürfen, ob ein vom Steuerzahler gekaufter Computer als *ordinary and necessary business expense* (Werbungskosten) unter IRC § 162 absetzbar ist. Dabei wird er den Steuerzahler befragen müssen, ob die Anschaffung des Computers durch den Arbeitnehmer vom Arbeitgeber gefordert wurde und ob der Steuerzahler den Computer zu mindestens 50% beruflich nutzt (*business use test*). Diese Analyse bedarf keiner komplizierten juristischen Abwägung und gehört zu den Standardfragen der Absetzbarkeit der *ordinary and necessary business expenses*. Die gesetzlichen Anforderungen an die Absetzbarkeit des Computers hätte der Steuerzahler selber in den Merkblättern des Internal Revenue Service finden können, die mit dem Formular zur Erklärung von *business expenses* erhältlich sind.

110 Siehe ABA Opinion 85-352, 39 Tax Law. 631, 633 (1986). Siehe hierzu auch eingehend: *Holden*, Standards of Practice and Treasury Circular 230, 46 N.Y.U. Tax. Inst., Ch. 46 (1988).

lich gelagerte Pflichten gegenüber seinem Mandanten in der Steuerberatung, die allerdings, wie wir im Rahmen dieser Untersuchung noch sehen werden, nicht immer in derselben Weise bestehen wie beim *Attorney*.

Aufgrund der Wahrnehmung der Interessen des Mandanten steht der *Tax Practitioner* bei der Ausübung seiner Tätigkeit auf der Seite seines Mandanten. Gerade die Einnahme dieser dem Mandanten günstigen Position des Berufsangehörigen ist es, welche die Bereitschaft des Mandanten erzeugt, den Berater für seine Dienste zu entlohnen.[111] Die Verpflichtung, dem Interesse des Mandanten zu dienen, findet aber ihre Beschränkung in der Verpflichtung des *Tax Practitioners* gegenüber dem Steuersystem.[112] So kann der Berufsangehörige den Weisungen des Mandanten selbst dann nicht uneingeschränkt folgen, wenn der Mandant bereit ist, die Folgen des Verstoßes gegen das Steuersystem zu tragen. Die Verpflichtung des Berufsangehörigen basiert zum Teil auf der generellen Verpflichtung, die Gesetze zu beachten, die sich aus seinem Status als Freiberufler ableitet.[113] Die Frage nach der Einhaltung der Gesetze bezieht sich auf die Verpflichtung des Steuerzahlers gegenüber dem Steuersystem, so dass die Pflichten des steuerlichen Beraters eng mit den Pflichten des Steuerzahlers gegenüber dem System verknüpft sind.

Im Idealfall wird der *Practitioner* seine Pflichten gegenüber dem Rechtssystem erfüllen, indem er seine Pflichten gegenüber dem Mandanten nachkommt. Wenn der Berater den korrekten Steuerbetrag für den Mandanten errechnet, so hat er in kompetenter Weise das Interesse seines Mandanten wahrgenommen, eine nicht zu hohe Steuer zu entrichten und andererseits keine Strafsteuer aufgrund zu niedriger Steuerdeklaration zu zahlen. Gleichsam hat der *Practitioner* damit zur ordnungsgemäßen Durchführung der Steuergesetze beigetragen.

Die Interessen des Mandanten und das Interesse der Allgemeinheit an der ordnungsgemäßen Durchführung der Steuergesetze stehen nicht immer im Einklang. Entdeckt der Steuerberater zum Beispiel einen Fehler in einer Erklärung aus einem früheren Jahr, so kann seine Verpflichtung zur Verschwiegenheit in Konflikt geraten mit der Verpflichtung der Ermittlung des korrekten Steuerbetrages. Viele der Probleme, die in den nächsten Kapiteln behandelt werden, basieren auf diesem Spannungsverhältnis zwischen den Verpflichtungen des Berufsangehörigen gegenüber dem Mandanten einerseits und dem Steuer- oder Rechtssystem andererseits.

---

111 *Holden*, a.a.O, 46 N.Y.U. Tax. Inst., Ch. 46, 46-4 (1988).

112 Vgl. AICPA Statement on Responsibilities in Tax Practice, TX 112, Ex. 06: *„CPAs have a duty to the system as well as their clients"*. Vgl. ferner auch: *Wolfman/Holden/Schenk*, Ethical Problems In Federal Tax Practice, S. 1: *„A second duty of pervasive importance is the one the lawyer owes to „the system", an imprecise concept blending together notions of society, the profession and the law. Ordinarily, in performing his duty to the client, the lawyer carries out this duty to the system as well."*

113 *Wolfman/Holden/Harris*, Standards of Tax Practice, § 101.2, S. 3.

4. Die Bedeutung des Standesrechts für den Tax Practitioner

Sowohl für den *Attorney* als auch für den *Certified Public Accountant* existieren Standesrichtlinien, die so genannten *Standards of Practice*. Diese berufsregelnden Richtlinien variieren stark hinsichtlich der mit ihnen verknüpften Rechtsfolgen. Einige Regelungen schreiben dem Berufsangehörigen ein bestimmtes Verhalten bei der Ausübung seines Berufes vor und können bei Verletzung zur Bestrafung des Berufsangehörigen führen; andere Richtlinien wiederum haben nur empfehlenden Charakter und ihre die Verletzung bleibt ohne Sanktionen. Die Strafen, welche an die Verletzung der Berufsnormen geknüpft sind, reichen von Geldstrafen, über ein zeitweises Verbot der Berufsausübung bis hin zum Ausschluss aus den Berufskammern, dem so genannten *Disbarment*, und im Extremfall zu einer strafrechtlichen Verurteilung.

Die Standesrichtlinien prägen das Berufsbild der jeweiligen Berufsangehörigen, stellen allerdings im Regelfall kein Recht dar, auf das sich Dritte berufen können.[114] Ein Verstoß eines *Practitioners* gegen eine seiner Standesrichtlinien gibt einem geschädigten Mandanten damit keine Rechtsgrundlage für die Regressnahme seines Beraters. Gleichwohl erlangen die Berufsregelungen auch für den Mandanten Bedeutung, denn sie werden oft von Gerichten zur Bestimmung des Pflichtenkreises des *Practitioner* herangezogen.[115] Im Folgenden soll deshalb in aller Kürze auf die jeweiligen Standesrichtlinien für *Attorneys* und *CPAs* eingegangen werden.

a. ABA Standards of Practice

Tax Practitioner, die als *Attorney* in einem oder mehreren Staaten der USA zugelassen sind, unterliegen dem Standesrecht der Anwälte in dem jeweiligen Staat.[116] Selbst wenn die Erledigung der Angelegenheiten des Mandanten keine Rechtsberatung darstellt, unterliegen die *Attorneys* dem Standesrecht.[117] Die meisten Staaten haben ein Standesrecht geschaffen, das auf einem von zwei Standardmodellen der *American Bar Association* – kurz *ABA* – beruht.[118] Diese Standardmodelle sind der *Model Code of Professional Responsibility* (*Model Code*) und die *Model*

---

114 Vielmehr regeln die *Standards of Practice* das Verhalten der *Practitioner* untereinander und im Verhältnis zu ihrer Berufsvertretungen oder den *State Disciplinary Organizations*. Durch ihre Lizensierungsbehörden für CPAs wirken die Bundesstaaten eingreifend auf das Verhalten der Certified Public Accountants ein und können Verstöße disziplinieren.

115 *Wolfman/Holden/Harris*, Standards of Tax Practice, § 102, S. 4 f.

116 *Wolfman/Holden/Harris*, a.a.O. (3rd ed.), § 103, S. 5.

117 *Wolfman/Holden/Harris*, a.a.O. (3rd ed.).

118 Die *ABA* ist eine nationale Anwaltsorganisation, die im Jahre 1878 gegründet wurde und der rund die Hälfte aller amerikanischen *Attorneys* angehören; vgl. The Lawyers Almanac 1989, 94150.

Rules of Professional Conduct (*Model Rules*). Nur Kalifornien hat ein anwaltliches Berufsrecht, das nicht auf einem dieser Modelle beruht.[119] Die meisten Staaten haben grundlegende Ergänzungen zu den Standardmodellen vorgenommen, die im konkreten Fall stets herangezogen werden müssen.[120]

Das von der *American Bar Association* geschaffene Rahmenwerk zur Regulierung des Anwaltsstandes basiert auf zwei Fundamenten: zum einem dem Regelwerk (*Model Code* und *Model Rules*) und zum anderen den *opinions of ethics committees*, die zur Interpretation der Regelwerke herangezogen werden.[121]

Der *Model Code* gliedert sich in drei Teile: die Grundregeln des berufsgerechten Verhaltens (den so genannten *Canons*), ethische Grundlagen und Disziplinarvorschriften.[122] Bei den *Canons* handelt es sich um breit gehaltene, allgemeine Grundprinzipien der Berufsausübung, auf denen die ethischen Grundlagen und die Disziplinarmaßnahmen aufbauen. Die ethischen Grundlagen beschreiben ein Verhalten, an dem sich alle Anwälte orientieren sollten. Nur die Disziplinarvorschriften haben bindenden Charakter und beschreiben die Mindestanforderungen anwaltlichen Verhaltens. Eine Verletzung der Disziplinarvorschriften kann durch die Zulassungsbehörden der Staaten geahndet werden.[123]

Die *Model Rules* unterscheiden sich grundlegend vom *Model Code*. Bei ihnen handelt es sich durchgehend um bindendes Recht (so genannte *black letter rules*), dem kommentierende Anmerkungen (*comments*) zur Seite gestellt werden.[124] Während ein Teil dieser Regeln als „Mussregeln“ formuliert sind, handelt es sich bei den anderen lediglich um „Kann- oder Sollregeln“.[125] Nur eine Verletzung der „Mussregeln“ kann Grundlage für Disziplinarmaßnahmen sein.[126] Die *comments* haben lediglich erläuternden Charakter und enthalten folglich keine eigenständigen Regelungen.[127] Die *Model Rules* stellen einen praxisorientierten Versuch zur

---

119 Vgl. Lawyers Manual of Professional Conduct (ABA/BNA), 01:3-4 (1989); *Dzienkowski*, Professional Responsibility Standards, Rules & Statutes , S. 265ff.

120 *Wolfman/Holden/Harris*, a.a.O. (3rd ed.), § 103, S. 6.

121 Sowohl die *ABA* als auch die Zulassungsbehörden der Staaten haben Komitees, die Richtlinien zur Interpretation des ABA-Regelwerks erarbeiten. Weiterhin stellen die Gerichtsentscheidungen zum Standesrecht, wenn auch nur Sekundärrecht, eine wichtige Quelle des Standesrechts dar.

122 Vgl. hierzu: *Wolfman/Holden/Harris*, a.a.O. (3rd ed.), § 103.1.1, S. 6 f.

123 Vgl.: Wolfram, Modern Legal Ethics, S. 59. Alle Staaten orientieren sich an dieser Klassifikation. Im Staat Iowa gelten auch die ethischen Grundlagen als verbindliches und disziplinierbares Recht (vgl. Comm. On Professional Ethics andConduct of State Bar Association v. Behnke, 276 N.W.2d 838 (S.Ct. Iowa 1979) appeal dismissed 444 U.S. 805, 100 S.Ct. 27 (1979); *In re Frerichs*, 238 N.W.2d 764 (S.Ct. Iowa 1976)).

124 Vgl. hierzu: *Wolfman/Holden/Harris*, a.a.O. (3rd ed.), § 103.1.1, S. 6 f.

125 ABA Model Rules of Professional Conduct, Preamble, Scope [1].

126 ABA Model Rules of Professional Conduct, Preamble, Scope [1].

127 Vgl.: ABA Model Rules of Professional Conduct, Preamble.

Berufsregelung dar. Teil 1 (*Part One*) behandelt das Verhältnis zwischen Anwalt und Mandanten, die Teile 2 bis 4 (*Parts Two through Four*) behandeln die Pflichten des Anwalts in der Beratung, Prozessvertretung und der Vertretung gegenüber Dritten. Die Teile 5 bis 8 (*Parts Five through Eight*) beschreiben diverse Aspekte der Rechtsberatung, einschließlich der Verantwortung innerhalb einer Anwaltskanzlei, der unerlaubten Rechtsberatung, Kontaktaufnahme mit dem Mandanten, Werbung sowie der Erhaltung der Integrität des Berufsstandes.

Die Ethikkomitees der *ABA* und der staatlichen Zulassungsbehörden nehmen regelmäßig Stellung zu Fragen des Berufsrechts.[128] Typischerweise erfolgen diese Stellungnahmen nur auf Anfrage eines Mitglieds der Anwaltskammer und nur, soweit sie sich auf zukünftiges Verhalten dieses Mitglieds beziehen.[129] Darüber hinaus können Fragen allgemeiner Bedeutung auch abstrakt beantwortet werden. Die Stellungnahmen (*opinions*) dienen nur der interpretativen Hilfestellung und stellen kein für die Gerichte verbindliches Recht dar.[130]

b. AICPA Standards of Practice

Dem *American Institute of Certified Public Accountants* (*AICPA*) obliegt die Regelung der *Certified Public Accountants* (*CPA*). Die als *CPA* zugelassenen *Tax Practitioner* werden in ähnlicher Weise wie die *Attorneys* durch Berufsausübungsregeln beeinflusst. Die für den in der Steuerberatung tätigen *CPA* maßgeblichen Vorschriften sind neben dem *Circular 230* der *AICPACode of Professional Conduct (AICPA Code)* und die *AICPA Statements on Responsibilities in Tax Practice (AICPA Statements)*. Der *AICPA Code* bildet die Hauptgrundlage für das Berufsrecht der *Accountants*.[131] Er gliedert sich in zwei Teile: *die Principles of Professional Conduct (Principles)* und die *Rules of Professional Conduct (Rules)*. Die *Principles* beschreiben in unverbindlicher Weise das Sollverhalten des *CPA*.[132] Hierzu gehören Integrität und Loyalität, Objektivität und sorgfältiges Handeln (*due care*). Die *Rules* hingegen definieren die für den CPA verbindlichen Mindestanforderungen an die fachgerechte Berufsausübung, deren Verletzungen

---

128 *Finman/Schneyer*, The Role of Bar Assocations Ethics Opinions in Regulating Lawyer Conduct: A Critique of the Work of the ABA Committee on Ethics and Professional Responsibility, 29 U.C.L.A. L. Rev. 67, 67 f. (1981).

129 *Wolfman/Holden/Harris*, a.a.O. (3rd ed.), § 103.1.2, S. 7.

130 *People v. Sharp*, 150 Cal.App. 3d 13, 197 Cal.Rptr. 436 (1983) (die *„ethic opinions"* der kalifornischen *Bar* haben nur empfehlenden Charakter und sind *„obviously"* für die Gerichte nicht verbindlich); *Corti v. Fleisher*, 93 Ill.App.3d 517, 417 N.E.2d 764 (1981) (die *opinions* können zwar von den Gerichten bei der Auslegung beachtet werden, sie sind jedoch nicht verbindlich). Vgl. auch: *Finman/Schneyer*, a.a.O., 29 U.C.L.A. L. Rev. 67, 70, Fn. 9 (1981).

131 *Wolfman/Holden/Harris*, a.a.O. (3rd ed.) § 104, S. 14.

132 AICPA Code, § 51.2.

Disziplinarmaßnahmen nach sich ziehen.[133] So beschreibt Rule 201 des *AICPA Code* die vier Grundpflichten des *CPA* als berufliche Kompetenz bzw. Fachwissen, sorgfältige Berufsausübung, Arbeitsplanung und Überwachung sowie die Verwendung von ausreichendem Datenmaterial oder Informationen. Diese Grundpflichten müssen von jedem *CPA* erbracht werden.[134]

Das *AICPA* gibt zwei Arten von interpretierenden Hilfestellungen heraus: die *Interpretations of Rules of Conduct (Interpretations)* und die *Ethics Rulings*. Die *Interpretations* sind allgemeiner Natur und sollen lediglich die Anwendung der *Rules* erleichtern. Zwar haben die *Interpretations* keinen rechtsverbindlichen Charakter, dennoch führt eine Abweichung des *CPA* von den *Interpretations* stets zu einer widerlegbaren Vermutung der Verletzung der *Rules*.[135] Die *Ethics Rulings* fassen die Anwendung der *Rules* und der *Interpretations* auf den konkreten Sachverhalt zusammen. Ähnlich den *Interpretations* hat auch ein *CPA*, der von den *Ethics Rulings* abweicht, dieses Verhalten in einem Disziplinarverfahren zu rechtfertigen.[136] Die *AICPA Statements on Responsibilities in Tax Practice (Statements)* werden vom *Federal Taxation Comittee* des *AICPA* herausgegeben,[137] um den Standard der steuerlichen Beratung durch einen *CPA* festzuschreiben.[138] In den Statements werden die berufsrechtlichen Pflichten des *CPA* in der steuerlichen Beratung, insbesondere auf dem Gebiet der Erstellung von Steuererklärungen, der Einnahme einer dem Mandanten günstigen Position, das Erkennenmüssen von Fehlern in der Erklärung oder den Dokumenten des Mandanten sowie Form und Inhalt der Beratung, eingehend beschrieben. Dabei handelt es sich bei den *Statements* – im Gegensatz zu den *Rules* – nicht um sanktionierbare Vorschriften.[139] Dennoch kommt den Statements eine praktische Bedeutung zu. Die Gerichte und der *Internal Revenue Service* verlangen vom *CPA* vielfach zumindest ein Verhalten an den Tag zu legen, das den Mindestanforderungen seiner berufsständischen Vereinigung entspricht.[140]

---

[133] AICPA Code, § 91.1, 2.

[134] AICPA Code, § 202.

[135] AICPA Code, Introduction.

[136] AICPA Code, Introduction.

[137] Die Einführung zu der Überarbeitung der Statements aus dem Jahre 1988 lässt erkennen, dass die Statements vom Responsibilities in Tax Practice Subcommitte geschaffen und dann vom Federal Taxation Executive Comittee gebilligt wurden.

[138] AICPA Statements of Responsibilities in Tax Practice (1988 rev.) – Preface: „*to provide a body of advisory opinions on what are good standards of tax practice, delineating the CPA's responsibilities to the client, the public, the government, and the profession.*"

[139] AICPA Statements of Responsibilities in Tax Practice (1988 rev.) – Introduction.

[140] Vgl. hierzu ausführlich: *Raby*, AICPA Responsibilities Statements of Tax Practice, Nachdruck in: Tax Adviser 160, 160 ff. (March 1989).

II. Einordnung der Haftung für Steuerberatung ins US-amerikanische Recht

Die US-amerikanische Haftung für Steuerberatung beruht nicht auf einem eigenständigen von dem allgemeinen Recht der USA losgelösten Rechtssystem. Vielmehr lassen sich die Regelungen der Berufshaftung in das allgemeine Rechtssystem einordnen. Dabei werden wir jedoch später sehen, dass aufgrund der besonderen Stellung der *Tax Practitioner* vereinzelt Modifikationen der Grundregeln erfolgen, um dem Schutzbedürfnis der Allgemeinheit an einer qualifizierten Steuerberatung gerecht zu werden und der besonderen Qualifikation der Berufsangehörigen im Rahmen der Haftung angemessen Rechnung zu tragen.

Für den kontinentaleuropäischen Juristen ist das anglo-amerikanische Recht oft besonders fremdartig und ungewöhnlich. Er begegnet hier einer Rechtstechnik die sich vorrangig nicht an Gesetzen und Interpretation orientiert, sondern vorrangig in Präjudizien und Fallgruppen denkt, auf sorgfältige und lebenszugewandte Problemdiskussionen bedacht ist und lieber konkret und historisch als abstrakt und systematisch argumentiert.[141]

Der das moderne amerikanische Recht stark prägende[142] Richter Oliver Wendell Holmes beschrieb diese Rechtstechnik mit der bekannten Formel: *„The life of the law has not been logic: it has been experience.“*[143] Dem kontinentaleuropäischen Juristen erschließt sich dieses für ihn so fremd anmutende Recht am Besten mit einer Besinnung auf die geschichtlichen Wurzeln dieses Rechtskreises und seiner Rechtsinstitute.

Aus diesem Grund werden im folgenden die für die Haftung des *Tax Practitioners* relevanten Rechtsinstitute in das anglo-amerikanische Rechtssystem eingeordnet, die historischen Wurzeln dieser Rechtsinstitute aufgezeigt und die modernen Tendenzen im US-amerikanischen Recht besprochen. Eine detaillierte Besprechung des Pflichtenkreises der Tax Practitioner sowie der Grenzen dieser Pflichten erfolgt später unter III.-IV.

141 *Zweigert/Kötz*, 3. Aufl., § 14 I.

142 Vgl. zur Bedeutung Oliver Wendel Holmes für das moderne amerikanische Recht: *Zweigert/Kötz*, a.a.O., § 17 II.

143 *Holmes*, The Common Law, S. 1.

1. Case Law

Das US-amerikanische Recht hat seine Wurzeln im so genannten *Case Law* (z.T. auch *Common Law* genannt).[144] Darunter versteht man ein im Wesentlichen einheitliches[145] Fallrecht, das sich nach der Eroberung Englands durch Wilhelm I. im Jahre 1066 im 12. und 13. Jahrhundert entwickelt hat.[146] Das Fallrecht ist gekennzeichnet durch, in richterlichen Entscheidungen festgelegte, allgemeine Prinzipien, die aus den Umständen des jeweiligen Einzelfalles abgeleitet wurden.[147] Dabei sind Gerichte durch die Entscheidungen höherer Gerichte gebunden, d.h. sie müssen befolgt werden und zwar grundsätzlich ohne Rücksicht darauf, ob diese dem Untergericht richtig oder falsch erscheinen.[148] Die Entscheidung, d.h. die in ihr enthaltene Regel (*ratio decidendi*), ist solange *binding on the courts*, als sie nicht außer Kraft gesetzt wird; *overruled* (außer Kraft gesetzt) werden kann sie durch eine spätere Entscheidung des erkennenden Gerichts, soweit dieses nicht an seine eigenen Entscheidungen gebunden ist oder durch die eines höheren Gerichts, des Weiteren durch die Gesetzgebung.[149] Entscheidungen rangniederer Gerichte sind für die ranghöheren Gerichte lediglich von *persuasive authority* (überzeugender Autorität).[150]

Aufgrund der jahrhundertelangen kontinuierlichen Entwicklung des englischen Rechts existieren allein in England weit mehr als 300.000 dokumentierte Entscheidungen, so dass es nicht immer einfach ist, den relevanten Präzedenzfall ausfindig zu machen und damit die Rechtseinheitlichkeit zu wahren.[151]

Das US-amerikanische Recht hat in den über 200 Jahren, die seit der Unabhängigkeitserklärung von England vergangen sind, zwar eine eigenständige Entwicklung genommen und sich vom englischen Vorbild in vielen Punkten ent-

---

144 Neben der Gegenüberstellung *Common Law* (oder *Law*) - *Equity* (= strenges Recht - Billigkeitsrecht) wird der Begriff *Common Law* noch stellvertretend für das gesamte *Case Law* und das anglo-amerikanische Rechtssystem verwandt: *Common Law* - *Statute Law* (= Richterrecht - Gesetzesrecht), bzw. *Common Law* - *Civil Law* (das anglo-amerikanische Recht im Gegensatz zum kontinentaleuropäischen Recht); vgl. *Blumenwitz*, § 3, S. 5.

145 Es gehört zu den Bestandteilen der Verfassungsentwicklung in England, dass sich die königliche Gerichtsbarkeit überall gegenüber der örtlichen oder der sonstiger Gerichte durchsetzte; vgl. hierzu *Blumenwitz*, a.a.O.

146 *Zweigert/Kötz*, a.a.O., § 16 II, S. 212 ff.

147 *Eddey*, S. 126.

148 *Blumenwitz*, a.a.O., S. 23.

149 A.a.O.

150 A.a.O. Vgl. zur *persuasive authority* generell *Smith/Baley*, Part I, 7. E., S. 399. Auch ausländischen Entscheidungen kommt lediglich der Charakter einer *persuasive authority* zu; *Metcalfe/Westwood*, S. 11.

151 *Eddey*, a.a.O. In den U.S.A. werden trotz der jüngeren Geschichte des amerikanischen Rechts sogar noch ungleich mehr dokumentierte Entscheidungen existieren.

fernt,[152] dennoch wurzelt die Berufshaftung des *Tax Practitioners* in den Rechtsinstitutionen des *Contract Law*[153], des *Tort Law*[154] und dem *Law* der *Fiduciary Duties,*[155] die allesamt dem englischen *Case Law* entstammen. Diese drei Rechtsinstitute bilden die Anspruchsgrundlage im US-amerikanischen Recht für den geschädigten Mandanten, der seinen steuerlichen Berater für dessen Fehlverhalten in Regress nehmen möchte.[156] Eine weitere Anspruchsgrundlage stellt *Fraud* (die betrügerische Schädigung) dar.[157] Die vorliegende Untersuchung bezieht sich im hinsichtlich des amerikanischen Rechts nur auf fahrlässige Pflichtverletzungen (so genannte Sorgfaltspflichtverletzungen) durch die steuerlichen Berater. Vorsätzliche Schädigungen des Mandanten durch den Berufsangehörigen liegen außerhalb dieser Betrachtung, so dass auf *Fraud* im Rahmen dieser Untersuchung nicht näher eingegangen wird.

2. Tort Law

a. Begriff

Law of Tort lässt sich mit Schadensersatzrecht oder mit Recht der unerlaubten Handlungen übersetzen.[158] Da *Law of Tort* jedoch nicht nur die Frage des Schadensersatzes regelt,[159] ist die Bezeichnung als „Recht der unerlaubten Handlungen" bzw. als „Deliktsrecht" zu bevorzugen. *Law of Tort* entwickelte sich bereits lange vor der Schaffung des *Law of Contract*[160]. Nach *Williams*[161] geht es

---

152 So besitzen die U.S.A. eine geschriebene Verfassung, die dem Land eine bundesstaatliche Struktur verleiht und einen Katalog von Grundrechten enthält. Auch die besonderen politischen Ideale der Gründer des amerikanischen Staates, die ethnische, religiöse und kulturelle Vielfalt der Bevölkerung, die riesige Flächenausdehnung des Landes und vor allem die atemberaubende Dynamik seiner sozialen und wirtschaftlichen Entwicklung haben dazu beigetragen, dass das amerikanische Recht Methoden und Lösungen entwickelt hat, die sein Studium für den kontinentalen Betrachter vielfach interessanter und reizvoller machen, als das des englischen Rechts, das oft noch in eine allzu liebevolle Pflege seiner Traditionen versunken ist. Vgl. hierzu: *Zweigert/Kötz*, a.a.O., § 17. Vgl. ferner auch: *Wengler*, Die Anpassung des englischen Rechts durch die Judikatur in den Vereinigten Staaten, in Festschrift Rabel I, S. 39 ff.

153 Hierzu später unter: 3.

154 Hierzu sogleich unter: 2.

155 Hierzu später unter: 4.

156 Siehe: *Anderson/Steele*, Fiduciary Duty, Tort and Contract: A Primer on the Legal Malpractice Puzzle, 47 SMU L. Rev. 235, 235 (1994); *Fain*, Accountant Liability, 21 Ohio N.U.L. Rev. 355, 356 (1995); *Todres*, Malpractice and the Tax Practitioner: An Analysis of the Areas in which Malpractice Occurs, 48 Emory L.J. 547, 552 (1999); *Mallen/Smith*, a.a.O, Vol. I, § 8.1, S. 554; *Wolfman/Holden/Harris*, a.a.O., § 601.1, S. 425.

157 Vgl. statt vieler: *Mallen/Smith*, a.a.O.

158 Vgl. *Muret/Sanders*, Teil I, 2. Band, S. 1516

159 S. dazu unten unter 3. a., S. 34 ff.

160 Siehe zum Law of Contract und seiner geschichtlichen Entwicklung im Folgenden unter: 3.

beim *Law of Tort* um vier mögliche Ziele für eine Klage in Tort: Versöhnung, Gerechtigkeit, Abschreckung und Entschädigung. Hinzugefügt werden könnten noch Verlustverteilung und wirtschaftliche Effizienz.[162]

b. Geschichtliche Entwicklung

Die Bedeutung von *Tort* lässt sich nicht ohne die Kenntnis der geschichtlichen Entwicklung des Deliktsrechts im *Common Law* erschließen.

Die Hauptquelle des *Law of Tort* findet sich nicht in Gesetzen, den so genannten *Statutes*, sondern im *Case Law*.[163] Während auf dem Kontinent eine wissenschaftlich betriebene Jurisprudenz die einzelnen deliktischen Spezialtatbestände in den meisten Rechtsordnungen in einer gesetzlichen Generalklausel vereint haben[164], hat man im *Common Law* an den Fallgruppen und Falltypen, die sich unter dem "*writ*-System"[165] entwickelt haben, bis heute weithin festgehalten.[166] Dies verdeutlicht, dass ein Großteil des *Law of Tort* auf Fallentscheidungen beruht und seine Entwicklung mehr durch die Aktivität der Richter als durch die Aktivität des Parlaments beeinflusst wurde.[167]

Wenn ein Geschädigter einen Schädiger aufgrund einer erlittenen Verletzung verklagte, stellte sich bis in die Mitte des 19. Jahrhunderts nicht die Frage: "Hat der Beklagte gegenüber dem Kläger eine Rechtspflicht verletzt?", sondern es wurde gefragt: "Kann der Kläger sich auf eine zulässige, bereits entwickelte, Klageform berufen, und wenn ja, auf welche?"[168] Passte sein Klagebegehren nicht in eine der geläufigen Klageformen (*writs*), so war diese Klage rechtlich unerheblich.[169]

---

161 *Williams*, The Aim of the Law of Tort (1951) 4 C.L.P. 137, 137 ff.

162 *Jones*, Torts, 1.4., S. 13; vgl. zu der in neuerer Zeit verstärkt auftretenden Beachtung wirtschaftlicher Aspekte des Law of Tort auch: *Bishop*, Economic Loss in Tort, Oxford Journal of Legal Studies (1982) 2, S. 1 ff., sowie den Überblick bei *Markesinis/Deakin*, Tort, S. 22 ff. m.w.N.

163 *Winfield/Jolowicz*, Tort, Ch. 2, S. 46; *Weir*, Tort, S. 1; s. auch: *Zweigert/Kötz*, 2. Aufl., Bd.II, § 17 III, S. 342 f.

164 Vergleiche z.B.: Art. 1382 des französischen Code Civil, Art. 2043 des italienischen Zivilgesetzbuch und Art. 41 des Schweizerischen Zivilgesetzbuchs - Obligationenrecht; Generalklauseln, die durch deliktische Spezialklauseln ergänzt werden, finden sich z.B. im § 823 BGB und Art. 914 Griechisches Zivilgesetzbuch; vgl. hierzu auch die Übersicht bei *Dias/Markesinis*, Comparative Introduction to Tort, Ch. 1, S. 25.

165 Zum "writ-System" vgl. *Winfield/Jolowicz*, Tort, Ch. 2, S. 46: Eine Klage wurde gewöhnlich dadurch eingeleitet, dass ein "legal writ" durch eine besondere Verwaltungsbehörde ("the Chancery") ausgestellt wurde. Diese Behörde wurde auch als "officina brevium" bezeichnet, was allgemeinläufig als "writ-shop" übersetzt wurde, da ein Kläger einen *writ* nur gegen Bezahlung bekam. Über einen bemerkenswert langen Zeitraum hinweg gestaltete sich die Form des Common Law als nichts anderes als die Unterscheidung zwischen den writs.

166 *Zweigert/Kötz, a.a.O.*

167 *Winfield/Jolowicz*, a.a.O.

168 A.a.O.

169 A.a.O.

Deshalb musste der Kläger auch sorgsam zwischen den betreffenden Klageformen unterscheiden, um seinem Klagebegehren zum Erfolg zu verhelfen.[170]

Auch heute ist die Kenntnis der einzelnen Klageformen weiterhin notwendig, um die alten Fälle zu verstehen.[171] Oftmals hängt die Torthaftung von der Klageform ab, die unter dem alten System hätte angewendet werden müssen.[172]

Maitland[173] formulierte diesen Zusammenhang folgendermaßen: "*The forms of action we have burried, but they still rule us from their graves*". Auch wenn Maitlands Formulierung überspitzt klingen mag, so werden wir im Folgenden sehen, dass er gar nicht einmal so falsch lag.[174]

c. Tort of Negligence/Malpractice

"Tort of Negligence" gehört zu den jüngeren deliktischen Klageformen des *Common Law*. *„Negligence"* bedeutet - wörtlich übersetzt - einen Mangel an Sorgfalt, eine Nachlässigkeit oder Unaufmerksamkeit. In dieser allgemeinen Bedeutung wird der Ausdruck *„negligence"* überall im Deliktsrecht bei der Prüfung der verschiedensten Tatbestände zur Bezeichnung unsorgfältigen Handelns verwendet. Streng davon zu unterscheiden ist aber der Begriff *„negligence"*, sofern er zur Bezeichnung des gleichnamigen Deliktstatbestandes verwendet wird und zur abgekürzten Bezeichnung eines Bündels an Tatbestandsvoraussetzungen dient.[175]

Die älteren deliktischen Klageformen des *Common Law* wie *Trespass to Land* (Grundstücksbeeinträchtigung)[176] waren *actionable per se*, d.h. das Vorliegen eines Schadens ist nicht Anspruchsvoraussetzung.[177] Im 14. Jahrhundert wurden auch mittelbare Rechtsbeeinträchtigungen durch eine neue Klageform - der so genannten *action on the case* - von der Rechtsordnung geschützt, sofern die mittelbare Beeinträchtigung einen Schaden mit sich brachte.[178] Ursprünglich

---

170 *Pritchard*, Trespass, Case and the Rule in Williams v. Holland, [1964] C.L.J. 234, 234 ff.

171 *Williams/Hepple*, Foundations of the Law of Tort, Ch. 2, "The Ghost Story", S. 31; *Street*, Tort, Ch. 1, sec. 5, S. 8

172 *Winfield/Jolowicz*, a.a.O., S. 47.

173 *Maitland*, The forms of action, S. 2.

174 So basiert die Unterscheidung zwischen *trespass to land* und *private nuisance* weiterhin auf der alten Differenzierung zwischen *trespass* und *case*. Siehe hierzu: *Esso Petroleum Co. Ltd. v. Southport Corporation* [1956] A.C. 218, 218 ff.

175 *Zweigert/Kötz*, a.a.O., § 40 III, S. 611.

176 Sie entstand unter König John im frühen 13. Jahrhundert: *Williams/Hepple*, Ch. 2, S. 43. Vgl. ferner *Zweigert/Kötz*, 2. Aufl., Bd.2, § 17 III, S. 344; *Potter*, Ch. 11, S.141 f.; vgl. hierzu insbesondere auch *Holdsworth*, Vol. II, S. 364 ff., der einen lehrreichen Einblick in die Entstehungsgeschichte der *"trespass"*-Klage (*fertile mother of actions*) gibt.

177 A.a.O.

178 *Winfield/Jolowicz*, a.a.O. Vgl. auch: *Zweigert/Kötz*, 2. Aufl., Bd. II, § 17 III, S. 344: Die Lücken der *"trespass"*-Klage wurden ab dem 14. Jahrhundert dadurch ausgefüllt, dass man

wurde innerhalb dieser zwei Klageformen nicht hinsichtlich Vorsatz und Fahrlässigkeit unterschieden.[179]

Bis in die Mitte des 19. Jahrhunderts fanden sich nur sehr wenige Entscheidungen in den USA, die auf einer fahrlässigen Verursachung beruhten.[180] Erst Mitte des 19. Jahrhundert wurde ein Verschuldenselement ins *Law of Tort* eingeführt.[181] Zu dieser Zeit vermehrte sich die Zahl der Rechtsgutverletzungen aufgrund der fortschreitenden Industrialisierung.[182] Die Mehrzahl dieser Verletzungen waren nunmehr *by negligence* (fahrlässig), so dass man als ihr typisches Merkmal die schuldhafte Außerachtlassung der erforderlichen Sorgfalt ansah und in diesem Umstand die eigentliche Grundlage der Ersatzpflicht des Schädigers zu erkennen glaubte.[183] Ein neuer Deliktstyp, der so genannte *Tort of Negligence*, war geschaffen.

Vereinzelt wird der Tort of Negligence auch als *Tort of Malpractice* bezeichnet,[184] wenn die Pflichtverletzung durch einen *Lawyer*, *Accountant*, Arzt, Architekten oder einen sonstigen Freiberufler verursacht wurde. Der *Tort of Malpractice* basiert jedoch auf der klassischen Theorie des *Tort of Negligence* und weist dieselben Anspruchsvoraussetzungen auf.[185] Da allerdings die gesamte amerikanische Berufshaftung oftmals als *Malpractice* bezeichnet wird, unbeachtet dessen, ob sie auf *Contract*, *Tort*, oder *Breach of Fiduciary Duties* basiert, wird im Folgenden vom *Tort of Negligence* gesprochen werden.

---

allmählich eine *action on the case* anerkannte, in der der Schaden des Klägers sich nur als die weitere Folge eines bestimmten Tuns oder Unterlassens des Beklagten darstellte.

179 *Winfield*, The History of Negligence in Tort, 42 (1926) L.Q.R. 184, 193; *Street*, a.a.O.; *Zweigert/Kötz*, a.a.O., S. 345. Vgl. auch *Schwartz*, Tort Law and the Economy in Nineteenth Century America: a Reinterpretation, 90 Yale Law Journal 1717, 1722 ff. (1981), der aber eine verschuldensunabhängige (strikte) Haftung ablehnt. Vgl. dazu jedoch: *Rabin*, The Historical Development of the Fault Principle: A Reinterpretation, 15 Ga.L.Rev. 925 (1981) und Gilles, Inevitable Accident in Classical English Tort Law, 43 Emory L.J. 575 (1994), die argumentieren, dass ein Verschuldensprinzip dem englischen Recht jener Zeit gänzlich fremd war. Siehe ferner hierzu: Weaver v. Ward, Hobart 134, 80 Eng.Rep. 284 (1616), diese Entscheidung verwendet zwar den Begriff *negligence*; die präzise Bedeutung von *negligence* in dieser Entscheidung ist jedoch gänzlich unklar.

180 *Franklin/Rabin*, Tort Laws and Alternatives, Ch. 2, A., S. 22.

181 *Cooke*, Ch. 1, S. 8.

182 Vgl. *Friedman*, A History of American Law, S. 467: „*The common law had little to say about personal injuries brought about by carelessnes – the area of life and law that underwent most rapid growth in the [ninteenth] century. The modern law of torts must be laid at the door of the industrial revolution, whose machines had a marvelous capacity for smashing the human body.*“ Vgl. auch: *Fleming*, Ch. 6, S. 101; ders., Remoteness and Duty: The Control Devices in Liability for Negligence, 31 (1953) Can.B.R. 471, 471 f.

183 *Zweigert/Kötz*, a.a.O., S. 347.

184 Vgl. z.B. : *Anderson/Steele*, a.a.O., 47 SMU L. Rev. 235, 235 (1994); *Fain*, a.a.O., 21 Ohio N.U.L. Rev. 355, 365 (1995); *Todres*, a.a.O., 48 Emory L.J. 547, 553 (1999); *Mallen/Smith*, a.a.O, Vol. I, § 8.1, S. 554; *Wolfman/Holden/Harris*, a.a.O., § 601.1, S. 425; *North Bend Senior Citizens Home, Inc. v. Cook*, 261 Neb. 500 (2001).

185 Vgl. *Todres*, a.a.O., 48 Emory L.J. 547, 552 (1999).

d. Haftungsvoraussetzungen

Bei der klassischen Klageform des *Tort of Negligence* müssen folgende vier Haftungsvoraussetzungen vorliegen:

1. Es muss eine rechtlich anerkannte Pflicht gegenüber einer anderen Person (*duty of care*) bestehen

Diese Pflicht besteht dann, wenn eine rechtliche Verpflichtung von einer Person eingegangen wurde, ihr Verhalten nach einem besonderen Standard auszurichten.[186] Dabei ist es maßgeblich, ob durch das konkret vorliegende fahrlässige Verhalten generell eine Schädigung in der Art und Weise, wie sie beim Geschädigten eingetreten ist, hervorgerufen wurde, für das der fahrlässig Handelnde verantwortlich gemacht werden kann.[187]

2. Die Sorgfaltspflicht muss verletzt worden sein (*breach of duty*)

Die Sorgfaltspflicht muss *in casu* verletzt werden. Dies bedeutet, dass es sich um einen objektiv bestimmbaren[188] Verhaltensstandard handelt.[189] Gleichzeitig muss auch dem Risiko, dem sich der Pflichteninhaber bei Erfüllung der Pflicht aussetzen würde und den besonderen Gegebenheiten des Einzelfalles Rechnung getragen werden.[190] Die Gerichte stellen hierzu auf eine fiktive Person ab – *„who has never existed on land or sea"*[191] –, den so genannten *„reasonable man of ordinary prudence"*.[192] Der Handelnde ist dabei verpflichtet, das zu tun, was eine vernünftige Person unter diesen Umständen getan hätte, um die Verursachung des Schadens zu verhindern. Diese Person ist immer vorsichtig (aber nicht übervorsichtig),[193] vernünftig und auf dem neuesten Stand und ist nicht mit jeder gewöhnlichen Person zu verwechseln, die gelegentlich schon einmal unvernünftige Dinge tut.[194] *Breach of duty* gestaltet sich demnach als Unterlassen dessen, was diese fiktive Person aus dem Berufsstand des *Tax Practitioners*[195] unter denselben oder vergleichbaren Umständen getan hätte.[196]

---

186 *Prosser/Keeton*, a.a.O., § 53, S. 356.

187 Vgl. z.B. *Ballard v. Uribe*, 41 Cal. 3d 564, 573 n.6, 224 Cal. Rptr. 664, 715 P.2d 624 (1986).

188 Chief Justice *Tindal* in: *Vaughan v. Menlove*, 3 Bing.N.C. 468, 132 Eng.Rep. 490.

189 *The Germanic*, 196 US 589, 25 S.Ct. 317, 49 L.Ed. 617.

190 *Prosser/Keeton*, a.a.O., § 32, S. 174.

191 *Prosser/Keeton*, a.a.O.

192 *Vaughan v. Menlove*, 3 Bing.N.C. 468, 132 Eng.Rep. 490.

193 *Whitman v. W. T. Grant Co.*, 16 Utah 2d 81, 395 P.2d 918, 920; *Public Service Co. of New Hampshire v. Elliott*, 123 F.2d 2, 7 (1st Cir. 1941).

194 *Reynolds v. City of Burlington*, 52 Vt. 300, 308 (1880).

195 *Brune v. Belinkoff*, 354 Mass. 102, 235 N.E.2d 793 (1968); *Phillips/Terry/Maraist/McClellan*, Tort Law, Ch. 7 C, S. 342 f.

196 Restatement (Second) of Torts § 282. Vgl. auch: *Yerkes v. Northern Pacific Railway Co.*, 112 Wis. 184, 193, 88 N.W. 33, 36 (1901); *Johnson v. Clay*, 38 N.C.App. 542, 248 S.E.2d 382 (1978); *Everette v. City of New Kensington*, 262 Pa.Super. 28, 396 A.2d 467 (1978).

3. Es muss eine Kausalität zwischen der Pflichtverletzung und der Rechtsgutsverletzung bestehen (*proximate cause*)

Ein wesentliches Element im Rahmen der *Tort of Negligence*-Klage ist der Zusammenhang zwischen dem Handeln oder Unterlassen des Beklagten mit dem vom Kläger erlittenen Schaden. Dieser Zusammenhang wird *proximate cause* oder *legal cause* genannt.[197] Auf dieses Element der Klage wird später (unten unter 6.) noch ausführlich eingegangen.

4. Es muss auch eine tatsächliche Schädigung des Rechtsguts eines anderen eingetreten sein (*damage*).[198]

Nomineller Schadensersatz[199] (*nominal damages*) kann nicht mit der Klageform des *Tort of Negligence* geltend gemacht werden, wenn der Kläger keinen tatsächlichen Schaden erlitten hat; die Furcht vor zukünftigen Beeinträchtigungen des Rechtsguts des Klägers reicht für diese Klageform nicht aus.[200]

In einer auf dem *Tort of Negligence* basierenden Klage gegen den Tax Practitioner muss der Mandant somit die folgenden Elemente der Negligence Klage vortragen und beweisen: [201]

1. dass eine Berater-Mandant-Beziehung vorliegt;
2. die Verletzung einer aus dieser Beziehung resultierenden Pflicht;
3. dass das Verhalten des *Tax Practitioners* nicht dem eines vernünftigen (*reasonable*) und umsichtigen (*prudent*) Beraters entsprach; und
4. dass der Mandant ohne das Fehlverhalten des Beraters den Schaden nicht erlitten hätte.

---

197 *Prosser/Keeton*, a.a.O., § 40, S. 263. Vgl. auch generell zu den verschiedenen Versuchen die *causation* im amerikanischen *Tort Law* zu definieren: *Green*, Rationale of Proximate Cause; *Beale*, The Proximate Consequences of an Act, 33 Harv.L.Rev. 633 (1920); *McLaughlin*, Proximate Cause, 39 Harv.L.Rev. 149 (1925); *James/Perry*, Legal Cause, 60 Yale L.J. 761 (1951); *Oregon Steel Mills, Inc. v. Copers & Lybrand, LLP*, 2004 Ore.LEXIS 55, 336 Ore. 329.

198 *Richard K. Tailor v. Derek S. Casey*, 2002 US Dist. LEXIS 1358 (US District Court Kansas 2002); *Michael Viner v. Charles A. Sweet et al.*, 92 Cal.App. 4th 730 (Fl. App. 2001); *Mount v. Baron*, 154 F. Supp. 2d 3 (D.C. 2001); *LaBracio Family Partnership v. 1239 Roosevelt Avenue*, 340 N.J.Super. 155 (New Jersey 2001); *Steve Stroud v. Arthur Andersen & Co.*, 2001 OK 76 (Oklahoma 2001); *Knight v. United States*, 498 F.Supp. 315 (E.D.Mich. 1980); *Anderson v. Green Bay & Western Railroad*, 99 Wisc.2d 514, 299 N.W.2d 615 (1980); *Arneson v. Fargo*, 303 N.W.2d 515 (N.D. 1981); *ABC Builders, Inc. v. Phillips*, 632 P.2d 925 (Wyo. 1981) und *Prosser/Keeton*, Prosser and Keeton on the Law of Torts, § 30, S. 164 f. Vgl. allgemein auch: Restatement (Second) of Torts § 281.

199 Vgl. dazu später unter: 8. a.

200 *Hall v. Corner*, 183 Ohr. 634, 240 P.2d 231 (1952); *Kirby v. Carlisle*, 178 Pa.Super. 389, 116 A.2d 220 (1955); *Alhino v. Starr*, 112 Cal.App.3d 158, 169 Cal.Rptr. 136 (1980); vgl. auch: Restatement (Second) of Torts § 907.

201 *Federal Deposit Ins. Corp. v. Ferguson*, 982 F.2d 404, 406 f. (10th Cir. 1991).

3. Contract Law

a. Begriff

Unter *Contract Law* ist das Recht des Vertragsschlusses – also das Vertragsrecht – zu verstehen. *Contract Law* basiert auf dem Konzept, dass Versprechen eingehalten werden – *pacta sunt servanda.*[202]

§ 1 des *Restatement (Second) of Contracts* definiert *Contract* in diesem Sinne auch als ein (oder mehrere) Versprechen, an dessen (bzw. deren) Nichteinhaltung oder Verletzung das Rechtssystem eine Rechtsfolge knüpft oder dessen (bzw. deren) Erfüllung eine rechtliche Verpflichtung darstellt. Ein Versprechen wird als eine Äußerung der Absicht verstanden, zu handeln oder von einer gewissen Handlung Abstand zu nehmen, wobei die Äußerung in einer Weise gemacht wird, die beim Empfänger den Eindruck einer Verbindlichkeit erweckt.[203]

Eine Besonderheit des anglo-amerikanischen *Contract Law* ist der Seriositätsindiz der so genannten *Doctrine of Consideration.*[204] Hiernach sind *Common Law* Gerichte nur bereit Verträge dann anzuerkennen, wenn durch diese ein Austausch stattfindet.[205] Für diesen Austausch ist es in der Regel ausreichend, wenn der Erklärungsempfänger aufgrund der empfangenen Willenserklärung selbst eine Willenserklärung abgibt oder mit einer Handlung erwidert.[206] Ein bloßes Versprechen des Erklärenden gegenüber dem Empfänger stellt keine rechtliche Grundlage dar, wenn der Empfänger selbst kein Versprechen abgibt oder im Vertrauen auf die Erklärung handelt.[207]

---

202 Vgl. *Murray*, Contracts, Ch 1 A., S. 1., der *S. Puffendorf*, De Jure Naturae et Gentium, Bk. III, ch, IV, § 2 zitiert: „*It is, therefore, a most sacred precept of natural law, and one that governs the grace, manner and reasonableness of all human life, that every man keep his given word, that is, carry out his promises and agreements.*" *S. Puffendorf*, a.a.O., zitiert *Aristoteles*, Rhetoric, Bk, I, Ch. XV, S. 22: „*If contracts are invalidated, the intercourse of men is abolished.*"

203 § 2 (1) Restatement (Second) of Contracts: „*A promise is a manifestion of intention to act or refrain from acting in a specified way, so made as to justify a promisee in understanding that a commitment has been made.*"

204 Vgl. hierzu ausführlich: *Hunter*, Modern Law of Contracts, Ch. 5 m.w.Nachw. und *Murphy/Speidel/Ayres*, Contract Law, Ch.2, Sec. 1, sowie ferner: *Patterson*, An Apology for Consideration, 58 Colum. L.Rev, 929, 932 f. (1958): „*(...) a thing (promise or performance) that the promisor bargains for (...) [and] the process of bargaining for it. (...) Consideration (...) implies that something happened, a bargain or exchange*".

205 *Farnsworth*, United States Contract Law, 1.1, S. 2.

206 § 71 (2) Restatement (Second) of Contracts: „*A performance or return promise is bargained for if it is sought by the promisor in exchange for his promise and is given by the promisee in exchange for that promise.*" Vgl. auch den Kommentar zu § 72 (1) in *Braucher*, Freedom of Contract and the Second Restatement, 78 Yale L.J. 598, 599 ff. (1969).

207 *George R. Hall, Inc. v. Superior Trucking Co.*, 532 F. Supp. 985 (ND Ga. 1982); *ACMAT Corp. v. International Union of Operating Eng'rs*, 442 F. Supp. 772 (D. Conn. 1977);

b. Geschichtliche Entwicklung

Das *Common Law* war in seinem frühen Stadium weit weniger ausgeprägt als das römische Rechtssystem, auf das in vielen damaligen Staaten zurückgegriffen wurde. Das römische Vertragsrecht war in England zwar bekannt, es wurde nach dem Zusammenbruch des römischen Reiches in England aber stark zurückgedrängt.[208] Das damalige System wurde von dem Grundgedanken beherrscht, dass man nicht allen Versprechen eine rechtliche Bedeutung und Einforderbarkeit zukommen lassen solle.[209] Wenn man eine Grundlage für die Durchsetzbarkeit von Versprechungen schaffen möchte, so kann man dies auf zweierlei Weise tun. Man kann mit der Annahme starten, dass allen Vereinbarungen eine rechtliche Bedeutung zugemessen wird und Ausnahmen für besondere Umstände schaffen, bei denen die vertragliche Bindung unerwünscht erscheint. Oder man beginnt mit der Annahme, dass Versprechungen generell nicht rechtlich durchsetzbar sind, solange keine Ausnahmen vorliegen, die für eine vertragliche Bindung sprechen. Im Rahmen des *Common Law* ging es dabei um die zweite Variante.

Dennoch dauerte es bis ins 15. und 16. Jahrhundert, bis es erste Ausnahmen zur Nichteinforderbarkeit von Versprechen gab und diese in das allgemein bestehende System von Klageformen eingeordnet wurden.[210] Die Klageform des *covenant* z.B. war an die formalen Anforderungen eines Wachssiegels gebunden, durch das das Versprechen eine rechtliche Bedeutung zukam. Darüber hinaus existierte die Klageform des *debt*, die dann gegeben war, wenn der Beklagte vom Kläger etwas ausgeliehen hatte und es nicht zurückgab (*quid pro quo*).[211] Es wurde als unrecht angesehen, wenn der Beklagte den Gegenstand oder die Geldsumme behielt. Diese Klageform wurde später auf alle Klagen ausgeweitet, in denen der Kläger dem Beklagten einen erheblichen Vorteil (einschließlich einer Dienstleistung) verschafft hatte. Um den Anforderungen des *quid pro quo* zu genügen, musste dem Beklagten immer ein Vorteil verschafft werden. Das bloße Versprechen, dem Beklagten den Vorteil zu verschaffen, reichte hierfür nicht aus.[212]

Cardamore v. University of Pittsburgh, 253 Pa. Super. 65, 384 A2d 1228 (1978); vgl. ferner: *Hunter*, a.a.O., § 5.03 [1].

208 *Farnsworth*, a.a.O., § 2.2, S. 14.

209 Vgl. hierzu auch: *Cohen*, The Basis of Contract, 46 Harv. L. Rev. 553, 573 (1932): „*(Most of us) would shudder at the idea of being bound by every promise, no matter how foolish, without any chance of letting increased wisdom into our past foolishness.*"

210 *Farnsworth*, a.a.O., S. 15. Es gab allerdings schon vorher vereinzelte Ausnahmen, die von den Equity Courts gemacht wurden. So entschied der Chancellor in *Anon*, Y. B., Pasch. 8 Edw. 4 f.4. pl. 11 (1468)(1640 ed.), dass „*(...) a man was damaged by the non-performance of the promise, he shall have a remedy.*"

211 *Farnsworth*, a.a.O., S. 15 f.

212 Ein weiterer Nachteil von *debt* war es, dass der Beklagte seine Verantwortung abstreiten konnte (*wage his law*). Dazu musste der Schuldner unter Eid und Anwesenheit einer

Für die Fälle der Schlechterfüllung, aufgrund derer der Kläger eine Verletzung erlitten hatte, schuf das *Law of Tort* mit einer speziellen Klageform innerhalb des *trespass on the case* den so genannten *assumpsit*[213] die passende Anspruchsgrundlage.[214] Die Fälle der Nichterfüllung wurden hierdurch jedoch nicht geregelt und Untätigkeit blieb ohne rechtliche Sanktion.[215] *Trespass on the case* wurde im Laufe der Zeit auf Fälle ausgedehnt, in denen der Empfänger des Versprechens im Vertrauen auf das Versprechen einen Vermögensschaden erlitten hatte.[216] Geschützt wurde die enttäuschte Erwartung des Geschädigten. Er wurde deshalb so gestellt, als wäre der Vertrag erfüllt worden. Die Rechtfertigung dieses Anspruchs wird weniger in der Entschädigung des enttäuschten Vertragspartners gesehen, sondern findet ihre Rechtfertigung in der Bestrafung des Vertragsbruchs durch den Versprechenden.[217] Der Begriff *consideration* wurde von nun an gebraucht, um die Voraussetzungen der Klageform *assumpsit* zu beschreiben.[218]

Eine Begründung für die nur zögerliche Anerkennung der rechtlichen Einforderbarkeit von Verträgen, die zudem noch eine (Teil-)Erfüllung oder einen Vermögensschaden des Versprechensempfängers voraussetzte, mag mit der vormarktwirtschaftlichen Gesellschaft jener Zeit begründet werden. Verträge wurden in dieser Zeit meist direkt abgewickelt. Verträge über zukünftige Leistungen waren die Ausnahme[219] und sie wurden zumeist besiegelt oder durch den Gebrauch bestimmter (besiegelter) Schuldscheine – den so genannten *penal bonds* – abgesichert.[220]

---

bestimmten Anzahl von Personen die Wahrheit seiner Aussage schwören. Vgl. *Farnsworth*, a.a.O., S. 17.

213 Aus der lateinischen Sprache übersetzt: „er handelte".

214 Vgl. *Holdsworth*, History of English Law, S. 430 und eine Gerichtsentscheidung aus dem Jahre 1436 (Y.B. 14 Hy. 6 [1679 ed.] p. 18, pl. 58 (1436)): *„If a carpenter makes a promise to me to make me a house good and strong and of certain form, and he makes me a house which is weak and bad and of another form, I shall have an action of trespass on my case."*

215 Vgl. eine Gerichtsentscheidung aus dem Jahre 1409 (Y.B. Mich. 11 Hy. 4 [1605 ed.], f33, pl. 60 (1409)): *„(...) but when a man makes a promise and does nothing under that promise, how can you have an action against him without a writing under seal."*

216 *Farnsworth*, a.a.O., S. 19. Geschützt wurde die enttäuschte Erwartung des Geschädigten. Er wurde deshalb so gestellt, als wäre der Vertrag erfüllt worden (Erfüllungsinteresse).

217 *„(...) a quasicriminal aspect, its purpose being not so much to compensate the promisee as to penalize breach of promise by the promisor"*, aus: *Fuller/Perdue*, The Reliance Interest in Contract Damages, 46 Yale L.J. 52, 61 (1936).

218 *Farnsworth*, United States Contract Law, § 2.3, S. 22.

219 Die in der damaligen Kolonialen Gesellschaft einzig relevanten Verträge über zukünftige Leistungen waren Verträge über landwirtschaftliche Erzeugnisse. Ein grundlegendes Merkmal dieser Zeit war jedoch, dass es einen weitläufigen Handel dieser Produkte gab, vgl.: *Bidwell/Falconer*, History of Agriculture in the Northern United States, S. 133.

220 Vgl. hierzu: *Horwitz*, The Transformation of American Law, 1780-1860, Ch. 3, S. 169. Vgl. auch ferner *Horwitz*, The Rise of Modern Contract Law (unveröffentlicht), S. 4: *„Until*

Das moderne Vertragsrecht der USA entwickelte sich erst mit dem Aufkommen von Verträgen über zukünftige Leistungen und der damit verbundenen Erwartungshaltung des Versprechensempfängers auf die Erfüllung des Vertrages.[221] So wurde erstmalig systematisch das Erwartungsinteresse des Empfängers als Grundlage des vertraglichen Schadensersatzes bei dem Versäumnis der vertraglich zugesicherten Lieferung von Aktien berücksichtigt, deren Wert nach Vertragsschluss beträchtlich gestiegen war.[222] Während zuvor die Verträge, in denen sich der Wert der vertraglich vereinbarten Leistung eines Vertragspartners nach Vertragsabschluss beträchtlich änderte oder diese bei Vertragsschluss schon im Missverhältnis des anderen Vertragspartners stand, aus Gerechtigkeitserwägungen (*equity*)[223] nicht rechtlich einforderbar waren,[224] erkannten die Gerichte nun das Erfordernis an, die Vereinbarungen der Vertragsparteien aufrechtzuerhalten.[225]

In seiner Grundsatzentscheidung *Sheperd v. Hampton*[226] im Jahre 1818? weitete der *United States Supreme Court* dann das rechtliche Interesse des Verprechensempfängers an der Erfüllung des Vertrages auch auf Fälle außerhalb des Aktienkaufs aus. Dementsprechend entschied der *Supreme Court*, dass sich die Höhe des Schadensersatzes für das Versäumnis Baumwolle an den Kläger zu liefern aus der Differenz zwischen dem vertraglich vereinbarten Preis und dem objektiven Marktpreis zum Zeitpunkt des Vertragsschlusses berechnet.

Die Absorption von Güterverkäufen in das *Contract Law*, die gleichzeitig mit der industriellen Revolution und dem damit verbundenen gesellschaftlichen Wandel erfolgte,[227] stellt die Anfänge des modernen Vertragsrechts in den USA dar.[228]

---

contracts for sale of goods assume a central place in 6the economic system, the modern law of contracts does not emerge."

221 *Horwitz*, The Transformation of American Law, a.a.O., S. 173.

222 *Davis v. Richardson*, 1 Bay 105 (S.C. 1790): „*Whenever a contract is entered into for the delivery of a specific article, the value of the article, at the timefixed for delivery, is the sum the plaintiff ought to recover.*"; *Groves v. Graves*, 1 Wash. 1 (Va. 1790); *Marshall v. Campbell*, 1 Yeates 36 (Pa. 1791); *Gilchreest v. Pollock*, 2 Yeates 18 (Pa. 1795).

223 Hierzu später unter: 4.

224 Vgl. z.B.: *Flureau v. Thornhill*, 2 W. Black. 1078, 96 Eng. Ep. 635 (C.P. 1776); *Dutch v. Warren*, 1 Strange 406, 93 Eng. Rep. 598 (K.B. 1760).

225 *Horwitz*, The Transformation of American Law, a.a.O., S. 174.

226 3 Wheat 200 (1818).

227 Vgl. *Farnsworth*, a.a.O., § 2.6, S. 29ff.

228 *Horwitz*, The Rise of Modern Contract Law (unveröffentlicht), S. 20. Vgl. auch den berühmten Ausspruch des Engländers *Sir Henry Maine*: „*The movement of the progressive societies has hitherto been a movement from Status to Contract.*" (in: Ancient Law, S. 170). *Horwitz*, The Transformation of American Law, a.a.O., S. 161 f. beschreibt diese Entwicklung in der Rechtsprechung als eine dreistufige. Stufe 1 markiert alle Tätigkeiten des Güteraustausches, die sofort stattfanden und somit nur dem Sachenrecht und nicht dem Vertragsrecht angehörten (die früheste geschichtliche Stufe). Stufe 2 erkennt nur dann einen Vertrag an, wenn er einseitig (halb) erfüllt ist und nur die Verpflichtung des anderen Vertragspartners nicht erfüllt ist. Stufe 3 ist durch das moderne Vertragsverständnis geprägt,

Im Jahre 1843 begründete schließlich *William W. Story* den Gedanken, dass jeder Vertrag auf einer gegenseitigen Vereinbarung (*mutual agreement*) der Parteien beruht.[229] Nach *Story* gilt dies sowohl für ausdrücklich wie auch konkludent geschlossene Verträge. Damit war der Durchbruch zum heutigen Vertragsrecht geschaffen, welches die Willenserklärungen der Parteien zum Maßstab nimmt. Diese grundsätzliche Vertragsfreiheit und die damit verbundene rechtliche Einforderbarkeit von Willenserklärungen der Vertragsparteien wurde selbstverständlich auch in den USA mit dem Ende des 19. Jahrhunderts Beschränkungen unterworfen, um der Tatsache Rechnung zu tragen, dass in unserer modernen Gesellschaft nicht von einer gleichwertigen Verhandlungsposition aller Vertragspartner ausgegangen werden kann.[230]

c. *Haftungsvoraussetzungen*

Die vertragliche Haftung des steuerlichen Beraters in den USA setzt zunächst das Bestehen eines wirksamen Vertrages zwischen dem Berater und dem Mandanten voraus.[231] Der Berater muss dann eine aus diesem Beratungsvertrag resultierende Pflicht[232] gegenüber dem Mandanten verletzt haben.[233] Nach allgemeiner Auffassung liegt eine solche Pflicht nur vor, wenn der Berater im Vertrag ein ausdrückliches Versprechen zur Erbringung einer bestimmten Leistung gegeben hat.[234] Schließlich muss dem Mandanten durch die Pflichtverletzung ein kausaler[235] Schaden[236] entstanden sein.[237]

Die wirksame Entstehung eines Vertrages nach amerikanischem Recht setzt zunächst ein Angebot durch eine von mindestens zwei[238] Vertragsparteien voraus.[239] Dieses Angebot ermöglicht dem Empfänger die Möglichkeit eine

---

das Verträge auch ohne eine Teilleistung anerkennt und das Erfüllungsinteresse der Vertragsparteien schützt.

229 *Story*, Treatise on the Law of Contract Not Under Seal, S. 4.

230 *Farnsworth*, a.a.O., § 1.4, S. 8 ff.

231 *Brook Plaza Ophthalmology Associates, P.C. v. Fink, Weinberger, Fredman, Berman & Lowell, P.C.*, 173 A.D.2d 170, 569 N.Y.S.2d 25 (1991); *Pacesetter Communications Corp. v. Solin & Breindel, P.C.*, 150 A.D.2d 232, 541 N.Y.S.2d 404 (1989), appeal dismissed 74 N.Y.2d 892, 547 N.Y.S.2d 849, 547 N.E.2d 104 (1989).

232 Vgl. zum Pflichtenumfang der steuerlichen Beratung später unter: III.

233 *Mallen/Smith*, § 8.1, S. 555.

234 *International Tele-Marine Corp. v. Malone & Associates, Inc.*, 845 F.Supp. 1427 (D.Colo. 1994).

235 Vgl. zur Verursachung später unter: 6.

236 Vgl. zum Schaden später unter: 8.

237 Vgl. auch generell zu den Anforderungen an den Schadensersatz aus „*breach of promise*": *Stedman v. Hoogendoorn, Talbot, Davids, Godfrey & Milligan*, 843 F.Supp. 1512, 1512 (N.D.Ill.1994), judgement vacated 61 F.3d 906, 906 (7th Cir. 1995).

238 Restatement (Second) of Contracts § 9.

239 *Hunter*, a.a.O., § 3.01.

rechtliche Verpflichtung zu begründen, wenn er das Angebot annimmt.[240] Dabei muss das Angebot ein Versprechen des Anbietenden darstellen, also den Willen erkennen lassen, sich binden zu wollen.[241]

Ein Vertrag kommt nicht zustande, solange das Angebot nicht vom Versprechensempfänger angenommen wird.[242] Weiterhin fordert das amerikanische Recht – wie bereits oben erwähnt[243] – das Vorhandensein einer *consideration*, also einer Austauschbeziehung.[244]

Um einen vertraglichen Schadensersatzanspruch begründen zu können, muss weiterhin ein Versprechen aus dem Vertrag verletzt werden. Die wesentliche Voraussetzung für eine Haftung aus dem Mandatsvertrag ist somit der Bruch des Versprechens des steuerlichen Beraters.[245] Das gebrochene Versprechen muss sich auf eine ausdrücklich im Vertrag vereinbarte Leistung (*specific promise*) des Beraters beziehen.[246] Die vertragliche Vereinbarung, dem Mandanten den *„highest level of independent, professionally competent legal services"* zu bieten, führte zum Beispiel nicht dazu, dass dem Mandanten ein Schadensersatzanspruch gegen seinen Berater zugesprochen wurde, da die Vermeidung der konkreten Sorgfaltspflichtverletzung nicht im Mandatsvertrag vereinbart wurde.[247] Der Abschluss des Mandatsvertrages impliziert also noch keine vertraglichen Sorgfaltspflichten des steuerlichen Beraters, solange diese nicht ausdrücklich vereinbart werden.[248] Eine ausdrückliche vertragliche Vereinbarung (*specific promise*) kann auf zwei verschiedene Weisen getroffen werden. Der Vertrag kann zum einen die genaue Sorgfaltspflicht des Beraters bestimmen[249] oder zum anderen ein

240 Vgl. *Farnsworth*, a.a.O., § 4.2, S. 83: *„An offer can be defined as a manifestation of assent to enter into a bargain made by the offeror to the offeree, conditional on a manifestation of assent in the form of some action (promise or performance) by the offeree. The offer confers upon the offeree the power to create a contract by that manifestation."* Siehe ferner auch: *Houston Diary, Inc. v. John Hancock Mutual Life Ins. Co.*, 643 F2d 1185 (5th Cir. 1981) und Restatement (Second) of Contracts § 50.

241 *Murray*, On Contracts, § 33, S. 65.

242 *Hunter*, a.a.O., § 4.02.

243 Vgl. dazu Kapitel a.

244 *Patterson*, a.a.O., 58 Colum. L.Rev, 929, 929 (1958): *„The doctrine of consideration still rules us, and not from its graves."* Siehe auch: *George R. Hall, Inc. v. Superior Trucking Co.*, 532 F. Supp. 985 (ND Ga. 1982); *ACMAT Corp. v. International Union of Operating Eng'rs*, 442 F. Supp. 772 (D. Conn. 1977); *Cardamore v. University of Pittsburgh*, 253 Pa. Super. 65, 384 A2d 1228 (1978); vgl. ferner: *Hunter*, a.a.O., § 5.03 [1].

245 *Anderson/Steele*, a.a.O., 47 SMU L. Rev. 235, 251 (1994).

246 *International Tele-Marine Corp. v. Malone & Associates, Inc.*, 845 F.Supp. 1427 (D.Colo. 1994).

247 *Resolution Trust Corporation v. Farmer*, 823 F.Supp. 302 (E.D.Pa. 1993).

248 *Brownell v. Garber*, 199 Mich.App. 519, 503 N.W.2d 81 (1993); *Santulli v. Englert, Reilly & McHugh, P.C.*, 164 A.D.2d 149, 563 N.Y.S. 548 (1990), appeal granted 573 N.Y.S.2d 886, affired as modified 78 N.Y.2d 700, 579 N.Y.S.2d 1014 (1992); *Jones v. Wadsworth*, 791 P.2d 1013 (Alaska 1990); *Shearman Industries, Inc. v. Goldhammer*, 683 F.Supp. 502 (E.D.Pa. 1988).

249 *Mallen/Smith*, a.a.O., § 8.5, S. 590.

genaues Ergebnis bzw. Produkt der Arbeit des Beraters festlegen.[250] Dabei ist es nicht ausreichend, wenn die geltend gemachte Verletzung nur entfernt oder indirekt mit der ausdrücklichen vertraglichen Vereinbarung verknüpft ist. Vielmehr muss die spezifische Pflicht zum Handeln des Beraters oder die spezifische Sorgfaltspflicht, deren Unterlassung beziehungsweise Verletzung den Vertragsbruch begründet, ausdrücklich im Vertrag verankert sein.[251] Bemerkenswert an dieser Stelle ist, dass im Unterschied zu den kontinentalen Rechtsordnungen im *Common Law* ein Vertrag grundsätzlich als ein Garantieversprechen verstanden wird. Hat der Schuldner nicht das geleistet, was zu leisten in dem Vertrag versprochen wurde, so muss er wegen *breach of contract* Schadensersatz leisten, ohne dass nach einem Verschulden gefragt wird.[252]

Wesentlich ist weiterhin, dass durch die Verletzung dieses Versprechens der anderen Partei ein Schaden entstanden sein muss. Folglich muss der Mandant in seiner Klage gegen den Berater nicht nur den Bruch des Versprechens, sondern auch die anderen Anforderungen der vertraglichen Haftung, wie Vorhersehbarkeit (*foreseeability*), Verursachung (*causation*) sowie das Vorliegen eines Schadens (*damage*) beweisen.

4. Breach of Fiduciary Duty

a. Begriff

Der Begriff „fiduciary“ bedeutet soviel wie Treuhänder. Er wird gebraucht, um Situationen zu beschreiben, in denen zwar kein Treuhandverhältnis (*trust*) vorliegt, in denen eine Person aber dennoch verpflichtet ist, wie ein Treuhänder (*trustee*) zu handeln.[253] Der Grundgedanke des Rechtsinstituts des „trusts“ besteht darin, dass jemand einen bestimmten Vermögensgegenstand auf einen Treuhänder („trustee“) überträgt, damit dieser ihn nach Maßgabe der Anordnungen des Gebers zugunsten dritter Personen verwaltet.[254] Der Begriff „Fiduciary Duties“ beschreibt die Pflichten, welche sich aus einem treuhandähnlichen Verhältnis (insbesondere für den Treuhänder) ergeben.

---

250 *Busk v. Flanders*, 2 Wash.App. 526, 468 P.2d 695 (1970).

251 *Brook Plaza Ophthalmology Associates, P.C. v. Fink, Weinberger, Fredman, Berman & Lowell, P.C.*, 173 A.D.2d 170, 569 N.Y.S.2d 25 (1991); *Pacesetter Communications Corp. v. Solin & Breindel, P.C.*, 150 A.D.2d 232, 541 N.Y.S.2d 404 (1989), appeal dismissed 74 N.Y.2d 892, 547 N.Y.S.2d 849, 547 N.E.2d 104 (1989).

252 Vgl. hierzu: *Zweigert/Koetz*, a.a.O., § 36 IV, S. 501.

253 *Sealy*, Fiduciary Relationships, 1962 Cambridge L.J. 69, 69 f.; *DeMott*, Beyond Metaphor: An Analysis of Fiduciary Obligations, 1988 Duke L.J. 879, 880.

254 *Zweigert/Kötz*, a.a.O., § 34 IV, S. 465.

b. Geschichtliche Entwicklung

Gerade im Bereich der *Fiduciary Duties* empfiehlt sich ein Blick auf die geschichtliche Entwicklung dieser Institution. Die *Fiduciary Duties* sind kein Rechtsbehelf, der durch die Rechtsprechung der ordentlichen Gerichte entwickelt worden ist; sie gehen vielmehr auf die Gnadenpraxis des englischen Königs zurück. So war das englische Recht historisch in zwei streng voneinander getrennte Rechtsmassen gegliedert.[255] Zunächst gab es das *Common Law*.[256] Dieses zeichnete sich durch eine besondere Formstrenge, das so genannte *"writ"*-System, aus.[257] Die oft unbilligen Härten wurden dadurch abgemildert, dass eine Partei sich mit dem Gesuch an den König wenden konnte, den Fall im Sinne von Moral und königlichem Gewissen billig zu bescheiden.[258] Die Bittschriften erledigte der *Chancellor* des Königs, der sowohl im zivilen als auch kanonischen Recht geschult und bis 1529 zugleich Geistlicher und persönlicher Beichtvater des Königs war.[259] Die Entscheidungen des *Chancellors* verdichteten sich bald zu einem festgefügten Präjudiziensystem, *"equity"* genannt, wodurch die Entscheidungen des Common Law einer am Gewissen des *Chancellors* ausgerichteten Billigkeitskontrolle unterzogen werden konnten.[260] Die Tätigkeit des *Chancellors* wurde dabei immer mehr als eine gerichtliche aufgefasst, so dass bald innerhalb seiner Behörde ein besonderer Gerichtshof *(Court of Chancery)* gebildet wurde, welcher nur aufgrund der in der *Equity*-Praxis entwickelten Regeln Recht sprach.[261] Die Differenzierung zwischen *Common Law*-Gerichten und dem *Court of Chancery* ist in den USA – ebenso wie in England[262] – weitgehend aufgehoben worden, so dass ein und dasselbe Gericht das Recht beider Institutionen nebeneinander anwendet. Im Bereich des Gesellschaftsrechts (*corporate law*) der USA ist das Recht der Fiduciary Duties besonders stark durch die Tatsache geprägt worden, dass das prominenteste für das Gesellschaftsrecht zuständige Gericht, der *Chancery Court* von Delaware, als reines *Equity*-Gericht immer noch nur aufgrund der in der *Equity*-Praxis entwickelten Regeln Recht spricht.[263]

---

255 Vgl. hierzu ausführlich: *Blechschmitt*, "Common Law" und "Equity" im englischen Recht, ZfRV 1987, 3, 3 ff. und *Hanbury/Maudsley*, Ch. 1, S. 3 ff.

256 Siehe hierzu oben unter 1.

257 Siehe oben unter: 2. b.

258 *Kötz*, Vorbeugender Rechtsschutz im Zivilrecht, AcP 174 (1974), 145, 150.

259 *Hanburry/Maudsley*, a.a.O., S. 6. Erst 1529 wurde Thomas More als erster weltlicher Chancellor ernannt.

260 *Kappus*, Specific Performance, Jura 1990, 126, 127.

261 *Kötz*, a.a.O.

262 A.a.O. In England wurde diese Trennung mit der Justizreform 187/75 beseitigt.

263 Im Gegensatz zu den anderen Staaten in den USA. hat Delaware nie die Trennung zwischen *Common Law* und *Equity* beseitigt. Vgl.: *Lunt*, Tales of the Delaware Bench and Bar, S. 194. Das Gericht wird *Court of Chancery* genannt und seine Richter *Chancellor* und *Vice-Chancellors*. Das Gericht ist zuständig für die klassischen Rechtsgebiete des *Equity*-Rechts; vgl. Del. Code Ann.tit. 10, § 341. Das Gericht ist nicht zuständig, solange die Parteien einen

c. Haftungsvoraussetzungen

Das Recht der *Fiduciary Duties* kann in einem zweistufigen Prozess erschlossen werden.[264] Zunächst ist zu klären, wann die *Fiduciary Duties* Anwendung finden. Danach stellt sich die Frage, welche Pflichten eine Person hat, die gegenüber einer anderen Person Fiduciary Duties hat.

(i) Ein allgemeiner Test für das Vorliegen einer *fiduciary relationship* ist nicht einfach zu bestimmen. Das Recht der *Fiduciary Duties* wird im amerikanischen Recht meist in den Rechtsgebieten behandelt, in denen *Fiduciary Duties* existieren. Umfassende Untersuchungen zu den allgemeinen Prinzipien der *Fiduciary Duties* sind selten.[265] Man ist sich jedoch darüber einig, dass sich die Begründung von *Fiduciary Duties* an den Umständen des jeweiligen Einzelfalles der Beziehung zwischen zwei Personen zu orientieren hat. Das Entstehen dieser Pflichten ist untrennbar mit dem Kontext, aus der sie erwachsen, verbunden.[266] Für den Ursprung der Pflichten werden verschiedene Theorien angeführt. So begründet die *reliance theory* das Entstehen einer *Fiduciary Duty* mit dem besonderen Vertrauen, welches eine Person in das Verhalten einer anderen Person hat.[267] Die *unequal relationship theory* sieht den Ursprung der Pflicht in einer unterschiedlichen Kräfteparität der Parteien.[268] In seiner *voluntary assumption theory* oder *contractual theory* beschrieb *Austin Scott* die Entstehung der *Fiduciary Duties* wie folgt:

> *„Who is a fiduciary? A fiduciary is a person who undertakes to act in the interest of another person. It is immaterial whether the undertaking is in the form of a contract. It is immaterial that the undertaking is gratuitous."*[269]

Mögen sich diese Theorien auch weitgehend voneinander unterscheiden, so ist ihnen doch der Grundsatz gemein, dass der durch die *Fiduciary Duties* Begünstigte Rechte an eine Person überträgt und diese Übertragung von Rechten mit gleichzeitigen Pflichten des Empfängers der Rechte gegenüber dem Begünstigten verbunden ist.[270] Der Schwerpunkt der *Fiduciary Duties* findet sich somit im Schutz vor dem Missbrauch der übertragenen Rechte durch den Empfänger. Folglich entsteht dann eine *fiduciary relationship*, wenn der *fiduciary* ein auf ihn

---

ausreichenden Rechtsschutz vor anderen Gerichten erreichen können; vgl. Del. Code Ann.tit. 10, § 342.

264 *DeMott*, Beyond Metaphor: An Analysis of Fiduciary Obligations, 1988 Duke L.J. 879, 882.

265 Vgl. hierzu den Überblick bei: *Frankel*, Fiduciary Law, 71 Calif. L.Rev. 795, 796 (1983).

266 *DeMott*, a.a.O., 1988 Duke L.J. 879, 909.

267 Vgl. *Shepherd*, Towards a Unified Concept of Fiduciary Relationships, 97 Law Q. Rev. 51, 58 f. (1981).

268 *Shepherd*, a.a.O., 97 Law Q. Rev. 51, 61. (1981).

269 *Scott*, The Fiduciary Principle, 37 Calif. L. Rev. 539, 540 (1949).

270 *Anderson/Steele*, a.a.O., 47 SMU L. Rev. 235, 243 (1994).

übertragenes Recht innehat und somit eine tatsächliche Dominanz über den Begünstigten ausübt, welche leicht von ihm missbraucht werden kann.[271]

Für den *Tax Practitioner* ergeben sich die *Fiduciary Duties* bereits aus seinem Beruf als solchem.[272] Der *Practitioner* gilt als ein so genannter *professional*, der seinen Mandanten aufgrund seines speziellen Fachwissens hilfreich zur Seite steht. Die Tatsache jedoch, dass er als *professional* über dieses Fachwissen verfügt und somit eine dominante Stellung gegenüber seinem Mandanten einnimmt, kann für ihn von Zeit zu Zeit für ihn aber auch recht unbequem und unerfreulich sein. Nämlich dann, wenn ihm aus seinem besonderes Fachwissen und seiner Beziehung zum Mandanten, die sich aus dem besonderen Vertrauen des Mandanten in seine Tätigkeit ergibt,[273] spezielle Treuepflichten erwachsen. Denn über seine fachliche Kompetenz hinaus zeichnet er sich durch eine spezielle Widmung zum Dienst am Mandanten aus.[274] Der *Tax Return Preparer* ist hingegen kein *professional*. Daher finden *Fiduciary Duties* auf ihn keine Anwendung.[275]

Für den *Lawyer*[276] wie auch für den *CPA*[277] ergeben sich diese Pflichten aus der mit dem Mandatsverhältnis verbundenen Pflicht zur Verschwiegenheit und dem besonderen Vertrauen des Mandanten in die Dienste des Berufsangehörigen. Wesentlich für das Inhalt und Verständnis der *Fiduciary Duties* ist darüber hinaus die Tatsache, dass diese anders als die vertraglichen Pflichten nur einer Person, nämlich dem *fiduciary*, obliegen.[278] Während im Vertragsrecht das Eigeninteresse eines jeden Vertragspartners durch den jeweils anderen Vertragspartner begrenzt werden muss, sieht das Recht der *Fiduciary Duties* vor, dass sobald jemand als *fiduciary* handelt, er seine Interessen hinter denen des anderen zurückstellen muss.[279]

---

271 Vgl. *Frankel*, a.a.O., 71 Calif. L.Rev. 795, 816 (1983).

272 *Anderson/Steele*, a.a.O., 47 SMU L. Rev. 235, 243 (1994).

273 So darf der Mandant stets seinem Anwalt vertrauen, wenn dieser sagt: *„I am your lawyer, why not trust me (...) I would not do anything that is wrong ....“*, vgl. *Kornbau v. Evans*, 66 Cal.App.2d 677, 680, 152 P.2d 651, 653 (1944). Vgl. auch: *Mallen/Smith*, a.a.O., § 14.1, S. 226 f.

274 *Penegar*, The Professional Project: A Response to Terell and Wildman, 41 Emory L.J. 473, 475 (1992): *„More than by mere competence, the professional is distinguished by special dedication to a spirit of service.“*

275 *Sorenson v. H & R Block, Inc. et all*, U.S. App. LEXIS 17723, 107 Fed. Appx. 227 und 2004-2 U.S. Tax Cas. (CCH) P50, 350; *Thornton v. Harvard University*, 2. . Supp. 2d. 89, 95 (D. Mass. 1998).

276 Vgl. dazu: *Mallen/Smith*, a.a.O., § 14.1, S. 226 f.; *North Bend Senior Citizens Home, Inc. v. Cook*, 261 Neb. 500 (2001).

277 Vgl. dazu: *Burdett v. Miller*, 957 F.2d 1375 (7th Cir. 1992); *Todres*, a.a.O., ., 48 Emory L.J. 547, 553 (1999).

278 *Frankel*, a.a.O., 71 Calif. L.Rev. 795, 819 (1983).

279 *Frankel*, a.a.O. Siehe auch: *Anderson/Steele*, a.a.O., 47 SMU L. Rev. 235, 241 und 243 (1994).

(ii) Steht fest, dass eine *fiduciary relationship* besteht, so muss der *fiduciary* im Interesse der begünstigten Person handeln.[280] Die Pflichten des *fiduciary* gehen über die Pflicht zum fairen und ehrlichen Handeln hinaus; sie verpflichten ihn, sein Handeln so auszurichten, dass dieses im besten Interesse des Begünstigten liegt und alles zu unterlassen, was mit den Interessen des Begünstigten im Konflikt steht.[281] Demnach ist der *Tax Practitioner* gegenüber seinem Mandanten zur uneingeschränkten Loyalität und Verschwiegenheit verpflichtet.[282] Diese zwei grundlegenden *Fiduciary Duties* der Berufshaftung werden von allen Staaten in den USA und den Bundesgerichten anerkannt.[283]

---

280 *DeMott*, a.a.O., 1988 Duke L.J. 879, 882.

281 *DeMott*, a.a.O.

282 *Mallen/Smith*, a.a.O., § 14.1, S. 227.

283 Vgl. z.B.: *Westinghouse Electric Corp. v. Kerr-McGee Corp.*, 580 F.2d 1311 (7th Cir. 1978), cert. Denied 439 US 955, 99 S.Ct. 353, 58 L.Ed.2d. 346 (1978); *Lecatt v. Sallee*, 3 Port. 115, 29 Am.Dec. 249 (Ala. 1836); *Palfy v. Rice*, 473 P.2d 606 (Alaska 1970); *Talbot v. Schroeder*, 13 Ariz.App.230, 475 P.2d 520 (1970); *Sikes v. Segers*, 266 Ar. 654, 587 S.W.2d 554 (1979); *Estate of Auen*, 30 Cal.App.4th 300, 35 Cal.Rptr.2d 557, 563 (1994); *Bailey v. Allstate Insurance Co.*, 844 P.2d 1336 (Colo.App. 1992); *Goodrum v. Clement*, 277 Fed. 586 (D.C.Cir. 1922); *Fernandez v. Cunningham*, 268 So.2d 166 (Fla.App. 1972); *Tante v. Herring*, 264 Ga. 694, 453 S.E.2d 686 (1994); *Beal v. Mars Larsen Ranch Corp.*, 99 Idaho 662, 586 P.2d 1378 (1978); *Geaslen v. Berkson, Gorov & Levin, Ltd.*, 155 Ill.2d 223, 184 Ill.Dec. 385, 613 N.E.2d 702 (1993); *Bell v. Clark*, 653 N.E.2d 483 (Ind.App. 1995); *Healy v. Gray*, 184 Iowa 111, 168 N.W. 222 (1918); *Alexander v. Russo*, 1 Kan.App.2d 546, 571 P.2d 350 (1977); *Daugherty v. Runner*, 581 S.W.2d 12 (Ky.App. 1978); *Anderson v. Neal*, 428 A.2d 1189 (Me. 1981); *Hughes v. McDaniel*, 202 Md. 626, 98 A.2d 1 (1953); *Goldman v. Kane*, 3 Mass.App.Ct. 336, 329 N.E.2d 770 (1975); *Brownell v. Garber*, 199 Mich.App. 519, 503 N.W.2d 81 (1993); *Padco, Inc. v. Kinney & Lange*, 444 N.W.2d 889 (Minn.App. 1989); *Owen v. Pringle*, 621 So.2d 668 (Miss. 1993); *Schaffer v. Terrydale Management Corp.*, 648 S.WW.2d 595 (Mo.App. 1983); *Morse v. Espeland*, 215 Mont. 148, 696 P.2d 428 (1985); *Olson v. Lamb*, 56 Neb. 104, 76 N.W. 433, 71 Am.St.R. 670 (1898); *Walser v. Moran*, 42 Nev. 111, 173 P. 1149 (1918); *Schenck v. Davis*, 134 N.J.Eq. 375, 35 A.2d 681 (Err. & App. 1944); *Van Orman v. Nelson*, 78 N.M. 11, 427 P.2d 896 (1967), appeal after remand 80 N.M. 119, 452 P.2d 188 (1969); *Condren v. Grace*, 783 F.Supp. 178 (S.D.N.Y.1992); *Gooch v. Peebles*, 105 N.C. 411, 11 S.E. 415 (1890); *In re King's Estate*, 54 O.L.A. 52, 86 N.E.2d 498 (1949); *Watts v. Jackson*, 75 Okl. 123, 182 P. 508 (1919); *Rothman v. Wilson*, 121 F.2d 1000 (9th Cir. 1941); *Maritrans G.P., Inc. v. Pepper, Hamilton & Scheetz*, 524 Pa. 415, 573 A.2d 1001 (1990); *James v. Steere*, 16 R.I. 367, 16 A. 143, 2 L.R.A. 164 (1888); *Rosebud Sioux Tribe v. Strain*, 432 N.W.2d 259 (S.D. 1988); *Fitch v. Midland Bank*, 737 S.W.2d 785 (Tenn.App. 1987); *Brzosport Bank of Texas v. Oak Park Townhouses*, 837 S.W.2d 652 (Tex.App. 1992); *Smoot v. Lund*, 13 Utah 2d 168, 369 P.2d 933 (1962); *Stiers v. Hall*, 170 Va. 569, 197 S.E. 450 (1938); *Hansen v. Wightman*, 14 Wash.App. 78, 538 P.2d 1238 (1975).

5. Die grundlegenden Unterschiede zwischen den drei Klageformen

Ein Mandat, der seinen steuerlichen Berater in Regress nehmen möchte, wird seine Zivilklage zumeist auf die Klageformen des *Tort of Negligence* oder des vertraglichen Schadensersatzes (*contract theory of recovery*) stützen.[284] Darüber hinaus kann der Mandant auch die Verletzung einer *Fiduciary Duty* geltend machen. So z.B., wenn der Berater seine Pflicht zur Verschwiegenheit verletzt oder seine Interessen im Widerspruch zu den Interessen des Mandanten stehen.[285] Einige Gerichte ignorieren die Unterschiede in den Klageformen und kommen zu dem Schluss, dass im Wesentlichen immer eine *Tort*-Klage für *malpractice* vorliegt, ganz gleich, welche der Klageformen der Kläger gewählt hat.[286] Auch im Schrifttum wird vielfach nur unzureichend zwischen den Klageformen unterschieden.[287]

Die dem steuerlichen Berater obliegenden Sorgfaltspflichten sind, wie wir später noch sehen werden,[288] zwar wesensgleich, ganz gleich, ob man sie als vertragliche oder deliktische Sorgfaltspflichten charakterisiert. Dennoch kann die richtige Einordnung einer Pflichtverletzung in eine der genannten Kategorien einen wesentlichen Einfluss auf den Erfolg oder Misserfolg der Klage haben. Der wesentliche Zweck der Wahl der richtigen Klageform in einer Regressklage des Mandanten ist es, dem Mandanten zu ermöglichen, Vermögensverletzungen auszugleichen, die durch das Fehlverhalten des Beraters entstanden sind.[289] Der Umfang des Schadensersatzes variiert deshalb erheblich mit der Wahl der entspre-

---

284 *Wolfman/Holden/Harris*, a.a.O., § 601.1, S. 425; *Todres*, a.a.O., 48 Emory L.J. 547, 552 (1999); *Fain*, a.a.O., 21 Ohio N.U.L. Rev. 355, 356 (1995).

285 *Mallen/Smith*, a.a.O., § 8.1, S. 555; *Anderson/Steele*, a.a.O., 47 SMU L. Rev. 235, 235 (1994); *Fain*, a.a.O., 21 Ohio N.U.L. Rev. 355, 356 (1995).

286 *Beal v. Mooring Tax Asset Group*, 2004 Ind. App., 813 N.E.2d 778; *Bearman v. Ribitwer & Associates*, 2004 Mich. App. Lexis 2177; *Alexander v. Turtur & Associates*, 2004 Tex., 146 S.W.3d 113; *Chicago Title Ins. Co. v. Holt*, 244 S.E.2d 177, 180 (N.C. Ct. App. 1978); *Woodburn v. Turley*, 625 F.2d 589, 592 (5th Cir. 1980); *Pham v. Nguyen*, 763 S.W.2d 467, 469 (Tex.App. 1988); *Black v. Wills*, 758 S.W.2d 809, 814 (Tex.App. 1988); *Gabel v. Sandoval*, 648 S.W.2d 398, 399 (Tex.App. 1983); *Citizens State Bank v. Shapiro*, 575 S.W.2d 375, 386 (Tex.Civ.App. 1978, writ ref'd n.r.e.).

287 Vgl. *Wolfman/Holden/Harris*, a.a.O., § 601.1, S. 425 f. (die jedoch auf Unterschiede in den Rechtsfolgen aufmerksam machen); *Mallen/Smith*, a.a.O., § 8.1, S. 555 („*No matter how the undertaking to exercise ordinary skill and knowledge is characterized, the essential claim is for legal malpractice. The theories share the same facts and, except for the effect of certain defences, such as the statute of limitations, usually reach the same result.*").

288 Vgl. Unten unter: III.

289 Vgl. z.B. für tort: *Franklin/Rabin*, a.a.O., Ch. 1 B., S. 2; und für contract: *Andersen*, A New Look At Material Breach in the Law of Contracts, 21 UC Davis L. Rev. 1073, 1073 (1988); sowie *Hunter*, a.a.O., Ch. 11.01 f.

chenden Klageform.[290] Schließlich sind auch Unterschiede in den Anspruchsvoraussetzungen, den Beweisanforderungen sowie der Verjährung der Ansprüche zu beachten. Die Wahl der bestgeeigneten Klageform (oder Klageformen) ist somit unabdingbar, um der Klage des Mandanten zum größtmöglichen Erfolg zu verhelfen.

a. Die grundlegenden dogmatischen Unterschiede zwischen den Klageformen

Die Grundlage der *Fiduciary Duties* findet sich in der Dominanz einer Person gegenüber einer anderen Person. Das Recht der *Fiduciary Duties* schließt vom speziellen steuerlichen Fachwissen und dem Beruf als *Attorney* oder *CPA* auf eine tatsächliche Dominanz des steuerlichen Beraters über seinen Mandanten.[291] Zwar hat ein Mandant die Möglichkeit, sich seinen Berater unter einer Vielzahl von Berufsangehörigen auszusuchen und die Grundlagen des Auftragsumfangs der Beratung sowie des Mandatsverhältnisses im Mandatsvertrag auszuhandeln; gleichwohl übt der Berater aufgrund seines Fachwissens stets eine tatsächliche Dominanz über seinen Mandanten aus. Nur in den seltensten Fällen wird der Mandant in der Lage sein, alle Entscheidungen des Beraters nachzuvollziehen.

Bei der klassischen *Contract*-Theorie im amerikanischen Recht gibt es dagegen im Hinblick auf die Beziehung zwischen dem Berater und seinem Mandanten einen anderen Schwerpunkt, denn die Theorie geht von der grundsätzlichen Vertragsfreiheit und einer Gleichrangigkeit zwischen den Parteien aus.[292] Hiernach missbraucht nicht eine Vertragspartei ihre Dominanz, um einen bestimmten – ihr günstigen – Zweck zu erreichen, sondern nach der *Contract*-Theorie gibt es eine gleichrangige Kräfteparität und Überzeugungskraft der Vertragsparteien, wobei es jeder Partei frei steht, ihre Bedürfnisse in den Vertrag mit einzubringen.[293] Damit werden die besonderen Gegebenheiten ignoriert, die sich aus der Stellung des steuerlichen Beraters als fachlichem Experten ergeben. Folglich gewährt das Vertragsrecht nicht einen Schutz des dominierten Vertragspartners, wie er sich

---

290 Vgl. auch eingehend: *Markesinis*, The Need to Set Acceptable Boundaries Between Contract and Tort.

291 Vgl. hierzu *Mallen/Smith*, a.a.O., § 14.1, S. 226 ff. Diese Dominanz ruht auf der Übertragung von Rechten.

292 Vgl. hierzu: *Farnsworth*, a.a.O., Ch. 2, S. 13 ff.; Atiyah, The Rise and Fall of Freedom of Contract, S. 1-7; *Fried*, Contracts as Promises, S. 9-17; *Horwitz*, The Transformation of American Law, 1780-1860, Ch. 3.

293 Vgl. den exzellenten Überblick über die klassische Vertragstheorie in: *Kessler*, Contracts of Adhesion – Some Thoughts About Freedom of Contract, 43 Colum. L. Rev. 629, 629 ff. (1943).

aus dem besonderen Kräfte- oder Statusverhältnis im Beratungsverhältnis ableiten ließe.[294]

Wie in allen Verträgen, so kann auch im Mandatsvertrag die geschuldete Leistung ausdrücklich vereinbart werden. In der Praxis geschieht dies jedoch nur sehr selten.[295] Viele Gerichte begründen dennoch aufgrund der Anwendung dispositiven Rechts (*implied terms*) vertragliche Sorgfaltspflichten des steuerlichen Beraters.[296] Somit kann der Mandant seine Klage mit der Verletzung vertraglicher Pflichten begründen, ohne im Hinblick auf die Voraussetzungen der *Negligence*-Klage oder der Verletzung von *Fiduciary Duties* argumentieren zu müssen. Er muss in diesem Fall lediglich geltend machen, dass der Berater eine ausdrücklich getroffene oder dispositiv in den Mandatsvertrag implementierte vertragliche Abmachung nicht eingehalten hat.

In der Praxis besteht allerdings eine Besonderheit für die dispositiven Vereinbarungen (*implied terms*) im Mandatsvertrag. Im Falle dispositiv gewonnener Vereinbarungen findet zwar die vertragliche Klageform Anwendung, die Rechtsfolgen werden dann jedoch teilweise der deliktischen Klageform entnommen.[297] Das Zurückgreifen auf die deliktischen Rechtsfolgen macht allerdings wenig Sinn und lässt die dogmatischen Unterschiede zwischen den Klageformen vollends verschwinden. Sinnvoller erscheint es hier, die dogmatische Trennung zwischen den Klageformen beizubehalten. Nur so kann dem Schutzinteresse des Mandanten Rechnung getragen werden, da dieser im Falle der Verletzung von *implied terms* zumeist neben den vertraglichen auch noch die deliktischen Ansprüche geltend machen kann. Wendet man, nachdem man festgestellt hat, dass *implied terms* vorliegen, lediglich die deliktischen Rechtsfolgen an, so erhält der Mandant trotz eines Garantieversprechens nicht den vertragsrechtlichen Schutz. Der Mandant ist damit in vielen Fällen nicht besser gestellt, als käme die vertragliche Klageform gar nicht zur Anwendung. Neuere Entscheidungen in der Rechtsprechung differenzieren nun zwischen den *implied terms*. Interpretieren danach die *implied terms* nur den generellen deliktischen Sorgfaltsstandard als Bestandteil der ver-

---

294 Natürlich hat auch das amerikanische Vertragsrecht einen Wandel erfahren. Über die so genannten *policy decisions* versuchen die Gerichte zunehmend Kräfteungleichheiten, die aus besonderen Statussituationen resultieren, auszugleichen. Vgl. hierzu ausführlich: *Eisenberg*, The Responsive Model of Contract Law, 36 Stan. L. Rev. 1107 (1984) und *Speidel*, Article 2 and Relational Sales Contracts, 26 Loy. L.A. L. Rev. 789 (1993).

295 Vgl. hierzu auch später zum Mandatsvertrag im deutschen Recht unter Kapitel C. 1. a.

296 So haben einige Gerichte dem Mandatsvertrag für *professional services* ein Versprechen der Berufsangehörigen entnommen, ein berufsübliches Maß an Urteilsvermögen, Sorgfalt und Fachwissen bei der Ausübung ihrer Dienste walten zu lassen; vgl. z.B. *Bucquet v. Livingston*, 129 Cal. Rptr. 514, 518 (Ct.App. 1976).

297 Vgl. *Mallen/Smith*, a.a.O., § 8.6, S. 591. Vgl. aber auch *Heritage Square Associates v. Blum*, No. CV 91-0117855, 1992 WL 175072 (Conn.Super.Ct. July 21, 1992), wo das Gericht trotz deliktischer Sorgfaltspflichtverletzung die vertraglichen Rechtsfolgen für anwendbar erklärte.

traglich vereinbarten Leistung des Beraters, so kann die Rechtsfolge nur dem Deliktsrecht entnommen werden, ansonsten können auch die Rechtsfolgen aus dem Vertragsrecht zur Anwendung kommen.[298] Diese Entscheidungen sind begrüßenswert. Sie halten die dogmatische Trennung zwischen der vertraglichen und deliktischen Klageform generell aufrecht und durchbrechen sie nur dort, wo der vertragliche Anspruch auf der Verletzung eines rein deliktischen Sorgfaltsstandards beruht. Gleichwohl wäre es dogmatisch sauberer den deliktischen Sorgfaltsstandard von vornherein nicht als einen *implied term* des Mandatsvertrages zuzulassen. Ein gegenüber der deliktischen Klage erhöhtes Schutzbedürfnis des Mandanten besteht hier nicht, denn die *implied terms* des Vertrages sind hier identisch mit dem deliktischen Sorgfaltsstandard, so dass der Mandant durch die *implied terms* kein gesondertes Garantieversprechen erhält.

Handelt der Berater in der Ausübung seiner Tätigkeit für den Mandanten nicht in einer Weise, die der eines durchschnittlich sorgfältigen und gewissenhaften Beraters (*ordinary, reasonable prudent practitioner*) entspricht, so ist die *Tort of Negligence*-Klage einschlägig.[299] Dabei sind die vertragliche (*contract*) und die deliktische Klageform (*tort of negligence*) sowie die Klageform der Verletzung einer *Fiduciary Duty* nebeneinander anwendbar.[300]

Weiterhin kann der Berater aus einer Verletzung seiner *Fiduciary Duties* selbst dann gegenüber dem Mandanten haftbar sein, wenn er all seine vertraglichen Pflichten gegenüber dem Mandanten erfüllt hat und sein Verhalten bei der Ausübung seiner Pflichten dem Standard des durchschnittlich sorgfältigen und gewissenhaften Beraters (*ordinary, reasonable prudent practitioner*) entsprach. Denn die Sorgfaltspflichten, die ein *fiduciary* gegenüber dem Begünstigten zu erfüllen hat, sind nicht die des durchschnittlich sorgfältigen und gewissenhaften Beraters, sondern es wird von ihm der strengere Standard *„of the most scrupulous honor, good faith and fidelity to his client's interest"*[301] abverlangt (vgl. hierzu auch Kapitel III.).

---

298 *Judwin Properties, Inc. v. Griggs and Harrison, P.C.*, 911 S.W.2d 498 (Tex.App. 1995); *Allen v. Lawrence*, 137 Or.App. 181, 903 P.2d 919 (1995) (Arzthaftung): *„The issue is whether the claim denominated breach of contract is, in fact, a contract claim or whether it is a negligece claim in disguise"*; *Garrett v. Winfree*, 120 N.C.App. 689, 463 S.E.2d 411 (1995).

299 *Wolfman/Holden/Harris*, a.a.O., § 601.1, S. 425; *Mallen/Smith*, a.a.O., § 8.1, S. 555 und § 8.12, S. 601 ff.; *Fain*, a.a.O., 21 Ohio N.U.L. Rev. 355, 355 (1995); *Todres*, a.a.O., 48 Emory L.J. 547, 552 (1999); *Portuonodo*, Malpractice Risks of Tax Practitioners, 46 N.Y.U. Inst. on Fed. Tax'n § 18.03 (1988); *Thompson*, Liability of Professionals, Officers, and Directors, 28 Tort & Ins. L.J. 376, 377 (Fn. 2) (1993).

300 Vgl. *Flaherty v. Weinberg*, 492 A.2d 618, 627 (Md. 1985); *Hutchinson v. Smith*, 417 So. 2d 926, 927 (Miss. 1982). *Dulberg v. Mock*, 286 App.Div. 1008, 145 N.Y.S.2d 533 (1955), modified 1 N.Y.2d 54, 150 N.Y.S.2d 180, 133 N.E.2d 695 (1956), hier wurden sowohl „negligence", als auch „breach of implied contract", sowie „breach of fiduciary duties" bejaht. Vgl. generell auch: *Mallen/Smith*, a.a.O., § 8.1, S. 555.

301 *Daugherty v. Runner*, 581 S.W.2d 12, 16 (Ky.Ct.App. 1978).

Zusammenfassend kann festgehalten werden, dass der steuerliche Berater bei der Ausübung seiner Tätigkeit damit drei grundlegenden Pflichten gegenüber dem Mandanten unterworfen ist: (1) Er muss alle ausdrücklich festgelegten vertraglichen Vereinbarungen erfüllen, (2) den Mandanten in einer Art und Weise vertreten, die der eines durchschnittlich sorgfältigen und gewissenhaften Beraters entspricht und (3) und in der Ausübung seiner Tätigkeit in *good faith* (nach Treu und Glauben) und *fidelity* (redlich) handeln. Die Anwendbarkeit jeder einzelnen Klageform kann somit anhand von zwei verschiedenen Faktoren ermittelt werden: den spezifischen Umständen der Beziehung zwischen dem Berater und dem Mandanten sowie den spezifischen Umständen des Fehlverhaltens des Beraters. Diese zwei Faktoren werden im Folgenden an mehreren Beispielen aus dem Bereich der Haftung von Anwälten verdeutlicht.

b. Die Unterschiede in der Beziehung zwischen Practitioner und Mandant

Die Beziehung zwischen dem Berater und seinem Mandanten beginnt im Regelfall mit dem Abschluss eines Vertrages (dem Mandatsvertrag).[302] Dieser wird entweder ausdrücklich oder – wie oftmals üblich – konkludent geschlossen.[303] Der Inhalt dieses Vertrages kann sehr allgemein gehalten sein und die Beratung in allen steuerlichen Fragen beinhalten, er kann aber auch sehr detailliert ausgestaltet sein und den Aufgabenbereich des *Practitioners* auf eine bestimmte Tätigkeit sowie die genaue Art und Weise der Erledigung dieser Tätigkeit beschränken. Der Mandatsvertrag bestimmt den Umfang der vertraglichen Pflichten des Beraters, deren Verletzung dem Mandanten einen Anspruch aus dem *Breach of Contract* gibt.[304] Allerdings muss es sich bei der Verletzung der Vertragspflicht nicht unbedingt um eine ausdrücklich vereinbarte Pflicht des Beraters handeln. Vielmehr kann sich die Vertragspflicht aus einer rationalen Auslegung der Vereinbarungen der Parteien ergeben. Dies wird anhand der Entscheidung *Santulli v. Englert, Reilly & McHugh, P.C.*[305] deutlich. Hier beauftragte der Mandant eine Anwaltskanzlei mit dem Verkauf seines Geschäftsbetriebes. Die Anwälte handelten einen Kaufpreis von $ 75.000 aus, der größtenteils durch eine Hypothek am Grundstück des Vaters des Käufers besichert werden sollte. Bei der Ausgestaltung der Hypothek unterliefen der Kanzlei jedoch Fehler, so dass nie eine wirksame Hypothek zugunsten des Mandanten zustande kam. Als der Käufer insolvent wurde, liefen die Versuche des Mandanten, sich aus dem Grundstück des Vaters des Käufers zu befriedigen, mangels wirksamer Hypothek ins Leere. Daraufhin bestritt die Kanzlei den Schadensersatzanspruch des Mandanten, da sie kein ausdrückliches Versprechen hinsichtlich der Ausfertigung der Hypothek abgegeben hatte. Das

302 *Mallen/Smith*, a.a.O., § 8.5, S. 588.
303 *McGann v. Wilson*, 117 Md.App. 595, 701 A.2d 873 (1997).
304 Vgl. hierzu oben unter: 3. c.
305 586 N.E.2d 1014 (N.Y. 1992).

Gericht fand im Wege der Vertragsauslegung, dass der Mandatsvertrag zum Verkauf des Gewerbebetriebes auch das Versprechen enthalten habe, den Anspruch des Verkäufers auf Zahlung des Kaufpreises durch Bestellung einer wirksamen Hypothek zu sichern.[306]

Allerdings muss an dieser Stelle nochmals betont werden, dass eine vertragliche Haftung des Beraters nur dann begründet werden kann, wenn der Mandant die Verletzung einer – ausdrücklichen oder im Rahmen der Vertragsauslegung gewonnen – vertraglichen Vereinbarung nachweisen kann.[307] Eine vertragliche Haftung des Beraters ist mithin nur möglich, wenn der *Practitioner* der Übernahme der Verpflichtung im Vertrag (konkludent) zugestimmt hat.[308] Das amerikanische Recht knüpft folglich weder einen Mindeststandard noch einen Katalog von Grundpflichten an den Mandatsvertrag und orientiert sich damit an der klassischen Theorie der Vertragsfreiheit zwischen den Parteien. Folglich kann auch der deliktische Sorgfaltsmaßstab nicht – wie z.T. praktiziert – als *implied term* betrachtet werden.[309]

Der Mandant wird allerdings im Deliktsrecht und dem Recht der *Fiduciary Duties* durch Mindestanforderungen an die Sorgfalt des Beraters geschützt. Die Klageformen des *Tort of Negligence* und der Verletzung von *Fiduciary Duties* bilden eine wichtige Ergänzung zu der vertraglichen Haftung. Ganz gleich, ob eine vertragliche Vereinbarung zwischen den Parteien besteht, schuldet der Berater seinem Mandanten hiernach die Pflicht zu einem standesgemäß sorgfältigen und gewissenhaften Handeln sowie die Anwendung von *good faith* und *fidelity* in der Ausübung seiner Tätigkeit. Während sich die Grundlage der *Contract*-Haftung in der Verletzung einer, aufgrund eines Konsenses zwischen den Parteien entstandenen, vertraglichen Verpflichtung finden lässt, basieren die *Tort*-Haftung und die

---

306 A.a.O., S. 1016.

307 Vgl. Restatement (Second) of Contracts § 1: Vertrag wird definiert als *„a promise or set of promises for the breach of which the law gives a remedy, or the performance of which the law in some way recognizes as a duty"*. Es ist jedoch anzumerken, dass im Falle dispositiv gewonnener Vereinbarungen zwar die vertragliche Klageform Anwendung finden kann, die Rechtsfolgen dann jedoch meist der deliktischen Klageform entnommen werden; vgl. *Mallen/Smith*, a.a.O., § 8.6, S. 591.

308 Vgl. *Anderson/Steele*, a.a.O., 47 SMU L. Rev. 235, 246 (1994); so wohl auch *Pancake House, Inc. v. Redmond*, 716 P.2d 575, 577 (Kann. 1976). Vgl. aber auch die gegenläufige Auffassung in *Heritage Square Associates v. Blum*, No. CV 91-0117855, 1992 WL 175072 (Conn.Super.Ct. July 21, 1992).

309 Vgl. hierzu ausführlich die Diskussion oben in Kapitel a. So nun auch zutreffend *Judwin Properties, Inc. v. Griggs and Harrison, P.C.*, 911 S.W.2d 498 (Tex.App. 1995); *Allen v. Lawrence*, 137 Or.App. 181, 903 P.2d 919 (1995) (Arzthaftung): *„The issue is whether the claim denominated breach of contract is, in fact, a contract claim or whether it is a negligece claim in disguise"*; *Garrett v. Winfree*, 120 N.C.App. 689, 463 S.E.2d 411 (1995); : *Pancake House , Inc. v. Redmond*, 716 P.2d 575, 577 (Kann. 1976): Vertragliche Haftung existiert nur, *„(w)here the act complaines of is a breach of specific terms of the contract without any reference to the legal duties imposed by law upon the relationship created thereby"*; vgl. ferner auch: *Malone v. University of Kansas Medical Center*, 552 P.2d 885, 888 f. (Kansas 1986) und *Pittman v. McDowell, Rice & Smith*, 752 P.2d 711, 715 (Kan.App. 1988).

Haftung des *Fiduciary* auf der Verletzung von Pflichten, die nicht notwendigerweise vertraglich übernommen wurden, sondern von der Rechtsordnung geprägt wurden.[310] Die Wahl der passenden Klageform ist somit von der Art und Weise des Fehlverhaltens des Beraters abhängig.

c. Die Unterschiede in der Art der schädigenden Handlung

In der Theorie stehen damit die Unterschiede zwischen Vertrags- und Deliktsrecht fest. Vertragsrecht ist anwendbar für Verletzungen von Pflichten, die von den Parteien freiwillig übernommen wurden und beruht auf der Prämisse der übereinstimmenden Willenserklärungen der Vertragsparteien. Sowohl das Deliktsrecht (*Tort*) als auch die *Fiduciary Duties* basieren auf der sozialen Verantwortung von Personen und gehen zum Schutz des Mandanten von Mindestanforderungen an das Verhalten des Beraters aus. Richtet der Berater sein Verhalten nicht an diesen sozialen Mindestanforderungen aus, so ist er auch ohne das Vorliegen einer vertraglichen Verpflichtung haftbar.

In den meisten Staaten der USA ist die Regressklage gegen den steuerlichen Berater nicht auf eine der Klageformen begrenzt, vielmehr kann der Mandant seine Klage auf alle drei Klageformen gründen.[311] Dennoch haben die Gerichte die speziellen Unterschiede zwischen den Klageformen gewahrt. Diese Unterschiede wurzeln vor allem in den durch ihre geschichtliche Entstehung begründeten Differenzierungen bezüglich der Anforderungen an den Vortrag im Prozess (*pleading requirements*) und den vielschichtigen Grundkonzeptionen, die sich hinter den Klageformen verbergen. So stellte das Gericht in *Pancake House v. Redmond*[312] fest:

> „*Where the act complained of is a breach of specific terms of the contract without any reference to the legal duties imposed by law upon the relationship created thereby, the action is contractual. Where the essential claim of the action is a breach of a duty imposed by law upon the relationship of attorney-client and not of the contract itself, the action is in tort.*“[313]

---

310 Vgl. *DeMott*, a.a.O., 1988 Duke L.J. 879, 887, die von sog. „societal norms“ spricht.

311 *Flaherty v. Weinberg*, 492 A.2d 618, 627 (Md. 1985); *Hutchinson v. Smith*, 417 So. 2d 926, 927 (Miss. 1982). *Dulberg v. Mock*, 286 App.Div. 1008, 145 N.Y.S.2d 533 (1955), modified 1 N.Y.2d 54, 150 N.Y.S.2d 180, 133 N.E.2d 695 (1956), hier wurden sowohl „negligence“, als auch „breach of implied contract“, sowie „breach of fiduciary duties“ bejaht. Vgl. generell auch: *Mallen/Smith*, a.a.O., § 8.1, S. 555.

312 716 P.2d 575 (Kann. 1986).

313 A.a.O. auf S. 578.

Eine klare Grenzziehung zwischen den einzelnen Klageformen ist jedoch nicht immer möglich. So verpflichten beispielsweise Vereinbarungen im Mandatsvertrag den Berater, ein bestimmtes Verhalten an den Tag zu legen. Wird er dieser Verpflichtung nicht gerecht, so kann sein Verhalten neben der Verletzung der vertraglichen Pflichten gleichzeitig auch seine Verletzung seiner deliktischen Sorgfaltspflicht darstellen. Dies ist insbesondere dann der Fall, wenn der Berater einerseits die vertraglich versprochene Dienstleistung nicht erbringt und dieses Unterlassen zugleich im Widerspruch zur seiner deliktischen Sorgfaltspflicht steht, den Mandanten in einer Art und Weise zu vertreten, die der eines durchschnittlich sorgfältigen und gewissenhaften Beraters entspricht.

Eine solche Überschneidung der Klageformen lässt sich anhand der Entscheidung in *Hale v. Groce*[314] demonstrieren. Hier wurde ein *Attorney* damit beauftragt, für seinen Mandanten ein Testament zu erstellen, in dem der Kläger mit einem Vermächtnis bedacht werden sollte. Nach dem Tode des Mandanten stellte sich heraus, dass aufgrund eines Versäumnisses des *Attorneys* der Kläger im Testament nicht bedacht wurde. Der Kläger strengte daraufhin eine Klage gegen den *Attorney* als vermeintlich Begünstigter[315] aus dem Mandatsvertrag an. Der *Supreme Court of Oregon* gewährte dem Kläger sowohl die Klagen aus *Contract* als auch aus dem *Tort of Negligence.*[316] Das Gericht begründete seine Entscheidung damit, dass die Klage des Klägers nicht auf einer bloßen Sorgfaltspflichtverletzung des Anwalts bei der Ausübung seiner vertraglich geschuldeten Tätigkeit beruhe, sondern vielmehr auch auf der Nichterfüllung der vertraglich geschuldeten Tätigkeit.[317] Unter Bezugnahme auf die Entscheidung in *Hale v. Groce*[318] führte der *United States District Court for the District of Oregon* jüngst aus:

> *„Under Oregon law, the availability of a claim for breach of contract arising out of an attorney's professional malpractice depends on the details of the agreement between attorney and client. Whether this agree-*

---

314 744 P.2d 1289 (Or. 1987).

315 Neben der Frage der Anwendbarkeit von *contract* und *tort* ging es in dieser Entscheidung auch noch um die Frage, inwiefern der Mandatsvertrag Schutzwirkung zugunsten Dritter aufweist. Der Supreme Court of Oregon bejahte die Schutzwirkung in diesem Fall; vgl. a.a.O., S. 1292 f. Vgl. ferner auch: Restatement (Second) of Contracts § 302 (1): *„Unless otherwise agreed between promisor and promisee, a beneficiary of a promise is an intended beneficiary if recognition of a right to performance in the beneficiary is appropriate to effectuate the intention of the parties and (a) either performance of the promise will satisfy an obligation of the promisee to pay oney to the beneficiary; or (b) the circumstances indicate that the promisee intends to give the beneficiary the benefit of the promised performance."* Vgl. auch generell zur Haftung gegenüber Dritten unter Kapitel 10.

316 A.a.O., S. 1292 f.

317 *„(...) not that the defendant performed his promise negligently, but that he did not perform it at all (...)"*, a.a.O., S. 1293.

318 A.a.O.

ment in fact was sufficiently specific to go beyond a general promise by defendant to use his professional skills to carry out the assigned project is a matter of proof. If an attorney did not promise to do more than to use his best professional efforts to accomplish the specified result with the skill and care costumary among lawyers in the relevant community, the claim sounds only in negligence."[319]

Unterscheiden lassen sich die Klageformen *Tort of Negligence* und *Breach of Fiduciary Duties* auch im Hinblick auf die Art und Weise der schädigenden Handlung. Die Klageform des *Tort of Negligence* sanktioniert (fahrlässige) Pflichtverletzungen des Beraters.[320] Grundlage einer *Tort of Negligence*-Klage ist somit eine Pflichtverletzung des Beraters. Im Gegensatz dazu befasst sich die *Breach of Fiduciary Duties*-Klage mit der Art und Weise des Verhaltens einer Person – einem besonderen Verhaltensstandard – und nicht mit der Verletzung einer Sorgfaltspflicht.[321] Aufgrund seiner Stellung als *Fiduciary* ist der Berater gegenüber seinem Mandanten zur uneingeschränkten Loyalität und Verschwiegenheit verpflichtet.[322] Wie später (vgl. Kapitel II. 7) noch ausgeführt werden wird, erfordert der Beweis einer Verletzung der Sorgfaltspflicht (*breach of duty of care*) die Expertenaussage (*expert testimony*), dass der Berater seine Sorgfaltspflicht verletzt hat, um der Jury die Möglichkeit zu geben, zu entscheiden, ob das Verhalten des Beklagten dem eines vernünftigen (*reasonable*) und umsichtigen (*prudent*) Beraters entsprach. Demgegenüber muss bei der Klageform des *Breach of Fiduciary Duty* lediglich das Fehlverhalten des Beraters festgestellt werden. Die Verletzung dieses Verhaltensstandards lässt sich auch ohne *expert testimony* belegen,[323] da sie sich nicht an einem vernünftigen (*reasonable*) und umsichtigen (*prudent*) Berater zu messen hat.[324] Demgegenüber erlaubt die *Tort of Negligence*-Klage dem Berater seine persönlichen Interessen bei der Ausübung einer sorgfaltsgemäßen Tätigkeit wahrzunehmen.[325] *Cooter* und *Bradley* drücken diesen Unterschied wie folgt aus:

„*The duty of loyalty sometimes requires the fiduciary to give no weight to her own interests. This same requirement, however, becomes unreasonable in the duty-of-care context.*"[326]

---

319 *Sorrels v. Lukins & Annis*, 2001 US Dist. LEXIS 12605.
320 *Mallen/Smith*, a.a.O., § 1.1, S. 3 f.
321 Vgl. hierzu oben unter Kapitel 4.
322 *Mallen/Smith*, a.a.O., § 14.1, S. 227.
323 *Johnson v. DeLay*, 809 S.W.2d 552, 555 (Tex.App. 1991, writ denied).
324 Vgl. hierzu oben unter Kapitel 4.
325 *Crean v. Chozick*, 714 S.W.2d 61, 62 (Tex.App. 1986, writ ref'd n.r.e.).
326 *Cooter/Freedman*, The Fiduciary Relationship: Its Economic Character and Legal Consequences, 66 N.Y.U. L. Rev. 1045, 1058 f. (1991).

Somit ist dem Institut des *Tort of Negligence* ein Ausgleich der Interessen von Berater und Mandant zu Eigen, welches dem Konzept der *Fiduciary Duties* vollkommen fremd ist.

Der Berater kann seine deliktischen Sorgfaltspflichten verletzen, ohne zugleich seine *Fiduciary Duties* zu verletzen. Dies lässt sich anhand der Entscheidung in *Calhoun v. Rane*[327] demonstrieren. Hier vertrat ein Anwalt einen Mandanten vor der *Illinois Industrial Commission*. Aufgrund eines Versäumnisses des Anwalts wurde der Antrag des Mandanten von der Kommission abgewiesen. Der Anwalt unterließ es ferner, seinen Mandanten über die Ablehnung seines Antrags zu unterrichten. Der *Illinois Court of Appeal* entschied daraufhin, dass die Klage auf eine Verletzung von *Fiduciary Duties* unbegründet war.[328] Das Gericht erkannte zwar, dass die Pflichtverletzung einen Vertrauensbruch des Mandatsverhältnisses darstellte, dennoch könne nicht jede Sorgfaltspflichtverletzung zugleich einen separaten und unabhängigen Anspruch aus dem *Breach of Fiduciary Duty* begründen.[329]

Auch wenn die Klageformen des *Tort of Negligence* und des *Breach of Fiduciary Duty* unterschiedliche Anspruchsvoraussetzungen haben, so können sie dennoch auch gleichzeitig Anwendung finden. In *Holmes v. Drucker*[330] klagte ein Mandant gegen seinen Berater auf der Grundlage von *Tort of Negligence*, *Fraud* (Betrug) und *Breach of Fiduciary Duty*. Die Klage in *Tort* basierte auf dem Versäumnis des Beraters, eine Klagefrist einzuhalten, während die Betrugsklage und die Klage aus *Breach of Fiduciary Duty* auf der Verschleierung der Fristversäumnis durch den Berater sowie dem Vorspiegeln der Einhaltung der Frist beruhten. Der *Georgia Court of Appeal* gab allen drei Klageformen statt.[331] Zur Begründung führte er an, dass die (Sorgfalts-)Pflicht zur Fristeinhaltung sich wesentlich von der Verletzung der *Fiduciary Duty*, dem Mandanten keine falschen Tatsachen vorzuspiegeln, unterscheide.[332]

Zusammenfassend lässt sich somit feststellen, dass die Klageformen allesamt unterschiedliche Anspruchsvoraussetzungen aufweisen, die Erfüllung dieser Anspruchsvoraussetzungen im Einzelfall von der schädigenden Handlung des Beraters abhängig ist. Die Klageformen können dabei je nach Sachverhalt einzeln oder in Kombination mit einer (oder beiden) der anderen Klageformen der Berufshaftung Anwendung finden. Die Zurückhaltung einiger Gerichte und Auf-

---

327 599 N.E.2d 1318, 1318 ff. (Ill.Ct.App. 1992).

328 A.a.O., S. 1321.

329 A.a.O. : *„(...) it does not mean that every cause of action for professional negligence sets forth a separate and independent cause of action for breach of fiduciary duty."*

330 411 S.E.2d 728, 728 ff. (Ga.Ct.App. 1991).

331 A.a.O., S. 730.

332 A.a.O.

fassungen in der Literatur, eine detaillierte Unterscheidung zwischen den Klageformen im Einzelfall zu treffen, wird den rechtlichen Möglichkeiten, die das amerikanische Common Law für die Berufshaftung bietet, nicht gerecht. Aufgrund der Unterschiede in den Anspruchsvoraussetzungen und den Rechtsfolgen ist die Wahl der bestgeeigneten Klageform (oder Klageformen) somit unabdingbar, um der Klage des Mandanten zum größtmöglichen Erfolg zu verhelfen.

6. Verursachung: Der Zusammenhang zwischen Fehlverhalten und Rechtsgutsverletzung

Ein wesentliches Element für eine erfolgreiche Klage eines Mandanten gegen seinen steuerlichen Berater ist die Möglichkeit des Nachweises des Zusammenhangs zwischen dem Handeln oder Unterlassen des Beklagten mit dem vom Kläger erlittenen Schaden.[333] Dieser Zusammenhang wird *proximate cause* oder *legal cause* genannt.[334] Die Voraussetzungen des *proximate cause* sind für alle der drei Klageformen einheitlich.[335] Der *proximate cause* kann bestimmt werden mit Hilfe eines zweistufigen Tests. Auf der ersten Stufe ist der Schaden dem Beklagten dann nicht zurechenbar, wenn der Schaden auch ohne das (Fehl-)Verhalten des Beklagten eingetreten wäre. Dies ist der so genannten *but for-* oder *sine qua non*-Test.[336] Eine Verursachung durch den Beklagten besteht aber bereits dann, wenn dieser maßgeblich zum Eintritt des Schadens beigetragen hat[337] oder der Schaden auch durch andere Personen verursacht wurde.[338]

---

333 *Mount v. Baron*, 154 F. Supp. 2d3 (US Distr. Ct. D.C. 2001); *Motz v. Jackson*, 2001 Ohio App. LEXIS 2896 (2001).

334 *Prosser/Keeton*, a.a.O., § 40, S. 263. Vgl. auch generell zu den verschiedenen Versuchen die *causation* im amerikanischen *Tort Law* zu definieren: *Green*, Rationale of Proximate Cause; *Beale*, The Proximate Consequences of an Act, 33 Harv.L.Rev. 633 (1920); *McLaughlin*, Proximate Cause, 39 Harv.L.Rev. 149 (1925); *James/Perry*, Legal Cause, 60 Yale L.J. 761 (1951).

335 *Murphy v. Edwards and Warren*, 36 N.C.App. 653, 245 S.E.2d 212 (1978), cert. Denied 295 N.C. 551, 248 S.E.2d 728 (1978).

336 *Smith*, Legal Cause in Actions of Tort, 25 Harv.L.Rev. 103, 106, 109 (1911); *McLaughlin*, Proximate Cause, 39 Harv.L.Rev. 149, 155 (1925); vgl. in der neueren Rechtsprechung: *Oregon Steel Mills, Inc. v. Copers & Lybrand, LLP*, 2004 Ore.LEXIS 55, 336 Ore. 329; *Stroud v. Arthur Andersen & Co.*, 2001 OK 76 (Supr. Ct. Oklahoma 2001); *Viner v. Sweet*, 92 Cal. App. 4th 730 (2001).

337 *Washington & G. R. Co. v. Hickey*, 166 US 521, 17 S.Ct. 661, 41 L.Ed. 1101 (1897); *Nees Brothers v. Minneapolis Street Railway Co.*, 218 Minn. 532, 16 N.W.2d 758 (1944); *Erie County United Bank v. Berk*, 73 Ohio App. 314, 56 N.E.2d 285 (1943); *Hill v. Edmonds*, 26 A.D.2d 554, 270 N.Y.S.2d 1020 (1966).

338 *Hart v. Browne*, 103 Cal.App. 3d 947, 163 Cal.Rptr. 356 (1980); *Chiles v. Rohl*, 47 S.D. 580, 201 N.W. 154 (1924); Kinley v. Hines, 106 Conn. 82, 137 A.9 (1927); Peters v. Johnson, 124

Die Wirkungsweise dieses Erfordernisses lässt sich mit der Entscheidung von *Rockler & Co. v. Glickman, Isenberf, Lurie & Co.*[339] demonstrieren. Der Kläger in dieser Entscheidung war ein Broker auf dem Aktienmarkt. Den Kauf und Verkauf der Aktien im Rahmen seines normalen Geschäftsbetriebs verbuchte er ordnungsgemäß als Inventar. Den Verkauf von Aktien, die er bislang noch nicht erworben hatte, sog. *short sales*, verbuchte er in einem separaten Depot. Der Gewinn und Verlust aus diesen *short sales* wurde mit dem normalen Einkommensteuersatz besteuert, während die normalen Verkäufe aus dem Inventardepot mit einem niedrigeren Steuersatz besteuert wurden. Der Kläger hatte darüber hinaus ein Privatdepot, über das er seine privaten Aktiengeschäfte verbuchte. Aufgrund steigender Aktienkurse drohten dem Kläger hohe Verluste aus seinen *short sales*, da er Aktien auf dem freien Markt zu einem Preis erwerben musste, der über jenem Preis lag, den er zuvor beim Verkauf dieser Aktien erzielt hatte.[340] Eine Vielzahl der Aktien, die der Kläger seinen Käufern aus den *short sales* schuldete, hatte der Kläger selbst in seinem Privatdepot. Daher wollte der Kläger diese Aktien von seinem Privatdepot auf das *short sale*-Depot transferieren, um die Aktien nicht auf dem freien Markt kaufen zu müssen. Die Beklagte, seine Steuerberatungsgesellschaft, beriet den Kläger dahingehend, dass er den niedrigeren Steuersatz aus seinem Privatdepot beibehalten könnte, indem er den Transfer auf dem Inventardepot verbuchte. Der Kläger folgte diesem Rat und versteuerte den Gewinn mit dem niedrigeren Steuersatz. Bei der Steuerprüfung wurde anschließend der normale Einkommensteuersatz für diesen Gewinn festgesetzt und dem Kläger eine Geldstrafe (*penalty*) für die zu niedrige Steuerzahlung auferlegt. *Der Minnesota Supreme Court* verneinte die Kausalität im vorliegenden Fall. Bei der Entscheidung des Klägers, die Aktien vom Privatdepot in das Inventardepot zu transferieren, habe es sich um eine wirtschaftliche Entscheidung des Klägers gehandelt, die von rein geschäftlichen Überlegungen bestimmt war und nicht auf dem Rat der Steuerberatungsgesellschaft beruhte.

Bei einer Pflichtverletzung durch den steuerlichen Berater wird zwar zumeist, aber nicht automatisch, auf den Ursachenzusammenhang mit dem Schaden geschlossen. Vielmehr obliegt es einer genauen Sachverhaltsanalyse durch den Richter oder die Jury, bevor der Ursachenzusammenhang festgestellt werden kann.[341]

Or. 237, 264 P. 459 (1928); *Glazener v. Safety Transit Lines*, 196 N.C. 504, 146 S.E. 134 (1929).

339 273 N.W.2d 647 (Minn. 1978).

340 Der Kläger führte seine Transaktionen nicht in der Form des sog. *short sales against the box* aus, in der er Verluste aufgrund von Kursschwankungen hätte vermeiden oder minimieren können.

341 *Karam v. Sagemark Consulting, Inc*, 2004 U.S.App. LEXIS19039, 383 F.3d 421, 2004 FED App. 0309P (6th Cir.).

Nachdem feststeht, dass der Beklagte zur Schädigung des Klägers beigetragen hat, stellt sich auf der zweiten Stufe des Tests die Frage, ob der Beklagte für diesen Schaden haftbar gemacht werden soll.[342] Dies ist der *proximate cause*-Test[343] im eigentlichen Sinne. Hierbei geht es darum, ob der Beklagte eine Sorgfaltspflicht gerade gegenüber dem Kläger hat[344] und ob die Schädigung vom Schutzzweck der Sorgfaltspflicht umfasst ist.[345] *Proximate cause* ist dann gegeben, wenn die Haftung des Beklagten sich nicht auf unvorhersehbare Risiken erstreckt oder wenn die Schädigung eine direkte (oder direkt ableitbare) Konsequenz des Verhaltens des Schädigers darstellt.[346] Feinere dogmatische Unterscheidungen und Theorien, die einen Anspruch auf allgemeine Gültigkeit haben, konnten sich diesbezüglich in den USA nicht durchsetzen. Vorherrschend ist vielmehr die skeptische Auffassung, dass mit dem Ausdruck *proximate cause* lediglich das Tummelfeld abgesteckt sei ist, auf dem verschiedenste *policies* der Zweckmäßigkeit, der Billigkeit, der Rechtssicherheit, der sozialen Gerechtigkeit miteinander darüber streiten, ob eine bestimmte Schadensfolge in casu dem Deliktsschädiger noch zuzurechnen ist oder nicht.[347]

---

342 Vgl. *Prosser/Keeton*, a.a.O., § 42, S. 272 ff., mw.Nachw.

343 Der Begriff „proximate" bedeutet übersetzt „Nähe". Dieser Begriff wurde von *Lord Chancellor Bacon* geprägt. *„In jure non remota causa, sed proxima, spectatur. It were indefinite for the law to judge the cause of causes, and their impulsion of one another; therefore it contenteth itself with immediate cause, and judgeth of acts by that, without looking to any further degree."* Aus: *Bacon*, Maxims of the Law, Reg. I, zitiert aus *Prosser/Keeton*, a.a.O. Dieser Begriff ist unglücklich gewählt, da er einen Bezug zu einer physischen oder zeitlichen Nähe nahe legt. Das ursprüngliche Element einer zeitlichen und räumlichen Nähe wird von den Gerichten schon lange nicht mehr vorausgesetzt. Daher sind die Begriffe „legal cause" oder „responsible cause" besser geeignet die Rechtsnatur dieses Kausalitätserfordernisses zu beschreiben.

344 Vereinzelt werden Elemente dieses Kausalitätserfordernisses bereits bei der Bestimmung des Umfangs der Sorgfaltspflichten behandelt.

345 *Prosser/Keeton*, a.a.O., S. 273. Vgl. auch die Definition von „legal cause" in: Restatement (Second) of Torts § 431: *„The actors negligent conduct is a legal cause of harm to another if (a) his conduct is a substantial factor in bringing about the harm, and (b) there is no rule of law relieving the actor from liability because of the manner in which his negligence has resulted in the harm."*

346 *Oregon Steel Mills, Inc. v. Copers & Lybrand, LLP*, 2004 Ore.LEXIS 55, 336 Ore. 329; *Stone v. Chicago Title Insurance Co. of Maryland*, 330 Md. 329, 624 A.2d 496 (1993); *Prosser/Keeton*, a.a.O.

347 *Palsgraf v. Long Island Railroad Co.*, 248 N.Y. 339, 352, 162 N.E. 99, 103 (1928): *„What we do mean by the word „proximate" is, that because of convenience, of public policy, of a rough sense of justice, the law arbitrarily declines to trace a series of events beyond a certain point. This is not logic. It is practical politics."*; *Tailor v. Casey*, 2002 US Dist. LEXIS 1358 (US Distr. Ct. Kansas 2002): *„There is no precise formula for marking the line between proximate cause and remote onsequences following a negligent act, and ordinarily the questions for negligence, including proximate cause, and whether an alleged intervening cause could have beem foreseen or anticipated by the exercise of of ordinary prudence and foresight, are for the jury."*; *Peeler v. Hughes & Luce*, 868 S.W.2d 823 (Tex.App. 1993);

Die Wirkungsweise des *proximate cause* im eigentlichen Sinne zeigt die Entscheidung *Stone v. Chicago Title Insurance Co. of Maryland.*[348] Hier erlitt der Mandant einen Schaden, weil der Anwalt es unterließ, die Löschung einer Hypothek zu beantragen. Der Mandant musste ein Jahr später Aktien verkaufen, um ein für ihn günstiges Aktiengeschäft zu tätigen. Er verklagte daraufhin seinen Anwalt mit der Begründung, dass er sein Haus hätte beleihen können, wenn der Anwalt ein Jahr zuvor die Löschung der Eintragung der Hypothek veranlasst hätte. Das Gericht verneinte *proximate cause*, da der Mandant die positive Kenntnis des Anwalts von dem dringenden Bedürfnis der Beleihbarkeit des Grundstücks seines Mandanten nicht nachweisen konnte. Aus diesem Grund war die Schädigung des Mandanten für den Anwalt nicht vorhersehbar.

Im Regelfall wird *proximate cause* nicht durch hinzutretende andere Ursachen (*intervening causes*) unterbrochen, wenn diese erfahrungsgemäß vorkommen können und für den Schädiger vorhersehbar sind.[349] Im Falle kumulativer Kausalität ist es ausreichend, wenn das Verhalten des Beraters ein entscheidender Faktor (*substantial factor*) des Schadenseinstritts war.[350] So führte die *Appellate Division* des *Superior Court of New Jersey* aus:

> *„In cases involving concurrent causes, the law requires consideration of the „substantial factor" test, which recognizes that a tortfeasor will be held answerable of its negligent conduct was a substantial factor in causing the injuries. In such circumstances, although the law of negligence recognizes that there may be any number of concurrent causes of injury, nevertheless, these acts need not, of themselves, be capable of producing the injury; it is enough if they are a „substantial factor" in bringing it about.*"[351]

Eine Ursache, die eine eigenständige *proximate cause* darstellt oder von der ursprünglichen Verursachung vollkommen losgelöst ist, kann eine überholende Kausalität (*superseding cause*) begründen und eine kausale Verursachung durch den Berater ausschließen.[352] Eine *superseding cause* liegt dann vor, wenn (1) die zweite Ursache nach dem Zeitpunkt des Fehlverhaltens des Beraters gesetzt wird und (2) nicht selbst auf das Fehlverhalten des Beraters zurückzuführen ist; (3)

Horn v. Moberg, 68 Wash.App. 562, 811 P.2d 225 (1991). Vgl. ferner auch: Zweigert/Kötz, a.a.O., § 40 III, S. 612.

348 330 Md. 329, 624 A.2d 496 (1993).

349 *Wartnick v. Moss & Barnett*, 490 N.W.2d 108 (Minn. 1992), affirming on that ground 476 N.W.2d 166 (Minn.App. 1991); *Gibraltar Savings v. Commonwealth Land Title Insurance Co.*, 907 F.2d 844 (8th Cir. 1990); *DWL Inc. v. Foster*, 396 So.2d 726 (Fla.App. 1981), review denied 402 So.2d 609 (1981); *Ward v. Arnold*, 52 Wash.2d 581, 328 P.2d 164 (1958).

350 *LaBracio Family Partnership v. 1239 Roosevelt Avenue Inc.*, 340 N.J. Super. 155 (N.J. 2001).

351 *LaBracio Family Partnership v. 1239 Roosevelt Avenue Inc.*, a.a.O.

352 *DWL Inc. v. Foster*, 396 So.2d 726 (Fla.App. 1981), review denied 402 So.2d 609 (1981).

durch die zweite Ursache ein Ergebnis eintritt, das ansonsten nicht aufgrund des Fehlverhaltens eingetreten wäre und (4) das vernünftigerweise nicht vorhersehbar war.[353]

Eine Besonderheit der *proximate cause* als Kausalitätserfordernis besteht dort, wo der Mandant ein Fehlverhalten des Beraters in einer Prozessvertretung für die Niederlage im Prozess verantwortlich machen möchte. Hier muss der Mandant den Nachweis erbringen, dass ein pflichtgemäßes Verhalten des Beraters die Niederlage im Prozess abgewendet hätte.[354] Dieser Kausalitätstest wird häufig als *trial within the trial* (Prozess im Prozess) bezeichnet, da der Kläger in seiner Klage gegen den Berater neben dem Fehlverhalten des Beraters auch noch das Vorliegen aller Voraussetzungen für den Anspruch aus dem ursprünglichen Prozess beweisen muss.[355]

7. *Expert Testimony* als besondere Beweisanforderung im *Tort of Negligence*

In einer auf dem *Tort of Negligence* basierenden Klage gegen den *Tax Practitioner* muss der Mandant vortragen und beweisen, dass das Verhalten des *Practitioners* nicht dem eines vernünftigen (*reasonable*) und umsichtigen (*prudent*) Beraters entsprach.[356] Denn die erforderliche Sorgfaltspflicht eines Freiberuflers orientiert sich grundsätzlich an dem Verhalten, das eine durchschnittlich qualifizierte Idealperson aus dem Berufsstand des Freiberuflers unter denselben oder vergleichbaren Umständen an den Tag gelegt hätte.[357] Aus diesem Grund erfordert der Nachweis eines Fehlverhaltens des Berufsangehörigen im Rahmen einer *Tort of Negligence*-Klage die Beurteilung des Verhaltens des Beraters durch einen Experten (*expert testimony*).[358] Dabei muss die Jury durch Experten aus dem Berufsstand des Beraters über die gewöhnlichen Praktiken und Verhaltensweisen des Berufsstands informiert werden.[359] *Expert testimony* ist dann entbehrlich, wenn das Verhalten des Beraters so grob sorgfaltswidrig ist oder

353 *Wartnick v. Moss & Barnett*, 490 N.W.2d 108 (Minn. 1992); *Hudson v. Windholz*, 202 Ga.App. 882, 416 S.E. 2d 120 (1992). Vgl. auch: *Howarth v. State of Alaska*, 925 P.2d 1330, 1333 (Alaska 1996).

354 *Cook v. Gould*, 109 Ill. App. 3d 311, 440 N.E.2d 448 (1982); *Stewart v. Hall*, 770 F.2d 1267 (4th Cir. 1985); *Zych v. Jones*, 84 Ill. App. 3d 647, 406 N.E.2d 70 (1980).

355 *Wolfman/Holden/Harris*, a.a.O., § 604, S. 463. Vgl.

356 Vgl. hierzu ausführlich unten unter: 4. c.

357 *Brune v. Belinkoff*, 354 Mass. 102, 235 N.E.2d 793 (1968); *Phillips/Terry/Maraist/McClellan*, Tort Law, Ch. 7 C, S. 342 f.

358 Vgl. z.B.: *Schlindrer v. Manson et al.*, 2001 Conn. Super. LEXIS 3379 (Conn. 2001); *Barth v. Reagan*, 564 N.E.2d 1196, 1201 (Ill. 1990); *Godbout v. Norton*, 262 N.W.2d 374, 376 (Minn. 1977), cert. denied, 437 US 901 (1978); *Wagenmann v. Adams*, 829 F.2d 196 (1st Cir. 1987); *Bent v. Green*, 39 Conn. Supp. 416, 466 A.2d 322 (1983).

359 14 A.L.R. 4th Annot. 170 (1982); *Alexander v. Turtur & Associates*, 2004 Tex., 146 S.W.3d 113.

ein fachlicher Verstoß so offensichtlich ist, dass das Fehlverhalten des Beraters auch einem Laien auf den ersten Blick ersichtlich ist.[360] Der Verstoß gegen Bestimmungen des Standesrechts[361] an sich macht das Erfordernis der *expert testimony* nicht entbehrlich.[362]

Der Nachweis eines anspruchsbegründenden Fehlverhaltens in den anderen beiden Klageformen erfordert nicht die Aussage eines Experten. Beim vertraglichen Anspruch liegt das Fehlverhalten des Beraters immer schon dann vor, wenn er das im Vertrag gegebene Versprechen verletzt hat.[363] Bei den *Fiduciary Duties* handelt es sich dabei um absolute Pflichten.[364] Der Verstoß gegen diese Pflichten ergibt sich schon aus Handlung des Beraters und kann auch von einem Laien beurteilt werden.[365] So ist der Verstoß gegen die Verschwiegenheitspflicht mit der Offenbarung von Mandanteninformationen an unbefugte Dritte auch dem Laien ersichtlich und bedarf nicht der Beurteilung durch einen Experten aus dem Berufsstand.

Wie wesentlich die verschiedenen Klagefälle davon beeinflusst werden, ob und inwieweit Experten geladen werden, zeigt die Entscheidung *Johnson v. DeLay.*[366] In diesem Fall beauftragte die Mandantin ihren Anwalt mit dem Entwurf von Verträgen für den Verkauf ihres Gewerbebetriebs. Später verklagte sie den Anwalt wegen der schlechten Qualität der entworfenen Verträge in einer *Tort of Negligence*-Klage und aufgrund der falschen Aussagen des Anwalts hinsichtlich der rechtlichen Wirkungen dieser Dokumente in einer *Breach of Fiduciary Duties*-Klage. Allerdings vergaß die Mandantin bis zum Prozessbeginn ihren Expertenzeugen zu benennen und deshalb wies das erstinstanzliche Gericht ihre Klage ab. In der Berufung bestätigte das Berufungsgericht die Entscheidung hinsichtlich der *Tort of Negligence*-Klage, verwies die *Breach of Fiduciary Duties*-Klage jedoch an das erstinstanzliche Gericht zur Entscheidung zurück.[367] Das Berufungsgericht führte hierzu aus, dass die Vorspiegelung des Anwalts hinsichtlich der rechtlichen Wirkung der Verträge nicht seine fachliche Kompetenz beträfen und deshalb keiner Expertenaussage benötigten; vielmehr handele es sich

---

360 *Alexander v. Turtur & Associates*, 2004 Tex., 146 S.W.3d 113; *Schlindrer v. Manson et al.*, 2001 Conn. Super. LEXIS 3379 (Conn. 2001); *Bent v. Green*, 39 Conn. Supp. 416, 466 A.2d 322 (1983); Kuehn v. Garcia, 608 F.2d 1143 (8th Cir. 1979), cert. denied, 445 US 943 (1980).

361 Vgl. zum Standesrecht oben unter: I. 4.

362 *Beattie v. Firnschild*, 152 Mich. App. 785, 394 N.W.2d 107 (1986).

363 Vgl. hierzu oben unter Kapitel 3.c.

364 Vgl. hierzu oben unter Kapitel 4.c.

365 *Badis v. Martinez*, 819 P.2d 551, 554 (Colo.Ct.App. 1991), aff'd in part and rev'd in part, 842 P.2d 245 (Colo. 1992).

366 809 S.W.2d 552 (Tex.App. 1991, writ denied).

367 A.a.O., S. 555.

hierbei um eine Klage, die eine *„jury could rightfully decide, without the benefit of expert testimony"*.[368]

8. Der Schaden

Ein von der Rechtsordnung anerkannter Schaden (*damages*) des Mandanten ist eine wesentliche Voraussetzung aller haftungsbegründenden Klageformen. Demnach kann der Mandant seinen Berater nur in Regress nehmen, wenn er durch dessen Fehlverhalten einen Schaden erlitten hat.[369] Die Bestimmung der *damages* basiert dabei auf einer Analyse des Sachverhalts im Einzelfall und nicht auf einer abstrakten rechtlichen Bewertung.[370] Ein für die Bestimmung des Schadens maßgeblicher Faktor ist die Entdeckung des Fehlverhaltens des Beraters. Wird das Fehlverhalten zu einem Zeitpunkt entdeckt, in dem es noch korrigiert werden kann, so beläuft sich der Schaden des Mandanten zumeist nur auf die Kosten der Korrektur des Fehlverhaltens.[371] Ist es hingegen schon zu spät, das Fehlverhalten des Beraters zu korrigieren, so umfasst der Schaden des Mandanten meist auch die zusätzliche Steuerlast, die aus dem Fehlverhalten resultiert und darüber hinaus auch Zinsen und die Kosten, die der Mandant zur Minderung und Vermeidung des Schadens aufwenden muss.[372]

a. Die Grundsätze des Schadensersatzes im US-amerikanischen Recht

Im amerikanischen Recht gibt es keine besonderen Grundsätze des Schadensersatzes für die Berufshaftung, vielmehr kommen die allgemeinen Grundsätze des Schadensersatzes der einzelnen Bundesstaaten zur Anwendung.[373] *Damages* finden ihre Berechtigung und zugleich auch ihre Grenzen im Grundgedanken der Restitution des Geschädigten, so dass der Geschädigte einen Ausgleich für den

---

368 A.a.O.

369 Vgl. z.B. *Transcraft Inc. v. Galvin, Stalmack, Kirschner & Clark*, 39 F.3d 812 (7th Cir. 1994); *Klein v. Clay*, 71 A.A.2d 594, 418 N.Y.S.2d 420 (1979), appeal dismissed 49 N.Y.2d 759, 426 N.Y.S.2d 479, 403 N.E.2d 184 (1980); *Fireman's Fund American Insurance Co. v. Patterson & Lamberty, Inc.*, 528 S.W.2d 67 (Tex.Civ.App. 1975); *Thompson v. D'Angelo*, 320 A.2d 729 (Del. 1974); *Budd v. Nixen*, 6 Cal.3d 195, 98 Cal.Rptr. 849, 491 P.2d 433 (1971).

370 *Portuonodo*, a.a.O., 46 N.Y.U. Inst. on Fed. Tax'n § 18.05 (1988).

371 A.a.O.

372 *Sorensen v. Fio Rito*, 90 Ill.App. 3d 368, 45 Ill. Dec. 714, 413 N.E. 2d 47 (1980).

373 *Whitehead v. Cuffie*, 185 Ga.App. 351, 364 S.E.2d 87 (1987) („A professional malpractice action is merely a professional negligence action."); *Collier v. Pulliam and Lane*, 81 Tenn. (13 Lea) 114 (1884).

erlittenen Schaden verlangen kann, der Schadensersatz aber gleichzeitig auf den Betrag der Schädigung begrenzt ist.[374]

Der Schadensersatz lässt sich dabei grob in die beiden Kategorien *direct damages* und *consequential damages* unterteilen. Bei den *direct damages* handelt es sich um Schäden, die eine unmittelbare, natürliche und gewöhnliche Folge des Fehlverhaltens darstellen.[375] Die *consequential damages* beschreiben den Schadensersatz für Folgeschäden der ursprünglichen (direkten) Schädigung.[376] Was die Haftung des steuerlichen Beraters anbetrifft, so betreffen die *direct damages* im Wesentlichen den Ersatz der Vermögensvorteile, die dem Mandanten aufgrund des Fehlverhalten des Beraters entgangen sind sowie die Kosten, die dem Mandanten aus dem Fehlverhalten des Berater entstanden sind.[377] Die *consequential damages* dagegen beziehen sich auf den Ersatz von Folgeschäden, die im Ursachenzusammenhang (*proximate cause*) mit dem Fehlverhalten stehen[378]

Ein nominaler oder symbolischer Schadensersatz (*nominal damages*), z.B. in Höhe eines US Dollars, soll im *Common Law* als „Wiedergutmachung" dienen für eine tatbestandsmäßige Rechtsgutsverletzung, bei der kein eigentlicher materieller Schaden entstanden ist.[379] Bei der Berufshaftung gelten dieser mit dieser bloßen Feststellung einer rein technischen Rechtsgutsverletzung verbundene Aufwand und die hiermit verbundenen Kosten als eine unnötige Belastung der gegnerischen Prozesspartei, der Gerichte und der gesamten Gesellschaft.[380] Dies beruht auf der besonderen Komplexität und Zeitintensität der Verfahren im Bereich der Berufshaftung.[381] Nach der überwiegenden Auffassung amerikanischer Gerichte muss daher ein tatsächlicher und messbarer Schaden vorliegen, um eine Klage gegen den Practitioner zu begründen.[382] Einen symbolischen Schadensersatz gibt es daher im Rahmen der Berufshaftung im Regelfall nicht.

---

374 Vgl. hierzu ausführlich: *Dobbs*, Law of Remedies, § 3.1, S. 210 ff.

375 *Mallen/Smith*, a.a.O., § 19.1, S. 594 f. m.w.Nachw.

376 A.a.O.

377 *Hyden v. Law Firm of McCormick, Forbes, Caraway & Tabor*, 115 N.M. 159, 848 P.2d 1086 (App. 1993); *Dessel v. Dessel*, 431 N.W.2d 359 (Iowa 1988); *Olson v. Fraase*, 421 N.W.2d 820 (N.D. 1988); *Taylor Oil Co. v. Weisensee*, 334 N.W.2d 27 (S.D. 1983); *Pickens, Barnes & Abernathy v. Heasly*, 328 N.W.2d 524 (Iowa 1983).

378 Vgl. zur proximate cause (Verursachung) oben unter Kapitel 6.

379 *Maxwell v. Gallagher*, 709 A.2d 100 (D.C.App. 1998); *Nick v. Baker*, 125 N.C. 568, 481 S.E.2d 412 (1997) *Title Insurance Co. of Minn. v. Smith, Debnam, Hibbert and Pahl*, 459 S.E.2d 801 (1995); *Holmes v. Drucker*, 201 Ga.App. 687, 411 S.E.2d 728 (1991).

380 *Mallen/Smith*, a.a.O., § 19.2, S. 598.

381 *Mallen/Smith*, a.a.O., § 32.

382 *Ingen, Inc. v. White*, 250 A.D.2d 463, 672 N.Y.S.2d 867 (1998); *Fiorentino v. Rapoport*, 693 A.2d 208 (1997); *Veneri v. Pappano*, 424 Pa.Super. 394, 622 A.2d 977 (1993); *Nappe v. Anschelewitz, Barr, Ansell & Bonello*, 189 N.J.Super. 347, 460 A.2d 161 (1983), affirmed in part, reversed in part 97 N.J. 37, 477 A.2d 1224 (1984); *Alhina v. Starr*, 112 Cal.App.3d 158,

Für rein spekulative oder erst in der Zukunft drohende Schäden (*speculative damages*) kann der Mandant den Practitioner nicht haftbar machen.[383] Bei diesen Schäden handelt es sich nur um bloße Möglichkeiten oder Wahrscheinlichkeiten, was nicht genügt, um einen ersatzpflichtigen Schaden zu begründen.[384] Ein Gericht in South Dakota entschied allerdings, dass Schäden dann nicht spekulativ sind, wenn ihr Eintritt gewiss (*certain*) ist.[385]

Um einen spekulativen Schaden dagegen ging es im Verfahren *Olson v. Aretz*,[386] in dem ein Mandant seinen Rechtsanwalt auf $ 50.000 Schadensersatz verklagte. Er argumentiert mit einer Pflichtverletzung des Anwalts, die die Scheidung des Mandanten verzögert hätte. Der Mandant trug vor, ihm sei ein Gewinn in Höhe von $ 50.000 entgangen, den er beim Kauf von zwei Häusern gemacht hätte. Aus Furcht, die Häuser an seine (Noch-)Ehefrau zu verlieren, habe er allerdings vom Kauf absehen müssen. Das Gericht erkannte zwar entgangenen Gewinn grundsätzlich als einen ersetzbaren Schaden an, verneinte jedoch einen Anspruch des Mandanten gegen seinen Anwalt. Das Gericht stufte den Schaden als spekulativ ein, da der Mandant nicht hinreichend genug darlegen konnte, dass er die Häuser im Falle einer schnelleren Scheidung tatsächlich erworben hätte.

In *Linck v. Barokas & Martin*[387] war der steuerliche Berater einer Familie mit dem Entwurf eines Testaments für den Erblasser betraut. Das Testament wurde allerdings vor dem Eintritt des Todes des Erblassers nicht fertig gestellt. Das gesamte Erbe des Erblassers im Wert von $ 3 Millionen ging im Rahmen der gesetzlichen Erbfolge an seine Ehefrau. Seine drei Kinder wären danach nur Erben geworden, wenn die Ehefrau des Erblassers vorverstorben wäre. Das Recht des Bundesstaates (Alaska) gab dem Ehepartner des Verstorbenen ein sechsmonatiges Wahlrecht, zugunsten der Kinder auf das Erbe zu verzichten. Dieser Erbverzicht der Ehefrau hätte eine zweite Erbschaftssteuer auf das Erbe nach ihrem Tod sowie die Schenkungssteuer bei Schenkungen an die Kinder zu ihren Lebzeiten vermieden.

---

169 Cal.Rptr. 136 (1980); *Dunn v. McKay, Burton, McMurray and Thurman*, 584 P.2d 894 (Utah 1978); *National Hollow Brake Beam Co. v. Bakewell*, 224 Mo. 203, 123 S.W. 561 (1909); *Staples' Ex'rs v. Staples*, 85 Va. 76, 7 S.E. 199 (1888). Dennoch hat der nominale Schadensersatz eine wichtige Bedeutung insbesondere in den Staaten, in denen der Beginn der Verjährungsfrist zum Zeitpunkt des Fehlverhaltens des Beraters eintritt, vgl. zu den Verjährungsfristen auch generell unter Kapitel 12.

383 *Loube v. Loube*, 64 Cal.App.4th 421, 74 Cal.Rptr.2d 906 (1998); *Giambrone v. Bank of New York*, 677 N.Y.S.2d 608 (1998); *Crookham v. Riley*, 584 N.W.2d 258 (Ioawa 1998); *Freeman v. Pittman*, 220 Ga.App. 672, 469 S.E.2d 543 (1996); *Cost v. Cost*, 450 Pa.Super. 685, 677 A.2d 1250 (1996).

384 *Ingen, Inc. v. White*, 250 A.D.2d 463, 672 N.Y.S.2d 867 (1998); *Camenish v. Superior Court*, 44 Cal.App.4th 1689, 52 Cal.Rptr.2d 450 (1996); *Alhina v. Starr*, 112 Cal.App.3d 158, 169 Cal.Rptr. 136 (1980).

385 *Keegan v. First Bank of Sioux Falls*, 470 N.W.2d 621 (S.D. 1991).

386 346 N.W.2d 178 (Minn.App. 1978).

387 667 P.2d 171 (Alaska 1983).

Der Berater unterließ es die Ehefrau innerhalb der Sechsmonatsfrist über ihr Wahlrecht zu informieren. Die Ehefrau verklagte daraufhin den Berater auf Schadensersatz. Der *Alaska Supreme Court* erkannte einen Schaden der Ehefrau in Höhe der zu zahlenden Schenkungssteuer an und bejahte zugleich einen Schaden bei den Kindern, da sie aufgrund einer zweiten Erbschaftssteuer weniger erben und den noch von ihrer Mutter an sie übertragenden Teil der Erbschaft noch nicht nutzen konnten.

Bei der Bestimmung der spekulativen Schäden geht es nicht um die Frage, ob die Schäden schwer zu bestimmen sind, sondern ob überhaupt ein Schaden vorliegt.[388] Dieser Grundsatz ist besonders bei der Haftung für sorgfaltswidrige Steuerberatung hervorzuheben, da das Fehlverhalten des Beraters nur in seltenen Fällen einen sofortigen Schaden verursacht.[389] Darüber hinaus ist der Umfang des Schadens sehr oft schwer zu bestimmen. Beispielsweise dann, wenn dem Mandanten durch das Fehlverhalten des *Practitioners* Abschreibungsmöglichkeiten oder Steuergutschriften (*tax credits*) verloren gehen. Solche Verluste sind abstrakt, d.h. sie haben keinen ökonomischen Wert für den Steuerzahler, solange sie vom Steuerzahler nicht gegen Einkommen aus anderen Quellen angerechnet werden können.[390] In diesen Fällen muss dann eine Prognose des Einkommens- und Steuerprofils des Steuerzahlers erstellt werden, um seinen Schaden zu bestimmen.[391] Darüber hinaus werden Verzinsungen sowie die Notwendigkeit prognostizierter Schäden unter Berücksichtigung der Lehre vom Zeitwert des Geldes auf ihren heutigen Wert, den so genannten *present-day value*, zu kürzen, in die Schadensberechnung eingehen müssen.[392]

Die häufig erst spät nach der Sorgfaltspflichtverletzung des Beraters eintretenden Schäden bringen den Mandanten in eine schwierige Lage. Klagt er bereits nach dem Eintritt des Fehlverhaltens, aber bereits bevor der eigentliche Schaden aufgetreten ist, so riskiert er die Abweisung seiner Klage aufgrund des spekulativen

---

388 *Freeman v. Pittman*, 220 Ga.App. 672, 469 S.E.2d 543 (1996); *Liberty Bank v. Ruder*, 402 Pa.Super. 561, 587 A.2d 761 (1991); *Dunn v. McKay, Burton, McMurray and Thurman*, 584 P.2d 894 (Utah 1978).

389 *Bancroft v. Indemnity Insurance Company of North America*, 203 F.Supp. 49 (W.D.La. 1962); *Kramer v. Belfi*, 106 A.D.2d 615, 482 N.Y.S.2d 898 (1984); *Portuonodo*, a.a.O., 46 N.Y.U. Inst. on Fed. Tax'n § 18.05 unter [2] (1988).

390 *Randall v. Loftsgaarden*, 106 S.Ct. 3143, 92 L.Ed. 2d 525 (1986).

391 Vgl. zur Behandlung von hypothetischen Schäden und zum aktuellen Stand der Diskussion um den sog. trial within a trial die Entscheidung *Viner v. Sweet*, 92 Cal. App. 4th 730 (2001) m.w.Nachw.; *California State Automobile Association Inter-Insurance Bureau v. Parichan*, 84 Cal. App. 4th 702 (2000); *Marshak v. Ballesteros*, 72 Cal. App. 4th 1514 (1999); *Hazel & Thomas*, P.C. v. Yavari, 251 Va. 162 (Virginia 1996); *Blecher & Collins v. Northwest Airlines, Inc.*, 858 F. Supp. 1442 (Fl. Supr. 1994); *Bauman*, Damages for Legal Malpractice: An Appraisal of the Crumbling Dike and the Threatening Flood (1988), 61 Temp. L. Rev. 1127, 1154 f.; *Mallen/Smith*, a.a.O., § 23.5.

392 Vgl. hierzu *Portuonodo*, a.a.O.

Charakters des Schadens.[393] Darüber hinaus kann in diesen Fällen auch ein Mitverschulden des Mandanten vorliegen, da er seiner Schadensminderungspflicht nicht durch Ausschöpfung aller Verhandlungsmöglichkeiten mit den Steuerbehörden nachgekommen ist.[394] Wartet der Mandant jedoch mit seiner Klage gegen den Berater zu lange, kann eine Verjährung[395] seines Anspruchs eintreten. In der Entscheidung *Feldman v. Granger*[396] wählte der Kläger die Einstufung seiner Kapitalgesellschaft als Personengesellschaft *(subchapter S corporation*[397]). Damit diese Wahl steuerrechtlich relevant wurde, musste er seine Entscheidung den Finanzbehörden, dem sog. *Internal Revenue Service (IRS)*, bis zum 31. Oktober 1960 mitgeteilt haben. Sein *CPA* gab das Mitteilungsformular zwar an diesem Tag am Postamt ab, achtete aber nicht darauf, auch den Poststempel dieses Tages auf dem Brief zu erhalten. Der Brief wurde dann erst am folgenden Tag mit dem Poststempel versehen. Zwei Wochen danach bekam der Kläger ein Schreiben des *IRS* über die Unwirksamkeit seiner an die Frist gebundenen Mitteilung. Der Berater versicherte dem Kläger, die Auffassung des *IRS* sei nicht zutreffend und der Kläger erstellte seine Steuererklärungen von nun an so, als handelte es sich bei seiner Gesellschaft um eine Personengesellschaft. Am 6. Januar 1964 benachrichtigte der *IRS* den Kläger über die ausstehenden Steuern in Höhe der Differenz zwischen den für die Kapitalgesellschaft fälligen Steuern und den für die Personengesellschaft gezahlten Steuern für die vergangenen Jahre. Hiergegen legte der Kläger Einspruch ein, die der *IRS* sieben Monate später ablehnte. Der *IRS* erhob dann eine Steuernachforderung gegen den Kläger, gegen die der Kläger vor dem *Tax Court*[398] Klage einlegte. Die Klage wurde schließlich vom *Tax Court* im August 1967 abgewiesen. Ein Jahr später reichte der Kläger dann eine Schadensersatzklage gegen seinen Berater ein, mit der Begründung die dreijährige Verjährungsfrist sei noch nicht abgelaufen, da sein Schaden bis zur Entscheidung des *Tax Courts* nicht festgestanden habe. Das Gericht wies die Klage mit der Begründung ab, die dreijährige Verjährungsfrist habe bereits mit der Benachrichtigung des Klägers durch den IRS über die ausstehenden Steuern vom 6. Januar 1964 begonnen.

Aufgrund der Ungewissheit über den Beginn der Verjährungsfrist in diesem Fall ist dem Mandanten anzuraten, die Verjährungsfrist auf den frühestmöglichen Zeitpunkt zu berechnen und seine Regressklage innerhalb dieser Frist einzureichen. Zwar kann die Klage dann ohne Urteil aufgrund von Unreife (*dismissal*

---

393 *Bronstein v. Kalcheim & Kalcheim*, 90 Ill.App.3d 957, 46 Ill.Dec. 374, 414 N.E.2d 96 (1980).

394 *Horne v. Peckham*, 97 Cal.App.3d 404, 158 Cal.Rptr. 714 (1979); *Kramer v. Belfi*, 106 A.D.2d 615, 482 N.Y.S.2d 898 (1984).

395 Vgl. zu der Problematik der Verjährung eingehend unter Kapitel 12.

396 257 A.2d 421 (Md.App. 1969).

397 §§ 1361 ff. IRC.

398 Vgl. zum Tax Court und zur Steuergerichtsbarkeit in den USA bereits oben unter Kapitel II.

without prejudice) abgewiesen werden, allerdings kann der Mandant die Klage dann zu einem späteren vom Gericht bestimmten Zeitpunkt erneut einreichen.[399]

Die Frage, ob die Kosten der Berufshaftungsklage gegen den Berater einen ersatzfähigen Schaden des Mandanten darstellen, lässt sich nicht einheitlich beantworten. Dies hängt zumeist von den generellen Prinzipien in den einzelnen Bundesstaaten ab.[400] Als Grundregel in den meisten Fällen gilt jedoch, dass die Anwaltskosten der Klage des Mandanten gegen seinen Berater keinen ersatzfähigen Schaden des Mandanten darstellen.[401]

b. Besonderheiten des Schadensersatzes bei der deliktischen Haftung

Die Aufgabe des im Rahmen der deliktischen Schadensersatzklage des *Tort of Negligence* gezahlten Schadensersatzes ist es, den Kläger in die Position zu versetzen, in der er sich befände, hätte das schädigende Ereignis – nämlich das Fehlverhalten des Beraters – nicht stattgefunden.[402] Mithin wird das Fehlverhalten des Beraters hinweggedacht und durch das hypothetische fachgerechte Verhalten eines ordentlichen, gewissenhaften und umsichtigen *Practitioners* ersetzt. Damit wird der Mandant gerade nicht in die Position versetzt, in der er sich vor dem Fehlverhalten des Beraters befand. Stattdessen versetzt ihn der Schadensersatz des *Tort of Negligence* in die Position, in der er bei einem hypothetischen Kausalverlauf – nämlich dem pflichtgemäßen Verhalten des Practitioners – gewesen wäre.

---

399 *Portuonodo*, a.a.O., 46 N.Y.U. Inst. on Fed. Tax'n § 18.05 unter [2] (1988).

400 *Duggins v. Guardinaship of Washington*, 632 So.2d 420 (Miss. 1993) (Gericht gestattete die Verfahrens- und Anwaltskosten in einer Berufshaftungsklage als Schaden des Mandanten in einem Fall, in dem punitive damages zugesprochen wurden.); *McLeigh v. Lerner*, 849 S.W.2d 911 (Tex.App. 1993); *Dalo v. Kivitz*, 596 A.2d 35 (D.C.App. 1991); *Asphalt Engineers, Inc. v. Galusha*, 160 Ariz. 134, 770 P.2d 1180 (App. 1989).

401 *Environmental Liners, Inc. v. Ryley, Carlock & Applewhite*, 187 Ariz. 379, 930 P.2d 456 (App. 1996); *Roberts v. Ball, Hunt, Hart, Brown & Baerwitz*, 57 Cal.App.3d 104, 128 Cal.Rptr. 901 (1976); *Begann v. Dixon*, 547 A.2d 620 (Del.Super. 1977); *Sperring v. Sullivan*, 361 F.Supp. 282 (D.Del. 1973); *Shapiro, Lifschitz, & Schramm, P.C. v. Hazard*, 24 F.Supp.2d 66 (D.D.C. 1998); *Dalo v. Kivitz*, 596 A.2d 35 (D.C.App. 1991); *Stinson v. Feminist Women's Health Center, Inc.*, 416 So.2d 1183 (Fla.App. 1982); *Sorenson v. Fio Rito*, 90 Ill.App.3d 368, 45 Ill.Dec. 714, 413 N.E.2d 47 (1980); *Henderson v. Domingue*, 626 So.2d 555 (La.App. 1993); *Whitey v. Buttrick*, 376 N.W.2d 274 (Minn.App. 1985); *Duggins v. Guardinaship of Washington*, 632 So.2d 420 (Miss. 1993); *Olson v. Fraase*, 421 N.W.2d 820 (N.D. 1988); *John Kohl & Company, P.C. v. Dearborn & Ewing*, 977 S.W.2d 528 (Tenn. 1998); *Banker v. Nightswander, Martin & Mitchell*, 37 F.3d 866 (2nd Cir. 1994); *Kelly v. Foster*, 62 Wash. App. 150, 813 P.2d 598 (1991).

402 *Bauman*, Damages for Legal Malpractice: An Appraisal of the Crumbling Dike and the Threatening Flood, 61 Temp. L. Rev. 1127, 1151 (1988); *Wolfman/Holden/Harris*, a.a.O., § 605.1.1, S. 467.

Der Schadensersatz erstreckt sich dabei auf alle Schäden, die noch als *proximate cause*[403] des Fehlverhaltens betrachtet werden können.[404]

In den meisten – aber nicht allen[405] - Staaten der USA kann ein Kläger, der aufgrund von *Tort of Negligence* klagt, unter gewissen Umständen auch Strafschadensersatz (*punitive damages*) zugesprochen bekommen.[406] Der Rechtsgedanke der *punitive damages* liegt nicht im Ausgleich der erlittenen Rechtsgutsverletzung des Klägers, sondern dient zur Abschreckung unerwünschten oder schädigenden Verhaltens. Dem Kläger kann Strafschadensersatz grundsätzlich nur für ein absichtliches Fehlverhalten des Beklagten zugesprochen werden, beispielsweise dann, wenn das Fehlverhalten des Beklagten betrügerisch war oder mit Schädigungsabsicht geschah.[407]

In *Midwest Supply, Inc. v. Waters*[408] spiegelte ein *Tax Return Preparer* vorsätzlich und in betrügerischer Absicht Kenntnisse auf dem Gebiet des Steuerrechts vor und veranlasste den Steuerzahler hierdurch, einen Antrag auf Rückerstattung von Steuern zu stellen, auf die der Steuerzahler keinen Anspruch hatte. Der *Internal Revenue Service* belegte den Steuerzahler daraufhin mit einer Strafe. In der Klage gegen den Tax Return Preparer bekam der Steuerzahler neben dem Ersatz der Strafe von der Jury auch noch *punitive damages* in Höhe von $ 100.000 zugesprochen, die der Richter bestätigte.

In *Stroud v. Arthur Andersen & Co.* machte der *Supreme Court of Oklahoma*[409] deutlich, dass sich die Absicht des *Tax Practitioners* nicht auf den Eintritt des Schadens beziehen muss, damit ein Gericht *punitive damages* ausurteilen kann; vielmehr ist die billigende Inkaufnahme eines Schadenseintritts im Rahmen einer vorsätzlichen Pflichtverletzung ausreichend:

> „*The intent in wilful and wanton misconduct is not an intent to cause the injury; it is an intent to do an act – or the failure to do an act – in reckless disregard of the consequences and under such circumstances that a*

---

403 Vgl. zur proximate cause oben unter Kapitel 6.

404 Vgl. *Prosser/Keeton*, a.a.O., Ch. 1.

405 Einige Staaten der USA verbieten den Strafschadensersatz in Zivilklagen. Andere Staaten wiederum haben den Strafschadensersatz in bestimmten Klagen oder unter bestimmten Sachverhalten verboten. Siehe hierzu generell *Schlueter/Redden*, Punitive Damages.

406 *Wolfman/Holden/Harris*, a.a.O., § 605.1.3, S. 469.

407 *Stroud v. Arthur Andersen & Co.*, 2001 OK 76 (Supr. Ct. Oklahoma 2001); *Bowman v. Doherty*, 235 Kann. 870, 686 P.2d 112 (1984); *Bangert v. Harris*, 553 F.Supp. 235 (D.Pa. 1982); *Southern Bell Tel. & Co. v. Hanft*, 436 So.2d 40 (Fla. 1983); *Midwest Supply, Inc. v. Waters*, 89 Nev. 210, 510 P.2d 876 (1970).

408 89 Nev. 210, 510 P.2d 876 (1970).

409 2001 OK 76.

reasonable man would know, or have reason to know, that such conduct would be likely to result in substantial harm to another.“

Eine Zeitlang war es höchst umstritten, ob auch reine Vermögensschaden (*economic loss*) im Rahmen der *Tort of Negligence*-Klage ersetzt werden können. Die so genannte *economic loss doctrine* ist von den Gerichten seit dem Ende der siebziger Jahre in einer Kette von Entscheidungen herausgearbeitet worden, um eine Trennlinie zwischen den deliktischen und vertraglichen Klageformen zu schaffen.[410] Die Grundregel der *economic loss doctrine* ist, dass reine Vermögensschäden nur im Wege der vertraglichen Klageform geltend gemacht werden können.[411] Diese Regel wird von den meisten Jurisdiktionen in den USA und dem *Supreme Court* zugrunde gelegt, um einen Untergang des Vertragsrechts im Deliktsrecht zu vermeiden.[412] Da im Bereich der Berufshaftung nahezu alle Schäden einen rein vermögensrechtlichen Charakter haben, ist hier die Anwendung der *economic loss doctrine* allerdings problematisch.[413] 1991 bestätigte der *Illinois Supreme Court* in seiner Entscheidung *Collins v. Reynard*[414] ausdrücklich die Anwendung der *economic loss doctrine* auf die Fälle der Berufshaftung.[415] In dem dieser Entscheidung zugrunde liegenden Sachverhalt beauftrage der Mandant seinen Anwalt mit dem Verkauf seines Gewerbebetriebes. Der Mandant verklagte

---

410 *Nobility Homes v. Shivers*, 557 S.W.2d 77, 81 (Tex. 1977) (Anwendung der *economic loss doctrine* mit der Begründung, dass Schadensersatz im Vertrags- und Deliktsrecht getrennt werden sollte.*); Mid-Continent Aircraft Corp. v. Curry County Spraying Services*, Inc. 572 S.W.2d 308, 313 (Tex. 1978) (Gericht verneint Schadensersatz im Rahmen der Tort-Klage unter Berufung auf die *economic loss doctrine*, da der Produktdefekt nur Schaden am Produkt selbst verursachte. Die richtige Klageform wäre der Vertragsbruch gewesen und nicht die strenge Haftung der deliktischen Klage.); *Signal Oil & Gas Co. v. Universal Oil Products*, 572 S.W.2d 320, 325 (Tex. 1978) (Wo das defekte Produkt nicht nur sich selbst beschädigt, sondern auch noch andere Rechtsgüter beschädigt, ist die deliktische Klageform zulässig.); *Southwestern Bell Tel. Co. v. DeLanney*, 809 S.W.2d 493, 494 (Tex. 1991) (In einem Dienstleistungsvertrag kann Schadensersatz nicht mit der deliktischen Klage geltend gemacht werden. Nur der vertragliche Anspruch ist anwendbar.).

411 *Marple*, Requiescat for an Etipah: Breach of Contract is Not a Tort, 56 Tex. B.J. 656, 659 (1993); *Goldberg*, Recovery fo Pure Economic Loss in Tort: Another Lookat Robbins Dry Dock v. Flint, 20 J. Legal Stud. 249, 275 (1991).

412 *Vgl. East River S.S. Corp. v. Transamerica Delaval, Inc.*, 476 US 858, 866 (1986): „*Without its application, the law of contract would drown in a sea of tort*“.

413 Vgl.: *Manning*, Legal Malpractice: Is it a Tort or a Contract?, 21 Loy. L.J. 741, 743 (1990); *Bertschy*, Negligent Performance of Service Contracts and the Economic Loss Doctrine, 17 J. Marshall L. Rev. 249, 261-78 (1984); *Friedlander*, The Impact of Moorman and its Progency on Construction Litigation, 77 Ill. B.J. 654, 656 (1989); *Hnatt*, Purely Economic Loss: A Standard for Recovery, 73 Iowa L. Rev. 1181, 1186 (1988); *Stein et al.*, A Blueprint for the Duties and Liabilities of Design Professionals After Moorman, 60 Chi.-Kent L. Rev. 163, 187 ff. (1984). Vgl. auch die Darstellung in *Oregon Steel Mills, Inc. v. Copers & Lybrand, LLP*, 2004 Ore.LEXIS 55, 336 Ore. 329.

414 607 N.E.2d 443, 449 (Ill. 1982).

415 *Collins v. Reynard*, No. 70325, 1991, Ill. LEXIS 104, auf *12-15 (Ill. Oct. 31, 1991) (opinion withdrawn after rehearing).

später den Anwalt, da dieser vergaß, einen Eigentumsvorbehalt im Kaufvertrag zu vereinbaren und der Käufer nach Weiterverkauf des Gewerbebetriebs insolvent wurde. Der Mandant klagte im Rahmen einer deliktischen Klage auf Erstattung aller noch ausstehenden Raten aus dem Kaufvertrag einschließlich der Zinsen sowie der Kosten eines erfolglosen Vollstreckungsversuchs gegen den Käufer und aller Anwaltskosten. Das Gericht klassifizierte alle Ansprüche als reine Vermögensschäden und lehnte die Ansprüche des Klägers unter Anwendung der *economic loss doctrine* ab.[416] Dabei wurde darauf hingewiesen, dass das Vertragsrecht eine bessere Grundlage bilde, die Erwartungshaltung zweier Parteien zu schützen, da nur Vermögensschäden eingetreten waren und sei daher dem Deliktsrecht vorzuziehen.[417] Das Gericht drückte die Befürchtung aus, ein deliktischer Anspruch würde in diesen Fällen die Berufsträger einer unbegrenzten und unvorhersehbaren Haftung unterwerfen.[418] Die Entscheidung erfolgte jedoch nicht einstimmig. So stimmte ein Richter gegen die Anwendung der *economic loss doctrine*, da diese seiner Meinung nach im Bereich der Berufshaftung vollkommen ungeeignet sei und auf der Theorie beruhe, dass der Kläger bei Vertragsschluss einen vertraglichen Schutz hätte aushandeln können.[419] Dabei werde allerdings die besondere *Fiduciary Relationship* nicht berücksichtigt, die im Bereich der Berufshaftung zwischen Berufsangehörigen und Mandant bestehe.[420] Das Mehrheitsurteil des Gerichts würde die Rechtsberatung in die Nähe eines normalen Gewerbes rücken, in dem sich die Rechte und Pflichten der Parteien nur noch aus dem Vertrag ergeben.[421] Nach einigen Überlegungen erlaubte der *Illinois Supreme Court* die Wiederaufnahme des Verfahrens und revidierte seine Entscheidung dahingehend, dass ein Mandant Schadensersatz für reine Vermögensschäden von seinem Berater sowohl in der vertraglichen als auch in der deliktischen Klageform geltend machen kann.[422] Zwar kritisierte das Gericht die Eignung der *economic loss doctrine* zur Abgrenzung zwischen der *Tort of Negligence*-Klageform und der vertraglichen Klageform, schaffte die Doktrin jedoch nicht ab, sondern kreierte eine Ausnahme von ihr für alle Fälle der Berufshaftungsklagen.[423] Das Gericht begründete seine Entscheidung, nicht indem es sich auf die Logik dieser Entscheidung berief, sondern es verwies auf die lange Kette von Präzedenz-Entscheidungen in der Vergangenheit, die auch die deliktische Klageform für Vermögens-

---

416 A.a.O, auf *15.

417 *„Contract law provides a superior basis to tort law for the resolution of issues concerning the failed expectations of clients of professionals where only economic loss is sought to be recovered"*; a.a.O., auf *14.

418 A.a.O., auf *14.

419 A.a.O., auf *25 (Chief Justice *Miller*).

420 A.a.O.

421 A.a.O., auf *27: *„(...) find a warm reception among those who are eager to see the practice of law transformed from a learned profession into a trade, with the respective rights and duties of the parties bartered for in advance of a contract for legal representation."*

422 *Collins*, 607 N.E.2d 1186, 1186 (Ill. 1982).

423 A.a.O., S. 1187.

schäden zuließen. Nach Auffassung des *Illinois Supreme Court* solle man etwas nicht ohne Grund ändern, was sich in der Vergangenheit bewährt hatte.[424] Damit sind nun auch in Illinois die reinen Vermögensschäden wieder von der Klage gegen den Berater umfasst, selbst dann, wie wohl in der überwiegenden Zahl von Fällen üblich, keine vertragliche Vereinbarung über den Haftungsumfang zwischen Berater und Mandat getroffen wurde.

Eine andere Möglichkeit des Umgangs mit Vermögensschäden in der Berufshaftung findet sich im Staate New Jersey. Dort macht man bei speziellen Beziehungen (*special relations*) – unter die auch die *fiduciary relation* zwischen Berater und Mandant fällt – eine Ausnahme von der *economic loss doctrine*.[425] Entscheidungen in anderen Staaten sind nicht zahlreich, deuten aber auf die generelle Anerkennung von Vermögensschäden innerhalb der *Tort of Negligence*-Klage hin.[426] Folglich deutet auch in den übrigen Bundesstaaten der USA vieles auf die Anerkennung von Vermögensschäden im Rahmen der deliktischen Klageform, entweder in Ablehnung der *economic loss doctrine* oder in Schaffung einer Ausnahme von der Doktrin für die Sachverhalte der Berufshaftung.[427]

c. Besonderheiten des Schadensersatzes bei der vertraglichen Haftung

Aufgabe des im Rahmen der vertraglichen Schadensersatzklage gezahlten Schadensersatzes ist es, den Kläger in die Position zu versetzen, in der er sich befunden hätte, wäre der Vertrag vereinbarungsgemäß erfüllt worden.[428] Abgestellt wird demnach auf das Erfüllungsinteresse des Mandanten. Der vertragliche Schadensersatz umfasst alle Schäden, die direkt aus der Vertragsverletzung resultieren, sofern die Art der Schadens beim konkreten Vertragsbruch nicht vollkommen ungewöhnlich (*usual course of things*) ist oder die Vertragsparteien die Art der Schädigung bei Vertragsschluss hätten voraussehen können.[429]

Verklagt der Mandant seinen Berater nur unter Anwendung der Klageform des *Breach of Contract*, so kann ihm Strafschadensersatz nur dann zugesprochen

---

[424] A.a.O, S. 1186. Vgl. auch Richter *Jackson*: „The mere fact that a path is a beaten one is a persuasive reason for following it.“; *Jackson*, Full Faith and Credit – The Lawyer's Clause of the Constitution, 45 Colum. L. Rev. 1, 26 (1945).

[425] Vgl. *People Express Airlines v. Consolidated Rail Corp.*, 495 A.2d 107, 112 (N.J. 1985).

[426] *Anoka Orthopaedic Associates, P.A. v. Mutschler*, 773 F.Supp. 158 (D.Minn. 1991); *Outboard Marine Corp. v. Liberty Mutual Insurance Co.*, 536 F.2d 730 (7th Cir. 1976); *Kirtland and Packard v. Superior Court*, 59 Cal.App.3d 140, 131 Cal.Rptr. 418 (1976).

[427] Im Ergebnis so auch: *Mallen/Smith*, a.a.O., § 19.13, S. 618.

[428] Vgl. hierzu oben unter Kapitel 4. b.

[429] Vgl. hierzu generell die grundlegende englische Entscheidung: *Hadley v. Baxendale*, (1854) 9 Ech. 528 und die Ausführungen hierzu bei: *Wheeler/Shaw*, Contract Law, § 12 IV, S. 905.

werden, wenn die Vertragsverletzung an sich ein absichtliches deliktisches Verhalten des Beraters darstellt, welches einen der *Tort*-Tatbestände erfüllt.[430]

d. Besonderheiten des Schadensersatzes bei der Verletzung von Fiduciary Duties

Sowohl das Deliktsrecht *(tort)* als auch die *Fiduciary Duties* basieren auf der sozialen Verantwortung von Personen.[431] Der Schadensersatz in der Klageform einer Verletzung von *Fiduciary Duties* bietet dem Mandanten zunächst somit den gleichen Schadensersatz wie die deliktische Klageform.[432] Die Rechtsfolgen der *Fiduciary Duty*-Klage reichen jedoch hierüber weit hinaus. So entfällt beispielsweise der Vergütungsanspruch des Beraters, wenn dieser eine gegenüber dem Mandanten bestehende *Fiduciary Duty* verletzt.[433] Hat der Berater von seinem Vertrauensbruch profitiert, muss er an den Mandanten die Vorteile herausgeben, die er durch den Vertrauensbruch erlangt hat. Dabei ist es generell unerheblich, ob der Mandant durch den Vertrauensbruch einen tatsächlichen Verlust erlitten hat oder der Profit des Beraters in sonstiger Weise zu Kosten des Mandanten erfolgte.[434] Da es sich bei den *Fiduciary Duties* um ein Instrument handelt, welches der Rechtsordnung des *Law of Equity* entspringt, stehen dem Mandanten auch zahlreiche Schadensersatzformen aus dem *Law of Equity* zur Vermögensabschöpfung zur Verfügung.[435] Die Zulässigkeit der Vermögensabschöpfung begründet sich in dem Gedanken, dass der Profit des Beraters in diesen Fällen als ungerecht erscheint.[436]

e. Typische Schäden und Schadensersatz in der Steuerberatung

(i) Die häufigste Ursache für eine Klage des Mandanten gegen seinen Berater sind Pflichtverletzungen des Beraters, die die rechtzeitige Erstellung der Steuererklärung für den Mandanten betreffen.[437] Ein Beispiel hierfür ist die Entscheidung im Verfahren *Boyle v. United States*[438] des *Supreme Courts* der USA. Der *Supreme Court* entschied hier, dass ein Vertrauen des Mandanten in die rechtzei-

---

430 *Southern Bell Tel. & Co. v. Hanft*, 436 So.2d 40 (Fla. 1983).

431 Vgl. hierzu generell oben unter Kapitel 4.

432 *Anderson/Steele*, a.a.O., S. 255.

433 *In re Estate of Lee*, 9 N.W.2d 245, 251 (Minn. 1943).

434 *Palmer*, Law of Restitution, § 2.11, S. 141.

435 Hierzu zählen insbesondere: *constructive trust, equitable lien* und *tracing*. Vgl. ausführlich *Palmer*, a.a.O., S. 141 ff.

436 *Palmer* a.a.O., S. 141.

437 *Wolfman/Holden/Harris*, a.a.O., § 605.2.1, S. 470. *Sorenson v. Fio Rito*, 90 Ill.App.3d 368, 45 Ill.Dec. 714, 413 N.E.2d 47 (1980); *Cameron v. Montgomery*, 225 N.W.2d 154 (Iowa 1974); *Nellas v. Loucas*, 156 W.Va. 77, 191 S.E.2d 160 (1972); *L.B. Laboratories, Inc. v. Mitchell*, 39 Cal.2d 56, 244 P.2d 385 (1952).

438 469 US 241, 105 S.Ct. 687 (1985).

tige Abgabe der Steuerklärung durch den Berater kein ausreichender Grund für die Entschuldigung seiner Fristversäumnis und der damit verbundenen Geldstrafen ist. Die USA. haben ein System der Selbstveranlagung, in dem jeder Steuerzahler seine Steuerlast selber zu ermitteln und dem *Internal Revenue Service* fristgerecht mitzuteilen hat.[439] Wird die Frist zur Einreichung der Steuererklärung versäumt, so wird eine Geldstrafe gegen den Steuerzahler verhängt.[440] Geldstrafen drohen dem Steuerzahler überdies, wenn bei einer Stichprobe eine falsche Berechnung der Steuerlast des Steuerzahlers festgestellt wird.[441] Bei der Fristversäumnis durch den Berater kann der Mandant grundsätzlich die vom *Internal Revenue Service* geforderten Zinsen und Geldstrafen als Schaden geltend machen.[442] Darüber hinaus kann er vom Berater auch alle Buchhaltungs- und Anwaltskosten ersetzt bekommen, die der Mandant zur Vermeidung von Geldstrafen und Steuerschätzungen aufwenden muss.[443] Besteht das Fehlverhalten des Beraters in der Berechnung einer falschen Steuerlast des Mandanten,[444] so kann der Mandant die zuviel gezahlten Steuern von seinem Berater ersetzt bekommen.[445] Kann der Mandant jedoch diese Steuern vom *Internal Revenue Service* innerhalb der Verjährungsfrist mittels eines so genannten *amended return* (einer korrigierten nachträglichen Steuererklärung) erstattet bekommen, so erstreckt sich sein Anspruch gegen den Practitioner nur auf die Kosten der Erstellung des *amended return.*[446] Hat der Berater allerdings die Steuerlast seines Mandanten zu niedrig veranlagt, kann der Mandant nur die gegen ihn verhängten Strafen und Zinsen vom Berater verlangen,[447] nicht jedoch den rechtmäßig den Steuerbehörden geschuldeten Steuerbetrag.[448]

(ii) Ein weiterer Problemkreis im Bereich der Haftung für Steuerberatung in den USA. stellt das Fehlverhalten des Beraters bei der Steuergestaltungsberatung

---

439 Vgl. §§ 6001 ff. IRC.

440 Vgl. §§ 6651 ff. und 6671 ff. IRC.

441 Vgl. § 6662 IRC.

442 *Thomas v. Clearly*, 768 P.2d 1090 (Alaska 1989); *Togstad v. Vvesely, Otto, Miller & Keefe*, 291 N.W.2d 686 (Minn.Sup.Ct. 1980); *Duncan v. Lord*, 409 F.Supp. 687 (D.Pa. 1976); *Bernard v. Walkup*, 272 Cal.App.2d 595, 77 Cal.Rptr. 544 (1969).

443 *Sorenson v. Fio Rito*, 90 Ill.App.3d 368, 45 Ill.Dec. 714, 413 N.E.2d 47 (1980).

444 Die USA haben ein System der Selbstveranlagung, in dem jeder Steuerzahler seine Steuerlast selbst zu ermitteln und dem *Internal Revenue Service* fristgerecht mitzuteilen hat. Wird die Frist zur Einreichung der Steuererklärung versäumt, so wird eine Geldstrafe gegen den Steuerzahler verhängt. Geldstrafen drohen dem Steuerzahler überdies, wenn bei einer Stichprobe eine falsche Berechnung der Steuerlast des Steuerzahlers festgestellt wird.

445 *Wolfman/Holden/Harris*, a.a.O., § 605.2.1, S. 471.

446 *Wolfman/Holden/Harris*, a.a.O.

447 *Midwest Supply, Inc.v. Waters*, 89 Nev. 210, 510 P.2d 876 (1970).

448 *Sorenson v. H & R Block, Inc. et all*, U.S. App. LEXIS 17723, 107 Fed. Appx. 227 und 2004-2 U.S. Tax Cas. (CCH) P50, 350 *H & R Block, Inc. v. Testerman*, 275 Md. 36, 338 A.2d 48 (1975).

dar.[449] Der Mandant kann hier grundsätzlich die aufgrund der fehlerhaften Steuergestaltungsberatung entstandene Steuermehrbelastung als Schaden geltend machen.[450] Allerdings obliegt dem Mandanten eine Schadensminderungspflicht und er ist ferner verpflichtet, die endgültige Steuerfestsetzung durch den *Internal Revenue Service* abzuwarten, bevor er die zusätzliche Steuerlast als Schaden geltend machen kann.[451] Kann der Berater im Prozess beweisen, dass der Mandant auch ohne das Fehlverhalten, d.h. bei pflichtgemäßem Verhalten des Beraters, denselben Betrag an Steuern hätte entrichten müssen, so kann die Steuerlast freilich nicht als Schaden geltend gemacht werden.[452] Problematisch erscheint hier die Situation, in welcher der Mandant ohne den Ratschlag des Beraters überhaupt keine Gestaltungsplanung vorgenommen hätte. Diese Problematik lässt sich anhand einer älteren Entscheidung – *Raussier v. Charles*[453] – aufzeigen. Der *Certified Public Accountant* des Mandanten legte hier in der Steuererklärung fälschlicherweise den Verlust aus einem Aktienverkauf als Gewinn zugrunde. Im Glauben, es handele sich bei dem Aktienverkauf um ein Gewinngeschäft, riet er dem Mandanten dann, andere Aktien mit einem Verlust zu verkaufen, um den vermeintlichen Gewinn aus dem ersten Verkauf zu neutralisieren. Nachdem der Mandant den Verkauf auf Anraten des *Certified Public Accountants* mit Verlust ausführte, stellte er fest, dass bereits der erste Verkauf ein Verlustgeschäft war und der zweite Verkauf überhaupt nicht notwendig gewesen wäre. Der Wert der Aktien, die auf Anraten des Beraters verkauft worden waren, erhöhte sich dramatisch im folgenden Jahr und der Mandant verklagte daraufhin den *CPA*. Das Gericht erkannte als Schaden hier grundsätzlich die Differenz zwischen dem Betrag, den der Kläger beim Verkauf der Aktien auf Anraten des *CPA* erzielte und dem Betrag, den er in einem späteren Verkauf hätte realisieren können. Das Gericht führte dann jedoch aus, dem Kläger sei es möglich gewesen, die Aktien nach Ablauf einer Frist von 30 Tagen erneut zu erwerben, ohne die Möglichkeit des Verlustabzugs zu verlieren (so genannte *wash sales rules*[454]). Es setzte dann den Schadenersatz auf die Differenz des Betrages fest, den der Kläger beim Ver-

449 *Wolfman/Holden/Harris*, a.a.O., § 605.2.2, S. 472.

450 *Oddi v. Ayco Corp.*, 947 F.2d 3257 (7th Cir. 1991), amended, reh'g en banc, denied, 1992 US App. Lexis 1014 (7th Cir. 1991); *Bancroft v. Indemnity Insurance Co. of North America*, 203 F.Supp. 49 (D.La. 1982), aff'd, 309 F.2d 959 (5th Cir. 1962) (Das Gericht bestätigte hier einen Schadensersatz in Höhe von $ 35.000, der aufgrund eines Versäumnisses des CPA, die Regelung des § 304 IRC beim Verkauf aller Aktien einer Kapitalgesellschaft zu beachten, entstanden war.).

451 Vgl. *Bronstein v. Kalcheim & Kalcheim*, 90 Ill.App.3d 957, 46 Ill.Dec. 374, 414 N.E.2d 96 (1980).

452 *Whitney v. Buttrick*, 376 N.W.2d 274 (Minn.App. 1985) (Berät der Practitioner fehlerhaft dahingehend, dass durch die konkrete Gestaltung eine Steuerersparnis möglich ist, so entsteht solange kein Schaden auf Seiten des Mandanten, bis er die Möglichkeit einer Steuerersparnis durch eine andere Gestaltung nachweisen kann.).

453 354 Mo. 117, 188 S.W.2d 817 (1945).

454 § 1091 IRC.

kauf erzielt hat und dem Betrag, den er bei einem Verkauf innerhalb einer überschaubaren Zeit nach Ablauf der 30-Tagesfrist hätte erzielen können.

(iii) Im Bereich der so genannten „*Tax Shelter*"-Industrie, die Steuersparmodelle entwickelt,[455] kann der Mandant von seinem Berater Schadensersatz in Höhe der Differenz zwischen dem Wert, den er für das Modell bezahlt hat und dem Wert des Eigentums, welches er erlangt hat, verlangen.[456]

9. Vicarious Liability

In diesem Kapitel geht es um die Verantwortlichkeit eines Beraters für das Fehlverhalten anderer Personen. Selbst wenn die Pflichtverletzung durch eine andere Person als den beklagten Berater erfolgte, kann der Berater aufgrund fahrlässiger Auswahl oder Überwachung dieser Person haftbar gemacht werden.[457]

a. Begriff

Unter *vicarious liability* versteht man die Verantwortlichkeit eines Arbeitgebers für eine vom Arbeitnehmer im Rahmen seines Beschäftigungsverhältnisses begangene Rechtsverletzung.[458] Diese Verantwortlichkeit wird als eine strenge verstanden, d.h. es bedarf keines Verschuldens des Arbeitgebers.[459] Der Arbeitnehmer hingegen muss jedoch einen deliktischen Tatbestand erfüllt haben, der in den meisten Fällen auch ein Verschulden erfordert.[460]

---

455 Der Vorteil, den sich der Steuerzahler von den sog. *tax shelters* erhofft, ist zumeist nur ein zeitlicher. D.h., der Steuerzahler kann Abschreibungsmöglichkeiten zu einem frühen Zeitpunkt geltend machen, so dass er hiermit korrespondierende Einkommen aber erst später versteuern muss. Vgl. zu den *tax shelters Rich*, Financial Professionals' Liability to Clients for Lost Tax Benefits, 80 Tax Notes 217 ff., July 13, 1998, der den Berater für den Verlust von zeitlichen Vorteilen (*timing benefits*) nicht haftbar machen möchte. Siehe zur der neueren Entwicklung der Tax Shelter Industrie auch: *Beck*, Gimme Shelters, The American Lawyer, November 1999, S. 105 ff.

456 *Eisenberg v. Gagnon*, 766 F.2d 770 (3rd Cir. 1985).

457 *Mallen/Smith*, a.a.O., § 5.1, S. 331.

458 *Prosser/Keeton*, a.a.O., § 69, S. 500; *Jones*, 8.4, S. 252; *Winfield/Jolowicz*, Ch. 21, S. 592; *Fleming*, Ch. 19, S. 369; *Markesinis/Deakin*, Ch. 6, S. 496 f.

459 Vgl. unter anderen: *Prosser/Keeton*, a.a.O., S. 499; *Street*, Ch. 27, S. 485.

460 *Prosser/Keeton*, a.a.O.; *Jones*, a.a.O. Vgl. auch: Mmedaris v. Miller, 306 N.W.2d 200 (N.D. 1981); Health & Hospital Corporation of Marion v. Gaither, 397 N.E.2d 589 (Ind. 1979).

b. Historische Entwicklung

Ursprünglich bestand eine absolute Verantwortlichkeit des Herrn für die Rechtsverletzungen seiner Bediensteten und Sklaven.[461] Ab dem Jahre 1300 ging man im englischen Recht immer mehr zu der Frage über, ob der Bedienstete auf Weisung oder mit Einverständnis seines Herrn gehandelt hatte.[462] Diese nur begrenzte Form der Verantwortlichkeit schien ab dem Ende des 17. Jahrhunderts nicht mehr angemessen zu sein. *John Holt* etablierte zu dieser Zeit die Regel, dass ein *master* nicht nur für die Handlungen seiner *servants* (Bediensteten) verantwortlich ist, die diese auf seine Anweisung hin ausführen, sondern auch für solche Handlungen, zu denen sie aufgrund ihres Beschäftigungsverhältnisses konkludent ermächtigt sind.[463]

c. Voraussetzungen

Der modernen Form der *vicarious liability* liegen folgende Voraussetzungen zugrunde: Es muss ein *Tort* vorliegen, der von einem Arbeitnehmer im Rahmen seines Beschäftigungsverhältnisses begangen wurde.[464] Nachdem dies festgestellt wurde, gilt es zu ermitteln, ob der Handelnde ein *servant* (Arbeitnehmer) des *master* (Arbeitgebers) ist. Über die Frage der Arbeitnehmereigenschaft herrscht dabei im amerikanischen Recht keine Einigkeit.[465] Die Gerichte wenden in dieser Frage keinen verbindlichen Test an. Vielmehr sind eine Reihe von Kriterien entwickelt worden, die in verschiedenen Kombinationen bestehen und keinesfalls abschließend sind.[466] So wird unter anderem auf den Willen der Parteien, die Weisungsbefugnis, die Einordnung innerhalb des Unternehmens, das Bereitstellen

---

461 *Holdsworth*, Bd. III, Ch. 2, S. 382 f.

462 Diese Verantwortlichkeit drückte sich in der Formulierung *"qui facit per alium facit per se"* aus. Vgl. zu der geschichtlichen Entwicklung a.a.O. und Bd. VIII, Ch. 5, S. 472-482. Vgl. ferner auch *Wigmore*, Responsibility for Tortious Acts: Its History, 7 Harv. L. Rev. 315, 383, 441 (1894).

463 Vgl. hierzu: *Baty*, Vicarious Liability a Short History of the Liability of Employers, Ch. 8; *Williams*, Vicarious Liability and the Master's Indemnity, (1957) 20 M.L.R. 220, 221 ff. m.w.N. Vgl. ferner auch die frühen Entscheidungen hierzu: *Hern v. Nichols*, 1 Salk. 289, 91 Eng.Rep. 256 (1708); *Brucker v. Fromont*, 6 Term Rep. 659, 101 Eng.Rep. 758 (1796).

464 *Prosser/Keeton*, a.a.O., § 70, S. 502; vgl. ferner: Notes, 21 Corn. L.Q. 294 (1936); 24 Tenn. L. Rev. 241 (1957).

465 Vgl. hierzu ausführlich: *Prosser/Keeton*, a.a.O., S. 501; Restatement (Second) of Agency § 220.

466 *Peeples v. Kawasaki Heavy Industries, Limited*, 288 Or. 143, 603 P.2d 765 (1979); *Smith v. California Department of Employement*, 62 Cal.App.3d 206, 132 Cal.Rptr. 874 (1976); *Grant v. Director of Benefit Payments*, 71 Cal.App.3d 647, 139 Cal.Rptr. 533; *Hale v. Peabody Coal Co.*, 168 Ind.App. 336, 343 N.E.2d 316 (1976); *Gifford-Hill & Co. v. Moore*, 479 S.W.2d 711 (Tex.Civ.App. 1972).

von Arbeitsplatz und Werkzeugen, die Art und Weise der Bezahlung sowie die Verteilung des finanziellen Risikos der Tätigkeit abgestellt.[467]

Die Verletzungshandlung des Arbeitnehmers muss schließlich im Rahmen seines Beschäftigungsverhältnisses erfolgt sein.[468] Hierunter fallen generell die unerlaubten Handlungen eines Arbeitnehmers, die als unerlaubte und rechtswidrige Art der Ausführung einer an sich erlaubten Tätigkeit gelten.[469] Auch hier existiert wiederum kein verbindlicher Test.[470]

d. Die vicarious liability des Tax Practitioners

Ein Berater ist *vicariously liable* für das Fehlverhalten seiner angestellten steuerlichen Berater und seines Büropersonals.[471] So haftet der Berater beispielsweise für die Nichtweiterleitung wichtiger Mandanteninformationen durch seine Sekretärin.[472] Dabei muss das Fehlverhalten selbstverständlich im Rahmen des Beschäftigungsverhältnisses bzw. des Auftragsverhältnisses erfolgen.[473] Diese Haftungsgrundlage ist zu unterscheiden von dem eigenen Fehlverhalten des Beraters bei der Überwachung der weisungsgebundenen Personen, für das er selber nach den Regeln des *Tort of Negligence* haftbar ist.[474]

---

467 A.a.O.; vgl. ferner *Sonderbach v. Townsend*, 57 Or.App. 366, 644 P.2d 640 (1981); *Baird v. Stickler*, 69 Ohio St.2d 652, 433 N.E.2d 593 (1982); *Jones v. Atteberry*, 77 Ill.App.3d 463, 33 Ill.Dec. 28, 396 N.E.2d 104 (1979); *Truck Insurance Exchange v. Yardley*, 556 P.2d 494 (Utah 1976).

468 *Prosser/Keeton*, a.a.O., § 70, S. 502; vgl. ferner: Notes, 21 Corn. L.Q. 294 (1936); 24 Tenn. L. Rev. 241 (1957). Vgl. für das englische Recht die Übersicht bei *Winfield/Jolowicz*, Ch. 21, S. 600 ff.

469 Restatement (Second) of Agency § 229; Ferrell v. Martin, 276 Pa.Super. 175, 419 A.2d 152 (1980); Scott v. Min-Aqua Bats Water Ski Club, Inc., 79 Wis.2d 316, 255 N.W.2d 536 (1977); *Fleming*, Ch. 19, S. 377.

470 *Prosser/Keeton*, a.a.O.

471 *Moore v. State Bar*, 62 Cal.2d 74, 41 Cal.Rptr. 161, 396 P.2d (1964*); BCCI Holdings (Luxembourg), S.A. v. Clifford*, 964 F.Supp. 468 (D.D.C. 1997); *Anderson v. Hall*, 755 F.Supp. 2 (D.D.C. 1991); *Bill Parker & Associates v. Rahr*, 216 Ga.App. 838, 456 S.E.2d 221 (1995); *Rodrigue v. New England Reinsurance Corp.*, 490 So.2d 388 (La.App. 1986); *DeVaux v. American Home Assurance Co.*, 387 Mass. 814, 444 N.E.2d 355 (1983); *Friesens, Inc. v. Larson*, N.W.2d 444 (Minn.App. 1989); *Bush v. Flangas*, 108 Nev. 821, 837 P.2d 438 (1992*); Abbott v. United Venture Capital, Inc.*, 718 F.Supp. 828 (D.Nev. 1989); *Collins on behalf of Collins v. Perine*, 108 N.M. 714, 778 P.2d 912 (App. 1989), vacated on other grounds and remanded 111 N.M. 391, 806 P.2d 40 (1991); *In re Reinmiller*, 213 Or. 680, 325 P.2d 773 (1958); *Stinson v. Brand*, 738 S.W.2d 186 (Tenn. 1987); *Roush v. Justice*, 949 F.Supp. 449 (S.D.W.Va. 1996).

472 *Lane v. Williams*, 521 A.2d 706 (Me. 1987); *Cavetz v. Nevell Management Co.*, 69 Misc.2d 718, 330 N.Y.S.2d 890 (1972).

473 *Knight v. Krone*, 45 N.Y.S.2d 330 (Sup.Ct. Monroe Co. 1943).

474 *Matter of Irizarry*, 141 N.J. 189, 661 A.2d 275 (1995); *Anderson v. Hall*, 755 F.Supp. 2 (D.D.C. 1991); *Gautam v. DeLuca*, 21 N.J.Super. 388, 521 A.2d 1343 (1987).

Ein angestellter Berater, der zugleich *Attorney* oder *Certified Public Accountant* ist, hat dieselben beruflichen Pflichten wie sein *master* und kann den Berater im Rahmen seiner Vertretungsmacht gegenüber dem Mandanten rechtlich verpflichten.[475] Daher ist der Berater für alle Pflichtversäumnisse des angestellten Beraters in dem Maße haftbar, als hätte er selbst eine Pflicht gegenüber dem Mandanten verletzt.[476] Oftmals ist der Berater auch für berufliche Pflichtversäumnisse von Angestellten haftbar, die keine Berufsträger sind.[477] Die Haftung entsteht in diesen Fällen durch Anscheinsvollmacht, zum Beispiel, wenn die Sekretärin des Beraters zur Entgegennahme wichtiger Informationen ermächtigt erscheint.[478]

Die Rechtsfolgen der *vicarious liability* wirken nur zu Lasten des Arbeitgebers.[479] Folglich kann ein angestellter Berater nicht für das Fehlverhalten seines Arbeitgebers haftbar gemacht werden.[480]

10. Die Haftung gegenüber Dritten

Die Haftung von *Attorneys* and *Certified Public Accountants* gegenüber Nichtmandanten hat in den letzten Jahrzehnten in den USA. stetig zugenommen und bildet nun einen Schwerpunkt bei der Haftung für Steuerberatung.[481] Bei diesen dritten Personen handelt es sich zumeist um Gläubiger oder Aktionäre des Man-

---

475 *Mahoney v. Middlesex County Comissioners*, 144 Mass. 459, 11 N.E. 689 (1887).

476 *Brunetti v. Regency Affiliates*, 152 B.R. 320 (D.Utah 1993); *Walker v. Stevens*, 70 Ill. 193 (1875). Vgl. auch: *Young v. Bridwell*, 20 Utah 2d 332, 437 P.2d 686 (1986); *Mahoney v. Middlesex County Comissioners*, a.a.O.

477 *Mallen/Smith*, a.a.O., § 5.8, S. 382.

478 *DeVaux v. American Home Assurance Co.*, 387 Mass. 814, 444 N.E.2d 355 (1983).

479 *In re Estate of Divine*, 263 Ill.App.3d 799, 200 Ill.Dec. 242, 635 N.E.2d 581 (1994); *Standage v. Jarburg & Wilk, P.C.*, 177 Ariz. 221, 866 P.2d 889 (App. 1993).

480 *Mallen/Smith*, a.a.O.

481 Vgl. in der Rspr.: *Stroud v. Arthur Andersen & Co.*, 2001 OK 76 (Oklahoma Suppr.Ct. 2001); *LaBracio v. Kropp et al.*, 340 N.J. Super. 155 (N.J. Superior Ct. 2001); *White v. BDO Seidman*, 249 Ga.App. 668 (Ga.App. 2001); *Co-Trustees of the 1988 Hughes Family Trust vs. Lawrence N.C. ING*, 95 Haw. 247 (2001); *BancOhio Nat'l Bank v. Schiesswohl*, 515 N.E.2d 997 (Ohio Ct.App. 1986); *Blu-J, Inc. v. Kemper C.P.A. Group*, 916 F.2d 637 (11th Cir. 1990); *Union Bank v. Ernst & Whinney*, 278 Cal.Rptr. 490 (App. 1991); *Security Pac. Business Credit, Inc. v. Peat Marvick Main & Co.*, 597 N.E.2d 1080 (N.Y. 1992); *Chevron Chem. V. Deloitte & Touche*, 483 N.W.2d 314 (Wis.App. 1992). Vgl. in der Lit.: *Gorley*, The Foreseen, The Foreseeable, and Beyond – Accountant's Liability to Nonclients, 14 Seton Hall L. Rev. 528, 528 ff. (1984); *Bagby/Ruhnka*, The Controversy Over Third Party Rights: Towards More Predictable Parameters of Auditor Liability, 22 Ga. L.Rev. 149, 149 ff. (1987-88); *Pashall*, Liability to Non-clients: The Accountants Role and Responsibility, 53 Mo. L. Rev. 693, 693 ff. (1988); *Fink*, Third-Party Liability of Public Accountants, 71 Mich. Bar. J. 1286, 1286 ff. (1992); *Marinelli*, Accountants' Liability to Third Parties, 16 Ohio N.U.L. Rev. 1, 1 ff. (1989).

danten sowie Personen, die in sonstiger Weise in einer Beziehung zum Mandanten stehen.[482]

a. Die Lehre der privity of contract

Bei der Bestimmung der Haftung des *Tax Practitioners* gegenüber Nichtmandanten muss die historische Grundregel der *privity of contract* erläutert werden. Nach der *privity of contract* kann es eine Haftung für eine Berufspflichtverletzung nur gegenüber Personen geben, mit denen eine vertragliche Beziehung besteht.[483] Folglich besteht eine Haftung nur gegenüber dem Mandanten des Beraters. Inwieweit diese Regel aus dem englischen Common Law stammt, lässt sich nicht genau bestimmen. Zwei englische Entscheidungen – *Winterbottom v. Right*[484] und *Robertson v. Fleming*[485] – hatten jedoch eine maßgebliche Bedeutung für diese Lehre in den Vereinigten Staaten.
Die Entscheidung *Winterbottom v. Right* aus dem Jahre 1842 betraf die Verantwortlichkeit eines Herstellers von Kutschen gegenüber dem Angestellten des Käufers einer Kutsche, der aufgrund eines Defekts des Produkts verletzt wurde. *Lord Abinger* stufte die rechtliche Frage als sehr grundlegend ein und führte aus: *„For our doing so might be the means of letting upon us an infinity of actions"*.[486] *Lord Abinger* war besorgt, dass die Zulässigkeit der Haftung ohne das Bestehen einer vertraglichen Beziehung zu einer unendlichen Haftungsgefahr für den Hersteller der Kutschen führen würde und selbst Passagiere sowie unbeteiligte Personen klagen könnten. *Baron Alderson* drückte dieselben Bedenken wie folgt aus:

> *„If we were to hold that the plaintiff could sue in such a case, there is no point at which the actions would stop. The only safe rule is to confine the right to recover to those who enter into a contract: if we go one step beyond that, there is no reason why we should not go fifty. The only real argument in [favor] of the action is that this is a case of hardship; but that might have been obviated, if the palintiff had made himself a party to the contract.*"[487]

Auch *Baron Rolfe* erkannte die harsche Konsequenzen dieser Entscheidung für den Kläger, diese müsse der Kläger im konkreten Fall jedoch auf sich nehmen:

---

482 *Marinelli*, a.a.O., S. 2.
483 *Mallen/Smith*, § 7.5, S. 496.
484 10 Mees. & W. 109, 152 Eng.Rep. 402 (Ex. 1842).
485 4 Macq. 167 (H.L.Sc. 1861).
486 10 Mees. & W. 109, 111, 152 Eng.Rep. 402, 404 (Ex. 1842).
487 10 Mees. & W. 109, 115 f., 152 Eng.Rep. 402, 405 (Ex. 1842).

„This is one of the unfortunate cases in which there certainly has been damnum, but it is damnum absque injuria; it is, no doubt, a hardship upon the plaintiff to be without remedy, but by that consideration we should not be influenced. Hard cases, it has been frequently observed, are apt to introduce bad law.“[488]

In der *House of Lords* Entscheidung *Robertson v. Fleming*[489] aus dem Jahre 1861 war ein Anwalt von seinem Mandanten (einem Schuldner) mit dem Entwurf eines Sicherungsrechts zugunsten der Bürgen des Mandanten beauftragt. Der Anwalt beging einen Fehler und die Bürgen verklagten ihn daraufhin, da sie nicht gesichert waren und nach dem Eintreten für die Schuld des Mandanten gegenüber dem Gläubiger keinen Rückgriff beim Mandanten nehmen konnten. *Lord Chancellor Campbell* argumentierte, dass eine Sorgfaltspflicht nur zwischen den Vertragsparteien bestehen könne und Dritten kein Anspruch zustehe:

„As this duty was not imposed by general law, I never had any doubt that it could be established only by showing privity of contract between the parties. (...) If this were a law a disappointed legatee might sue the solicitor employed by a testator to make a will in favor of a stranger, whom the solicitor never saw or before heard of, if the will were void for not being properly signed and attested. I am clearly of the opinion that this is not the law of Scotland, nor of England, and it can hardly be the law of any country where jurisprudence has been cultivated as a science.“[490]

Die englischen Präzedenzfälle *Winterbottom* und *Robertson* überzeugten im Jahre 1879 den *United States Supreme Court*, als dieser das Ausmaß der Pflichten eines Anwalts gegenüber Dritten zu bestimmen hatte. In seiner Entscheidung *National Savings Bank v. Ward*[491] hatte der *Supreme Court* einen typischen Sachverhalt zu entscheiden. Ein Anwalt wurde von einem Grundstückskäufer damit beauftragt, die Eigentumsverhältnisse an dem Grundstück gegenüber einem Kreditgeber zu bestätigen. Die Bestätigung war jedoch fehlerhaft und der Käufer erlangte nie Eigentum an dem Grundstück. In der Folge bestand keine Hypothek des Kreditgebers an dem Grundstück und der Kreditgeber verklagte den Anwalt. Mit Ausnahme von drei Richtern stimmte der *Supreme Court* mehrheitlich dafür, den englischen Entscheidungen zu folgen. Damit war auch die grundlegende amerikanische Regel geschaffen worden, dass ohne das Vorliegen von Betrug, Interessenkonflikt oder einer vertraglichen Beziehung kein Anwalt in der Vertretung seines Mandanten für Schäden haftbar ist, die dritten Personen entstehen.

---

488 10 Mees. & W. 109, 116, 152 Eng.Rep. 402, 405 f. (Ex. 1842).
489 4 Macq. 167 (H.L.Sc. 1861).
490 A.a.O., S. 177.
491 100 US (10 Otto) 195, 25 L.Ed. 621 (1879).

Die Entscheidung *Ultramares Corp. v. Touche*[492] bestimmte das Recht der Dritthaftung von *CPAs* vom Jahr 1931 bis in die späten sechziger Jahre.[493] Unter strenger Anwendung der *privity of contract*-Lehre entschied das Gericht in diesem Verfahren, dass ein *Accountant* ohne eine vertragliche Beziehung oder betrügerisches Handeln niemals gegenüber einem Dritten haftbar sein kann.[494] Die Entscheidung betraf einen *Accountant*, der in fahrlässiger Weise ein Testat erstellt hatte, obwohl er von der Bedeutung des Testats für die Mandanten, Fred Stern & Co., die das Testat zur Erlangung eines Kredits benutzten, positive Kenntnis hatte. Im Vertrauen auf das Testat gewährte der Kläger dem Mandanten den Kredit. In der Folge ging Fred Stern & Co. in Konkurs und konnte den Kredit nicht an den Kläger zurückzahlen.[495]

b. Die Durchbrechung der Lehre von der privity of contract

Die *privity of contract* ist nicht mehr die bestimmende Theorie in der Mehrzahl der Staaten der USA. Während sich einige Staaten weiterhin sehr nahe an *Ultramares Corp.* anlehnen,[496] haben die meisten Staaten die Lehre als zu strikt verworfen.[497] Zur Begründung wird angeführt, die Beschränkung der Haftung des *Accountants* auf Personen, mit denen er sich in einem vertraglichen Verhältnis befinde, stehe nicht im Einklang mit dem Bedeutung, die Erklärungen des *Accountants* in wirtschaftlichen und finanziellen Entscheidungen von Dritten bei-

---

492 174 N.E. 441 (N.Y. 1931).

493 Vgl. *Ryan v. Kanne*, 170 N.W.2d 395 (Iowa 1969). Dies war die erste Entscheidung eines Gerichts auf Berufungsebene, welche eine Abweichung von der *privity of contract* Lehre zumindest in Teilbereichen zuließ. Das Gericht urteilte, dass ein *Accountant* für den Schaden eines Dritten verantwortlich sein kann, wenn der *Accountant* positive Kenntnis von dem besonderen Vertrauen des Dritten in das Produkt der Arbeit des *Accountant* hat; vgl. a.a.O., S. 401.

494 174 N.E. 441, 441 (N.Y. 1931).

495 A.a.O., S. 443.

496 Einige der Staaten, die immer noch an der „privity of contract" Lehre festhalten sind: *Toro Co. v. Krouse, Kern & Co.*, 827 F.2d 155 (7th Cir. 1987) (unter Anwendung des Rechts von Indiana); *Stephens Industries Inc. v. Hoskins & Sells*, 438 F.2d 357 (10th Cir. 1971) (unter Anwendung des Rechts on Colorado); *Robertson v. White*, 633 F.Supp. 954 (Ark. 1986); *Colonial Bank v. Ridley & Schweigert*, 551 So.2d 390 (Ala. 1989); *Idaho Bank & Trust Co. v. First Bancorp*, 772 P.2d 720 (Idaho 1989); *Citizens National Bank v. Kennedy & Co.*, 441 N.W.2d 180 (Neb. 1989).

497 *Thompson*, a.a.O., 28 Tort & Ins. L.J. 376, 377 (1993). Vgl. für die Entscheidungen, die auch eine Haftung gegenüber Personen bejahen, die nicht in einer „privity of contract" stehen: *Rhode Island Hosp. Trust Nat'l Bank v. Schwartz, Bresenoff, Yovner & Jacobs*, 455 F.2d 847 (4th Cir. 1972); *International Mortgage Co. v. John P. Butler Accountancy Corp.*, 223 Cal.Rptr. 218 (1986); *Earl v. Cryovac, Div. of W.R. Grace Co.*, 772 P.2d 725 (Id. 1989); *Ryan v. Kanne*, 170 N.W.2d 395 (Iowa 1969); *Thayer . Hicks*, 793 P.2d 784 (Mont. 1990); *Credit Alliance Corp. v. Arthur*, 483 N.E2d 110 (N.Y. 1985); *Shatterproof Glass Corp. v. James*, 466 S.W.2d 873 (Tex. 1971).

gemessen wird.[498] In den USA existieren derzeit drei verschiedene Tests, die von den Gerichten zur Bestimmung der Dritthaftung für ein Fehlverhalten des Beraters zugrunde gelegt werden. Diese Tests sind der *Ultramares* Test[499], der *Restatement* Test, sowie der *reasonably foreseeable* Test.[500]

(i) Der *Ultramares* Standard wird von einigen wenigen Staaten, allen voran New York, angewendet[501] und orientiert sich eng an den Voraussetzungen der *Ultramares* Entscheidung.[502] So entwickelte der *New York Court of Appeal* in seiner Entscheidung *Credit Alliance Corp. v. Arthur Andersen & Co.*[503] einen dreistufigen Test zur Begründung der Dritthaftung: Danach muss (1) der Berater positive Kenntnis davon haben, dass das Ergebnis seiner Arbeit für einen bestimmten Zweck benutzt werden soll; (2) er muss ferner wissen, dass ein Dritter oder Dritte auf seine Ausführungen vertrauen; und (3) es muss ein besonderer Sacherhalt vorliegen, der den Berater mit der dritten Partei verbindet, um die Kenntnis des Beraters vom Vertrauen des Dritten nachzuweisen.[504] Damit unterscheidet dieser Test zwischen der positiven Kenntnis (*actual knowledge*) des Beraters vom Vertrauen eines konkreten Dritten und dem Bewusstsein vom möglichen Vertrauen unbekannter Dritter. Das Gericht kam zu dem Schluss, dass nur die positive Kenntnis (*actual knowledge*) des Beraters vom Vertrauen eines konkreten Dritten dem Ultramares Standard einer *near privity* gerecht wird.[505] Dieser Test wurde von Gerichten in anderen Staaten adaptiert.[506]

---

498 *Thompson*, a.a.O.

499 Siehe hierzu bereits oben die *Ultramares* Entscheidung.

500 *Fain*, a.a.O., 21 Ohio N.U.L. Rev. 355, 375 (1995).

501 Unter anderem *Credit Alliance Corp. v. Arthur Andersen & Co.*, 65 N.Y.2d 536, 483 N.E.2d 110, 493 N.Y.S.2d 435 (1985); *Toro Co. v. Krouse, Kern & Co.*, 827 F.2d 155 (7th Cir. 1987) (unter Anwendung des Rechts von Indiana); *Mclean v. Alexander*, 599 F.2d 1190 (3rd Cir. 1979) (unter Anwendung des Rechts von Delaware); *Investors Tax Sheltered Real Estate Limited v. Lawenthol, Krekstein, Horwarth & Horwarth*, 370 So.2d 815 (Fla.App. 1979) (Florida); *Koch Industries, Inc. v. Vosko*, 494 F.2d 713 (10th Cir. 1974) (unter Anwendung des Rechts von Kansas); *Stephens Industries Inc. v. Hoskins & Sells*, 438 F.2d 357 (10th Cir. 1971) (unter Anwendung des Rechts on Colorado); *Robertson v. White*, 633 F.Supp. 954 (Ark. 1986) (Arkansas); *Colonial Bank v. Ridley & Schweigert*, 551 So.2d 390 (Ala. 1989) (Alabama); *Idaho Bank & Trust Co. v. First Bancorp*, 772 P.2d 720 (Idaho 1989); *Citizens National Bank v. Kennedy & Co.*, 441 N.W.2d 180 (Neb. 1989) (Nebraska).

502 *Fain*, a.a.O., 21 Ohio N.U.L. Rev. 355, 375 (1995); *Thompson*, a.a.O., 28 Tort & Ins. L.J. 376, 377 (1993); *Pashall*, a.a.O., 53 Mo. L. Rev. 693, 696 ff. (1988).

503 65 N.Y.2d 536, 483 N.E.2d 110, 493 N.Y.S.2d 435 (1985).

504 A.a.O., 65 N.Y.2d 536, 551; 483 N.E.2d 110, 118; 493 N.Y.S.2d 435, 443 (1985).

505 Vgl. hierzu die Analyse in: *Toro Co. v. Krouse, Kern & Co.*, 827 F.2d 155, 161 (7th Cir. 1987).

506 Vgl. z.B. *Toro Co. v. Krouse, Kern & Co.*, a.a.O.

(ii) Der *Restatement Test* repräsentiert einen moderaten Mittelweg zwischen den drei Tests und wird in den meisten Staaten angewendet.[507] Nach diesem Test haftet der Berater gegenüber Dritten, wenn sie zu einem tatsächlich vorhersehbaren Kreis von Personen gehören, die z.B. einem Testat des Beraters Vertrauen schenken.[508] Der Test basiert auf § 552 des *Restatement (Second) of Torts*, der wie folgt lautet:

> *(1) One who in the course of his business, profession or employment, or in any other transaction in which he has a pecuniary interest, supplies false information for the guidance of others in their business transactions, is subject to liability for pecuniary loss caused to them by their justifiable reliance upon the information, if he fails to exercise reasonable care or competence in obtaining or communicating the information.*
>
> *(2) Except as stated in Subsection (3), the liability stated in Subsection (1) is limited to loss suffered*
>
> *(a) by the person or one of a limited group of persons for whose benefit and guidance he intends to supply the information or knows that the recipient intends to supply it; and*
>
> *(b) through reliance upon it in a transaction that he intends the information to influence or knows that the recipient so intends or in a similiar transaction.*

§ 552 (2) (a) lässt dabei nur Raum für eine auf einen begrenzten Personkreis beschränkte Dritthaftung, von dem der Berater weiß, dass seine Informationen für diesen Kreis bestimmt sind.

(iii) Der „*reasonably foreseeable*"-Test, der oftmals auch als „*unlimited foreseeability rule*" bezeichnet wird, findet nur in wenigen Staaten

---

507 *Stroud v. Arthur Andersen & Co.*, 2001 OK 76 (Oklahoma Suppr.Ct. 2001); *White v. BDO Seidman*, 249 Ga.App. 668 (Georgia 2001); *Co-Trustees of the 1988 Hughes Family Trust vs. Lawrence N.C. ING*, 95 Haw. 247 (Hawai 2001); *Badische Corp. v. Caylor*, 257 Ga. 131, 356 S.E.2d 198 (1987) (Georgia); *In re Hawaii Cor.*, 567 F.Supp. 609 (Hawaii 1983); *Ryan v. Kanne*, 170 N.W.2d 395 (Iowa 1969); *Ingram Indus., Inc. v. Nowicki*, 527 F.Supp. 683 (Ky. 1981) (Kentucky); *Bonhiver v. Graff*, 311 Minn. 111, 248 N.W.2d 291 (1976) (Minnesota); *Tiffany Indus., Inc. v. Harbor Ins. Co.*, 536 F.Supp. 432 (Mo. 1982) (Missouri); *Sperex Inc. v. Alexander Grant & Co.*, 122 N.H. 898, 451 N.E.2d 212 (1982) (New Hampshire); *Bunye Corp. v. Eide*, 372 F.Supp. 1058 (N.D. 1974) (North Dakota); *Haddon View Inv. Co. v. Coopers & Lybrand*, 70 Ohio St. 2d 154, 436 N.E.2d 212 (1982) (Ohio); *Eisenburg v. Gagnon*, 766 F.2d 770 (3rd Cir. 1985) (Pennsylvania); *Rusch Factors, Inc. v. Levin*, 284 F.Supp. 85 (R.I. 1968) (Rhode Island); *Shatterproof Glass Corp. v. James*, 466 S.W.2d 873 (Tex. 1971) (Texas); *Milliner v. Imer Fox & Co.*, 529 P.2d 806 (Utah 1974).

508 *Fain*, a.a.O., 21 Ohio N.U.L. Rev. 355, 376 (1995).

Anwendung.[509] Hiernach schuldet der Berater allen Personen eine Sorgfaltspflicht, die in vernünftiger Weise als vorhersehbarer Empfängerkreis eines Testats oder sonstiger, vom Berater erstellten, finanziellen Informationen über den Mandanten im Wirtschaftsverkehr betrachtet werden können.[510]

Folglich geben immer mehr Staaten das Erfordernis der *privity of contract* bei der Bestimmung der Haftung des Beraters gegenüber Dritten zugunsten der Vorhersehbarkeit des Empfängerkreises auf.[511] Daher wird nun oftmals eine dritte Person, die auf das Testat oder die sonstige finanzielle Information des Beraters vertraut hat, einen Anspruch in der Klageform des *Tort of Negligence* auf Ersatz des im Vertrauen auf die Information entstandenen Schaden gegenüber dem Berater geltend machen können.[512] Gleichwohl kann der Anspruch des Dritten gegenüber dem Berater in einigen wenigen Staaten immer noch mangels einer vertraglichen Beziehung oder in den übrigen Staaten aufgrund der fehlenden Voraussehbarkeit des Personenkreises scheitern.[513]

In dem der Entscheidung *Venturtech II v. Deloitte, Haskins & Sells*[514] zugrunde liegenden Sachverhalt verklagte eine Investmentfirma eine Accountingfirma auf Ersatz des Schadens, den sie bei einem Investment in Unternehmen erlitten hatte. Dabei vertraute die Investmentfirma auf die von der Accountingfirma erstellte Bilanz. Die Investmentfirma trug vor, sie sei eine begünstigte Partei (*third-party beneficiary*) des Mandatsvertrags. Das Gericht hingegen konnte eine derartige Begünstigung aus dem Mandatsvertrag allerdings nicht herleiten. Folglich siegte die Accountingfirma, da der Vertrag die Investmentfirma nicht begünstigte, die Bilanz dem Kläger nie von der Accountingfirma vorgelegt wurde und ferner kein

---

509 Vgl. z.B. *International Mortgage Co. v. John Butler Accountancy Corp.*, 177 Cal.App.3d 806, 223 Cal.Rptr. 218 (1986) (California); *Touche Ross & Co. v. Commercial Union Ins. Co.*, 514 So.2d 315 (Miss. 1987) (Mississippi); *Rosenblum v. Adler*, 93 N.J. 324, 461 A.2d 138 (1983) (New Jersey); *Citizens State Bank v. Trimm, Schmidt & Co.*, 113 Wis.2d 376, 335 N.W.2d 361 (1983) (Wisconsin).

510 *Rosenblum v. Adler*, 93 N.J. 324, 461 A.2d 138 (1983) (New Jersey); *Citizens State Bank v. Trimm, Schmidt & Co.*, 113 Wis.2d 376, 335 N.W.2d 361 (1983) (Wisconsin). Vgl. auch die Zusammenfassung in: *Toro Co. v. Krouse, Kern & Co.*, 827 F.2d 155 (7th Cir. 1987) auf S. 157.

511 *Fain*, a.a.O., 21 Ohio N.U.L. Rev. 355, 377 (1995).

512 Vgl. *Freeman, Freeman and Salzman v. Lipper and Pricewaterhouse Coopers*, 2004 Ill. App. Lexis 743, 349 Ill. App. 3d. 677; *Fullmer v. Wohlfeiler & Beck*, 905 F.2d 1394 (10th Cir. 1990); *Rhode Island Hosp. Trust Nat'l Bank v. Schwartz, Bresenoff, Yovner & Jacobs*, 455 F.2d 847 (4th Cir. 1972); *International Mortgage Co. v. John P. Butler Accountancy Corp.*, 223 Cal.Rptr. 218 (1986); *Thayer. Hicks*, 793 P.2d 784 (Mont. 1990).

513 Vgl. *First National Bank of Commerce v. Monco Agency, Inc.*, 911 F.2d 1053 (5th Cir. 1990); *Toro Co. v. Krouse, Kern & Co.*, 827 F.2d 155 (7th Cir. 1987); *Gordon v. Etue, Wadlaw & Co., P.A.*, 511 So.2d 384 (Fla.App. 1987).

514 790 F.Supp. 576 (N.C. 1992).

Beweis von der Kenntnis der Bedeutung der Bilanz für die Investmententscheidung des Klägers erbracht werden konnte.[515]

Selbst dann, wenn der Dritte zu dem Kreis derer Personen gehört, die normalerweise auf die Information des Beraters vertrauen, so haftet der Berater gegenüber dem Dritten dennoch nicht, wenn dieser die Information nicht zur Grundlage seiner Entscheidung macht.[516] Hierbei handelt es sich nicht um die Frage, ob eine Sorgfaltspflicht gegenüber dem Dritten bestanden hat. Vielmehr geht es hier um die Kausalität zwischen der Verletzung einer bestehenden Sorgfaltspflicht und dem erlittenen Schaden des Dritten.[517]

Gerichte bejahen eine Haftung gegenüber einem Dritten nur dann, wenn ein direkter Kontakt zwischen dem Berater und dem Dritten besteht. Ein Beispiel ist die Entscheidung *Chemical Bank v. Brant & Co.*[518] Dieser Entscheidung liegt ein Sachverhalt zugrunde, in dem die vom Berater erstellte Bilanz vom Mandanten benutzt werden sollte, um einen Kredit für den Mandanten zu erlangen. Der Berater hatte sowohl von diesem Gebrauchszweck der Bilanz als auch von dem Vertrauen der Bank in die Richtigkeit der Bilanz positive Kenntnis. Zudem bestanden hier zwischen dem Dritten und dem Berater zahlreiche Gespräche über einen Zeitraum von mehreren Monaten. Die *Appellate Division des New York York Supreme Courts* kam unter diesen Umständen zu dem Schluss, dass eine Dritthaftung hier selbst unter Anwendung des *Ultramares Tests* aufgrund der positiven Kenntnis des Beraters von dem Gebrauchszweck der Bilanz und dem Vertrauen des Dritten in die Richtigkeit der Bilanz sowie des besonderen Verhältnisses zwischen dem Berater und dem Dritten vorlag.[519]

Ein indirektes Vertrauen des Dritten in die Information des Beraters ist deshalb zur Haftungsbegründung grundsätzlich nicht ausreichend. In *Eldred v. McGladrey, Hedrickson & Pullen*[520] vertraute der Kläger auf Informationen, die der Staat Iowa verbreitete. Der Staat hatte seinerseits auf eine vom Beklagten erstellte Bilanz vertraut und die verbreiteten Informationen aus dieser Bilanz übernommen. Das Gericht urteilte, ein derartiges indirektes Vertrauen sei zu schwach, um eine Haftung des Beraters gegenüber einem Dritten begründen zu können.[521]

---

515 Vgl. hierzu auch *Thompson*, a.a.O., 28 Tort & Ins. L.J. 376, 378 (1993), Fn .2. Die Dritthaftung ist allerdings zu bejahen, wenn die Parteien des Mandatsvertrages wissen, dass Dritte auf die Informationen vertrauen; vgl. *Freeman, Freeman and Salzman v. Lipper and Pricewaterhouse Coopers*, 2004 Ill. App. Lexis 743, 349 Ill. App. 3d. 677

516 *FDIC v. Ernst & Young*, 967 F.2d 166, 168 ff. (5th Cir. 1992).

517 A.a.O., S. 170 ff.

518 568 N.Y.S.2d 761 (App. 1991).

519 A.a.O., S. 762. Vgl. auch den oben dargestellten dreistufigen *Credit Alliance Corp.* Test.

520 468 N.W.2d 218, 219 (Iowa 1991).

521 A.a.O., S. 221.

11. Mitverschulden: contributory negligence und comparative negligence

Der Berater ist allzu oft bei der Ausführung seiner Tätigkeit für den Mandanten auf dessen Mithilfe angewiesen. So kann der Berater seinen Sorgfaltspflichten kaum nachkommen, wenn der Informationsfluss zwischen Berater und Mandant gestört ist.[522] Folglich wäre es unangemessen, den Berater in den Fällen, in denen der Mandant seinen Mitwirkungspflichten nicht oder nicht hinreichend genug nachgekommen ist, in vollem Umfang haftbar zu machen. Das amerikanische Recht bietet in diesen Fällen die Rechtsinstitute der *contributory negligence* und der *comparative negligence* an, um einen Interessensausgleich zwischen der Pflichtverletzung des Beraters und der des Mandanten zu schaffen.

a. contributory negligence

Das Rechtsinstitut der *contributory negligence* stellt eine der wirksamsten Verteidigungsmöglichkeiten für den Beklagten in einer *Tort of Negligence*-Klage dar.[523] *Contributory negligence* entwickelte sich relativ spät im *Common Law*[524] und gilt als ein Mittel zur Verteidigung des Beklagten gegen eine *Tort*-Klage, die ansonsten in vollem Umfange begründet wäre.[525] Die Beweislast für eine *contributory negligence* des Klägers liegt nach Auffassung der Gerichte beim Beklagten.[526] *Contributory negligence* wird als ein Verhalten des Klägers definiert, welches unterhalb des Verhaltensstandards liegt, der von ihm zu seinem eigenen Schutz erforderlich ist und als rechtlich erhebliche Ursache zu seinem Schaden beigetragen hat.[527] Aufgrund der Rechtsfolge der *contributory negligence* entfällt die Haftung des Beklagten komplett, obwohl der Beklagte seine Sorgfaltspflichten gegenüber dem Kläger in fahrlässiger Weise verletzt hat und normalerweise zum Ersatz des Schadens verpflichtet gewesen wäre. Aufgrund des eigenen Fehlverhaltens des Klägers entfällt sein Deliktsanspruch gegenüber dem Berater.[528]

---

522 Vgl. z.B. *Harline v. Barker*, 854 P.2d 595 (Utah App. 1993).

523 *Prosser/Keeton*, a.a.O., Ch. 11, § 65, S.451. Vgl. für die Berufshaftung *Cummings v. Sea Lion Corp.*, 924 P.2d 1011 (Alaska 1996); *BCCI Holdings (Luxembourg), S.A. v. Clifford*, 964 F.Supp. 468 (D.D.C. 1997); *Wheeler v. White*, 1998 Me. 137, 714 A.2d 125 (1998); *Pontiac School District v. Miller, Canfield, Paddock& Stone*, 221 Mich.App. 602, 563 N.W.2d 693 (1997).

524 Die erste *contributory negligence* Entscheidung ist: *Butterfield v. Forrester*, 11 East 60, 103 Eng.Rep. 926 (1806). Die erste Entscheidung in den USA ist: *Smith v. Smith*, 19 Mass. (2 Pick.) 621 (1824).

525 *Prosser/Keeton*, a.a.O.

526 Vgl. z.B. *Brown v. Piggley-Wiggly Stores*, 454 So.2d 1370 (Ala. 1984); *Howard v. Howard*, 607 S.W.2d 119 (Ky.App. 1980); *Picket v. Parks*, 208 Neb. 310, 303 N.W.2d 296 (1981); *Moodie v. Satoni*, 292 Md. 582, 441 A.2d 323 (1982).

527 Restatement (Second) of Torts § 463.

528 Zum Teil wird argumentiert, die *contributory negligence* habe einen bestrafenden Charakter. Der Kläger wird durch die Versagung seines Anspruchs demgemäß für eigenes Fehlverhalten

Voraussetzung ist die kausale Verursachung des Schadens durch das Fehlverhalten des Klägers.[529] *Contributory negligence* entfällt folglich dann, wenn das Fehlverhalten des Klägers nicht mit der Art des Schadenseintritts kausal in Verbindung gebracht werden kann, also den Kläger nicht einem vorhersehbaren Risiko, welches mit der Art des Schadenseintritts aufgrund des Fehlverhaltens des Beklagten übereinstimmt, ausgesetzt hat.[530] *Contributory negligence* ist keine Verteidigung gegenüber einem Schadensersatz aus der vertraglichen Haftung des Beraters.[531] Basiert der vertragliche Schadensersatzanspruch allerdings auf der Verletzung einer deliktischen Sorgfaltspflicht,[532] so kann *contributory negligence* dennoch Anwendung finden.[533] *Contributory negligence* kann allerdings nie als Verteidigung vom Beklagten genutzt werden, wenn der Beklagte die Schädigung vorsätzlich begangen hat.[534]

In den Fällen betrügerischer oder absichtlicher Schädigungen, in denen das Gericht den Berufsangehörigen zur Zahlung von *punitive damages* verurteilen kann, findet das Rechtsinstitut der *contributory negligence* keine Anwendung.[535]

Contributory negligence findet sich in der Berufshaftung gewöhnlich in fünf verschiedenen Sachverhaltskategorien:

(1) Wenn es der Kläger unterlässt, sich über die Arbeit des Beraters zu informieren;

(2) Bei Nichtbefolgung des Rates oder Instruktionen des Beraters;

(3) Beim Versäumnis den Berater mit notwendigen Informationen zu versorgen;

(4) Beim Eingriff in die Vertretung durch den Berater;

(5) Wenn sich Mandant weigert, Rechtsmittel einzulegen oder einen Schaden zu mindern, der durch das Fehlverhalten des Beraters entstanden ist.[536]

---

bestraft; vgl. Lord *Halsbury*, L.C., in *Wakelin v. London & S.W.R. Co.*, 12 A.C. 41, 45 (1886). Eine andere Begründung liegt darin, dass der Kläger mit sauberen Händen (*clean hands*) vors Gericht treten solle; vgl. Chief Justice *Owen*, in *Davis v. Guarnieri*, 45 Ohio St. 470, 15 .E. 350.

529 *Garland v. Nelson*, 219 Minn. 1, 17 N.W.2d 28. Vgl. auch: Notes 22 Minn. L. Rev. 410 (1938); 41 Ky. L. J. 317 (1953).

530 *Boulfrois v. United Traction Co.*, 210 Pa. 263, 59 A. 1007 (1904); *Travis v. Hay*, 352 S.W.2d 209 (Ky. 1961).

531 *Mallen/Smith*, a.a.O., § 20.2, S. 641.

532 Vgl. zur deliktischen Sorgfaltspflicht oben unter: 2. e. aa. sowie unten unter: III.

533 *Clark v. Rowe*, 428 Mass. 339, 701 N.E.2d 624 (1998).

534 *Page v. HSI Financial Services, Inc.*, 218 Ga.App. 283, 461 S.E.2d 239 (1995).

535 *Stroud v. Arthur Andersen & Co.*, 2001 OK 76 (Supr. Ct. Oklahoma 2001): „*Where the defendant's conduct is found to be wanton or reckless, the jury may not ompare the plaintiffs' contributory negligence to either preclude or reduce recovery.*"

(i) Die Haftung des Beraters kann dann entfallen, wenn der Mandant sich nicht hinreichend genug über die Arbeit des Beraters informiert. Ein häufig auftretendes Problem in diesem Zusammenhang ist das Versäumnis des Mandanten, einen Fehler in den vom Berater erstellten Dokumenten zu entdecken.[537] Unterschreibt der Mandant beispielsweise ein vom Berater fehlerhaft erstelltes Dokument, ohne es zuvor gelesen zu haben, so muss er sich den Inhalt des Dokumentes zurechnen lassen, wenn der Inhalt des Dokumentes für den Mandanten verständlich gewesen wäre.[538] Eine Ausnahme besteht allerdings dann, wenn der Mandant von der Richtigkeit des Dokumentes ausgehen konnte, weil der Berater schon eine Vielzahl dieser Dokumente für den Mandanten erstellt hatte.[539] *Contributory negligence* ist dann nicht anwendbar, wenn der Fehler für den Mandanten als Laien nicht erkennbar war.[540] Aufgrund der Komplexität des Steuerrechts wird somit das Versäumnis des Mandanten, einen Fehler des Beraters zu entdecken, nur in den seltensten Fällen zum Haftungsausschluss führen.

(ii) Kommt der Mandant den Ratschlägen oder Instruktionen des Beraters nicht nach und trägt so zur Verursachung des Schadens bei, kann dies zu einem Haftungsausschluss führen.[541]

(iii) Der *Practitioner* ist grundsätzlich berechtigt, auf die Richtigkeit der vom Mandanten erlangten Informationen zu vertrauen.[542] Der Berater hat jedoch im Rahmen seines Mandats eine Pflicht, den Sachverhalt des Mandats zu ermitteln. Diese Pflicht geht allerdings nicht über den gewöhnlichen Umfang des Mandats hinaus.[543]

---

536 *Mallen/Smith*, a.a.O., § 20.2, S. 641.

537 A.a.O., S. 642.

538 *Berman v. Rubin*, 138 Ga.App. 849, 227 S.E.2d 802 (1976).

539 *McWorther, Ltd. v. Irvin*, 154 Ga.App. 89, 267 S.E.2d 630 (1980), cert. dismissed 246 Ga. 229, 271 S.E.2d 216 (1980).

540 *Little v. Middleton*, 198 Ga.App. 393, 401 S.E.2d 751 (1991); *McLarty v. Kushner*, 173 Ga.App. 432, 326 S.E.2d 777 (1985); *Kushner v. McLarty*, 165 Ga.App. 400, 300 S.E.2d 531 (1983).

541 *Nika v. Danz*, 199 Ill.App.3d 296, 145 Ill.Dec. 255, 556 N.E.2d 873 (1990); *Theobald v. Byers*, 193Cal.App.2d 147, 150; 13 Cal.Rptr. 864, 866 (1961): „*There would seem to be no reason whatsoever why the same rule should not be applicable in a legal malpractice action where there is evidence that the client chose to disregard the legal advice of his attorney. In our oppinion, any other rule would be grossly unfair.*"

542 Vgl. z.B.: *Harline v. Barker*, 854 P.2d 595 (Utah App. 1993), affirmed on other grounds 912 P.2d 433 (Utah 1996).

543 Vgl. *Hansen v. Wightman*, 14 Wash.App. 78, 538 P.2d 1238 (1975): „*Under certain circumstances it may be the duty of the lawyer to investigate the facts applicable to a transaction and report the results to the client (...). If the attorney should have inquired concerning the facts and did not, the client cannot be said to have been negligent in failing to disclose said facts. (...) However, an attorney need not inquire intomatters that do not pertain to the discharge of the duties that he has undertaken. (...) Likewise, an attorney need not*

(iv) Der Eingriff in die Vertretung durch den Berater kann ebenfalls zum Ausschluss der Haftung des Beraters führen. Ist der Berater mit der Prozessvertretung des Mandanten vor den Finanzgerichten betraut, haftet er im Regelfall nicht, wenn der Prozess verloren geht, weil der Mandant nicht vor Gericht erschienen ist.[544]

(v) Eine bedeutende Fallgruppe der *contributory negligence* betrifft den Verstoß des Mandanten gegen die ihm obliegende Schadensminderungspflicht. Dem Mandanten obliegt danach die Pflicht, Rechtsmittel einzulegen, wenn eine Aussicht darauf besteht, den durch das Fehlverhalten des Beraters entstandenen Schaden durch Rechtsmittel zu verringern.[545] Hat der Berater dem Mandanten allerdings von der Einlegung des Rechtsmittels abgeraten, so kann sich der Mandant auf diesen Rat verlassen und verletzt seine Schadensminderungspflicht nicht, wenn er auf Rechtsmittel verzichtet.[546]

b. comparative negligence

Bei der *comparative negligence* handelt es sich um eine – in einigen Staaten angewandte – moderne Variante der *contributory negligence*, bei der eine Aufteilung des Schadens zwischen den Parteien anhand des Grades ihres Mitverschuldens erfolgt.[547] In einigen dieser Staaten führt auch die *comparative negligence* zu einem völligen Haftungsausschluss, wenn das Mitverschulden des Klägers 50% überschreitet.[548] *Comparative negligence* wird vom Beklagten geltend gemacht, um die Summe des von ihm zu leistenden Schadensersatzes zu verringern.[549]

---

make an inquiry where the responsibility for the matter is assumed by the client (...)." Vgl. ferner auch: *United Leasing Corp. v. Miller*, 60 N.C.App. 40, 298 S.E.2d 409 (1982), review denied 308 N.C. 194, 302 S.E.2d 248 (1983).

544 *Talley v. Yonan*, 72 Ill.App.3d 851, 28 Ill.Dec. 880, 391 N.E.2d 79 (1979); *Delfyette v. Fisher*, 40 A.D.2d 674, 336 N.Y.S.2d 147 (1972).

545 *Wimsatt v. Haydon Oil Co.*, 414 S.W.2d 908 (Ky. 1967); vgl. ferner *Mallen/Smith*, a.a.O., § 20.2, S. 647.

546 *Lally v. Kuster*, 177 al. 783, 171 P. 961 (1918).

547 *Clark v. Rowe*, 428 Mass. 339, 701 N.E.2d 624 (1998); *Kirsch v. Dureya*, 21 Cal.3d 303, 146 Cal.Rptr. 218, 578 P.2d 935 (1978) (California); *Somma v. Gracey*, 15 Conn.App. 371, 544 A.2d 668 (1988) (Connetticut); *Micheal Kovach, P.A. v. Pearce*, 427 So.2d 1128 (Fla.App. 1983), petition for appeal denied 434 So.2d 888 (Fla. 1983) (Florida); *Pizel v. Whalen*, 252 Kan. 384, 845 .2d 37 (1993) (Kansas); *Tyree v. Hendrix*, 480 So.2d 1176 (Ala. 1985) (unter Anwendung des Rechts von Massachusetts); *Ignotov v. Reiter*, 130 Mich.App. 409, 343 N.W.2d 574 (1983) (Michigan); *Bowen v. Arnold*, 380 N.W.2d 531 (Minn.App. 1986) (Minnessota); *Cicorelli v. Capobianco*; 89 A.D.2d 842, 453 N.Y.S.2d 21 (1982), order affirmed 59 N.Y.2d 626, 463 N.Y.S.2d 195, 449 N.E.2d 1273 (1983) (New York); *Levin v. Weissman*, 594 F.Supp. 322 (E.D.Pa. 1984), judgement affirmed 760 F.2d 258 (3rd Cir. 1985) (Pensylvania).

548 *Executive Financial Services, Inc. v. Heart Chec, Inc.*, 95 F.R.D. 383 (D.Colo. 1982) (Colorado); *Somma v. Gracey*, 15 Conn.App. 371, 544 A.2d 668 (1988) (Connetticut);

12. Verjährung – statutes of limitation

Möchte der Mandant einen Anspruch gegen seinen Berater geltend machen, so kann er dies nur innerhalb eines begrenzten Zeitraumes tun. Das amerikanische Recht knüpft an die einzelnen Klageformen unterschiedliche Verjährungsfristen (*statutes of limitations*). Dabei muss der Mandant seinen Anspruch auf Schadensersatz gegen den Berater innerhalb dieser Fristen geltend machen, um seinen Anspruch gerichtlich durchsetzen zu können.

a. Die einzelnen Verjährungsfristen (statutes of limitations)

Die für die Haftung des steuerlichen Beraters im Staat New York relevanten Verjährungsfristen sind zum Beispiel:

aus einer strafrechtlich sanktionierten Tat:	7 Jahre
aus vertraglichen (nicht-kaufrechtlichen) Ansprüchen:	6 Jahre
aus *Tort of Negligence*:	3 Jahre
aus deliktischen Ansprüchen, die Vorsatz des Täters erfordern:	1 Jahr.[550]

Die Verjährungsfristen in anderen Staaten weichen zum Teil von den oben genannten Verjährungsfristen ab. In einigen Staaten bestehen einheitliche Verjährungsfristen für *malpractice*,[551] während es in anderen Staaten darauf ankommt, ob die Klage auf vertraglichen oder deliktischen Ansprüchen beruht.[552]

Micheal Kovach, P.A. v. Pearce, 427 So.2d 1128 (Fla.App. 1983), petition for appeal denied 434 So.2d 888 (Fla. 1983) (Florida); *Bowen v. Doherty*, 235 Kann. 870, 686 P.2d 112 (1984) (Kansas); *Clark v. Rowe*, 428 Mass. 339, 701 N.E.2d 624 (1998) (Massachusetts); *Tyree v. Hendrix*, 480 So.2d 1176 (Ala. 1985) (unter Anwendung des Rechts von Massachusetts); *Ignotov v. Reiter*, 130 Mich.App. 409, 343 N.W.2d 574 (1983) (Michigan); *Bowen v. Arnold*, 380 N.W.2d 531 (Minn.App. 1986) (Minnessota); *Blackstock v. Kohn*, 1998 WL 726263 (Mo.App. 1998) (Missouri); *Cicorelli v. Capobianco*; 89 A.D.2d 842, 453 N.Y.S.2d 21 (1982), order affirmed 59 N.Y.2d 626, 463 N.Y.S.2d 195, 449 N.E.2d 1273 (1983) (New York); *Levin v. Weissman*, 594 F.Supp. 322 (E.D.Pa. 1984), judgement affirmed 760 F.2d 258 (3rd Cir. 1985) (Pensylvania).

549 *Caiati v. Kimel Funding Corp.*, 154 A.D.2d 639, 546 N.Y.S.2d 877 (1989).

550 Alle genannten Verjährungsfristen beziehen sich auf das Recht des Staates New York (vgl. *Conviser*, Mini Review 1999, New York Practice, S. 3 f.). Die Verjährungsfristen in anderen Staaten können von den genannten Fristen im Einzelfall abweichen.

551 So beträgt z.B. im Staat Washington die Verjährungsfrist für *malpractice* generell 4 Jahre; vgl. *Janicki Logging & Construction Company, Inc. v. Schwabe, Williamson & Wyatt, P.C.*, 37 P.3d 309 (Wash. App. 2001).

552 So beträgt z.B. im oben genannten Staat New York die Verjährungsfrist auch bei *malpractice* 6 Jahre, wenn der geltend gemachte Anspruch auf Vertrag beruht; vgl. *Benedict v. Whitman Breed Abbot & Morgan*, 282 A.D.2d 416 (NY App. 2001). Für den Staat Michigan z.B. vgl. *Karam v. Sagemark Consulting, Inc*, 2004 U.S.App. LEXIS19039, 383 F.3d 421, 2004 FED App. 0309P (6th Cir.) sowie Mich. Comp. Laws §§ 600.5807(8) (breach of contract).

b. Der Beginn der Verjährungsfrist

Die häufig erst spät nach der Sorgfaltspflichtverletzung des Beraters eintretenden Schäden machen es schwer, die Verjährungsfrist des Anspruchs gegen den Berater zu bestimmen. Diese Problematik haben wir bereits oben in der Entscheidung *Feldman v. Granger*[553] gesehen.[554]

Die amerikanischen Gerichte vertreten recht unterschiedliche Auffassungen über den Zeitpunkt des Beginns der Verjährungsfrist.[555] Diese Auffassungen lassen sich grob wie folgt zusammenfassen:

i. Die Verjährungsfrist beginnt zum Zeitpunkt der Pflichtverletzung des Beraters (einem Zeitpunkt, an dem der Mandant in der Regel nichts von seinem Regressanspruch gegen den Berater weiß).[556]

ii. Die Verjährungsfrist beginnt mit der Kenntnis des Mandanten von einer möglichen Schädigung aufgrund der Pflichtverletzung des Beraters. Diese Kenntnis wird im Regelfall zum Zeitpunkt der Kontaktierung des Mandanten durch den *Internal Revenue Service* vorliegen.[557]

iii. Die Verjährungsfrist beginnt erst mit der tatsächlichen Steuerfestsetzung (*assessment of deficiency*) durch den *Internal Revenue Service*.[558] Wie wir am Beispiel der zeitlichen Abfolge der Geschehnisse in *Feldman v. Granger*[559] gesehen haben, kann es geschehen, dass die Steuerfestsetzung erst zeitlich weit nach der ersten Kenntnis des Mandanten von einer möglichen Regressforderung gegen den Berater erfolgt.

iv. Nach der extremsten Auffassung beginnt die Verjährungsfrist erst nach Ausschöpfung aller Rechtsmittel gegen die Steuerfestsetzung.[560]

Die beiden extremen Auffassungen scheinen sich mehr mit der Durchsetzung abstrakter Rechtsprinzipien zu befassen, als mit der Tatsache, ob der Mandant Kenntnis von seinem Regressanspruch gegen den Berater hatte, nämlich ob der Mandant von seinem Anspruch gegenüber dem Berater wusste oder bei sorgfältiger Nachforschung diese Kenntnis hätte erlangen können und trotzdem keine

---

553 257 A.2d 421 (Md.App. 1969).

554 Vgl. hierzu oben unter Kapitel 8. a.

555 Siehe hierzu generell: *Rule*, What and When Can a Taxpayer Recover From a Negligent Tax Advisor?, Journal of Taxation, March 2000, 176, 179.

556 Vgl. z.B.: *Ford's Inc. v. Russell Brown & Co.*, 773 S.W.2d 90 (Ark. 1989).

557 Vgl. z.B.: *Leonhart v. Atkinson*, 289 A.2d 1 (Md. 1972). Siehe ferner auch: *Feldman v. Granger*, 257 A.2d 421 (Md. 1969)

558 Vgl. z.B.: *Atkins v. Crosland*, 417 S.W.2d 150 (Tex. 1967); *Thomas v. Cleary*, 768 P.2d 1090 (Alaska 1989).

559 A.a.O.

560 Vgl. z.B.: *Peat, Marvick, Mitchell & co. v. Lane*, 565 So.2d 1323 (Fla. 1990).

Klage gegen den Berater innerhalb eines vernünftigen Zeitraums in die Wege leitete.[561]

(i) Eine geringe Zahl von Staaten der USA folgt der so genannten *occurrence rule*, nach der die Verjährungsfrist stets mit dem schädigenden Ereignis beginnt. Zu diesen Staaten gehören Arkansas[562], Georgia[563], Indiana[564], Ohio[565], New York[566], South Dakota[567] und Virginia.[568] Es erscheint auch angemessen, Minnesota zu diesen Staaten zu zählen.[569] Auch wenn sich diese Staaten

---

561 *Pettit v. Smith*, 1999 WL 1052007 (DC Pa. 1999). In dieser Entscheidung bestätigte das Gericht die Abweisung einer Klage zugunsten des Beklagten durch das Konkursgericht mit der Begründung, der Kläger habe seine Klage nicht innerhalb der Verjährungsfrist eingereicht, die mit dem Zeitpunkt begann, in dem der der Kläger von der Mangelhaftigkeit der Steuererklärung Kenntnis hatte oder vernünftigerweise Kenntnis haben sollte.

562 Vgl. z.B. *Ford's Inc. v. Russell Brown & Co.*, 773 S.W.2d 90 (Ark. 1989): Die Verjährungsfrist beginnt zum Zeitpunkt des schädigenden Ereignisses und nicht erst dann, wenn die Pflichtverletzung entdeckt wird.

563 Vgl. z.B. *Consolidated Management Services, Inc. v. Halligan*, 368 S.E.2d 148 (Ga. Ct. App. 1988), aff'd 369 S.E.2d 745 (Ga. 1988): Die Verjährungsfrist beginnt mit dem Zeitpunkt der Pflichtverletzung und nicht mit dem Zeitpunkt, zu dem das Ausmaß der Schädigung erkennbar war oder der Mandant den Schaden entdeckte.

564 Vgl. z.B. *Davis v. Geo. S. Olive & Co.*, 731 F. Supp. 1380 (DC Ind. 1990): Die Verjährung beginnt mit dem Zeitpunkt der Schädigung des Mandanten. Den Zeitpunkt der Schädigung legte das Gericht auf das Datum, an dem der Mandant die vom Berater fehlerhaft angefertigten Steuererklärungen bei den Finanzbehörden einreichte.

565 *Fronczak v. Arthur Andersen, LLP*, 705 N.E.2d 1283 (Ohio Ct. App. 1997), appeal not allowed 691 N.E.2d 1061 (1998): Der Beginn der Verjährungsfrist erfolgt zum Zeitpunkt der Begehung der Pflichtverletzung. *Investors REIT One v. Jacobs*, 546 N.E.2d 206 (Ohio 1986): Das Gericht weigerte sich die Verjährung erst zum Zeitpunkt der Kenntnis des Mandanten von der Pflichtverletzung des Beraters beginnen zu lassen.

566 Vgl. z.B.: *Ackerman v. Price Waterhouse*, 84 N.Y.2d 535 (1994): Beginn der Verjährungsfrist erfolgt mit der Pflichtverletzung des Beraters und nicht erst zum Zeitpunkt der Entdeckung durch den Mandanten.

567 *Witte v. Goldey*, 590 N.W.2d 266 (S.Dak. 1999); *Bosse v. Quam*, 537 N.W.2d 8 (S.Dak. 1995): Der Beginn der der Verjährungsfrist tritt zu dem Zeitpunkt ein, in dem die Pflichtverletzung begannen wird.

568 Vgl. z.B. *McGrath v. Cook*, 1987 WL 488811 (Vir. Cir. Ct. 1987): Der Klagegrund bestand bereits zum Zeitpunkt der unsachgemäßen Erstellung der Steuererklärung durch den Berater.

569 Vgl. die jüngere Entscheidung in *Hermann v. McMenomy & Severson*, 590 N.W.2d 641 (Minn. 1999). Diese Entscheidung suggeriert, dass auch Minnesota die *occurence rule* befolgt. Die Verjährungsfrist beginnt, *„when a cause of action will survive a motion to dismiss the failure to state a claim"*, d.h. wenn eine Schädigung eingetreten ist. Im Unterschied zu den anderen *damage rule* Entscheidungen, die im Folgenden noch besprochen werden, welche für die Feststellung einer Schädigung eine Kontaktierung des Mandanten durch den IRS oder eine Vermögensverfügung des Mandanten aufgrund der Pflichtverletzung verlangen, setzt das Gericht für die Feststellung des Schadens hier lediglich die Befolgung eines unsachgemäßen Rates des Beraters oder der Verletzung steuerrechtlicher Vorschriften durch den Mandanten. Auf eine Kenntnis des Mandanten von dem Fehlverhalten des Beraters oder einer Pflicht des Mandanten, zunächst die Schädigung durch Verhandlungen mit den

in Detailfragen unterscheiden, so lassen sie dennoch die Verjährungsfrist mit dem Zeitpunkt der Pflichtverletzung oder unmittelbar danach beginnen. So lassen New Yorker Entscheidungen die Verjährungsfrist zu dem Zeitpunkt beginnen, an dem der Mandant das Produkt der Arbeit des Beraters erhält.[570] Im Staate Indiana hingegen wurde der New Yorker Ansatz zugunsten einer Lösung verworfen, die den Beginn der Frist auf die Einreichung der Steuererklärung durch den Mandanten, somit die Verwendung des Produkts der Arbeit des Beraters oder spätestens die Bezahlung des Beraters für die fehlerhafte Beratung legt.[571]

In den meisten Fällen wird der geschädigte Mandant, der auf die Fachkunde seines steuerlichen Beraters vertraut hat, zu dem Zeitpunkt, an dem er das Produkt der Arbeit seines Beraters erhält, die Steuererklärung bei den Finanzbehörden einreicht oder in sonstiger Weise im Vertrauen auf den Ratschlag seines Beraters handelt, keinen Anhaltspunkt für eine Pflichtverletzung haben. So bescheinigte ein Gericht im Staate Ohio (der die *occurence rule* anwendet) der *occurence rule* die eher seltsame Eigenart, dass ein Mandant einen zweiten Steuerexperten bemühen müsse, um eine Pflichtverletzung seines Beraters ausschließen zu können.[572] Anstatt sich mit der Kenntnis des Mandanten vom Fehlverhalten des Beraters auseinanderzusetzen, bevorzugen die Gerichte in den genannten Staaten lieber eine zum Zeitpunkt des schädigenden Ereignisses beginnende Verjährungsfrist (*precise accrual date*).[573] Die starre Regelung der *occurence rule* wird allerdings durch die *continuing representation doctrine*[574] und die *fraudulent concelament rule*[575] abgefedert, die im Folgenden noch eingehend besprochen wird.

(ii) Den Staaten, die die *occurence rule* anwenden, stehen die Staaten direkt gegenüber, die eine Steuerfestsetzung durch die Finanzbehörden für den Beginn der Verjährungsfrist voraussetzen. Kalifornien[576] und North Carolina[577] haben

---

Steuerbehörden zu vermeiden, kommt es nach Auffassung des Gerichts zur Bestimung des Schadens nicht an.

570 *Ackerman v. Price Waterhouse*, 84 N.Y.2d 535 (1994): *„the claim accrues upon the client's receipt of the accountant's work product since this is the point that a client reasonably relies in the accountant's skill and advice and, as a consequence of such reliance, can become liable for tax deficiencies (...). This is the time when all facts necessary to the cause of action and an injured party can obtain relief in court."*

571 *Davis v. Geo. S. Olive & Co.*, 731 F. Supp. 1380 (DC Ind. 1990).

572 *Lord v. Ernst & Whinny*, 1992 WL 126125 (Ohio App., 9th Dist., 6/3/1992), vgl. Richter *Reece*: *„The occurence rule results in the rather foolish notion that one must hire a second expert in order to make sure that there is no malpractice at that time."*

573 *Ackerman v. Price Waterhouse*, 84 N.Y.2d 535 (1994).

574 Vgl. hierzu unten unter: c.

575 Vgl. hierzu unten unter c.

576 *International Engine Parts, Inc. v. Feddersen & Co.*, 888 P.2d 1279 (Cal. 1995): Das Gericht kam zu dem Schluss, dass eine Steuerfestsetzung für den Beginn der Verjährungsfrist erforderlich ist, da dieser für die Bestimmung des Schadens unabdingbar ist. Das Gericht bezeichnete diese Rechtsprechung zugleich als eine Ausnahme zur Grundregel, dass ein

einen Test entwickelt, nach dem im Falle eines Fehlverhaltens bei der Erstellung von Steuererklärungen die Verjährungsfrist nur dann zu laufen beginnt, wenn eine Steuerfestsetzung erlassen wurde, weil nur dann der aufgrund der Pflichtverletzung entstandene Schaden genau bestimmbar ist. Diese Rechtsprechung wird von der Begründung getragen, der Mandant müsse Fakten in der Steuerprüfung vortragen, die ihn selbst belasten könnten, falls er vor der endgültigen Steuerfestsetzung bereits gegen den Berater klagt.[578] Die Gerichte im Staate Illinois haben sich dieser Begründung angeschlossen, indem sie zwar einerseits den Beginn der Verjährungsfrist grundsätzlich an die Kenntnis des Geschädigten vom Fehlverhalten des Beraters knüpfen,[579] im Falle einer Steuerfestsetzung durch die Finanzbehörden allerdings die Verjährungsfrist allerdings erst nach der Festsetzung der Steuern beginnen lassen.[580]

(iii) Die Staaten Florida,[581] Kentucky,[582] Kansas[583] und Utah[584] gehen hier sogar noch einen Schritt weiter und erlauben dem Mandanten alle Rechtsmittel gegen die Steuerfestsetzung einzulegen, bevor die Verjährungsfrist zu laufen beginnt. Zur Begründung führt der *Supreme Court of Florida* an, ein tatsächlicher Schaden des Mandanten könne vor der Ausschöpfung aller Rechtsmittel gegen die Steuerfestsetzung nicht mit Sicherheit festgestellt werden.[585] Der *Florida High Court* führt darüber hinaus an, der Mandant müsse im Verfahren gegen die Pflichtverletzung des Beraters und bei der Einlegung von Rechtsmitteln gegen die festgesetzten Steuern womöglich konträre Positionen beziehen, wenn er gezwungen wäre den Anspruch aus der Berufshaftung zum selben Zeitpunkt geltend zu machen, zu dem er auch noch Rechtsmittel gegen die Steuerfestsetzung einlegt.[586] Dieser Auffassung hat sich jüngst der *Supreme Court of Utah*[587] angeschlossen. Der Mandant hat in diesen Staaten somit oftmals lange vor dem Beginn der Ver-

---

Anspruch des Mandanten gegen seinen Berater erst nach bei positiver Kenntnis oder Umständen, die eine Kenntnis des Mandanten unter normalen Umständen nahe legen würden, begründet ist (vgl.: *Van Dyke v. Dunker & Aced*, 53 Cal. Rptr. 2d 862 (Cal. App. 1996)).

577 *Snipes v. Jackson*, 316 S.E.2d 657 (N.C. App. 1984), rev. den. 321 S.E.2d 899 (N.C. 1984).

578 *International Engine Parts, Inc. v. Feddersen & Co.*, 888 P.2d 1279 (Cal. 1995).

579 *Dancor International, Ltd. v. Friedman, Goldberg & Minz*, 681 N.E.2d 617 (Ill. App. 1997), app. den. 686 N.E.2d 1159 (Ill. 1997).

580 735 Ill. Comp. Stat. 5/13-214.2 (b).

581 Vgl. z.B. *Peat, Marwick, Mitchell & Co. v. Lane*, 565 So.2d 1323 (Fla. 1990).

582 Vgl. z.B. *Board of Education of Estill County v. Zurich Insurance Company*, 2002 US Dist. LEXIS 678 (Ky. 2002): *„The one-year limitation period (...) does not begin to run until plaintiff's damages are fixed and non-speculative."*; *Alagia, Day, Trautwein & Smith v. Broadbent*, 882 S.W.2d 121 (Ky. 1994).

583 Vgl. z.B. *Simmons v. Dahl*, 802 P.2d 592 (Kan. 1990).

584 *Clark v. Deloitte & Touche LLP*, 2001 UT 90 (Supr. Ct. Utha 2001).

585 Siehe hierzu *Rule*, a.a.O., Journal of Taxation, March 2000, 176, 181.

586 *Peat, Marwick, Mitchell & Co. v. Lane*, 565 So.2d 1323 (Fla. 1990).

587 *Clark v. Deloitte & Touche LLP*, 2001 UT 90 (Supr. Ct. Utha 2001).

jährungsfrist eine positive Kenntnis von der Pflichtverletzung seines Beraters. So kann der Mandant durch eine Benachrichtigung von den Steuerbehörden schon Jahre vor Ausschöpfung aller Rechtsmittel von dem Fehlverhalten gewusst haben und hat dennoch mehrere Jahre Zeit, eine Klage gegen den *Practitioner* in die Wege zu leiten. Andere Staaten kritisieren diesen Ansatz als zu „elastisch" und als Umgehung der mit dem Grundgedanken der Verjährung bezweckten Fairness gegenüber dem Beklagten; also dem Rechtsfrieden.[588]

(iv) Die Mehrheit aller Staaten, die sich der Verjährungsproblematik im Rahmen der Haftung des steuerlichen Beraters gestellt haben, lassen die Verjährungsfrist erst mit Kenntnis des Mandanten von der Pflichtverletzung des Beraters beginnen. Kenntnis vom Fehlverhalten des Beraters erlangt der Mandant hier zumeist direkt vom *Internal Revenue Service* mittels einer Steuernachforderung oder der Festsetzung einer Strafzahlung (*penalty*). Die Gerichte in diesen Staaten stützen das Erfordernis der Kenntnis des Mandanten auf zwei unterschiedliche Theorien:

i. Nach der sog. *discovery rule* (Entdeckungsregel) beginnt die Verjährungsfrist in der Steuerberaterhaftung –analog zur Haftung des Arztes[589] – zum Zeitpunkt, zu dem der Mandant Kenntnis von der Berufspflichtverletzung hat oder haben muss.[590]

ii. Nach der sog. *damage rule* (Schadensregel) entsteht ein Klagegrund, wenn der Mandant einen Schaden aufgrund der Berufspflichtverletzung des Beraters erlitten hat; dabei ist es unerheblich, ob der volle Schadensumfang bereits ersichtlich ist.[591]

Unter Zugrundelegung dieser Regeln beginnt die Verjährungsfrist, wenn der *Internal Revenue Service* die Steuererklärung des Mandanten beanstandet. Zu diesem Zeitpunkt weiß der Mandant entweder von der Pflichtverletzung seines Beraters oder muss Mittel aufwenden, um die Position des *IRS* zurückzuweisen. Zwanzig Staaten wenden diese Argumentation für die Bestimmung des Beginns der Verjährungsfrist im Hinblick auf eine Haftung des *Tax Practitioners* an.[592]

---

588 *Ackerman v. Price Waterhouse*, 84 N.Y.2d 535 (1994).

589 *Edwards v. Demedis*, 703 A.2d 240 (Md. Ct. Spec. App. 1997), cert. den. 707 A.2d 1328 (Md. 1998).

590 Vgl. *Estate of Carolyn Watkins v. Hedman, Hileman & Lacosta*, 2004 MT 143 (321 Mont. 419); *LaMure v. Peters*, 924 P.2d 1379 (N.M. App. 1996).

591 *Lehnig v. Bornhop*, 859 S.W.2d 271 (Mo. App. 1993).

592 **Alabama:** *AC Inc. v. Baker*, 622 So.2d 331 (Ala. 1993) (Verjährungsfrist begann mit der Verweigerung von steuerlichen Abschreibungsmöglichkeiten). **Delaware:** *Isaacson, Stolper & Co. v. Artisan's Savings Bank*, 330 A.2d 130 (Del. 1974) (Verjährungsfrist began mit Steuernachforderung, *„that being the time when defendant's failure to comply with the law first manifested itself"*). **Idaho:** *Streib v. Veigel*, 706 P.2d 63 (Idaho 1985) (Idaho wendet die

Diese Staaten begründen die Abweichung von der *occurence rule*, die den Beginn der Verjährungsfrist an den Zeitpunkt der schädigenden Handlung knüpft,[593] mit dem Unvermögen eines steuerrechtlichen Laien, Pflichtverletzungen des Beraters zu entdecken.[594] So erkannte der Texas Supreme Court in seiner Entscheidung

„discovery rule zwar nicht an, kam aber trotzdem zu dem Schluss, dass *„no damage was suffered until the tax return was challenged (...) by the Internal Revenue Service"*.); vgl. auch *Elliott v. Parsons*, 918 P.2d 592 (Idaho 1996). **Illinois:** *Dancor International, Ltd. v. Friedman, Goldberg & Mintz*, 681 N.E.2d (Ill. App. 1997), appeal den. 686 N.E.2d 1159 (Ill. 1997) (Gericht benutzte die *discovery rule* in der Klage gegen einen *„accountant"* auch außerhalb einer Pflichtverletzung bei der Erstellung einer Steuererklärung.). **Iowa:** *Cameron v. Montgomery*, 225 N.W.2d 154 (Iowa 1974) (Verjährungsfrist begann mit der Festsetzung eines höheren Steuerbetrages.); *Dudden v. Goodman*, 543 N.W.2d 624 (Iowa App. 1995). **Maryland:** *Leonhart v. Atkinson*, 289 A.2d 1 (Md. 1972); *Feldman v. Granger*, 257 A.2d 421 (Md. 1969); *Edwards v. Demedis*, 703 A.2d 240 (Md. Ct. Spec. App. 1997), cert. den. 707 A.2d 1328 (Md. 1998) (Verneint, dass *Leonhart* und *Feldman* eine starre Regel enthalten, die den Verjährungsfristbeginn nur mit der Benachrichtigung durch die Finanzbehörden laufen lässt. Das Gericht ließ die Frist in dieser Entscheidung zu dem Zeitpunkt laufen, in dem der Kläger die Pflichtverletzung hätte entdecken müssen.). **Massachusetts:** *Whitcomb v. Pension Development Co., Inc.*, 808 F.2d 167 (Mass. 1986); *Williams v. Ely*, 668 N.E.2d 799 (Mass. 1996) (Beginn mit Kenntnis oder Kennenmüssen der zusätzlichen Steuerlast). **Michigan:** *Seebacher v. Fitzgerald, Hodgman, Crawthorne and King P.C.*, 449 N.W.2d 673 (Mich. App. 1989). **Missouri:** *Lehnig v. Bornhop*, 859 S.W.2d 271 (Mo. App. 1993). **Nebraska:** *Kelly Klosure v. Johnson Grant & Co.*, 427 N.W.2d 44 (Neb. 1988) (Die Frist beginnt mit der schädigenden Handlung, es sei denn, der Mandant konnte die Schädigung vernünftigerweise zu diesem Zeitpunkt nicht entdecken. In diesem Fall startet die Frist mit der positiven Kenntnis oder Umständen, die auf die Kenntnis des Mandanten schließen lassen.); *Sass v. Hanson*, 554 N.W.2d 642 (Neb. App. 1996). **New Mexico:** *LaMure v. Peters*, 924 P.2d 1379 (N.M. App. 1996); *Wiste v. Neff and Co.*, 967 P.2d 1172 (N.M. App. 1998), cert. den.972 P.2d 353 (N.M. 1998). **North Dakota:** *Wall v. Lewis*, 366 N.W.2d 471 (N.D. 1985). **Oklahoma:** *Wynn v. Estate of Holmes*, 815 P.2d 1231 (Okl. App. 1991). **Oregon:** *Godfrey v. Bick & Monte, P.C.*, 713 P.2d 655 (Or. App. 1986), rev. den. 719 P.2d 874 (Or. 1986). **Pennsylvania:** *Pettit v. Smith*, 1999 WL 1052007 (DC Pa. 1999) (Die Frist beginnt mit der schädigenden Handlung, es sei denn, der Mandant konnte die Schädigung vernünftigerweise zu diesem Zeitpunkt nicht entdecken. In diesem Fall startet die Frist mit der positiven Kenntnis.). **Texas:** *Murphy v. Campbell*, 964 S.W.2d 265 (Tex. 1997) (Tatsächliche Kenntnis des Mandanten erfordert nicht das Vorliegen einer Benachrichtigung durch den IRS.). **Tennessee:** *BDO Seidman, LLP v. British Car Auctions*, Inc. 745 So.2d 1082 (Fla. App. 1999) (unter Anwendung des Rechts von Tennessee); *John Kohl & Co., P.C. v. Dearborn & Ewing*, 977 S.W.2d 528 (Tenn. 1998) (Frist begann mit der Benachrichtigung des Mandanten durch den Berater und dem Erfordernis Schritte zur Abwehr des Schadens einzuleiten.). **Washington:** *Johnson v. Reehorn*, 784 P.2d 1301 (Wash. App. 1990). **Wisconsin:** *Logemann Bros. Co. v. Redlin Browne*, S.C., 556 N.W.2d 388 (Wis. App. 1996). **Wyoming:** *Mills v. Garlow*, 768 P.2d 554 (Wyo. 1989); *Murphy v. Housel & Housel*, 955 P.2d 880 (Wyo. 1998) (Fristbeginn mit positiver Kenntnis des Anwalts des Mandanten von der zusätzlichen Steuerlast).

593 Vgl. hierzu oben unter (i).

594 Vgl. z.B. *Pettit v. Smith*, 1999 WL 1052007 (DC Pa. 1999); *Lord v. Ernst & Whinny*, 1992 WL 126125 (Ohio App., 9th Dist., 6/3/1992), vgl. Richter *Reece*: *„The occurence rule results in the rather foolish notion that one must hire a second expert in order to make sure that there is no malpractice at that time."*

Murphy v. Campbell,[595] dass eine fehlerhafte Beratung durch den *Practitioner* für den Laien grundsätzlich nicht erkennbar sei und damit eine Ausnahme zur Grundregel des Beginns der Verjährungsfrist mit Eintritt der Pflichtverletzung darstelle.[596] Das Gericht ließ demnach die Verjährungsfrist gegen einen *Accountant*, der einen fehlerhaften steuerlichen Rat gegeben hatte, zu dem Zeitpunkt beginnen, an dem der Kläger die Pflichtverletzung kannte oder bei sorgfältigem Verhalten hätte erkennen müssen.[597]

(v) Wie bereits oben kurz erwähnt,[598] existieren zwei Rechtsprinzipien, welche die harschen Ergebnisse der Anwendung der *occurrence rule* in einer Klage gegen den steuerlichen Berater abfedern. Im Rahmen der sogenannten *continuous representation doctrine* beginnt die Verjährung nicht, solange der Berater seinen Mandanten weiterhin in derselben Angelegenheit vertritt, in der die Pflichtverletzung geschah.[599] Vertritt somit der Berater seinen Mandanten nach Begehung der Pflichtverletzung in einer Betriebsprüfung durch den Internal Revenue Service oder in einem Gerichtsverfahren, so beginnt die Verjährungsfrist nicht vor der Beendigung dieses Mandats.[600] Die *continuous representation doctrine* kommt in den Staaten Florida,[601] Indiana,[602] Iowa,[603] Michigan,[604] Missouri,[605] Ohio,[606] Oklahoma,[607] New York,[608] North Dakota,[609] South Dakota,[610] Texas,[611] Virginia[612] und Washington[613] zur Anwendung. In den Staaten Kalifornien,[614]

---

595 A.a.O.

596 *„It is most unlikely that a client would know that tax advice was faulty at the time he received it. Indeed the very reason to seek expert advice is that tax matters are often not within the average person's common knowledge"*; a.a.O., S. 268 f.

597 *„(...) accrues when the claimant knows or in the exercise of ordinary diligence should know of the wrongful act and the resulting injury."*, a.a.O., S. 269.

598 Vgl. oben unter: (i).

599 *Rule*, a.a.O., Journal of Taxation, March 2000, 176, 182; *Janicki Logging & Construction Company, Inc. v. Schwabe, Williamson & Wyatt, P.C.*, 37 P.3d 309 (Wash. App. 2001); *Ackerman v. Price Waterhouse*, 683 N.Y.S.2d 179 (App. 1998).

600 *Janicki Logging & Construction Company, Inc. v. Schwabe, Williamson & Wyatt, P.C.*, 37 P.3d 309 (Wash. App. 2001); *Estate of David v. Rashba & Pockart*, 679 N.Y.S.2d 59 (App. 1998).

601 *Wilder v. Meyer*, 779 F.Supp. 164 (DC Fla.1991).

602 *Davis v. Geo. S. Olive & Co.*, 731 F. Supp. 1380 (DC Ind. 1990).

603 *Dudden v. Goodman*, 543 N.W.2d 624 (Iowa App. 1995).

604 Mich. Comp. Laws Ann. 600.5838(2).

605 *Lehnig v. Bornhop*, 859 S.W.2d 271 (Mo. App. 1993).

606 *Brown v. Nichols*, 1987 WL 7594 (Ohio App. 1987).

607 *Wynn v. Estate of Holmes*, 815 P.2d 1231 (Okl. App. 1991).

608 *King v. Fox*, 2005 U.S. App. LEXIS 15846, 418 F.3d 121; *King v. Fox*, 2005 N.Y. LEXIS 1828 (N.Y. August 25, 2005); *Joyce v. JJF Associates*, 2004 N.Y. App., 781 N.Y.S.2d 62; *Ackerman v. Price Waterhouse*, 683 N.Y.S.2d 179 (App. 1998).

609 *Wall v. Lewis*, 366 N.W.2d 471 (N.D. 1985).

610 *Bosse v. Quam*, 537 N.W.2d 8 (S.D. 1995).

611 *Streber v. Hunter*, 14 F.Supp. 2d 978 (Tex. 1998).

612 *Boone v. C. Arthur Weaver Co., Inc.*, 365 S.E.2d 764 (Va. 1988).

Idaho,[615] Maryland[616] und New Mexico[617] wurde die Anwendung dieser Rechtslehre ausdrücklich abgelehnt.

Gemäß der *fraudulent concealment rule* wird die Verjährung dann gehemmt, wenn der Berater seine Pflichtverletzung absichtlich verschleiert. Die *fraudulent concealment rule* kommt in den Staaten Arkansas,[618] Georgia,[619] Idaho,[620] Illinois,[621] Indiana,[622] Kalifornien,[623] Maryland,[624] Michigan,[625] Montana,[626] Nebraska,[627] New York,[628] North Dakota,[629] South Dakota[630] und Texas[631] zur Anwendung.

c. Analyse der Verjährungsregelungen

Die unterschiedliche Handhabung der Verjährung scheint auf den ersten Blick zu ganz unterschiedlichen Ergebnissen zu führen. Dabei scheint insbesondere die *occurrence rule* zu ungerechten Ergebnissen für den Mandanten zu führen. Als steuerrechtlicher Laie, der auf die Fachkunde seines steuerlichen Beraters vertraut, wird er nicht in der Lage sein, ein Fehlverhalten ohne einen Hinweis von Dritten zu entdecken. Diesen Hinweis erlangt der Mandant oftmals jedoch nur aufgrund einer Steuernachforderung oder einer sonstigen Benachrichtigung durch die Finanzbehörden, die vielfach erst Jahre nach der Pflichtversäumnis des Beraters und somit nach Ablauf der Verjährungsfrist erfolgt.[632] Zur Entdeckung der

---

613 *Janicki Logging & Construction Company, Inc. v. Schwabe, Williamson & Wyatt, P.C.*, 37 P.3d 309 (Wash. App. 2001).

614 *Curtis v. Kellogg & Andelson*, 86 Cal.Rptr. 536 (App. 1999).

615 *Fairway Development Co. v. Petersen, Moss, Olsen, Meachan & Carr*, 865 P.2d 957 (Idaho 1993).

616 *Frederick Road Ltd. Partnership v. Brown & Sturm*, 710 A.2d 298 (Md. App. 1998).

617 *LaMure v. Peters*, 924 P.2d 1379 (N.M. App. 1996).

618 *Ford's Inc. v. Russell Brown & Co.*, 773 S.W.2d 90 (Ark. 1989).

619 *Green v. White*, 494 S.E.2d 681(Ga. App. 1997).

620 Idaho Code section 5-219.

621 Ill. Comp. Stat. 5/13-215.

622 *Davis v. Geo. S. Olive & Co.*, 731 F. Supp. 1380 (DC Ind. 1990).

623 *L.B. Laboratories, Inc. v. Mitchell*, 244 P.2d 385 (Calif. 1952).

624 5 Md. Code Ann., Cts. & Jud. Proc. Section 5-203.

625 Mich. Comp. Laws Ann. 600.5838(2).

626 *Estate of Carolyn Watkins v. Hedman, Hileman & Lacosta*, 2004 MT 143 (321 Mont. 419).

627 *Kelly Klosure v. Johnson Grant & Co.*, 427 N.W.2d 44 (Neb. 1988).

628 *J. Henry Schroder Bank & Trust Co. v. South Ferry Bldg. Co.*, 451 N.Y.S.2d 86 (App. 1982).

629 *Wall v. Lewis*, 366 N.W.2d 471 (N.D. 1985).

630 *Witte v. Goldey*, 590 N.W.2d 266 (S.D. 1999).

631 *Murphy v. Campbell*, 964 S.W.2d 265 (Tex. 1997).

632 Vgl. hierzu oben den Sachverhalt in *Feldman v. Granger*, 257 A.2d 421 (Md.App. 1969).

Pflichtverletzung müsste der Mandant einen zweiten Steuerexperten bemühen.[633] Angebracht wäre es daher auf die tatsächliche Kenntnis des Mandanten vom Fehlverhalten des Beraters abzustellen, so wie es in der Mehrheit der Staaten der USA mittlerweile üblich ist. Dabei sollte es allerdings nicht auf die Benachrichtigung durch die Finanzbehörden ankommen. Maßgeblich kann nur die tatsächliche Kenntnis des Mandanten sein, denn nur dieser ist zur Geltendmachung der Regressansprüche berechtigt. Die starre Regelung der *occurence rule* wird allerdings durch die *continuing representation doctrine* und die *fraudulent concelament rule* abgefedert. Über den Umweg dieser Regelungen gleicht sich die *occurrence rule* de facto oftmals der *discovery rule* an. Denn der Mandant, der weiterhin von seinem Berater vertreten wird oder dessen Berater die Pflichtverletzung in betrügerischer Absicht verschleiert, ist zugleich in den meisten Fällen ein steuerrechtlicher Laie, von dem eine Kenntnis von der Fehlerhaftigkeit der Beratung nicht erwartet werden kann.[634]

Auch wenn es Sinn macht, die Fristen der Verjährung erst mit Kenntnis des Mandanten von der Pflichtverletzung des Beraters beginnen zu lassen, so kann es dennoch keinen Sinn machen, vor Fristenbeginn erst alle Rechtsmittel des Mandanten gegen die Steuerfestsetzung abzuwarten. Es erscheint durchaus vertretbar für den Mandanten, im Verfahren vor den Finanzbehörden und im Regressprozess gegen den Berater konträre Positionen zu beziehen, da es sich hierbei um zwei im Wesentlichen zunächst unabhängige[635] Verfahren handelt. Der mit der Verjährung bezweckte Rechtsfrieden erfordert es, die Verjährungsfrist zum Zeitpunkt der positiven Kenntnis des Mandanten beginnen zu lassen. Anderenfalls würde der Berater einer Haftung über einen unvorhersehbaren – und oftmals unangemessen langen – Zeitraum ausgesetzt, wobei das Rechtsinstitut der Verjährung weitestgehend ins Leere laufen würde.

---

633 *Lord v. Ernst & Whinny*, 1992 WL 126125 (Ohio App., 9th Dist., 6/3/1992), vgl. Richter *Reece*: *„The occurence rule results in the rather foolish notion that one must hire a second expert in order to make sure that there is no malpractice at that time."*

634 *Rule*, a.a.O., Journal of Taxation, March 2000, 176, 183.

635 Allerdings können die erfolglosen Rechtsmittel einen maßgeblichen Einfluss auf den Umfang des Schadens haben; vgl. hierzu unter Kapitel 8. Andererseits kann dem Mandanten aber auch die Abweisung seiner Regressklage aufgrund Unreife drohen, vgl. hierzu oben unter Kapitel 8. a. Dieses Spannungsverhältnis lässt sich gut an der Entscheidung in *Feldman v. Granger*, 257 A.2d 421 (Md.App. 1969) aufzeigen; vgl. oben unter Kapitel 8. a.

III. Die Pflichten des *Tax Practitioners*

Im Folgenden geht es um den Pflichten- und Sorgfaltsmaßstab des steuerlichen Beraters. Wie bereits ausgeführt wurde,[636] arbeitet der steuerliche Berater auf einem komplizierten Fachgebiet, das dem steuerlichen Laien meist sehr fremd ist. Der Mandant muss somit oft blind auf die Fähigkeiten des Beraters vertrauen, ohne die Möglichkeit zu haben, die Qualität dieser Arbeit beurteilen zu können. Die Rechtsordnung knüpft an dieses Vertrauen des Mandanten einen besonderen Schutz, indem sie dem Berater gegenüber einem Laien erhöhte Sorgfaltspflichten auferlegt[637] und das Verhältnis zwischen Berater und Mandant als eine *Fiduciary Relationship* klassifiziert.[638]

1. Pflichten des *Tax Practitioners* und die Klageformen

Wie wir bereits gesehen haben, bedarf es zur Begründung der Haftung des Beraters einer Sorgfaltspflichtverletzung[639] oder der Verletzung einer ausdrücklichen oder aufgrund der Anwendung dispositiven Rechts implizierten vertraglichen Vereinbarung.[640] Weiterhin kann die Haftung auch durch die Verletzung einer *Fiduciary Duty* in Betracht kommen.[641] Die Verletzung einer ausdrücklich zwischen Berater und Mandant vereinbarten vertraglichen Verpflichtung ist nicht schwer festzustellen. In diesem Fall unterlässt der *Practitioner* zumeist eine Handlung, zu der er vertraglich verpflichtet war oder handelt dort, wo ihm ein Handeln nicht gestattet war.[642]

Komplizierter gestaltet sich die Bestimmung der Pflichten, die unter Anwendung dispositiven Rechts in den Vertrag implementiert werden. Diese Pflichten ergeben sich entweder im Rahmen der richterlichen Vertragsauslegung unter Beachtung aller Umstände des Sachverhalts oder haben mit dem allgemeinen deliktischen Sorgfaltsmaßstab zu tun, der ebenfalls auf einer dispositiven Vertragsauslegung durch die Gerichte beruht.[643] Teilweise erlauben die Gerichte dem Kläger, seine

---

636 Vgl. hierzu Kapitel I und II.

637 Vgl. hierzu Kapitel III. 2. und III. 3. Vgl. auch *Daugherty v. Runner*, 581 S.W.2d 12 (Ky.App. 1978); *Theobald v. Byers*, 193 Cal.App.2d 147, 13 Cal.Rptr. 864 (1961).

638 Vgl. hierzu Kapitel III. 4.

639 Vgl. hierzu Kapitel III. 2. e.

640 Vgl. hierzu Kapitel III. 3. c.

641 Vgl. hierzu Kapitel III. 4.

642 Siehe z.B. *Shearman Industries v. Goldhammer*, 683 F.Supp.502 (D.Pa. 1988).

643 *Judwin Properties, Inc. v. Griggs and Harrison, P.C.*, 911 S.W.2d 498 (Tex.App. 1995); *Allen v. Lawrence*, 137 Or.App. 181, 903 P.2d 919 (1995) (Arzthaftung): „*The issue is whether the claim denominated breach of contract is, in fact, a contract claim or whether it is a negligece claim in disguise*"; *Garrett v. Winfree*, 120 N.C.App. 689, 463 S.E.2d 411 (1995).

Klagen aus dem *Tort of Negligenge* und *Breach of Contract* auf denselben Sachverhalt zu stützen. Dies wird von den Gerichten damit begründet, dass hinter einer deliktischen Sorgfaltspflichtverletzung zugleich auch eine Verletzung der konkludenten vertraglichen Zusicherung der Erbringung fachgerechter Leistung durch den Berater liegen kann.[644] Eine generelle gleichzeitige Zulässigkeit der vertraglichen Klageform neben der deliktischen Klageform ergibt sich hieraus freilich nicht.[645] Denn andere Gerichte lassen die vertragliche Klageform nur dann zu, wenn der Mandant die Verletzung einer – ausdrücklichen oder im Rahmen der Vertragsauslegung gewonnenen – vertraglichen Vereinbarung nachweisen kann.[646] Eine vertragliche Haftung des Beraters ist mithin nur möglich, wenn der *Practitioner* der Übernahme der Verpflichtung im Vertrag zugestimmt hat (vgl. hierzu auch ausführlich unter Kapitel B. III. 3. und B. III. 5.).[647] Wie bereits oben am Beispiel der Entscheidung *Hale v. Groce*[648] gezeigt werden konnte, kann die sorgsame Begründung einer Klage in der vertraglichen Klageform die Zulässigkeit dieser Klageform auch dann begründen, wenn keine ausdrückliche vertragliche Abmachung getroffen wurde.

Da der aufgrund dispositiver Vertragsauslegung gewonnene vertragliche Sorgfaltsstandard mit dem deliktischen Sorgfaltsmaßstab regelrecht identisch ist, kommt es nach einhelliger Auffassung bei der Bestimmung des Sorgfaltsmaßstabes nicht darauf an, welche Klageform der Kläger wählt.[649] In beiden Klageformen schaut das Gericht bei der Bestimmung des Sorgfaltsmaßstabes darauf, ob der Berater die unter den Umständen des Sachverhalts erforderliche fachliche Kompetenz und Sorgfalt an den Tag gelegt hat.[650] Wenn der Sorgfaltsmaßstab im Vertrags- und Deliktsrecht auch identisch ist, so kann aufgrund der unterschiedli-

---

644 Vgl. beispielsweise *Stowe v. Smith*, 441 A.2d 81, 84 (Conn. 1981) (Der Mandant kann beide Klageformen gebrauchen, solange Grundsätze der vertraglichen Klageform dem nicht entgegenstehen.); *Robbins v. McGuinness*, 423 A.2d 897, 899 (Conn. 1979); *Mac's Car City v. DeNigris*, 529 A.2d 712, 714 (Conn.Ct.App. 1989); *Westport Bank & Trust Co. v. Corcoran, Mallin & Aresco*, 605 A.2d 862, 865 (Conn. 1992); *Competitive Food Sys., Inc. v. Laser*, 524 N.E.2d 207, 212 f. (Ill.Ct.App. 1988); *Hale*, 744 P.2d 1292, 1292 (Or. 1987).

645 Vgl. hierzu Kapitel III. 5.

646 Vgl. hierzu Kapitel III. 5. b.

647 *Pancake House , Inc. v. Redmond*, 716 P.2d 575, 577 (Kann. 1976): Hiernach kann der Mandant eine vertragliche Klage nur dann geltend machen *„where the act complained of is a breach of specific terms of the contract without any reference to the legal duties imposed by the law upon the relationship created thereby."*. Vgl. aber auch die gegenläufige Auffassung in: *Heritage Square Associates v. Blum*, No. CV 91-0117855, 1992 WL 175072 (Conn.Super.Ct. July 21, 1992).

648 744 P.2d 1289 (Or. 1987).

649 *Wolfman/Holden/Harris*, a.a.O., § 601.1, S. 425; *Todres*, a.a.O., 48 Emory L.J. 547, 552 (1999); *Wade*, The Attorney's Liability for Negligence, 12 Vand. L. Rev. 755, 756 f. (1956); *Mallen/Smith*, a.a.O., § 8.6, S. 591.

650 *Wolfman/Holden/Harris*, a.a.O.

chen Rechtsfolgen (wie z.B. der Bestimmung des Schadensersatzes[651] und Unterschieden in der Dritthaftung aufgrund der *privity of contract* Doktrin[652]), Verteidigungsmöglichkeiten (wie z.B. *contributory negligence*)[653] und Beweisanforderungen (wie z.B. die Notwendigkeit eines *expert testimony*)[654] auf die Unterscheidung der Klageformen dennoch nicht verzichtet werden.[655] Im Rahmen dieser Untersuchung werden die Sorgfaltspflichten des steuerlichen Beraters im Folgenden nicht nach Klageformen getrennt besprochen.

2. Anforderungen, Sorgfaltspflichten und fachliche Kompetenz des *Tax Practitioners*

Die grundlegenden Pflichten des *Tax Practitioners* gegenüber seinem Mandanten beziehen sich auf die fachgerechte und sorgfältige Vertretung des Mandanten.[656] Dabei hat sich der Maßstab der Sorgfaltspflichten von Tax Practitioners an einem vergleichenden Standard zu orientieren: Der Berater muss danach einen Grad an fachlicher Eignung, Wissen und Sorgfalt aufbringen, der normalerweise (*ordinarily*) von anderen Mitgliedern der Berufsgruppe unter denselben Umständen praktiziert wird.[657]

Die Gerichte wenden den Wortlaut aus dem *Restatement (Second) of Torts*[658] nicht an, der die Sorgfaltspflicht des Freiberuflers als die fachliche Eignung und das Wissen definiert, welche bzw. welches normalerweise von einem Mitglied des Berufs aufgebracht wird *(normally possessed by members of that profession)*.[659] Diese Nichtbeachtung des *Restatements* durch die Gerichte mag an der Gleichsetzung des Wortes *„normal“* mit dem Wort *„average“* („durchschnittlich“) in der englischen Sprache liegen[660], welches nahe legt, auf den durchschnittlichen Be-

---

651 Vgl. hierzu Kapitel III. 5. und III. 8.

652 Vgl. hierzu Kapitel III. 10.

653 Vgl. hierzu Kapitel III. 11.

654 Vgl. hierzu: *Schlindrer et al. V. Manson et al.*, 2001 Conn. Super. LEXIS 3379.

655 *Wolfman/Holden/Harris*, a.a.O., § 601.1, S. 426; *Todres*, a.a.O., 48 Emory L.J. 547, 552 (1999); *Anderson/Steele*, a.a.O., 47 SMU L. Rev. 235, 235 ff (1994).

656 *Wolfman/Holden/Harris*, a.a.O.; vgl. auch: *Brune v. Belinkoff*, 354 Mass. 102, 235 N.E.2d 793 (1968); *Phillips/Terry/Maraist/McClellan*, Tort Law, Ch. 7 C, S. 342 f.

657 *Georgetown Mews Owners' Corp. v. Campus Associates*, New York Law Journal, March 8, 2001, Pg. 17; *Snell v. Faegre & Benson*, 21 Colo.J. 665, 956 P.2d 618 (Colo.App. 1997); *Hart v. Comerica Bank*, 957 F.Supp. 958, 981 (E.D.Mich. 1997); *Sommers v. McKinney*, 287 N.J.Super. 1, 670 A.2d 99 (1996); *Hizey v. Carpenter*, 119 Wash.2d 251, 830 P.2d 646 (1992); *Duffey Law Office, S.C. v. Tank Transport*, 194 Wis.2d 675, 535 N.W.2d 91 (App. 1995).

658 Restatement (Second) of Torts § 299 A.

659 Restatement (Second) of Torts § 299 A.

660 *Mallen/Smith*, a.a.O., § 18.3, S. 558; *Wolfman/Holden/Harris*, a.a.O., § 603, S. 447.

rufsangehörigen abzustellen.[661] Zwischen dem, was *„reasonable"* (vernünftig) ist, und dem, was *„average"* (durchschnittlich) ist, besteht ein gravierender Unterschied. Der für die Berufshaftung geltende Test in der Rechtsprechung ist ein Verhalten, das gewöhnlicherweise[662] oder vernünftigerweise[663] von anderen Mitgliedern der Berufsgruppe unter denselben Umständen praktiziert wird.[664] Die gebotene Sorgfalt misst sich deshalb nicht an dem, wie sich andere Berater tatsächlich verhalten.[665] Somit lässt sich eine Haftung auch nicht dass begründen, dass ein Expertenzeuge (*expert witness*)[666] anders gehandelt hätte.[667] Vielmehr basiert der Verhaltensstandard auf dem, was die Berater objektiv tun sollten.[668] Weder Perfektion noch das bestmögliche berufliche Urteilsvermögen werden vom Berufsangehörigen vorausgesetzt,[669] sondern „nur" ein Verhalten, das sich an dem vernünftigen Verhalten eines objektiven Mitglieds desselben Berufsstandes orientiert, der auf demselben Gebiet unter ähnlichen Umständen tätig ist.[670]

---

661 *Joos v. Auto-Owners Insurance Co.*, 94 Mich.App. 419, 288 N.W.2d 443 (1979), appeal after remand 127 Mich.App. 99, 338 N.W.2d (1983). Vgl. auch: *Gambill v. Stroud*, 258 Ark. 766, 770-C, 531 S.W.2d 945, 950 (1976) (Arzthaftung): *„Not only would this put a jury in a predicament as to how to arrive at an „average" but it seems to us that requiring the skill of the „average qualified practitioner" automatically makes approximately one-half of the doctors guilty of malpractice. The question is not one of the „average" or „medium" skill, but of the minimum common skill."*

662 Vgl. statt vieler: *Spangler v. Sellers*, 5 Fed. 882 (C.C.S.D.Ohio 1881); *Heine v. Newman, Tannenbaum, Helpern, Syracuse & Hirschtritt*, 856 F.Supp. 190 (S.D.N.Y. 1994).

663 Vgl. statt vieler: *Alhauser v. Buttler*, 57 Fed. 121 (E.D.Wis. 1893), affirmed 11 C.C.A. 434, 63 Fed. 792 (1894); *National Savings Bank v. Ward*, 100 U.S. (10 Otto) 195, 25 L.Ed. 621 (1879); *Barth v. Reagan*, 139 Ill.2d 399, 151 Ill.Dec. 534, 564 N.E.2d 1196 (1990); *Simko v. Blake*, 448 Mich. 648, 532 N.W.2d 842 (1995).

664 Vgl. z.B. *Hizey v. Carpenter*, 119 Wash.2d 251, 830 P.2d 646 (1992); *Duffey Law Office, S.C. v. Tank Transport*, 194 Wis.2d 675, 535 N.W.2d 91 (App. 1995).

665 *Little v. Matthewson*, 114 N.C.App. 562, 442 S.E.2d 567 (1994).

666 Vgl. zum *expert witness* Kapitel III. 7.

667 *Rorrer v. Cooke*, 313 N.C. 338, 329 S.E.2d 355 (1985).

668 *Little v. Matthewson*, 114 N.C.App. 562, 442 S.E.2d 567 (1994); *Haas v. Warren*, 112 N.C.App. 574, 436 S.E.2d 259 (1993).

669 *Fain*, a.a.O., 21 Ohio N.U.L. Rev. 355, 370 (1995). Vgl. ferner auch: *Great American Indemnity Co. v. Dabney*, 128 S.W.2d 496 (Tex.Civ.App. 1939), error dismissed; *Slade v. Harris*, 105 Conn. 436, 135 A. 570 (1927); *Morrison v. Burnett*, 56Ill.App. 129 (1894); *Spangler v. Sellers*, 5 Fed. 882 (C.C.S.D.Ohio 1881).

670 *Bennt v. Green*, 39 Conn. Supp. 416, 466 A.2d 322 (1983); Hizey v. Carpenter, 119 Wash.2d 251, 830 P.2d 646 (1992): *„A lawyer has a duty to exercise the degree of skill, care and learning expected of a reasonably prudent lawyer in the State of Washington acting in the same or similar circumstances at the time such services are provided. The failureto exercise such skill, care and learning is negligence."*; *Wolfman/Holden/Harris*, a.a.O., § 603 S. 447; *Mallen/Smith*, a.a.O., § 18.2, S. 551.

3. Besondere Sorgfaltspflichten bei Spezialkenntnissen

Gibt ein *Practitioner* vor, Spezialkenntnisse zu besitzen, die über das Fachwissen des gewöhnlichen objektiven Mitglieds seines Berufsstandes hinausgehen, so muss er sich am Sorgfaltsmaßstab eines Berufsangehörigen messen lassen, der auf demselben Spezialgebiet tätig ist.[671] Die Entscheidung *Horne v. Peckham*[672] des *California Court of Appeal* ist ein gutes Beispiel sowohl für den Sorgfaltsmaßstab, der an einen Anwalt gestellt wird, der im Bereich des Steuerrechts tätig wird, als auch für die Sorgfaltspflichten eines Nichtspezialisten, der Spezialgebiete ohne Mithilfe eines Experten bearbeitet. In dem der Entscheidung *Horne v. Peckham* zugrunde liegenden Sachverhalt war ein Einzelanwalt vom Kläger beauftragt worden, einen „*Clifford Trust*"[673] (eine besondere Art der Stiftung im US-amerikanischen Recht) zu errichten, den der Kläger und zugleich Stifter zugunsten seiner drei Kinder mit gewissen Patentrechten ausstatten wollte. Ziel war es, das Einkommen aus den Patenten nur mit den niedrigeren Steuersätzen der Kinder zu besteuern und nicht mit dem Spitzensteuersatz des Klägers. Ursprünglich sollten die Patente dem *Trust*[674] übertragen werden. Der Kläger bevorzugte dann jedoch nur die Ausstattung des *Trusts* mit einem fünfjährigen Verwertungsrecht an den Patenten, um das Patent selber außerhalb des *Trusts* und damit in seinem Eigentum zu behalten. Der beklagte Rechtsanwalt wusste nicht, ob der vom Kläger gewählte Weg dieselben Steuervorteile wie der ursprüngliche Plan bot. Der Rechtsanwalt versprach dem Kläger deshalb, sich mit einem Experten über diese Frage zu beraten. Anwalt und Mandant trafen sich dann mit dem vermeintlichen „Steuerexperten",[675] der der geplanten Gestaltung die gewünschten steuerlichen Ergebnisse bescheinigte, ohne jedoch über die nur fünfjährige Dauer des Verwertungsrechts unterrichtet gewesen zu sein. Tatsächlich bestanden zu dieser Zeit jedoch

---

671 „*One who holds himself out as a legal specialist performs in similar circumstances to other specialists but not to general practitioners of the law. We thus concluded that a lawyer holding himself out to the public and to the profession as specializing in an area of the law must exercise the skill, prudence and dilligence exercised by other specialists of ordinary skill and capacity specializing in the same field.*": *Wright v. Williams*, 47 Cal.App.3d 802, 809 f., 121 Cal.Rptr. 194, 199. vgl. auch: *Neel v. Magana, Olney, Levy, Cathcart & Galfand*, 6 Cal. 3d 176, 98 Cal.Rptr. 837, 491 P.2d 421 (1971); *Bowman v. Doherty*, 235 Kann. 870, 686 P.2d 112 (1984); Restatement (Second) of Torts, § 299A.

672 97 Cal.App. 3d 404 (1979).

673 Vor der Steuerreform im Jahre 1986 (*Tax Reform Act of 1986*) war der Stifter (*grantor*) für das Einkommen des Trustes nicht steuerpflichtig, solange der übertragene Gegenstand nicht innerhalb von zehn Jahren an den Stifter (*grantor*) zurück übertragen werden konnte. Der Begriff *Clifford Trust*, dessen Name aus der Entscheidung *Helvering v. Clifford*, 309 U.S. 331 (1940) stammt, wurde stets für diese zehnjährigen Trusts verwendet.

674 Genauer gesagt dem Trustee (Treuhänder).

675 Der vermeintliche Experte, mit dem sich die Parteien berieten, war gerade knapp ein Jahr zur Anwaltschaft und seit weniger als zwei Jahren als CPA zugelassen; vgl. *Horne v. Peckham*, a.a.O., S. 408.

schon begründete Zweifel daran, dass die Konstruktion zu einem wirksamen *Clifford Trust* führte.[676] Der *California Court of Appeals* bestätigte eine Juryentscheidung, nach welcher der beklagte Rechtsanwalt eine Sorgfaltspflichtverletzung begangen hatte. Das Gericht klassifizierte das Steuerrecht als ein rechtliches Spezialgebiet und bestätigte die richterliche Anweisung an die Jury aus der ersten Instanz, der zufolge ein nicht spezialisierter Anwalt, der Aufgaben in einem Spezialgebiet übernimmt, die Verpflichtung hat, seinen Mandanten an einen Experten zu verweisen oder sich anderweitig mit dem Spezialgebiet vertraut zu machen.[677] Das Argument des Beklagten, es habe sich um eine strittige Rechtsfrage gehandelt, die auch von gut informierten Juristen nicht hätte abschließend geklärt werden können,[678] wies das Berufungsgericht zurück. Nach Auffassung des Gerichts hätte der Beklagte die Unwirksamkeit des *Clifford Trustes* schon durch Lesen der *Clifford*-Entscheidung,[679] von der der Name des *Trusts* abstammte und der zugehörigen Kasuistik leicht erkennen können.[680]

Auch wenn die Rechtsprechung das Steuerrecht als ein Spezialgebiet anerkennt, so sind gleichwohl nicht alle steuerrechtlichen Fragen Spezialfragen, die eine Hinzuziehung eines Steuerexperten erfordern. So sind steuerrechtliche Fragen, die zur alltäglichen Praxis eines Anwalts gehören, keine Spezialfragen.[681] Folglich muss die Rechtsfrage nicht nur zu einem Spezialgebiet gehören, um die verschärften Sorgfaltspflichten eines Steuerrechtsexperten zu begründen, sondern die Rechtsfrage muss auch selbst so fachspezifisch sein, dass sie die Hinzuziehung eines Experten erfordert.[682]

Für den *Tax Practitioner* ist das Steuerrecht an sich kein Spezialgebiet. Da er auf dem Gebiet des Steuerrechts tätig ist, wird er nach der dargestellten Rechtsprechung immer als ein Spezialist auf diesem Gebiet zu behandeln sein. Der Berater muss danach einen Grad an fachlicher Eignung, Wissen und Sorgfalt aufbringen, der normalerweise (*ordinarily*) von anderen *Tax Practitionern* unter denselben Umständen praktiziert wird. Gleichwohl gibt es aufgrund der Komplexität des

---

676 Vgl. *Commissioner v. Sunnen*, 333 U.S. 591 (1948).

677 Der Wortlaut der Juryanweisung war: *„It is the duty of an attorney who is a general practitioner to refer his client to a specialist or recommend the assistance of a specialist if under the circumstances a reasonably careful and skillful practitioner would do so. If he fails to perform that duty und undertakes to perform professional services without the aid of a specialist, it is a further duty to have the knowledge and skill ordinarily posssessed, and exercise the care and skill ordinarily used by specialists in good standing in the same or similar locality and under same circumstances.*" Vgl. *Horne v. Peckham*, a.a.O., S. 415.

678 Siehe zu den Grenzen der Beraterpflichten bei unklaren Rechtslagen auch im Folgenden unter Kapitel V.

679 *Helvering v. Clifford*, 309 U.S. 331 (1940).

680 *Horne v. Peckham*, a.a.O., S. 409.

681 *Bucquet v. Livingston*, 57 Cal.App. 3d 914, 922 f., 129 Cal.Rptr. 514 (1976).

682 *Mallen/Smith*, a.a.O., § 18.4, S. 566.

Steuerrechts[683] auch für ihn Gebiete, die außerhalb seines Wissenshorizontes liegen. Denn das Steuerrecht – als Spezialgebiet des Rechts – weist wiederum in sich viele Spezialgebiete auf.[684] Hier muss der *Practitioner* dann einen Experten innerhalb dieses Spezialgebiets des Steuerrechts konsultieren. Ein Kommentator bezeichnete die Problematik der Spezialisierung im Steuerrecht wie folgt: *„The Lawyer who today claims to be a one-man specialist may turn out to be a walking, talking malpractice target.“*[685]

4. Minimalanforderungen an die Sorgfaltspflichten – *Tax Return Preparer*

Fragen der Mindestanforderungen an die Erstellung einer Steuererklärung durch die so genannten *Tax Return Preparer*[686] kamen erstmals in den siebziger Jahren anhand von zwei Gerichtsentscheidungen auf, die beide die in den USA national tätige Kette von *Tax Return Preparern* namens *H&R Block* betrafen. *H&R Block* annoncierte in großem Umfang die Garantie einer akkuraten Erstellung von Steuererklärungen und berief sich dabei auf ein hohes Maß an vorhandener Kompetenz und Fachwissen. Tatsächlich besaßen viele Mitarbeiter des Unternehmens überhaupt keine Fachkenntnisse, die für die Erstellung der Erklärungen notwendig gewesen wären. In *Midwest Supply, Inc. v. Waters*[687] war der *Tax Return Preparer, der* die Steuererklärung angefertigt hatte, nur vorübergehend bei *H&R Block* angestellt gewesen. Er war zuvor als Bauarbeiter tätig gewesen und hatte überhaupt kein Training auf dem Gebiet der Erstellung von Steuererklärungen erhalten.[688] In der Entscheidung *H&R Block, Inc. v. Testerman*[689] bescheinigte der Expertenzeuge (*expert witness*)[690] den beiden an der Erstellung der Erklärung beteiligten *Tax Return Preparern* eine vollkommen unzureichende Ausbildung und Erfahrung für die von ihnen vorgenommenen Tätigkeiten, wobei die von ihnen gemachten Fehler an Absurdität grenzten.[691] In den beiden Entscheidungen zugrunde liegenden Sachverhalten wurden die Steuererklärungen vom *Internal Revenue Service* geprüft. Der *IRS* berichtigte die Erklärungen, forderte die ausstehenden Steuerbeträge, setzte Zinsen fest und verhängte ein Strafgeld gegen die Steuerzah-

683 Vgl. hierzu Kapitel I.
684 *Portuonodo*, a.a.O., 46 N.Y.U. Inst. on Fed. Tax'n § 18.10 (1988).
685 *Ericksen*, Malpractice Exposure in Tax and Estate Planning Practice, The Florida Bar Journal, 51 (Dec. 1987), zitiert aus: *Portuonodo*, a.a.O.
686 Vgl. zum Berufsfeld der *Tax Return Preparer* oben Kapitel II. 1. c.
687 510 P.2d 876 (Nev. 1973).
688 A.a.O., S. 878.
689 338 A.2d 48 (Md. 1975).
690 Vgl. zum Expertenzeugen Kapitel III. 7.
691 A.a.O., 338 A.2d 48 (Md. 1975), S. 50: *„[...] woefully inadequate – in terms of education and experience – for the tasks which they had undertaken [...] the errors Block had made bordered on the absurd.“*

ler.[692] Ferner entstanden den Steuerzahlern durch die Steuerprüfung zusätzliche Rechtsanwaltskosten.[693] Gegen den Steuerzahler in der *Testerman*-Entscheidung sollte ursprünglich sogar ein Strafverfahren gegen den steuerpflichtigen Mandanten wegen Steuerhinterziehung eröffnet werden.[694] Die Gerichte entschieden, dass den Steuerzahlern beider Entscheidungen ein Schadensersatz für die erlittenen Schäden zustand. Bei beiden Entscheidungen wurde sogar in der Berufungsinstanz von den Gerichten jeweils erörtert, ob den Klägern nicht zugleich auch *punitive damages* (Strafschadensersatz) zugesprochen werden könne.[695]

5. Nichtanwendbarkeit der Örtlichkeitsregelung

In vielen Bereichen der Berufshaftung werden die Sorgfaltspflichten der jeweiligen Berufsangehörigen am Standard der Gemeinschaft (*community*) oder der Örtlichkeit (*locality*) gemessen.[696] Da sich der Pflichtenmaßstab eines Berufsträgers aus dem Vergleich zu dem Verhalten anderer Berufsträger ergibt,[697] stellt sich die Frage, ob dieser Standard anhand des Verhaltes der gesamten Profession, den Berufsträgern im Gebiet der Zulassung (typischerweise dem Bundesstaat) oder den Berufsträgern in der Gemeinde oder Ortschaft, in der der Berufsträger praktiziert, bestimmt werden muss.[698] Frühe Entscheidungen zur Arzthaftung ließen eine Unterscheidung zwischen den Sorgfaltspflichten von Ärzten auf dem Land und Ärzten in den Städten erkennen.[699] Der Unterschied zwischen den Sorgfaltspflichten des ländlichen und städtischen Anwaltes wurde von *Lord Mansfield* im Jahre

692 Vgl. H&R Block, Inc. v. Testerman, 338 A.2d 48, 50 (Md. 1975).

693 A.a.O.

694 A.a.O. Der Prüfer des IRS empfahl die Eröffnung eines Strafverfahrens, er wurde dann jedoch von der Intelligence Division des IRS überstimmt.

695 In der Testerman-Entscheidung kam der Maryland Court of Appeals zu dem Schluss, dass *punitive damages* nicht zugesprochen werden können, da kein absichtliches Verhalten des Tax Return Preparers vorlag, und aufgrund fehlender physischer Verletzung kam ein Schmerzensgeld für den erlittenen Stress ebenfalls nicht in Betracht (a.a.O.). *Owens-Illinois, Inc.v. Zenobia*, 601 A.2d 633 (Md. 1992) änderte allerdings die *punitive damage*Frage in *Testerman* zum Teil ab. In der *Midwest-Supply*-Entscheidung bestätigte der Nevada Supreme Court *punitive damages* in Höhe von $ 100.000; vgl. *Midwest Supply, Inc. v. Waters*, 510 P.2d 876, 878 (Nev. 1973).

696 Vgl. z.B. für die Sorgfaltspflichten des Attorneys: *Lipscomb v. Krause*, 87 Cal.App.3d 970, 151 Cal.Rptr. 465 (1978); *Olson v. North*, 276 Ill.App. 457 (1934); *Watkins v. Sheppard*, 278 So.2d 890 (La.App. 1973); Dean v. Conn, 419 So.2d 148 (Miss. 1982); *Fenaille and Despeaux v. Coudert*, 44 N.J.L. 286 (1882); *Feil v. Wishek*, 193 N.W.2dd 218 (N.D. 1971); *Patterson & Wallace v. Frazer*, 79 S.W. 1077 (Tex. Civ.App. 1904).

697 Vgl. hierzu Kapitel III. 4. und III. 5.

698 Vgl. *Wolfman/Holden/Harris*, a.a.O., § 603.2, S. 448.

699 *Pearce v. Linde*, 113 Cal.App.2d 627, 248 P.2d 506 (1952); *Huffman v. Lindquist*, 37 Cal.2d 465, 234 P.2d 34 (1951); *Adkins v. Ropp*, 105 Ind.App. 331, 14 N.E.2d 727 (1938); *Small v. Howard*, 128 Mass. 131 (1880).

1776 – im Falle einer Fehlinterpretation eines Gesetzes durch einen ländlichen Anwalt – wie folgt umschrieben: „*they were country attorneys; and might not, and probably did not know that this point was settled here above.*“[700] Während auf dem Gebiet der Arzthaftung nunmehr der Sorgfaltsmaßstab des Arztes nicht mehr von dem Ort, in dem er praktiziert, abhängig ist,[701] so bestimmt sich der Sorgfaltsmaßstab eines Anwaltes nach den Gegebenheiten des Staates, in dem er zur Anwaltschaft zugelassen ist.[702] Da die einzelnen Bundesstaaten die Voraussetzungen zur Zulassung zum Anwaltsberuf und die Regelung des Anwaltsberufes bestimmen, erscheint den Gerichten die Anwendung der Lokalitätsregel auf den jeweiligen Bundesstaat sinnvoll.[703]

Auf dem Gebiet der Beratung in steuerlichen Angelegenheiten kann diese Lokalitätsregel jedoch keine Anwendung finden. Denn bei der Beratung auf dem Gebiet des Steuerrechts handelt es sich meist um Fragen der *federal taxation*, also der bundesstaatlichen Besteuerung. Für die Beratung im nationalen Recht ist aber gerade die Kenntnis von bestimmten, lokal begrenzten Regeln, Satzungen, Gesetzen und Bräuchen für die sorgfaltsgemäße Beratung des Mandanten unerheblich.[704] Dies stellte der *Supreme Court* des Staates Washington im Jahre 1979 in seiner Entscheidung *Walker v. Bangs*[705] ausdrücklich fest. Der *Washington Supreme Court* erlaubte hier einem Anwalt, der mit dem Recht des Staates Washington nicht vertraut war, als Expertenzeuge (*expert witness*) in einer bundesstaatlichen Seerechtsklage aufzutreten.

---

700 *Pitt v. Yalden*, 4 Burr. 2060, 2061 f., 98 Eng.Rep. 74, 75 (K.B. 1767).

701 *Drs. Lane, Bryant, Eubanks & Dulany v. Otts*, 412 So.2d 254 (Ala. 1982); *Shilkret v. Annapolis Emergency Hospital Association*, 276 Md. 187, 349 A.2d 245 (1975); *Brune v. Bellinkoff*, 354 Mass. 102, 235 N.E.2d 793 (1968) (überstimmte: *Small v. Howard*, 128 Mass. 131 (1880).

702 *Collins v. Miller & Miller, Ltd.*, 189 Ariz. 397, 943 P.2d 747 (App. 1996); *Brett v. Berkowitz*, 706 A.2d 509 (Del.Super. 1998); *Kellos v. Sawilowsky*, 254 Ga. 4, 5, 325 S.E.2d 757, 758 (1985); *West v. Sanders Clinic for Women, P.A.*, 661 So.2d 714 (Miss. 1995); *Fenaille and Despeaux v. Coudert*, 44 N.J.L. 286 (1882); *Little v. Matthewson*, 114 N.C.App. 562, 442 S.E.2d 567 (1994); *Feil v. Wishek*, 193 N.W.2d 218 (N.D. 1971); *Smith v. Haynsworth, Marion, McKay & Geurard*, 332 S.C. 433, 472 S.E.2d 612 (1996); *Wood v. Parker*, 901 S.W.2d 374 (Tenn.App. 1986); *Russo v. Griffin*, 147 Vt. 20, 510 A.2d 436 (1986); *Hansen v. Wightman*, 14 Wash.App.78, 538 P.2d 1238 (1975); *Moore v. Lubnau*, 855 P.2d 1245 (Wyo. 1993).

703 Vgl. *Hansen v. Wightman*, 14 Wash.App.78, 538 P.2d 1238 (1975).

704 *Wolfman/Holden/Harris*, a.a.O., § 603.2, S. 449; *Mallen/Smith*, a.a.O., § 18.5, S. 574.

705 92 Wash.2d 854, 601 P.2d 1279 (1979).

6. Kein Einfluss von Berufsrecht auf die Sorgfaltspflichten

Die Berufsausübungsregeln der einzelnen Berufsträger haben im Regelfall keinen Einfluss auf den Pflichtenmaßstab des *Tax Practitioners*.[706] Der *Model Code*[707] und die *Model Rules*[708] für Attorneys beziehen beide die Position, die Berufsausübungsregeln sollten nicht zur Bestimmung der Sorgfaltspflichten des Attorneys herangezogen werden. Die Präambel des *Model Code* stellt klar, dass der *Model Code* nicht den Standard für die Haftung des *Attorneys* bestimmt.[709] Die *Model Rules* bestimmen:

> „*Violation of a Rule should not give rise to a cause of action nor should it create any presumption that a legal duty has been breached. [...] (the Rules) are not designed to be a basis for imposing civil liability. [...] Nothing in the Rules should be deemed to augment any substantive legal duty of lawyers or the extra-disciplinary consequences of violating such a duty.*“[710]

Auch die meisten Gerichte in den USA sehen in der alleinigen Verletzung von Berufsausübungsregeln noch keinen Verstoß gegen die Sorgfaltspflichten des *Attorneys*.[711] Die Ursache hierfür wird in der *privity doctrine*[712] gesehen. Da viele der Berufsausübungsregeln den Schutz der Allgemeinheit zum Gegenstand haben, soll eine Verletzung dieser Regeln keinen Klagegrund für die verletzte Partei darstellen.[713] In der Entscheidung *Fortson v. Winstead, McGuire, Sechrest & Minick*[714] lehnte das Gericht auch eine auf die Verletzung einer Vorschrift des *Treasury Circular 230*[715] gestützten Klage ab.[716]

Den Berufsregelungen der *Accountants* hingegen kommt eine größere Bedeutung bei der Bestimmung ihrer Sorgfaltspflichten zu. Zumindest im Bereich der Wirtschaftsprüfung sind sie durch die Sorgfaltspflichten des *Accountants* maßgebend

---

706 Vgl. *Wolfman/Holden/Harris*, a.a.O., § 603.6, S. 456.
707 Vgl. zum *Model Code* Kapitel II. 4. a.
708 Vgl. zu den Model Rules Kapitel II. 4. a.
709 ABA Model Code of Professional Responsibility, Preliminary Statement, 4 (1989).
710 ABA Model Rules of Professional Conduct, Scope 115 f. (1989).
711 Vgl. z.B.: *Miami International Realty Co. v. Paynter*, 841 F.2d 348 (10th Cir. 1988); *Fishman v. Brooks*, 396 Mass. 643, 487 N.E.2d 1377 (1986).; *Martinson Brothers v. Hjellum*, 359 N.W.2d 865, 872 (N.D. 1985).
712 Vgl. zur *doctrine of privity* Kapitel III. 10.
713 *Hilt v. Bernstein*, 75 Or.App. 502, 707 P.2d 88 (1985), rev.dev. 300 Or. 545 (1986).
714 961 F.2d 469 (4th Cir. 1992).
715 Vgl. zum Treasury Circular 230 Kapitel II. 2. b.
716 961 F.2d 469 (4th Cir. 1992).

durch Berufsregeln geprägt.[717] Im Rahmen einer Wirtschaftsprüfung (*audit*) bescheinigen sie, dass die geprüften Unterlagen die finanzielle Situation des Unternehmens zutreffend darstellen. Diese schriftliche Prüfungsbescheinigung besagt im Regelfall, dass:

(1) der *CPA* die Bücher des Unternehmens entsprechend den Vorschriften der allgemein anerkannten Prüfungsstandards (*generally accepted auditing standards (GAAS)*) geprüft hat und

(2) die Bücher des Unternehmens entsprechend den Vorschriften der allgemein anerkannten Buchführungsprinzipien (*generally accepted accounting principles (GAAP)*) erstellt wurden.

Dem *Accountant* obliegen Sorgfaltspflichten bei der Erstellung von Testaten und sonstigen Prüfberichten gegenüber dem Mandanten und – spätestens seit der *Ultramares Corp. v. Touche*-Entscheidung[718] – auch gegenüber Dritten.[719] Sowohl die *GAAP* als auch die *GAAS* haben eine Schlüsselrolle für die Bestimmung der dem *CPA* obliegenden Sorgfaltspflichten in der Wirtschaftsprüfung. Im Regelfall hat der *CPA* seine Sorgfaltspflichten gegenüber dem Mandanten und Dritten dann erfüllt, wenn er entsprechend den *GAAP* und *GAAS* im guten Glauben an die Richtigkeit der ihm präsentierten Daten gehandelt hat.[720] Hat der *Accountant* jedoch Kenntnis davon, dass der Prüfbericht die finanzielle Situation des Unternehmens nicht zutreffend beschreibt, so wird er seinen Sorgfaltspflichten auch bei Einhaltung der *GAAP* und *GAAS* nicht gerecht.[721] Mit den Worten eines New Yorker *District Court*:

> *„Compliance with general accepted accounting principles is not necessarily sufficient to discharge [the CPA's] public obligation. Fair presentation is the touchstone for determining the adequacy of disclosure in the financial statements. While adherence to generally accepted accounting principles is a tool to help achieve that end, it is not necessarily a guarantee of fairness.“*[722]

---

717 *Wolfman/Holden/Harris*, a.a.O., § 603.6.3, S. 460; vgl. umfassend: *Hagen*, Certified Public Accountants' Liability for Malpractice: Effect of Compliance with GAAP and GAAS, 13 J. of Contemp. Law 65, 65 ff. (1967).

718 174 N.E. 441 (N.Y. 1931).

719 Vgl. zu Dritthaftung generell Kapitel III. 10.

720 *Hochfelder v. Ernst & Ernst*, 503 F.2d 1100 (7th Cir. 1974), rev'd, 425 U.S. 185 (1976); *Escott v. Bar Chris Const. Corp.*, 283 F.Supp. 643 (D.NY. 1968); *Hagen*, a.a.O. 13 J. of Contemp. Law 65, 68 (1967).

721 *Herzfeld v. Laventhol, Krekstein, Horwarth & Horwarth*, 378 F.Supp. 112 (D.NY. 1974), aff'd in relevant part, 540 F.2d 27 (2nd Cir. 1976). Vgl. auch: *United States v. Simon*, 425 F.2d 796 (2nd Cir. 1969), cert. denied, 397 U.S. 1006 (1970).

722 *Herzfeld v. Laventhol, Krekstein, Horwarth & Horwarth*, a.a.O., S. 122.

Sind Prüfungsmethoden oder Prüfungsfragen nicht klar in den *GAAS* oder *GAAP* definiert, so muss der *Accountant* nicht die konservativste Methode zur Ermittlung der finanziellen Situation des geprüften Unternehmens verwenden, wie z.B. eine Methode, die den Wert des Nettoumsatzes so gering wie möglich widerspiegelt. Vielmehr muss die verwendete Prüfmethode lediglich im Einklang mit den Prinzipien stehen, die vom Berufsstand der *Accountants* allgemein akzeptiert werden.[723] Damit stehen dem *Accountant* in dieser Situation mehrere Prüfungsmöglichkeiten zur Auswahl, deren Anwendung nicht gegen seine Sorgfaltspflichten verstößt, solange die Methoden nur vom Berufsstand allgemein akzeptiert werden. Regulieren die *GAAP* oder *GAAS* hingegen eine Prüfungssituation genau oder existieren anderweitige Prinzipien, die vom Berufsstand allgemein anerkannt sind, so indiziert ein Verstoß des *Accountants* gegen diese Regeln im Regelfall eine Sorgfaltspflichtverletzung.[724]

7. Spezialproblem: Sorgfaltspflichten des Berufsneulings

Einige Entscheidungen beschäftigen sich mit der Frage, ob ein Berufsneuling, der gerade am Beginn seines beruflichen Werdeganges steht, sich am selben Sorgfaltsmaßstab zu messen hat wie seine erfahreneren Kollegen.[725] Die Anwendung nur eines Sorgfaltsmaßstabes für den Berater, ganz gleich ob Berufsanfänger oder erfahrener Berater, legt *Model Rule* 1.1 nahe.[726] Hier heißt es: „Ein neu zugelassener Anwalt kann genauso kompetent sein wie ein erfahrener Berufsträger".[727] In der Entscheidung *Lewis v. State Bar of California*[728] hielt der *California Supreme Court* Disziplinarmaßnahmen aufrecht, die gegen eine als Einzelanwältin tätige Berufsanfängerin verhängt wurden, die eine Besorgung einer Erbschaftsangelegenheit übernahm, ohne die hierfür erforderlichen Kenntnisse zu besitzen oder einen erfahreneren Anwalt hinzuzuziehen.[729] Folglich spricht einiges dafür, dem beruflichen Neuling dieselben Pflichten aufzuerlegen wie einem beruflich erfahreneren *Tax Practitioner*. Auch ist da die Erwartungshaltung der Öffentlichkeit, die

---

723 *Hagen*, a.a.O. 13 J. of Contemp. Law 65, 79 (1967), der die Entscheidung *Goss v. Crossley (In re Hawaii Corp.)*, 567 F.Supp. 609 (D.Haw. 1983) diskutiert.

724 Vgl. *Rhode Island Hosp. Nat'l Bank v. Schwartz, Bresenoff, Yavner & Jacobs*, 455 F.2d 847 (4th Cir. 1972).

725 Vgl. z.B. *Blue v. United States Dept. of the Army*, 914 F.2d 525 (4th Cir. 1990), cert.den. sub nom., *Cambers v. United States Dept. of Army*, 499 U.S. 959 (1991).

726 Model Rule 1.1 cmt. (Legal Knowledge and Skill [2]).

727 A.a.O.: *„[a] newly admitted lawyer can be as competent as a practitioner with long experience."*

728 28 Cal.3d 683, 170 Cal.Rptr. 634, 621 P.2d 258 (1981).

729 Vgl. aber auch die ablehnende Urteilsbegründung von Richterin *Bird*, a.a.O., S. 261 f., in der sie von der unverhältnismäßigen Last spricht, die dem Berufsneuling aufgrund der Sorgfaltspflichten auferlegt wird.

auf die Kenntnisse des Berufsangehörigen und auf seine fachliche Qualifikation, die er mit dem erfolgreichen Abschluss der Anwaltsprüfung (*bar exam*) erlangt hat, vertraut. Aus diesen Gründen empfiehlt es sich, auch auf den Berufsneuling die allgemeinen Regeln anzuwenden. Bei einer Tätigkeit auf einem Spezialgebiet muss der Berufsneuling allerdings immer dann einen Fachmann zurate ziehen, wenn ihm die notwendige Erfahrung fehlt. Konsultiert er keinen Fachmann, so gilt für ihn der normale Haftungsmaßstab. Demzufolge muss er einen Grad an fachlicher Eignung, Wissen und Sorgfalt aufbringen, der normalerweise (*ordinarily*) von anderen Mitgliedern der Berufsgruppe unter denselben Umständen praktiziert wird.

IV. Die Grenzen der Pflichten des *Tax Practitioners*

1. Grenzen der Pflichten bei unklarer Rechtslage

Eine Pflichtverletzung kann nicht allein von einem schlechten Ergebnis oder einem Irrtum des Beraters in der Beratung des Mandanten abgeleitet werden.[730] Denn ohne ausdrückliche vertragliche Vereinbarung schuldet der *Practitioner* seinem Mandanten weder einen Erfolg seiner Tätigkeit noch die Richtigkeit seiner Ratschläge und seines Arbeitsproduktes.[731]

Eine Beratung in steuerlichen Dingen erfordert vom Berater vielfach zwischen verschiedenen Alternativen abzuwägen, ganz gleich ob es sich um die bloße Beratung, die Anfertigung von Dokumenten oder Steuererklärungen oder die Vertretung vor den Gerichten und den Finanzbehörden handelt. Im Nachhinein mag sich dann herausstellen, dass ein anderer Weg zu einem besseren Ergebnis für den Mandanten hätte führen können. Vor den Gerichten gibt es zudem oftmals nur zwei verschiedene Möglichkeiten bei der Vertretung eines Mandanten: Der Mandant obsiegt oder unterliegt im Prozess. Fehlentscheidungen bei der Wahl des „richtigen" Weges sind somit systemimmanent.[732] Das amerikanische Recht leitet von einem schlechten Ausgang der Vertretung für den Mandanten oder einer bloßen Fehlbeurteilung allein noch keine Sorgfaltspflichtverletzung ab.[733] Der Berater schuldet in der Abwesenheit einer ausdrücklichen vertraglichen Vereinbarung[734] dem Mandanten keinen Erfolg oder die absolute Richtigkeit seiner rechtlichen Beratung oder Produkte.[735] Dies würde implizieren, den Berater dafür haftbar zu machen, dass ein Richter oder eine Finanzbehörde anderer Auffassung waren als der Berater.[736] Ganz gleich welche Anstrengung und Sorgfalt der Berater

730 *Hulstrand, Anderson, Larson & Bouland v. Rogers*, 386 N.W.2d 302 (Minn.App. 1986).

731 *„The attorney is not liable for every mistake he may make in his practice; he is not, in the absence of an express agreement, an insurer of the soundness of his opinions or the validity of an instrument that he is engaged to draft; and he is not liable for being in error as to a question in law on which reasonable doubt may be entertained by well informed lawyers."*: *Lucas v. Hamm*, 56 Cal.2d 583, 592, 15 Cal.Rptr 821, 825, 364 P.2d 685, 689 (1961), cert. denied 368 U.S. 987, 82 S.Ct. 603, 7 L.Ed.2d 525 (1962).

732 *Mallen/Smith*, a.a.O., § 18.1, S. 549.

733 *Hulstrand, Anderson, Larson & Boyland v. Rogers*, 386 N.W.2d 302 (Minn.App. 1986).

734 Vgl. hierzu Kapitel IV. 3.

735 *Lucas v. Hamm*, 56 Cal.2d 583, 592, 15 Cal.Rptr. 821, 825, 364 P.2d 685, 689 (1961), cert. denied 368 U.S. 987, 82 S.Ct. 603, 7 L.Ed.2d 525 (1962). Vgl. ferner auch: *Keppler v. Jessup*, 11 Ind.App. 241, 37 N.E. 655 (1984), rehearing denied 11 Ind.App. 241, 38 N.E. 826 (1894); Grefe & *Sidney v. Watters*, 525 N.W.2d 821 (Iowa 1994); *Glidden v. Terranova*, 12 Mass.App.Ct. 597, 427 N.E.2d 1169 (1981).

736 *Smith v. St. Paul Fire & Marine Insurance Co.*, 344 F.Supp. 555 (M.D.La. 1972); reversed 471 F.2d 840 (5th Cir. 1972), on remand 366 F.Supp. 1283 (M.D.La. 1973), affirmed 500 F.2d 1131 (5th Cir. 1974).

bei der Beratung seines Mandanten aufwendet, so sieht er sich dennoch der Tatsache ausgesetzt, dass Recht keine genau vorherbestimmbare Wissenschaft darstellt, bei der es einen solch hohen Grad an fachlichem Wissen und Sorgfalt geben kann, um alle zweifelhaften Entscheidungen von vornherein auszuschalten.[737]

Das amerikanische Recht begegnet dieser Problematik mit der *„the mere error in judgement rule“*, nach der ein falscher Rat in einer zweifelhaften oder strittigen Rechtslage dann zu keiner Haftung des Beraters führt, wenn der Ratschlag nach sorgfältiger Recherche und Abwägung des strittigen Rechts erteilt wurde.[738] Ist der Berater ein Experte auf dem strittigen Gebiet, so muss er nicht einmal Nachforschungen über die Rechtslage anzustellen.[739] Komplizierter gestaltet sich die Anwendung der *„the mere error in judgement rule“* im Falle des Nichtspezialisten. Wie bereits oben[740] festgestellt, haftet dieser – ebenso wie der Spezialist – für jeden falschen Ratschlag, den er auf rechtlich abschließend geklärtem Gebiet erteilt hat.[741] Bei unsicherer Rechtslage müsste der Nichtspezialist unter Anwendung der Grundsätze von *Horne v. Peckham* grundsätzlich für seine falschen Ratschläge haften, wenn er keine sorgfältigen Nachforschungen angestellt hat, denn er hat sich am Sorgfaltsmaßstab eines Spezialisten zu orientieren. Wie jedoch soeben dargestellt, würde der Spezialist hier keiner Haftung unterliegen. Es erscheint nicht ganz nachvollziehbar, warum derselbe Ratschlag beim Nichtspezialisten zur Haftung führt, während der Spezialist von der Haftung freigestellt wird. Das Gericht in *Horne v. Peckham* hat diesen Widerspruch nicht als Argument gelten lassen.[742] Es ließ erkennen, dass selbst in einer strittigen Rechtslage die Nachforschungspflicht des Nichtspezialisten nicht entbehrlich ist.[743] Aus diesem Grund ist der Nichtspezialist auch dazu verpflichtet, bei unklarer Rechtslage die notwendigen Nachforschungen anzustellen, um eine fachgerechte Beurteilung der Rechtslage im Interesse seines Mandanten vornehmen zu können.[744] Da dem Sachverhalt in *Horne v. Peckham* jedoch eine klare Rechtsfrage zugrunde lag,[745]

---

737 *Citizens' Loan Fund & Savings Association v. Friedley*, 123 Ind. 143, 145, 23 N.E. 1075 (1890); *George v. Caton*, 93 N.MM. 370, 600 P.2d 822 (App. 1979), cert. denied 93 N.M. 172, 598 P.2d 215 (1979).

738 Vgl. z.B. *Lentino v. Fringe Employee Plans, Inc.*, 611 F.2d 474, 482 (3d Cir. 1979) (unter Anwendung des Rechts des Staates Pennsylvania); *Smith v. Paul Fire & Marine Ins. Co.*, 366 F.Supp. 1283, 1286 (M.D. La. 1973), aff'd, 500 F.2d 1131 (8th Cir. 1974) (unter Anwendung des Rechts des Staates Louisiana); *Quarles Drilling Corp. v. General Accident Ins. Co.*, 538 So. 2d 1029, 1032 (La. 1989); *Bronstein v. Kalcheim & Kalcheim, Ltd.*, 414 N.E.2d 96, 98 (Ill.App.Ct. 1980). Vgl. ferner *Wolfman/Holden/Harris*, a.a.O., § 603.5, S. 453.

739 *Smith v. Paul Fire & Marine Ins. Co.*, 366 F.Supp. 1283, 1287 (M.D. La. 1973).

740 Vgl. Kapitel IV. 3.

741 *Horne v. Peckham*, 97 Cal.App. 3d 404, 415 (Ct.App. 1979).

742 A.a.O., S. 416.

743 A.a.O.

744 Vgl. auch Smith v. Lewis, 13 Cal. 3d 349, 118 Cal.Rptr. 621, 530 P.2d 589 (1975); *Wolfman/Holden/Harris*, a.a.O., § 603.5, S. 455.

745 A.a.O., S. 409-14, 416.

können die Ausführungen des Gerichts zu dieser Problematik nicht als rechtsverbindlich betrachtet werden. Es bleibt somit abzuwarten, ob Gerichte in der Zukunft eine strikte Haftung des Nichtspezialisten dort bejahen, wo ein Spezialist mit dem gleichen Ratschlag nicht hätte haften müssen. Die Gerichte wären in diesem Fall jedoch gut beraten, den Widerspruch zuungunsten des Nichtspezialisten hinzunehmen. Würde man nämlich den Nichtspezialisten hier dem Spezialisten gleichstellen und seine Haftung verneinen, so eröffnete dies dem skrupellosen Nichtspezialisten die Möglichkeit, bewusst auf ihm unvertrauten Rechtsgebiet Ratschläge ohne Nachforschung (sog. Schnellschüsse) zu erteilen, ohne jemals hierfür zur Haftung herangezogen zu werden.

Eine andere Methode, die Haftung des Beraters bei unklarer Rechtslage zu begrenzen, findet sich in der Entscheidung *Williams v. Elly*.[746] Hiernach muss der Berater seinen Mandanten über die unterschiedlichen Rechtsauffassungen in einer Art und Weise informieren, die den Mandanten in die Lage versetzt hätte, die Risiken der unterschiedlichen Auffassungen abzuschätzen und sich für eine Möglichkeit zu entscheiden.[747] Das Unterlassen einer solchen Belehrung des Mandanten führt nach dieser Methode auch dann zur Haftung, wenn der Berater ansonsten durch die *„the mere error in judgement rule"* entschuldigt wäre.[748] Die Regel aus *Williams v. Elly* misst sowohl den Spezialisten als auch den Nichtspezialisten an demselben Sorgfaltsmaßstab, nämlich der Verpflichtung, den Mandanten umfassend über die unklare Rechtslage zu unterrichten.

2. Grenzen der Pflichten aufgrund des Mandatsvertrages

Wie bereits festgestellt,[749] schuldet der *Practitioner* seinem Mandanten ohne ausdrückliche vertragliche Vereinbarung[750] weder einen Erfolg seiner Tätigkeit noch

---

746 668 N.E.2d 799 (Mass. 1996). In dieser Entscheidung informierte der Berater seinen Mandanten, dass dieser keiner Erbschaftssteuer unterliege, wenn er die Erbschaft des ererbten *family trust* ausschlage. Dabei sei die jahrelange Kenntnis des Mandanten von dem Trust unerheblich (vgl. a.a.O., S. 802). Tatsächlich konnte eine steuerfreie Ausschlagung der Erbschaft nur innerhalb eines gewissen Zeitraums nach Kenntniserlangung von der eigenen Begünstigung im *Trust* geschehen. Zum Zeitpunkt der Erteilung der Auskunft durch den Berater sprachen sich zwei Gerichte für die soeben beschriebene Frist aus, während ein anderes Gericht das Fristerfordernis verneinte (a.a.O., S. 802 f.). Mit seiner Auskunft wies der Berater den Mandanten nicht darauf hin, dass sich der *IRS* jeder dieser Positionen anschließen könnte und die Diskrepanz zwischen den Gerichten in den verschiedenen Gerichtsbezirken (*circuits*) durch den US Supreme Court bereinigt werden könnte. Letzteres tat der Supreme Court, indem er die Entscheidung, auf die der Berater vertraute, überstimmte (a.a.O.).

747 A.a.O., S. 806.

748 A.a.O.

749 Vgl. hierzu oben unter a.

750 Vgl. zur ausdrücklichen vertraglichen Vereinbarung Kapitel III. 3. c.

die Richtigkeit seiner Ratschläge oder seines Arbeitsproduktes.[751] Bei einer ausdrücklichen Vereinbarung des Umfangs der Tätigkeiten und der Sorgfaltspflichten des Beraters im Mandatsvertrag wird die Haftung des Beraters auf eben diese vertraglichen Pflichten begrenzt.[752] Aus diesem Grund empfiehlt es sich für den Berater, den Inhalt des Mandatsverhältnisses und die daraus resultierenden Pflichten so genau wie möglich im Mandatsvertrag festzulegen.[753] Die Wirkung dieser vertraglichen Haftungsbegrenzung durch Festlegung der Sorgfaltspflichten lässt sich anhand der folgenden Entscheidungen aufzeigen:

In *Lindner v. Barlow, Davis & Wood*[754] starb der Ehemann der Steuerzahlerin im Jahre 1952. Er war lange Zeit als Direktor eines Verlagshauses beschäftigt. Aufgrund betrieblicher Übung zahlte das Verlagshaus weiterhin in wöchentlichen Raten das Gehalt des verstorbenen Ehemannes an die Steuerzahlerin. Der *Attorney*, der zuvor auch der Rechtsberater des Ehemannes gewesen war, informierte die Steuerzahlerin über ihre Verpflichtung, Lohnsteuer (*withholding tax*) von den Zahlungen einzubehalten und an den *Internal Revenue Service* zu überweisen. Der *Accountant* der Steuerzahlerin wurde daraufhin von dieser und dem *Attorney* angewiesen, die Lohnsteuer einzubehalten. In den folgenden Jahren gab der *Accountant* das Einkommen aus den Zahlungen des Verlagshauses an die Steuerzahlerin in den Steuererklärungen als lohnsteuerpflichtig an. Die Steuerzahlerin wurde im Jahre 1957 auf die Steuerfreiheit dieser Zahlungen aufmerksam. Ihre Anwälte forderten daraufhin die zu viel gezahlte Lohnsteuer für die Jahre 1954 bis 1956 erfolgreich zurück. Der Rückerstattungsanspruch für die Jahre 1952 und 1953 war zu diesem Zeitpunkt jedoch schon verjährt. Die Steuerzahlerin verklagte nun den *Accountant* auf Erstattung der Lohnsteuer für diese Jahre.[755] Ihre Klage wurde nicht nur abgewiesen, weil sie selber durch einen *Attorney* vertreten war, der sie ausführlich über die vermeintlich bestehende Steuerpflicht unterrichtete, sondern auch, weil der *Accountant* die Steuerzahlerin schriftlich darüber informiert hatte, dass er alle Steuererklärungen nur aufgrund der vom Mandanten erstellten Unterlagen und Angaben ohne eigene Prüfung (*without independent verification*) erstellen würde.[756]

---

751 *„The attorney is not liable for every mistake he may make in his practice; he is not, in the absence of an express agreement, an insurer of the soundness of his opinions or the validity of an instrument that he is engaged to draft; and he is not liable for being in error as to a question in law on which reasonable doubt may be entertained by well informed lawyers.“*: *Lucas v. Hamm*, 56 Cal.2d 583, 592, 15 Cal.Rptr 821, 825, 364 P.2d 685, 689 (1961), cert. denied 368 U.S. 987, 82 S.Ct. 603, 7 L.Ed.2d 525 (1962).

752 *Cohen v. Shaines*, 2001 DNH 80 (U.S. Distr. Ct. NH 2001); *Wolfman/Holden/Harris*, a.a.O., § 606, S. 606 f. m.w.Nachw. in Fn.1.

753 *Todres*, a.a.O., 48 Emory L.J. 547, 559 (1999).

754 27 Cal.Rptr. 101 (Dist.Ct.App. 1962).

755 A.a.O., S. 102 f.

756 A.a.O., S. 103.

Anhand der Entscheidung *Warmbrodt v. Blanchard*[757] lässt sich die Bedeutung der genauen Bestimmung der Sorgfaltspflichten des Beraters besonders gut aufzeigen. Hier gehörte den Klägern ein Familienunternehmen, in dessen Besitz sich ein Theater befand, das die Kläger veräußern wollten. Sie suchten ihren Anwalt auf, der sie bei der Gestaltung des Verkaufs beriet. Der Anwalt wies die Kläger auf seine mangelnden steuerlichen Kenntnisse hin und gab ihnen den Rat, für die steuerliche Gestaltung die Beratung durch einen *Accountant* zu suchen.[758] Danach wurde ein *Accountant* von den Klägern für die steuerliche Gestaltung engagiert. Aufgrund des Versäumnisses des *Accountants*, die für eine Liquidation einer Gesellschaft notwendigen Dokumente einzureichen, entstand den Klägern ein Schaden aufgrund zusätzlicher Steuern in Höhe von $ 36.000.[759] Der *Nevada Supreme Court* bestätigte die Abweisung der Klage gegen den Anwalt, da in diesem Fall die ausschließliche Verantwortung für die Einreichung der steuerrechtlich relevanten Liquidationsdokumente beim *Accountant* lag.[760] Nur der *Accountant* war damit zum Ersatz des Schadens verpflichtet.[761]

In *Gantt v. Boone, Wellford, Clark, Langschmidt & Pemberton*[762] sollte eine Gesellschaft ihr komplettes Betriebsvermögen veräußern und sich dann auflösen. Der Anwalt der Gesellschaft wurde mit der Planung und Durchführung dieses Vorhabens beauftragt. Der Anwalt besaß umfassende steuerliche Kenntnisse. Zehn Tage vor dem Verkauf traf sich der Anwalt mit dem *Accountant* des zu verkaufenden Unternehmens, um diesen mit der Aktualisierung der Bücher des Unternehmens und der Berechnung der vom Unternehmen noch zu zahlenden Steuern bis zum Tag des Verkaufs zu betrauen. Der Anwalt wies den *Accountant* an, sich nicht mit der Liquidation des Unternehmens zu beschäftigen, da er und seine Firma sich darum kümmerten. Ferner wies er den *Accountant* darauf hin, dass es sich bei der Liquidation um eine Transaktion handelte, die unter § 337 des *Internal Revenue Codes (IRC)* falle. Zu diesem Zeitpunkt sah § 337 IRC keine Steuern für die Veräußerung des Betriebsvermögens anlässlich einer Liquidation eines Unternehmens vor. Die begangene Sorgfaltspflichtverletzung im vorliegenden Fall bestand in der mangelnden Benachrichtigung des Verkäufers, dass § 337 IRC nur auf bundesstaatlicher Ebene Anwendung findet und auf staatlicher Ebene eine vergleichbare Steuerbefreiung nicht existiert. Nach dem Verkauf entdeckte der Verkäufer die unerwarteten staatlichen Steuern in Höhe von $ 500.000. Auch hier konnte der *Accountant* nicht haftbar gemacht werden aufgrund seiner begrenzten Tätigkeit im Rahmen der Transaktion. Wahrscheinlich hätte in diesem Fall die schriftliche Fi-

---

757 692 P.2d 1282 (1984).
758 A.a.O., S. 1283.
759 A.a.O., S. 1283 f.
760 A.a.O., S. 1285 f.
761 A.a.O., S. 1286.
762 559 F.Supp. 1219 (M.D. La.1983), aff'd, 742 F.2d 145 (5th Cir. 1984).

xierung der Begrenzung der Tätigkeit eine Klage gegen den *Accountant* gleich von vornherein verhindern können.

Ganz anders stellte sich die Situation für den *Accountant* in *Estate of Smith v. Underwood*[763] dar, der haften musste. Hier plante ein Rechtsanwalt eine sog. *„subchapter S corporation"* zu gründen.[764] Er informierte den *Accountant* dahingehend, dass es sich bei der Gesellschaft um eine *„subchapter S corporation"* handelte und nannte ihm auch ein Datum, an dem die Wahl dieser Rechtsform (sog. *„subchapter S election"*) getroffen worden sei. Der *Accountant* ließ sich aber vom Rechtsanwalt weder die zur Wahl dieser Rechtsform notwendigen Dokumente zeigen, noch ließ er sich eine Kopie der Bestätigung des *IRS* hinsichtlich der Rechtsformwahl zeigen. Wie sich später herausstellte, hatte der Anwalt nie einen Antrag auf eine Wahl der Rechtsform gestellt und der Steuerzahler musste eine unerwartet hohe Steuer auf Gesellschaftsebene zahlen.[765] Der *Accountant* hätte seine Haftung vermeiden können, indem er mit dem Rechtsanwalt im Mandatsvertrag seine Verpflichtung zur Überprüfung der Wahl der Rechtsform ausgeschlossen hätte.

Zuletzt soll noch auf *Lama Holding Co. v. Shearman Sterling*[766] hingewiesen werden. Im Jahre 1982 kaufte eine Gruppe ausländischer Investoren einen nahezu fünfundzwanzig-prozentigen Aktienanteil an der Brokerfirma *Smith Barney*. Dazu beauftragten sie die angesehene Anwaltskanzlei *Shearman & Sterling*, den Kauf steuerlich günstig zu gestalten. Das Investment wurde so strukturiert, dass die *Smith-Barney*-Aktien von einer Delaware-Gesellschaft namens Lama, die keine Geschäftsaktivitäten auf dem Gebiet der USA ausübte,[767] gehalten wurden. Die Delaware-Gesellschaft wiederum befand sich um Besitz von zwei ausländischen Gesellschaften. Diese Gestaltung vermied die Quellensteuer (*withholding*) auf die an Lama ausgeschütteten Dividenden von *Smith Barney*. Weiterhin wären unter der alten Regelung des § 337 IRC keine Bundessteuern beim Verkauf der Aktien zu zahlen gewesen.[768] Ohne *Shearman & Sterling* zuvor zu konsultieren, verkauf-

---

763 487 S.E.2d 807 (N.C.App. 1997).

764 Im Vergleich zu einer regulären Kapitalgesellschaft (*C corporation*) handelt es sich bei der *subchapter S corporation* um eine Gesellschaft, die zwar den *corporations* zugeordnet wird, jedoch keine Bundessteuern zu entrichten braucht. Ähnlich einer *partnership* (Personengesellschaft) wird das Einkommen der Gesellschaft direkt seinen Anteilseignern zugerechnet. Vgl. § 1361 IRC.

765 *Estate of Smith v. Underwood*, 487 S.E.2d 807, 811 (N.C.App. 1997).

766 758 F.Supp. 159 (S.D.N.Y. 1991). Lama verklagte auch Bankers Trust Company, die als ihr „exclusive agent, financial advisor and sales representative" diente; vgl. a.a.O., S.163. Da Bankers Trust jedoch nicht als steuerlicher Berater fungierte, wird auf sie nicht weiter eingegangen.

767 Aufgrund fehlender Geschäftsaktivitäten (no place of business in the U.S.) unterliegen selbst amerikanische Unternehmen unter gewissen Umständen nicht der vollen Steuerpflicht, vgl. Sec. 882 IRC.

768 758 F.Supp. 159, 160 (S.D.N.Y. 1991).

te Lama das Aktienpaket an *Smith Barney* im Jahre 1987 in der Erwartung, keine amerikanischen Bundessteuern auf den Verkaufsgewinn zahlen zu müssen. Da im Jahre 1986 im Rahmen des *Tax Reform Act 1986* die Wirkung des § 337 IRC grundlegend geändert wurde, resultierten aus dem Veräußerungsgewinn von über $ 100 Millionen Bundessteuern in Höhe von $ 33 Millionen.[769] Die Kläger trugen im Prozess vor, sie hätten *Shearman & Sterling* im August oder September 1986 kontaktiert, um über die Auswirkungen des Gesetzentwurfs zum *Tax Reform Act* auf ihre Investments informiert zu werden. Ein Partner von *Shearman & Sterling* teilte ihnen daraufhin mit, dass keine wesentlichen gesetzlichen Änderungen zu diesem Zeitpunkt vorlägen, die Kanzlei sie aber über jede wesentliche Gesetzesänderung informieren würde.[770] Die Kläger erhoben Klage gegen *Shearman & Sterling* mit der Begründung, *Shearman & Sterling* habe die Verpflichtung gehabt, die Kläger über die Änderung des Rechts zu informieren. Das Gericht hatte im vorliegenden Fall den Antrag *Shearman & Sterlings* zu entscheiden, die Klage abzuweisen. Das Gericht verneinte die Abweisung der Klage und erlaubte damit den Fortgang des Verfahrens.[771] *Shearman & Sterling* hätten die Haftung vermeiden können, indem sie die von den Klägern ausdrücklich eine erneute Mandatierung zur Überprüfung der Auswirkungen der Steuerreform auf das Investment nach Abschluss der Steuerreform hätten verlangen sollen. Stattdessen gab der Partner zu verstehen, er wolle Lama unaufgefordert über jede Änderung informieren.

---

769 A.a.O., S. 161.

770 A.a.O.

771 Der Ausgang des Verfahrens ist allerdings nicht mehr veröffentlicht worden.

C. Deutsches Recht

I. Steuerberatung in Deutschland - Berufsbild und Regelungen

1. Kein einheitlicher Berufsstand

Obwohl es in Deutschland den Beruf des Steuerberaters gibt, wird Steuerberatung hierzulande nicht nur von Steuerberatern angeboten. Gemäß § 2 Satz 1 StBerG darf die geschäftsmäßige Hilfeleistung[772] in Steuersachen nur von Personen und Vereinigungen ausgeübt werden, die hierzu befugt sind. Die Befugnis zur Hilfeleistung beginnt mit der Bestellung bzw. Zulassung oder bei Gesellschaften mit der Anerkennung und endet mit deren Verlust.[773] Diese Vorschrift schränkt demnach das Grundrecht der freien Berufswahl gemäß § 12 Absatz 1 GG ein. Dies ist jedoch durch die übergeordneten Interessen des Allgemeinwohls gerechtfertigt.[774] Bei den steuerberatenden Berufen besteht ein hohes öffentliches Interesse im Hinblick auf eine sachgerechte Beratung.[775] Berufsaufübende haben dabei außer der Interessenvertretung ihrer Mandanten zugleich eine Vertrauensstellung gegenüber den Finanzbehörden und den Finanzgerichten. Die Allgemeinheit hat deshalb ein Interesse am Ausschluss von Personen von der Hilfeleistung in Steuersachen, die nicht die erforderliche Sachkunde, Erfahrung oder persönliche Eignung vorweisen können.[776] Die zur Steuerberatung ermächtigten Berufsgruppen in Deutschland müssen daher eine hohe fachliche Qualifikation aufweisen.

a. Steuerberater

§ 3 StBerG nennt Steuerberater, Steuerbevollmächtigte und Steuerberatungsgesellschaften[777] an erster Stelle als die Personen, die zur geschäftsmäßigen Hilfe-

---

772 Unter Hilfeleistung ist zunächst eine Tätigkeit zu verstehen, die gegenüber einer anderen Person oder Einrichtung erbracht wird, in die der Hilfeleistende nicht eingegliedert ist. Der Begriff der Hilfeleistung ist weit auszulegen, nach objektiven Kriterien zu bestimmen und umfasst jede unterstützende Tätigkeit bei der Beratung und Vertretung eines Dritten in Bezug auf dessen steuerliche Rechte und Pflichten. Die Hilfeleistung muss sich weiterhin auf den Einzelfall beziehen; vgl. allgemein hierzu *Gehre/von Borstel*, StBerG, § 1 Rn. 5 ff.

773 *Peter/Charlier*, StBerG, § 3 Rn. 17 (Stand 2000).

774 BVerfGE 21, 173, 179; BVerfGE 54, 301, 315; BGHZ 98, 330, 335.

775 *Gehre/von Borstel*, StBerG, § 2 Rn. 1.

776 *Gehre/von Borstel*, StBerG, a.a.O.; *Peter/Charlier*, StBerG, § 2 Rn. 3 (Stand 1991).

777 Bei einer Steuerberatungsgesellschaft folgt deren Befugnis zur unbeschränkten Hilfeleistung in Steuersachen unmittelbar aus dem Gesetz (§ 3 Nr. 1 StBerG). Eine nur beschränkte Hilfeleistungsbefugnis einer Steuerberatungsgesellschaft ist mit den §§ 3, 4 StBerG nicht vereinbar; BFH, BStBl. II 1988, 638, 638. Die geschäftsmäßige Hilfeleistung in Steuersachen

leistung in Steuersachen unbeschränkt befugt sind. Die Hilfe in steuerlichen Angelegenheiten gehört gemäß § 33 StBerG zu ihrem Berufsbild.

Der Beruf des Steuerberaters ist grundsätzlich ein akademischer Beruf, wobei zwei akademische Wege unterschieden werden können, um die Zulassungsvoraussetzungen zur Steuerberaterprüfung er erlangen. Der erste akademische Weg führt über die Studiengänge der Wirtschaftswissenschaften, Rechtswissenschaften und Universitätsstudien mit wirtschaftswissenschaftlicher Richtung (z.B. Diplom Wirtschaftsingenieur); vgl. dazu § 36 Absatz 1 Nr. 1 StBerG. Der zweite akademische Weg setzt den erfolgreichen Abschluss eines Fachhochschulstudiums mit wirtschaftswissenschaftlicher Fachrichtung voraus; vgl. dazu § 36 Absatz 1 Nr. 2 StBerG. Für die Zulassung zur Steuerberaterprüfung wird von diesen akademischen Kandidaten bei einem Universitätsstudium eine dreijährige bzw. bei einem Fachhochschulstudium eine vierjährige praktische Tätigkeit auf dem Gebiet der von Bundes- und Landesbehörden verwalteten Steuern verlangt. Darüber hinaus gibt es auch einen nicht-akademischen Weg, um die Zulassungsvoraussetzungen zur Steuerberaterprüfung zu erfüllen. Steuerfachgehilfen haben gemäß § 36 Absatz 2 Nr. 1 StBerG die Möglichkeit, nach 10 Jahren Berufstätigkeit die Steuerberaterprüfung abzulegen. Auch Angehörige der Finanzverwaltung können gemäß § 36 Absatz 2 Nr. 2 StBerG zur Prüfung zugelassen werden. Für diese Prüfungsbewerber sind 7 Jahre Tätigkeit im gehobenen Dienst als Sacharbeiter oder in mindestens gleichwertiger Stellung auf dem Gebiet der von den Bundes- oder Landesfinanzbehörden verwalteten Steuern erforderlich.

Nach § 35 Absatz 1 StBerG setzt die Bestellung zum Steuerberater grundsätzlich eine bestandene Steuerberaterprüfung voraus. Dadurch soll die Befähigung des Bewerbers nachgewiesen werden, den Beruf eines Steuerberaters ordnungsgemäß auszuüben. Die Prüfung ist daher an den Erfordernissen der Praxis ausgerichtet.[778] Bei den so genannten Steuerbevollmächtigten i.S.d. § 42 StBerG handelt es sich um Personen, die nach den gesetzlichen Bestimmungen ausdrücklich als solche bestellt worden sind. Auf der Grundlage der gesetzlichen Bestimmungen des 2. Änderungsgesetzes zum Steuerberatungsgesetz (2. StBerGÄndG) vom 11.08.1972[779] ist inzwischen der Einheitsberuf Steuerberater verwirklicht worden. Der weitere Berufszugang mit erstmaliger Bestellung als Steuerbevollmächtigter wurde nach Ablauf der gesetzlichen Frist grundsätzlich seit dem 12.08.1980[780] geschlossen. Die letzten Prüfungsverfahren für Steuerbevollmächtigte wurden im

durch eine Steuerberatungsgesellschaft ist nur eine Tätigkeit der in ihr zusammengeschlossenen Steuerberater und nicht der Gesellschaft selbst; BFHE 133, 322, 327.

778 *Gehre/von Borstel*, StBerG, § 37 Rn. 2. Das Prüfungsverfahren ist in den §§ 14-31 DVStB geregelt.

779 BGBl. I 1972, 1401.

780 Vgl. § 156 Absatz 5 StBerG.

Jahre 1984 durchgeführt.[781] Bei dem Beruf des Steuerbevollmächtigten handelt es sich daher um einen auslaufenden Beruf. In der folgenden Darstellung wird dementsprechend nur auf den Beruf des Steuerberaters abgestellt. Die Ausführungen zu den Steuerberatern sind jedoch auf die Steuerbevollmächtigten entsprechend anwendbar.

b. Wirtschaftsprüfer

Nach § 3 Nr. 2 StBerG sind auch Wirtschaftsprüfer, Wirtschaftsprüfungsgesellschaften, vereidigte Buchprüfer und Buchprüfungsgesellschaften zur steuerlichen Beratung befugt.

Als Wirtschaftsprüfer sind alle nach § 15 WPO öffentlich bestellten Personen zu verstehen. Sie haben gemäß § 2 WPO die berufliche Aufgabe, betriebswirtschaftliche Prüfungen, insbesondere Prüfungen von Jahresabschlüssen wirtschaftlicher Unternehmen durchzuführen und Bestätigungsvermerke über die Vornahme und das Ergebnis solcher Prüfungen zu erteilen. Gemäß § 2 Absatz 2 WPO sind Wirtschaftsprüfer befugt, ihre Auftraggeber in steuerlichen Angelegenheiten nach Maßgabe der bestehenden Vorschriften zu beraten und zu vertreten.

Vereidigte Buchprüfer[782] haben gemäß § 129 Absatz 1 WPO die berufliche Aufgabe, Prüfungen auf dem Gebiet des betrieblichen Rechnungswesens, insbesondere Buch- und Bilanzprüfungen, durchzuführen. Sie können über das Ergebnis ihrer Prüfungen Prüfungsvermerke erteilen. Vereidigte Buchprüfer sind befugt, ihre Auftraggeber in steuerlichen Angelegenheiten nach Maßgabe der bestehenden Vorschriften zu beraten und zu vertreten.[783]

Im Hinblick auf die vielfältigen und erheblichen beruflichen Anforderungen geht die Wirtschaftsprüferordnung (WPO) von einer akademischen Vorbildung[784] des Bewerbers aus, lässt aber Ausnahmen zu. Dementsprechend ist gemäß § 8 Absatz 1 WPO Zulassungsvoraussetzung, dass der Bewerber den Abschluss eines Hochschul-(Universitäts)studiums[785] der Wirtschaftswissenschaften, der Rechtswissenschaften, der Technik, der Landwirtschaft oder eines anderen Studiums (z.B. der Mathematik oder der Sozialwissenschaften) mit wirtschaftswissenschaftlicher

---

781 Vgl. aber für die Möglichkeit der Bestellung als Steuerbevollmächtigter auf dem Gebiet der ehemaligen DDR bis zum 31.12.1990 die Ausführungen bei: *Gehre/von Borstel*, StBerG, § 42 Rn. 5 ff. m.w.Nachw.

782 Für Buchprüfungsgesellschaften vgl. § 128 Abs. 1 Satz 2 WPO.

783 § 129 Abs. 2 WPO.

784 Fast 90% der Wirtschaftsprüfer haben ein Universitätsstudium abgeschlossen, die überwiegende Zahl (73%) ein Studium der Betriebswirtschaft (WPK-MittBl. 2000, 56).

785 Beim Studium an einer Gesamthochschule ist die Mindeststudiendauer für die Beurteilung als Hochschulstudium i.S.v. § 8 Absatz 1 WPO maßgebend; Studiengänge mit weniger als 8 Mindestsemestern gelten als Fachhochschulstudium (vgl. auch § 36 Absatz 1 Nr. 1 StBerG).

Ausrichtung[786] im In- oder Ausland nachweist. Ein geeignetes abgeschlossenes Hochschulstudium kann dabei durch den Nachweis bestimmter praktischer Tätigkeiten ersetzt werden und zwar gemäß § 8 Absatz 2 Nr. 1 WPO durch eine 10-jährige Bewährung als Mitarbeiter eines Wirtschaftsprüfers oder gemäß § 8 Absatz 2 Nr. 2 WPO durch eine mindestens 5-jährige Berufsausübung als vereidigter Buchprüfer oder Steuerberater. Alle Bewerber haben zusätzlich wenigstens 4 Jahre Prüfungstätigkeit nachzuweisen. Nach § 9 Absatz 1 Satz 3 WPO bezieht sich der Begriff "Prüfungstätigkeit" dabei auf materielle Buch- und Bilanzprüfungen nach betriebswirtschaftlichen Grundsätzen in fremden Unternehmen. Voraussetzung für die Bestellung als Wirtschaftsprüfer ist schließlich ein bestandenes Wirtschaftsprüferexamen. Dieses Wirtschaftsprüferexamen selbst ist in den §§ 12 bis 14a WPO nur in den Grundzügen normiert; die Einzelheiten des Prüfungsverfahrens regelt eine gemäß § 14 WPO erlassene Prüfungsordnung. Insgesamt kann den Wirtschaftsprüfern und den vereidigten Buchprüfern daher ein hoher Ausbildungsstand auf dem Gebiet der Steuern konstatiert werden.

c. Rechtsanwälte

Ebenfalls nach § 3 Nr. 2 StBerG zur geschäftsmäßigen Hilfeleistung in Steuersachen befugt sind Rechtsanwälte und Rechtsanwaltsgesellschaften. Rechtsanwälte sind gemäß § 3 Absatz 1 BRAO die berufenen und unabhängigen Berater und Vertreter in allen Rechtsangelegenheiten einschließlich der Steuerberatung und der Rechtsberatung.[787] Auch wenn sich keineswegs alle Rechtsanwälte mit der Steuerberatung befassen,[788] so ist die Steuerberatung den Rechtsanwälten als Rechtsberatung in Steuersachen ausdrücklich erlaubt.[789] Ob ein Rechtsanwalt die vielfach komplizierten und in ihrer Anwendung schwierigen steuerrechtlichen Vorschriften wirklich beherrscht, wird dabei nicht nachgeprüft. Während nach Auffassung des Bundesgerichtshofs[790] die Buchführung und die Erstellung eines Jahresabschlusses keine Berufstätigkeit eines Rechtsanwalts sind, kann er auch diese Tätigkeiten ausüben. Dies ergibt sich die Aufnahme der Rechtsanwälte in § 3 Nr. 2 StBerG.[791] Die Rechtsanwaltskammern können einem Rechtsanwalt gestatten, die Bezeichnung "Fachanwalt für Steuerrecht" zu führen.[792] Fachanwälte für Steuerrecht haben jedoch keine weitergehenden Befugnisse.[793] Auch wenn die gesetzlich vorgeschriebene Ausbildung der Rechtsanwälte Steuern und steuerliche Beratung nicht schwerpunktmäßig umfasst, so ist der Rechtsanwalt jedoch auf-

---

786 Vgl. hierzu BFH, DStR 1991, 198, 198.
787 BGH, HFR 1989, 47, 47.
788 Vgl. *Peter/Charlier*, StBerG, § 3 Rn. 10 (Stand 2000).
789 *Gehre/von Borstel*, StBerG, § 3 Rn. 7.
790 BGHZ 53, 394, 396 f.
791 Vgl. auch *Schall*, BB 1989, 2019, 2020.
792 §§ 42 a-d; 210 BRAO.
793 *Gehre/von Borstel*, StBerG, § 3 Rn. 7; *Peter/Charlier*, StBerG, § 3 Rn. 12 (Stand 2000).

grund seiner allgemeinen rechtlichen Ausbildung in der Lage, sich in das Spezialgebiet des Steuerrechts einzuarbeiten.

2. Beschränkungen der Rechtsberatung durch Nichtanwälte

a. Allgemein - Das Rechtsberatungsgesetz (RBerG)

Rechtsberatung, zu der auch die Befugnis zur Hilfeleistung in Steuersachen gemäß § 3 StBerG gehört, fällt in Deutschland unter das Rechtsberatungsgesetz (RBerG). Durch die Regelung des Art. 1 § 1 RBerG ist grundsätzlich jede geschäftsmäßige Besorgung fremder Rechtsangelegenheiten gleich auf welchem Rechtsgebiet erlaubnispflichtig.[794] Das Rechtsberatungsgesetz regelt die Erlaubnispflichtigkeit der Rechtsberatung in Form eines präventiven Verbotes mit Erlaubnisvorbehalt (Art. 1 § 1 Satz 1), Erlaubnisformen (Art. 1 § 1 Satz 2, Nr. 1-6), Ausnahmen bzw. Modifizierungen des Verbots (Art. 1 §§ 2, 3, 5-7), die Abgrenzung zur Steuerberatung (Art. 1 § 4) sowie die Sanktion eines Verstoßes gegen die Formvorschriften des Rechtsberatungsgesetzes (Art. 1 § 8). Das Rechtsberatungsgesetz hat zwei Zielrichtungen, die hinreichend wichtige Belange des Gemeinwohls i. S. d. Art. 12 GG darstellen.[795]

(1) Es dient zunächst dem Schutz der Allgemeinheit,[796] insoweit jedoch beschränkt auf das rechtssuchende Publikum innerhalb Deutschlands.[797] Der einzelne Rechtssuchende soll vor der Gefahr bewahrt werden, die Erledigung seiner Rechtsangelegenheiten Personen zu überlassen, die nicht über die für die ordnungsgemäße Erledigung erforderliche Sachkunde verfügen.[798] So soll verhindert werden, dass der Rechtssuchende durch eine unzulängliche oder fehlerhafte Besorgung seiner Rechtsangelegenheiten Rechtsnachteile erleidet oder Rechtspositionen verliert.[799] Neben diesem Schutz vor fachlich ungeeigneten Personen ist das Rechtsberatungsgesetz auch darauf ausgerichtet, den Rechtssuchenden vor solchen Personen zu schützen, die aufgrund von persönlicher Unzuverlässigkeit, z.B. ungeordneter wirtschaftlicher Verhältnisse, eine Gefahr für den Rechtssuchenden

---

794 Ausführlich hierzu OLG Dresden, NJW 1998, 90, 91; *Rennen/Caliebe*, RBerG, Art. 1 § 1 Rn. 15.

795 BVerfG, NJW 1976, 1349, 1351; BVerfG, NJW 1988, 545, 548 f.; BVerfG, NJW 1998, 3481, 3482.

796 A.a.O.

797 A.a.O.

798 BGH, NJW-RR 1994, 1080, 1081; BGH, NJW 1961, 313, 314.; BGH, NJW 1963, 441, 443 f.; BGH, NJW 1967,1558, 1559 f.; BGH, MDR 1970, 656, 656; BVerwG, NJW 1977, 2178, 2178; VGH Mannheim, NJW 1984, 1052, 1053; OLG Karlsruhe, NJW-RR 1994, 236, 237.

799 *Rennen/Caliebe*; RBerG, Art. 1 § 1 Rn. 11.

und die Allgemeinheit darstellen.[800] Hier droht z. B dem Rechtssuchenden die Gefahr des Verlustes von Vermögenswerten, die er dem Rechtsberater anvertraut.[801] Weiterhin besteht für den von der Rechtsbesorgung "Betroffenen" die Gefahr, dass ihm gegenüber unlautere Mittel zur Durchsetzung der Ansprüche des Auftraggebers angewendet werden.[802] Im Hinblick auf den Schutzzweck des Rechtsberatungsgesetzes handelt es sich hierbei um ein Schutzgesetz i. S. d. § 823 Absatz 2 BGB.[803]

(2) Weiterhin soll durch das Rechtsberatungsgesetz auch die reibungslose Abwicklung des Rechtsverkehrs, d.h. des Verkehrs des Rechtssuchenden mit Gerichten und Behörden, gewährleistet werden.[804]

Zur Rechtsberatung sind nur solche Personen befugt, denen von der zuständigen Behörde die Erlaubnis dazu erteilt worden ist.[805] Rechtsanwälte fallen gemäß Art. 1 § 3 Nr. 2 RBerG nicht unter die Erlaubnispflicht des Gesetzes.[806]

Die Befugnis zur Hilfeleistung in Steuersachen gemäß § 3 StBerG – und diese Bestimmung ist das Kernstück der Rechtsberatung für die Angehörigen der steuerberatenden Berufe – ermächtigt nicht zur Rechtsbesorgung in sonstigen Angelegenheiten; Art. 1 § 4 Absatz 3 RBerG. Nach der Ausnahmebestimmung des Art. 1 § 5 Nr. 2 RBerG dürfen jedoch Wirtschaftsprüfer sowie neuerdings auch Steuerberater[807] in Angelegenheiten, mit denen sie beruflich befasst sind, auch die rechtliche Beratung übernehmen, soweit diese mit den Aufgaben des Wirtschaftsprüfers oder Steuerberaters in unmittelbaren Zusammenhang steht und diese Aufgaben ohne die Rechtsberatung nicht sachgerecht erledigt werden können.

---

800 *Rennen/Caliebe*, a.a.O.

801 BVerwG, NJW 1977, 2178, 2178.

802 *Rennen/Caliebe*, a.a.O.

803 OLG Hamm, NJW 1954, 516, 518; OLG Hamm, NJW-RR 1994, 1139, 1139; *Chemnitz/Johnigk*, RBerG, Art. 1 § 1 Rn. 234 m.w.Nachw.

804 BVerfG, NJW 1988, 545, 547; BVerfG, NJW 1998, 3481, 3482; BVerwG, DVBl. 1980, 640, 640; OLG Karlsruhe, AnwBl. 1989, 244, 244.

805 Art. 1 § 1 Abs. 1 RBerG.

806 Soweit ein Rechtsanwalt vom RBerG "nicht berührt" ist, was für nahezu jeden deutschen Rechtsanwalt gilt, ist ihm die Erlangung einer Erlaubnis nach Art. 1 Abs. 1 RBerG versagt, da sie nicht zu einer Erweiterung seiner Aufgaben und Befugnisse führen und zudem eine Umgehung der Vorschriften über die Fachanwaltsbezeichnungen (§§ 42 a ff. BRAO) ermöglichen würde; vgl. VG Darmstadt, AnwBl. 1999, 286, 286. Art. 1 § 3 Nr. 2 RBerG greift allerdings dann nicht, wenn der Anwalt seine rechtliche Tätigkeit ausnahmsweise außerhalb seines Berufs entfaltet (OLG Schleswig, AnwBl. 1987, 343, 343).

807 Vgl. das 3. Gesetz zur Änderung der BNotO und anderer Gesetze vom 31.08.1998, BGBl. I 1998, 2585, 2597.

An den im RBerG für die steuerberatenden Berufe enthaltenen Regelungen wird sich auch zukünftig durch das geplante Rechtsdienstleistungsgesetz (RDG)[808] im Kern nichts ändern, mit dem das RBerG novelliert werden soll.[809]

b. Immanente Beschränkungen aufgrund des Steuerberatungsgesetzes (StBerG)

Die Befugnis zur Rechtsberatung beinhaltet nicht die Befugnis zur geschäftsmäßigen Hilfeleistung in Steuersachen, denn für diese Angelegenheiten ist ausschließlich das Steuerberatungsgesetz maßgebend.[810] § 33 StBerG beschreibt den Inhalt der dem Steuerberater erlaubten Tätigkeit sowie seine Pflichten wie folgt:

> *„Steuerberater und Steuerbevollmächtigte haben die Aufgabe, im Rahmen ihres Auftrags ihre Auftraggeber in Steuersachen zu beraten, sie zu vertreten und ihnen bei der Bearbeitung ihrer Steuerangelegenheiten und bei der Erfüllung ihrer steuerlichen Pflichten Hilfe zu leisten. Dazu gehören auch die Hilfeleistung in Steuerstrafsachen und in Bußgeldsachen wegen einer Steuerordnungswidrigkeit sowie die Hilfeleistung bei der Erfüllung von Buchführungspflichten, die aufgrund von Steuergesetzen bestehen, insbesondere die Aufstellung von Steuerbilanzen und deren steuerrechtliche Beurteilung."*

Auch wenn die Steuerberatung ein Teil der Rechtsberatung ist,[811] so ist der Steuerberater aufgrund seiner Befugnis zur Hilfeleistung in Steuersachen nicht zu einer Rechtsbesorgung in sonstigen Angelegenheiten ermächtigt (vgl. Art. I § 1 und § 4 Absatz 3 RBerG). Der Steuerberater muss somit von jeglicher Beratungstätigkeit Abstand nehmen, die Rechtsfragen allgemeiner Art betrifft.[812] Das gilt selbst dann, wenn der Steuerberater intern durch einen Rechtsanwalt beraten wird.[813] Überträgt der Mandant dem Steuerberater die Besorgung einer Rechtsangelegenheit, so ist diese Vereinbarung wegen Verstoßes gegen ein gesetzliches Verbot gem. § 134 BGB nichtig.[814] Ein vertraglicher Schadensersatzanspruch des Mandanten wegen einer Falschberatung eines Steuerberaters ist mithin nicht gegeben, wenn der Steuerberater mit der Beratung eine ihm nach dem Rechtsberatungsgesetz nicht erlaubte Rechtsberatung übernommen hat.[815] Für eine falsche[816]

---

808 Vgl. weitergehend zum geplanten RDG: *Härtig*, BB 2004, 2421, 2421 ff.

809 So auch: *Karl*, StB 2005, 102, 102.

810 Art. 1 § 4 Abs. 1 und 2 RBerG.

811 BGHZ 49, 244, 246; BGHZ 53, 103, 105; BVerfGE 80, 269, 280.

812 BGH, NJW 1986, 1050, 1051; OLG Hamm, Stbg 1996, 311, 311. Zur Abgrenzung vgl. *Schwedhelm/Kamps*, AnwBl 1998, 245, 245 ff.

813 OLG Hamm, DB 1986, 32, 32.

814 Zur Frage der Haftung des Beraters bei verbotener Rechtsberatung vgl. allgemein *Brors*, ZIP 2001, 317, 317 ff. und *Spiess*, DStR 2000, 287, 287 ff.

815 OLG Düsseldorf, GmbHR 2003, 903, 903.

Rechtsberatung haften der Steuerberater und Wirtschaftsprüfer nicht nur nach § 280 BGB, sondern insbesondere auch aus § 823 Absatz 2 BGB i.V.m. § Art. 1 § 1 RBerG, soweit diese nicht nach Art. 1 § 5 Nummer 2 RBerG erlaubt war. Liegt eine unzulässige Rechtsberatung vor, ist die Tätigkeit von der Berufshaftpflichtversicherung im Grundsatz nicht gedeckt.[817] Gegen den Berufsangehörigen kann zudem ein wettbewerbsrechtlicher Unterlassungsanspruch nach § 4 Nummer 11 des Gesetzes gegen den unlauteren Wettbewerb (UWG) durchgesetzt werden.[818]

Ein Berater, der unerlaubt eine fremde Rechtsangelegenheit geschäftsmäßig besorgt, hat ferner keinen Anspruch auf Vergütung aus dem nach § 134 BGB in Verbindung mit Art. 1 § 1 RBerG nichtigen Geschäftsbesorgungsvertrag.[819] Aus Geschäftsbesorgung ohne Auftrag kann der Berater ebenfalls keine Vergütung verlangen, weil die Dienste eine gesetzwidrige Tätigkeit umfassten, die der Berater im Regelfall den Umständen nach nicht für erforderlich halten durfte.[820] Unter gewissen Umständen kann dem Berater gegen seinen Mandanten aber ein Vergütungsanspruch aus ungerechtfertigter Bereicherung zustehen.[821] Sinn der Abwicklung nach Bereicherungsrecht ist es allerdings nicht, auf einem Umweg entgegen

---

816 Steuerberater und Wirtschaftsprüfer haften keinesfalls stets bei der unzulässigen Übernahme von rechtsberatenden Tätigkeiten. Soweit diese im Vergleich mit Rechtsanwälten bzw. Notaren *lege artis* ist, scheidet eine Haftung aus; vgl. *Karl*, StB 2005, 102, 104. Der Berufsangehörige verletzt zwar seine vertragliche Beratungspflicht i.S.d. § 280 BGB gegenüber dem Mandanten, wenn er diesen nicht darüber belehrt, dass er zur rechtlichen Klärung für diesen nicht tätig werden darf und hierzu nicht an den Rechtsanwalt oder Notar verweist (BGH, NJW-RR 2004, 1358, 1358). Diese Pflichtverletzung ist, wenn ein Anwalt oder Notar pflichtgemäß keine andere rechtliche Auskunft gegeben hätte als der Steuerberater oder Wirtschaftsprüfer, für den Schaden nicht kausal und damit nicht haftungsbegründend (OLG Karlsruhe, DB 2004, 2258, 2259).

817 *Karl*, StB 2005, 102, 102 und 104. In den Allgemeinen Versicherungsbedingungen für die Vermögensschäden-Haftpflichtversicherung von Wirtschaftsprüfern, vereidigten Buchprüfern und Steuerberatern (AVB) wird das Deckungsrisiko jedoch abgemindert, in dem sich das gedeckte Risiko auch „auf die Besorgung fremder Rechtsangelegenheiten einschließlich der Rechtsberatung, soweit die nach Art. 1 § 3 Nr. 6, § 5 Nr. 2 RBerG gezogenen Grenzen *nicht bewusst überschritten* werden.

818 *Karl*, a.a.O., S. 105.

819 BGHZ 37, 258, 261 f.; BGH, NJW 1996, 1954, 1955; BGH, NJW 1999, 1715, 1717; BGH, NJW 2000, 69, 69; BGH, NJW 2000, 1560, 1562.

820 BGHZ 37, 258, 263 f.; BGHZ 65, 384, 389 f.; BGHZ 111, 308, 311; BGHZ 118, 142, 150; BGH, NJW 2000, 1560, 1562.

821 Vgl. eingehend BGH, NJW 2000, 1560, 1562 m.w.Nachw. Der Mandant hat die Dienste des Beraters auf dessen Kosten ohne rechtlichen Grund erlangt, so dass der Berater, falls nicht § 817 Satz 2 BGB entgegensteht, einen Anspruch auf Wertersatz hat (§§ 812, 818 Absatz 2BGB), der sich nach der Höhe der üblichen oder hilfsweise nach der angemessenen, vom Vertragspartner ersparten Vergütung richtet (BGHZ 36, 321, 323; BGH, NJW-RR 1992, 1110, 1115). Die Dienstleistung auf Grund eines nichtigen Geschäftsbesorgungsvertrages ist nicht wertlos, wenn der Leistungsempfänger sonst eine andere - zur Geschäftsbesorgung befugte - Person beauftragt hätte und dieser eine entsprechende Vergütung hätte zahlen müssen (BGHZ 70, 12, 18; BGH, NJW 2000, 1560, 1562).

§ 134 BGB dem Berater doch eine Vergütung zu verschaffen, sondern lediglich zu verhindern, dass der Mandant als Empfänger der Leistungen daraus einen ungerechtfertigten Vorteil zieht.[822] Einer Umgehung des § 134 BGB soll insbesondere § 817 Satz 2 BGB vorbeugen; war sich der Leistende über den Verstoß gegen das gesetzliche Verbot bewusst, so schließt diese Bestimmung einen Bereicherungsanspruch aus.[823]

c. *Abgrenzung der erlaubnispflichtigen Rechtsberatung von der Steuerrechtsberatung*

Da aber auch der Steuerberater Rechtsberatung, nämlich Steuerrechtsberatung, betreiben kann, muss eine Abgrenzung der erlaubnispflichtigen Rechtsberatung von der Steuerrechtsberatung (vgl. §§ 45, 46 StBGebV) erfolgen. Weil die Steuerberatung aber einen Teil der Rechtsberatung darstellt, ist eine eindeutige Trennung nahezu unmöglich. Als zulässig wird man die Mitbehandlung einer allgemeinrechtlichen Frage anzusehen haben, wenn ohne sie der Steuerberater seiner Verpflichtung zur ordnungsgemäßen und vollständigen steuerlichen Beratung und Betreuung seines Mandanten nicht nachkommen kann. So erkennt auch die Rechtsprechung ein Recht des Steuerberaters zur Rechtsberatung an, wenn die Rechtsberatung in einem unmittelbaren Zusammenhang mit der Berufstätigkeit des Steuerberaters steht.[824] Ein Zusammenhang mit der allgemeinen Mandatsbetreuung reicht nicht aus.[825] Dies wird neuerdings auch in Art. 1 § 5 Nr. 2 RBerG unterstrichen. Art. 1 § 5 Nr. 2 RBerG bestimmt:

> *Die Vorschriften dieses Gesetzes stehen dem nicht entgegen, (...)dass öffentlich bestellte Wirtschaftsprüfer und vereidigte Buchprüfer sowie Steuerberater und Steuerbevollmächtigte in Angelegenheiten, mit denen sie beruflich befaßt sind, auch die rechtliche Bearbeitung übernehmen, soweit diese mit den Aufgaben des Wirtschaftsprüfers, Buchprüfers, Steuerberaters oder Steuerbevollmächtigten in unmittelbarem Zusammenhang steht und diese Aufgaben ohne die Rechtsberatung nicht sachgemäß erledigt werden können (...).*

Eine über Art. 1 § 5 Nr. 2 RBerG hinausgehende Rechtsberatung des Steuerberaters ist aufgrund der momentanen Gesetzeslage abzulehnen.

---

822 BGHZ 70, 12, 18; BGH, NJW 2000, 1560, 1562. Dies gilt vor allem dann, wenn die Nichtigkeit des Vertrages auch erlaubte Leistungen erfaßt; BGHZ 50, 90, 92; BGH, NJW-RR 1992, 1110, 1115; BGH, NJW 1996, 1957, 1957; BGH, NJW 2000, 1560, 1562.

823 BGHZ 50, 90, 92; ; BGH, NJW-RR 1992, 1110, 1115; BGH, NJW 1996, 1957, 1957; BGH, NJW 2000, 1560, 1562.

824 BVerfGE 75, 246, 276; BGH, NJW 1963, 2027, 2028; BGHZ 70, 12, 15; BVerwG, NJW 1968, 906, 908.

825 OLG Dresden, BB 1989, 1409, 1409; *Karl*, StB 2005, 102, 102

3. Steuerberatung im Spannungsverhältnis zwischen Mandant und Steuersystem

Nach § 2 Absatz 1 der Berufsordnung der Steuerberater (BOStB) ist der Steuerberater "ein unabhängiges Organ der Rechtspflege". Der Rechtsanwalt ist gemäß § 1 BRAO "Organ der Rechtspflege".[826] Auch der Wirtschaftsprüfer wird als Organ der Rechtspflege betrachtet.[827] Das Bundesverfassungsgericht hat hinsichtlich der allgemeinen Stellung zwischen Rechtsanwälten einerseits und Steuerberatern (bzw. Wirtschaftsprüfern) andererseits keinen Unterschied gemacht, sondern diese aufgrund der gleichen Gestaltung der Berufsaufgaben und Berufspflichten sowie der gleichen Organisation der beruflichen Selbstverwaltung gleichgestellt.[828] Diese Gleichstellung folgt insbesondere daraus, dass die Steuer(rechts)beratung traditionell als Teil der den Rechtsanwälten obliegenden allgemeinen Rechtsberatung verstanden wird.[829] Den steuerberatenden Berufen werden deshalb von der Rechtsprechung gerne Tätigkeitsbeschreibungen wie "Mittler zwischen Staat und Steuerzahler"[830], "Wahrer des Rechts"[831] oder "staatlich gebundener Vertrauensberuf, der (...) eine amtsähnliche Stellung zuweist"[832] zugeordnet, die der wesentlichen Aufgabe der steuerberatenden Berufe als Interessenvertreter ihrer Auftraggeber nicht notwendigerweise gerecht werden.[833] Aufgrund der Stellung der steuerberatenden Berufe als Organ der (Steuer-)Rechtspflege ist die Vertretung der Interessen des Mandaten nicht uneingeschränkt zulässig. Zwar haben die Interessen des Mandanten Vorrang. Aber in Ansehung der Verpflichtung als Organ der Rechtspflege haben die steuerberatenden Berufe selbst bei der einseitigen Interessenvertretung des Mandanten stets die eigenen Berufspflichten und die einschlägigen Gesetze, im Besonderen die steuerlichen Vorschriften, zu beachten.

Für den Steuerberater existieren insbesondere die Gebote der Gewissenhaftigkeit[834] und der Sachlichkeit.[835] Bestandteil der Gewissenhaftigkeit ist die allgemeine Wahrheitspflicht.[836] Bewusst wahrheitswidriges Vorbringen ist daher berufswidrig und wird im Übrigen für den Steuerberater steuerstrafrechtlich gegebenenfalls als Beihilfe relevant. Steuerberater haben daher Weisungen ihres Man-

---

826 Vgl. eingehend zum Rechtsanwalt als Organ der Rechtspflege: *FeuerichWeyland*, BRAO, § 1 Rn. 3 ff.
827 *Hönle*, BB 1981, 466, 466 f.
828 BVerfG, NJW 1989, 2611, 2612.
829 BGHZ 49, 244, 246 f.; BGHZ 53, 103, 105.
830 BVerfG, NJW 1967, 1317, 1317.
831 OLG Celle, BB 1960, 878, 878.
832 BVerfG, NJW 1975, 103, 105.
833 *Flämig*, DStZ 1984, 263, 265 f.; *Meilicke*, BB 1984, 1885, 1885 ff.
834 § 4 Absatz 1 BOStB.
835 § 5 BOStB.
836 *Kuhls*, in: *Kuhls/Meurers/Maxl/Schäfer/Goez/Willerscheid*, StBerG, § 32 Rn. 16.

danten, die sie zu pflichtwidrigen Handeln verleiten würden, zurückzuweisen.[837] Aufgrund des Gebots der sachlichen Wahrnehmung der anvertrauten Interessen muss der Steuerberater alle unsachlichen Maßnahmen unterlassen. Sachlich ist ein Verhalten, das bei gewissenhafter Berufsausübung geeignet ist, die anvertrauten Interessen in angemessener Form zu vertreten.[838] Als unsachlich müssen in diesem Zusammenhang persönliche Angriffe auf Beamte und Richter verstanden werden.[839] Ein unsachliches Verhalten des Steuerberaters ist allerdings erst dann berufswidrig, wenn das Verhalten des Steuerberaters als beleidigend oder zumindest als diffamierend zu bewerten ist.[840] Für den Rechtsanwalt folgen dieselben Verpflichtungen aus §§ 1, 43 BRAO sowie für den Wirtschaftsprüfer aus § 43 Absatz 1 Satz 1 WPO (Gewissenhaftigkeit) und § 13 Absatz 1 Berufssatzung WPK (Sachlichkeit).[841]

4. Die Bedeutung des Standesrechts in der Steuerberatung

In Deutschland geben die Standesrichtlinien der jeweiligen Berufsangehörigen[842] als Berufsgrundsätze die allgemeine Berufsauffassung der Berufsangehörigen zu den gesetzlich geregelten[843] Berufspflichten wieder und enthalten Ordnungsprinzipien, die sich aus der Vertrauensstellung der Berufsangehörigen ergeben.[844] Die Standesrichtlinien können die allgemeine Standesanschauung nicht erschöpfend darstellen und befreien den Berufsangehörigen nicht von der Verpflichtung, sein Handeln in Eigenverantwortung zu bestimmen.[845] Die Standesrichtlinien regeln folglich lediglich das Verhalten der Berufsangehörigen untereinander und im Verhältnis zu ihrer Berufsvertretung, so dass sie keinen Gesetzescharakter aufweisen.[846] Demnach haben Verletzungen von Regeln des Standesrechts durch den je-

---

837 *Kuhls*, in: *Kuhls/Meurers/Maxl/Schäfer/Goez/Willerscheid*, StBerG, a.a.O. Vgl. auch § 25 Absatz 3 BOBStB: *"Steuerberater dürfen nicht tätig werden, wenn sie für eine pflichtwidrige oder unerlaubte Handlung in Anspruch genommen werden sollen."*

838 § 5 Absatz 1 Satz 2 BOStB.

839 § 5 Absatz 1 Satz 3 BOStB und *Kuhls*, in: *Kuhls/Meurers/Maxl/Schäfer/Goez/Willerscheid*, StBerG, a.a.O., Rn. 18.

840 BVerfG, NJW 1988, 191, 193; BVerfG, NJW 1988, 194, 195; BVerfG, NJW 1988, 196, 196.

841 Vgl. zum Sachlichkeitsgebot bei Wirtschaftsprüfern ferner: WP Handbuch, Kap. A Rn. 298.

842 Für Steuerberater: Berufsordnung der Bundessteuerberaterkammer (BOStB); für Wirtschaftsprüfer: Satzung über die Rechte und Pflichten bei der Ausübung der Berufe des Wirtschaftsprüfer und vereidigten Buchprüfers (BS WP/vBP); für Rechtsanwälte: Berufsordnung der Bundesrechtsanwaltskammer (BORA).

843 Für Steuerberater: StBerG; für Wirtschaftsprüfer: WPO; für Rechtsanwälte: BRAO.

844 Zum Berufsrecht der Rechtsanwälte vgl. *Steinkraus/Schaaf*, JuS 2001, 167, 167ff.

845 *Peter/Charlier*, StBerG, Einführung Rn. 69 (Stand 1985).

846 Hierzu ausführlich: *Mittelsteiner*, DStR 1965, 309, 309 ff.; ders., in: DStR 1977, 306, 308; OLG Koblenz, DStR 1975, 673, 647 m. Anm. *Mittelsteiner*; Entscheidung des bayrischen Ehrengerichtshofs der Rechtsanwaltschaft, EGHE II 1954, 150, 150.

weiligen Berufsangehörigen gegebenenfalls berufsrechtliche Konsequenzen, sie stellen aber keine Grundlage für Schadensersatzansprüche von einzelnen Mandanten gegenüber dem steuerlichen Berater dar.

II. Einordnung der Haftung für Steuerberatung in das deutsche Recht

Die zivilrechtliche Haftung des Steuerberaters im deutschen Recht findet ihre Grundlage in der Regel im Mandatsvertrag. In diesem Vertrag werden die Pflichten zwischen dem steuerlichen Berater und dem Mandanten festgelegt, deren Verletzung eine Verpflichtung zum Schadensersatz nach sich ziehen kann.[847] Im Mittelpunkt der Haftung des steuerlichen Beraters steht daher die Verletzung von Pflichten im Rahmen eines bestehenden Mandatsverhältnisses. Darüber hinaus kann auch schon bei den Vertragsverhandlungen zwischen steuerlichen Beratern und Mandanten ein vorvertragliches Vertrauensverhältnis entstehen, bei dessen Verletzung ebenfalls eine Ersatzpflicht des Steuerberaters möglich ist.[848] Daneben

---

847 BGHZ 128, 358, 361; vgl. auch bereits BGH, WM 1987, 661, 662. Folglich ist der Berater verpflichtet, sich mit den steuerrechtlichen Punkten zu befassen, die zur pflichtgemäßen Erledigung des ihm erteilten Auftrags zu beachten sind. Nur in den hierdurch gezogenen Grenzen hat er den Auftraggeber auch ungefragt über die bei der Bearbeitung auftauchenden steuerrechtlichen Fragen zu belehren (vgl. BGH, WM 1967, 72, 73; BGH, WM 1980, 308, 309). Müsste der Steuerberater Vorgänge, die ihm lediglich bei Gelegenheit des erteilten Auftrags bekannt geworden sind, jedoch in keiner unmittelbaren Beziehung zu der von ihm übernommenen Aufgabe stehen, jeweils daraufhin untersuchen, ob sie Veranlassung zu einem Rat oder Hinweis an den Mandanten geben, würde das zu einer erheblichen Ausweitung der geschuldeten Tätigkeit und damit gerade auf dem komplexen und unübersichtlichen Gebiet des Steuerrechts zu einer untragbaren Verschärfung der Anforderungen an die vertraglichen Hauptleistungen führen. Von einer jeweils auf den Inhalt des konkreten Auftrags bezogenen Verpflichtung geht auch das Senatsurteil vom 7. Mai 1992 (NJW-RR 1992, 1110, 1111) aus. Der Aufgabenkreis des Steuerberaters bestimmt sich somit in solchen Fällen ebenso wie derjenige eines Anwalts, welcher ein auf eine konkrete Tätigkeit beschränktes Mandat erhalten hat; BGH, NJW 1993, 2045, 2045. Vgl. ferner auch: BGH, BB 1968, 1263, 1264; BGH, DStR 1965, 442, 443; OLG Frankfurt, DStR 1985, 449, 449 f.

848 So kann ein Anspruch auf Schadensersatz gegen den Steuerberater entstehen, wenn dieser das ihm angetragene Mandat nicht unverzüglich ablehnt (§ 63 StBerG); vgl. hierzu ausführlich unten unter Kapitel 4. Weiterhin besteht eine Aufklärungspflicht über die voraussichtliche Höhe des gesetzlichen Honoraranspruch; vgl. hierzu: LG Flensburg, AnwBl 1987, 193, 193; OLG Düsseldorf, GI 1995, 143, 143. Weiterhin kann ein klassisches vorvertragliches Vertrauensverhältnis zwischen dem Steuerberater als Vertreter des Mandanten bei Vertragsverhandlungen des Mandanten mit Kreditgebern bestehen. Grundsätzlich haftet der Steuerberater als unselbständiger Verhandlungsgehilfe hier nur aus Delikt, insbesondere bei vorsätzlicher sittenwidriger Schädigung (§ 826 BGB); BGH, WM 1986, 1047, 1047. In einzelnen Fällen kann der Steuerberater jedoch persönlich aufgrund Verschuldens bei den Vertragsverhandlungen haften, wenn er entweder wirtschaftlich selbst stark am Vertragsschluss interessiert ist und aus dem Geschäft eigenen Nutzen erstrebt oder in besonderem Maße persönliches Vertrauen in Anspruch genommen hat; RGZ 159, 54, 54 f.; BGHZ 14, 313, 318; BGH, BB, 1967, 225, 226; BGH, WM 1967, 121, 123; BGH, WM 1991, 1730, 1730. Das besondere Eigeninteresse des Beraters kann nicht schon allein durch die erwartete Honorarzahlung begründet werden; BGH, WM 1962, 845, 848; BGH, WM 1984, 127, 128; BGH, DStR 1991, 1429, 1429.

sind auch eine deliktische Haftung des Steuerberaters (siehe hierzu unten unter 2.) sowie eine Haftung gegenüber Dritten (siehe hierzu unten unter 7.) möglich.

1. Vertragsrecht

a. Die Verletzung einer mandatsvertraglichen Pflicht als Grundlage vertraglicher Haftung

Die Haftung des Steuerberaters und des Rechtsanwalts[849] für steuerliche Beratung ist nicht explizit gesetzlich geregelt. Weder das Steuerberatungsgesetz (StBerG), die Wirtschaftsprüferordnung (WPO) oder die Bundesrechtsanwaltsordnung (BRAO) noch das Bürgerliche Gesetzbuch oder sonstige Gesetze enthalten ausdrückliche Vorschriften für die Haftung des steuerlichen Beraters. Das rechtliche Verhältnis zwischen dem steuerlichen Berater und seinem Mandanten richtet sich daher vorrangig nach dem Mandatsvertrag.[850] Dieser Vertrag wird zum Teil auch „Steuerberatungsvertrag" genannt. Erfüllt der steuerliche Berater die ihm obliegenden Pflichten aus dem Mandatsvertrag nicht, fehlerhaft oder unzureichend, kann dies zu einer vertraglichen Haftung des Beraters für den dem Mandanten daraus entstehenden Schaden führen.

Die Anspruchsgrundlage für den vertraglichen Schadensersatzanspruch des Mandanten bildeten vor Inkrafttreten des Gesetzes zur Modernisierung des Schuldrechts nahezu ausschließlich die Grundsätze zu der gewohnheitsrechtlich anerkannten positiven Forderungsverletzung.

Mit dem Gesetz zur Modernisierung des Schuldrechts hat der Gesetzgeber ein neues System der Schadens- und Aufwendungsersatzhaftung für das Leistungsstörungsrecht geschaffen. Kernbestandteil dieses Systems ist die neue Vorschrift des § 280 Absatz 1 BGB, die auf dem zentralen Tatbestandsmerkmal der Pflichtverletzung aufbaut.[851] Mit den Tatbestandsmerkmalen Schuldverhältnis, Pflichtverletzung, Vertretenmüssen und Schadensverursachung verankert der Gesetzgeber die Grundsätze zur Haftung aus positiver Forderungsverletzung im BGB.[852] Bestand eine Haftung des steuerlichen Beraters gegenüber einem Mandanten bisher aufgrund der positiven Forderungsverletzung, so ergibt sich die Haftung des Bera-

---

849 Vgl. dagegen die gesetzlich normierten Haftungstatbestände bei den Notaren (§ 19 BNotO) und den Wirtschaftsprüfern (§ 328 BGB).

850 Vgl. auch BGHZ 128, 358, 361 und BGH, WM 1987, 661, 662: „Die Aufgaben des Steuerberaters richten sich nach Inhalt und Umfang des erteilten Mandats."

851 BT-Drucks. 14/6040, S. 133.

852 BT-Drucks. 14/6040, S. 84 f., 92, 135; vgl. ferner auch: *Zimmer*, NJW 2002, 1, 7 und *Zugehör*, ZGS 2003, 272, 273.

ters jetzt aus § 280 Absatz 1 BGB in Verbindung mit § 249 BGB.[853] Die folgenden tatbestandlichen Voraussetzungen der positiven Forderungsverletzung bleiben erhalten:

1. Zwischen Berater und Mandant muss ein Mandatsvertrag zustande gekommen sein, mithin ein Schuldverhältnis bestehen.[854]
2. Der Berater muss eine mandatsvertragliche Pflicht verletzt haben (Pflichtverletzung).[855]
3. Die Berater muss die Pflichtverletzung verschuldet haben (vgl. § 280 Absatz 1 Satz 2 BGB).[856]
4. Die Pflichtverletzung muss zu einem zurechenbaren Schaden[857] beim Mandanten geführt haben.[858]

b. Der Vertrag als Grundlage des Mandatsverhältnisses

Gemäß § 33 StBerG haben Steuerberater und Steuerbevollmächtigte die Aufgabe im Rahmen ihres Auftrags – dem Mandatsvertrag – ihre Auftraggeber in Steuersachen zu beraten, sie zu vertreten und ihnen bei der Bearbeitung ihrer Steuerangelegenheiten und bei der Erfüllung ihrer steuerlichen Pflichten Hilfe zu leisten. Diese Vorschrift gilt über § 3 Nr. 2 StBerG auch für Wirtschaftsprüfer, vereidigte Buchprüfer und Rechtsanwälte, wenn sie auf dem Gebiet der Steuerberatung und Steuervertretung tätig werden.

Der Inhalt und Umfang des Mandatsvertrages ist sowohl was das Verhältnis gegenüber dem Mandanten als auch der Verhältnis gegenüber der Finanzverwaltung anbetrifft[859] von Bedeutung.[860] Der Vertrag ergibt sich dabei aus dem mit dem Mandanten als Auftraggeber getroffenen Vereinbarungen[861] und kann vom Steuerberater nicht einseitig ausgedehnt werden.[862] Zur Prüfung anderer steuerlicher Fragen als der vertraglich vereinbarten ist der Steuerberater grundsätzlich nicht verpflichtet.[863] Auch die Aufgaben des steuerlichen Beraters gegenüber dem

---

853 *Leibner/Holzkämper*, DB 2004, 2087, 2087. Hinsichtlich der Haftung aus § 280 Absatz 3 i.V.m. mit §§ 281-283 siehe unten Kapitel C. II. 4. c.

854 Vgl. zum Mandatsvertrag eingehend unten unter c.

855 Vgl. zum Pflichtenumfang eines steuerlichen Beraters unten unter Kapitel III.

856 Vgl. zum Verschulden Kapitel 5.

857 Zur Schadenszufügung bei einem Dritten (Nichtmandaten) vgl. unter Kapitel 7.

858 Zum Ursachenzusammenhang vgl. Kapitel 3 und zum Schaden vgl. Kapitel 4.

859 LG Aachen, DStR 1984, 242, 242 f.

860 Vgl. *Gehre/von Borstel*, StBerG, § 33 Rn. 27.

861 OLG Hamm, Stbg 1998, 270, 270.

862 OLG Frankfurt/M., Stbg 1997, 513, 513.

863 BGHZ 128, 358, 361 ff.; OLG Karlsruhe, DStR 1995, 1248, 1248.

Mandanten erwachsen aus diesem Vertrag,[864] deren Verletzung zu einer Haftung des Beraters führen kann. Gleichzeitig werden in dem Mandatsvertrag aber auch die Pflichten des Mandanten gegenüber dem Steuerberater im Rahmen des Mandatsverhältnisses bestimmt.[865] Neben der Verpflichtung zur Zahlung der Vergütung für die geleisteten Tätigkeiten[866] ist der Mandant auch zur Mitwirkung verpflichtet.[867] Wenn der Mandant den Steuerberater daher nicht rechtzeitig über den steuerlichen Sachverhalt informiert, die Grundaufzeichnungen ordnungsgemäß erstellt und die notwendigen Belege zur Verfügung gestellt hat, kann der Steuerberater seiner Verpflichtung zu einer fachgerechten Beratung und legalen Minimierung der Steuerbelastung des Mandanten nicht nachkommen.[868]

Aufgrund dieser gegenseitigen Pflichten, die sich aus dem Mandatsvertrag ergeben, ist es sinnvoll den gegenseitigen Pflichtenumfang genauestens festzulegen.[869] Durch die Fixierung des Auftragsinhalts kann der Steuerberater daher einen „Haftungsentlastungseffekt" erreichen. Der Vertrag sollte dabei den Erwartungshaltungen von Mandanten und Steuerberater im konkreten Fall gerecht werden. Nur so sind sich beide Parteien über ihre Pflichten aus dem Vertrag bewusst und können gegebenenfalls bei einem sich ändernden Beratungsbedarf den Vertrag an die geänderten Bedingungen anpassen. Aus Gründen der Beweissicherheit empfiehlt es sich, den Mandatsvertrag stets schriftlich zu fixieren. Nur so kann auch noch nach Jahren der genaue Pflichtenumfang auf beiden Seiten ermittelt werden. Das Vertrauensverhältnis zwischen dem Steuerberater und seinem Mandanten wird durch diese schriftliche Konkretisierung nicht – wie oftmals befürchtet – beeinträchtigt. Die Maßnahme dient vielmehr dem beiderseitigen Schutz sowie dem Verständnis und ist ein wirksames Hilfsmittel für die Qualitätskontrolle in der Steuerberaterpraxis.

Auch wenn der Mandatsvertrag das wichtigste Instrument zur Bestimmung der Sorgfaltspflichten des steuerlichen Beraters ist, so ist er dennoch nicht das einzige. Neben dem Mandatsvertrag sind für die Haftung des Steuerberaters auch die Vorschriften des Bürgerlichen Gesetzbuchs über den Dienstvertrag,[870] den Werk-

---

864 BGH, WM 1982, 128, 128; BGH, WM 1987, 661, 662; BGHZ 128, 358, 361; OLG Karlsruhe, DStR 1991, 790, 790; *Späth*, Steuerberaterhaftung, Rn. 66.

865 BGHZ 128, 358, 361; vgl. auch bereits BGH, WM 1987, 661, 662.

866 Vgl. § 611 Absatz 1, § 632 Absatz 2, §§ 7, 8, 10, 11 StBerGV.

867 Aus dem Mandatsvertrag erwachsen Pflichten auf Seiten beider Vertragspartner. Der Mandant ist daher neben der Verpflichtung zur Zahlung der Vergütung auch zur Mitwirkung verpflichtet, das heißt, er ist verpflichtet, dem Berater die erforderlichen Angaben und Belege über die steuerrelevanten Tatbestände zu überlassen. Darüber hinaus kommen ihm auch noch bestimmte Kontrollpflichten zu. Vgl. *Späth*, Steuerberaterhaftung, Rn. 71 f., 134.

868 *Späth*, Steuerberaterhaftung, Rn. 72.

869 So auch: *Gehre/von Borstel*, StBerG, § 33 Rn. 27; *Gräfe*, in: *Gräfe/Lenzen/Schmeer*, Rn. 25; *Späth*, Steuerberaterhaftung, Rn. 93.

870 §§ 611 ff. BGB.

vertrag,[871] das Auftragsrecht[872] sowie das allgemeine Schuldrecht und die Bestimmungen über das Recht der gegenseitigen Verträge anwendbar.[873]

c. Der Vertragsschluss

Für den Vertragsabschluss zwischen dem Steuerberater und seinem Mandanten gelten im Wesentlichen die allgemeinen Grundsätze des Bürgerlichen Rechts (§§ 145 ff. BGB).[874] Hiernach sind zwei übereinstimmende Willenserklärungen, nämlich ein Angebot zum Vertragsschluss und eine Annahme dieses Angebots, erforderlich.[875] Nach § 57 Absatz 1 StBerG i.V.m. § 8 Absatz 1 und 2 StBerG ist es dem Steuerberater untersagt, unaufgefordert eigene Dienste oder Dienste Dritte zur geschäftsmäßigen Hilfeleistung in Steuersachen anzubieten, die auf eine Erteilung eines Auftrages zur geschäftsmäßigen Hilfeleistung in Steuersachen im Einzelfall gerichtet ist.[876] Der Mandatsvertrag wird daher in der Regel durch das Angebot zum Abschluss des Mandatsvertrages durch den Mandanten und die Annahme dieses Angebots durch den Steuerberater geschlossen. Für den Abschluss des Mandatsvertrags besteht Formfreiheit.[877] Einer schriftlichen Fixierung des Mandatsverhältnisses bedarf es für das wirksame Zustandekommen des Vertrags daher nicht. Dennoch ist es aus Gründen der Beweis- und Qualitätssicherung in der Steuerberatungspraxis dringend zu empfehlen, den Inhalt des Mandatsvertrags schriftlich festzuhalten.[878]

Aufgrund der in § 57 Absatz 1 StBerG normierten Pflicht zur eigenverantwortlichen und gewissenhaften Berufsausübung kann der Vertragsschluss des Mandanten nur mit dem Steuerberater selbst erfolgen.[879] Ein wirksamer Mandatsvertrag kann aber auch mit einem Angestellten des Steuerberaters geschlossen werden, wenn dieser mit einer entsprechenden Vertretungsmacht ausgestattet ist.[880]

---

871 §§ 631 ff. BGB.

872 §§ 663 ff. BGB.

873 Vgl. zu den Rechtsgrundlagen der Berufstätigkeit der Steuerberater auch *Späth*, Steuerberaterhaftung, Rn. 57 ff.

874 *Gräfe*, in: *Gräfe/Lenzen/Schmeer*, Rn. 24.

875 *Palandt/Heinrichs*, BGB, Einf. v. § 145 Rn. 4.

876 Vgl. zum weitgehenden Werbeverbot der Steuerberater nach der Rechtslage vor dem 01.07.2000 generell *Ring*, Werberecht der steuerberatenden Berufe. Beachte aber auch die Lockerungen des Werbeverbots durch die neuere Rechtsprechung des BVerfG, vgl. BVerfG, NJW 1992, 1613, 1613 f.; BVerfG, DStR 1993, 530, 530 f. Hierzu *Kleine-Cosack*, NWB 1995, 1617 ff. Siehe für die Zulässigkeit der Benutzung des Mediums Internet für den Steuerberater auch *Wittsiepe/Friemel*, NWB 1996, 3339, 3346.

877 *Späth*, Steuerberaterhaftung, Rn. 83.

878 Siehe hierzu eingehend oben Kapitel b.

879 LG Marburg, GI 1999, 22, 22 f., vgl. ferner *Späth*, Steuerberaterhaftung, Rn. 77 m.w.Nachw.

880 LG Marburg, a.a.O.

Eine Übernahme von Mandanten, die z.B. aufgrund einer Arbeitsüberlastung nicht ordnungsgemäß beraten werden können, würde als Verstoß gegen die Berufspflichten aus § 57 Absatz 1 StBerG zu werten sein.[881] Dennoch käme auch in einem solchen Fall ein wirksamer Mandatsvertrag zwischen dem steuerlichen Berater und dem Mandanten zustande, da § 57 Absatz 1 StBerG als eine standesrechtliche Vorschrift zu bewerten ist, die im Regelfall keine Außenwirkung für den Mandanten entfaltet.[882]

Der Vertragsschluss zwischen dem Steuerberater und seinem Mandanten muss nicht ausdrücklich erfolgen, sondern er kann auch durch konkludentes (d.h. stillschweigendes) Verhalten entstehen.[883]

> *Beispiele:*
> So ist ein konkludenter Vertragsschluss aufgrund eines Befragens des Beraters durch den Mandanten zu steuerlichen Problemen und der Erteilung entsprechender Antworten durch den Steuerberater möglich.[884] In dem Übergeben von Belegen des Mandanten an den Berater und der daraufhin erfolgten Erledigung der Buchführungsaufgaben durch den Steuerberater kann ebenfalls ein Zustandekommen des Mandatsvertrags gesehen werden.[885]

Die Fälle des konkludenten Vertragsschlusses sind dort unproblematisch, wo der beiderseitige Vertragswille (der sog. Rechtsbindungswille) eindeutig und klar erkennbar ist. Problematisch hingegen sind die Fälle, in denen an den Berater telefonisch, während eines Beratungsgesprächs oder in einem privaten Umfeld steuerliche Fragen gestellt werden, die außerhalb eines bestehenden Mandatsvertrags liegen. Abreden, die ausschließlich auf einem außerrechtlichen Geltungsgrund wie Freundschaft, Kollegialität oder Nachbarschaft beruhen, sind in der Regel mangels Rechtsbindungswillen keine Schuldverhältnisse im rechtlichen Sinne[886] Der Berater haftet somit nicht für Erklärungen, Ratschläge und Empfehlungen, die er im gesellschaftlichen Bereich aus Anstand, Freundlichkeit und ähnlichen Gründen

---

881 *Späth*, Steuerberaterhaftung, Rn. 77 m.w.Nachw.

882 Allerdings kann dieser Verstoß gegen die Berufspflichten des Steuerberaters wiederum einen mittelbaren Einfluss auf die Wirksamkeit des Mandatsvertrags haben. Auch der Mandant muss stets von dem Willen des Steuerberaters ausgehen, seine Berufspflichten einzuhalten. Der Mandant kann daher im Regelfall von einer Nichtberechtigung des einzelnen Mitarbeiters ausgehen, den Steuerberater selbst vertraglich zu verpflichten; vgl. Steuerberater-Kammer Düsseldorf, Steuerberater 1993, 108, 108.

883 BGH, WM 1988, 905, 907, BGH, NJW 1988, 2880, 2881.

884 Vgl. zum konkludenten Vertragsschluss durch Beratung des Mandanten beim Rechtsanwalt: BGH, WM 1988, 905, 907, BGH, NJW 1988, 2880, 2881.

885 Dies ergibt sich bereits aus dem Grundsatz, dass eine nicht formbedürftige Annahme bereits durch schlüssiges Verhalten, wie z.B. das Bewirken der Leistung, erfolgen kann; vgl. allgemein: RGZ 129, 109, 113; BGH, NJW 1980, 2245, 2246.

886 *Palandt/Heinrichs*, BGB, Einf. v. § 145 Rn. 2; *MüKo/Kramer*, BGB, Vor § 145 Rz. 22a m.w.Nachw.; *Burhoff*, NWB 1993, 2815, 2815.

abgegeben hat.[887] Ein rechtsgeschäftliches Schuldverhältnis setzt nämlich den Willen voraus, eine Rechtsbindung zu begründen.[888] Dazu ist ein Konsens über die rechtliche Verbindlichkeit der Abrede erforderlich.[889] Nicht der innere Wille ist dabei entscheidend. Es kommt vielmehr darauf an, wie sich das Verhalten der Beteiligten bei der Würdigung aller Umstände einem objektiven Beobachter darstellt.[890] Für eine vertragliche Bindung spricht, wenn der Begünstigte sich erkennbar auf die Zusage verlässt und für ihn erhebliche Werte auf dem Spiel stehen.[891] Dagegen liegt in den Fällen eines so genannten *„gentlemen's-agreement"* i. d. R. kein Rechtsbindungswille vor.[892] Ein Vertrag und nicht bloß ein Gefälligkeitsverhältnis ist anzunehmen, wenn die Gesamtumstände unter Berücksichtigung der Verkehrsauffassung und des Verkehrsbedürfnisses den Schluss zulassen, dass beide Teile nach dem objektiven Inhalt ihrer Erklärungen die Auskunft zum Gegenstand vertraglicher Rechte und Pflichten gemacht haben.[893] Fehlt mangels Rechtsbindungswillen eine vertragliche Vereinbarung zwischen dem steuerlichen Berater und dem Mandanten, so haftet der Berater – wie in § 675 Absatz 2 BGB nochmals ausdrücklich normiert – nicht für die von ihm erteilten Ratschläge und Empfehlungen. Abzustellen ist auch darauf, welche Bedeutung die Auskunft für den Empfänger hat und ob er sie zur Grundlage von wesentlichen Entschlüssen machen will.[894] Das Vertrauen eines Auskunftsempfängers in die besondere Sachkunde des Auskunftsgebers kann ebenfalls als ein Indiz für das Vorliegen eines Rechtsbindungswillens gewertet werden.[895] Hat der Leistende (also der steuerliche Berater) selbst ein rechtliches oder wirtschaftliches Interesse an der dem Begünstigten gewährten Hilfe, so wird dies in der Regel für seinen Rechtsbindungswillen sprechen.[896] Für einen Rechtsbindungswillen spricht schließlich die Vereinbarung einer Vergütung zwischen dem Steuerberater und seinem Mandanten.[897]

Im Rahmen der Abwägung des Einzelfalls sprechen für das Vorliegen eines Rechtsbindungswillens und das Entstehen eines Mandatsvertrags:

---

887 *Gräfe*, in: *Gräfe/Lenzen/Schmeer*, Rn. 29.

888 RGZ 128, 39, 40; BGHZ 21, 102, 107; BGHZ 56, 204, 208.

889 *MüKo/Kramer*, BGB, Vor § 145 Rz. 22a.

890 BGHZ 21, 102, 107.

891 Vgl. hierzu die in BGHZ 21, 102, 107 aufgestellten objektiven Kriterien für einen über die bloße Gefälligkeit hinausgehenden, rechtlichen Bindungswillen: „Der Wert einer anvertrauten Sache, die wirtschaftliche Bedeutung einer Angelegenheit, das erkennbare Interesse des Begünstigten und die nicht ihm, wohl aber dem Leistenden erkennbare Gefahr, in die er durch fehlerhafte Leistung geraten kann...".

892 OLG Hamburg, MDR 1953, 482, 482.

893 BGH, NJW 1991, 352, 352.

894 Vgl. auch für die Auskunft einer Bank BGH, NJW 1989, 2882, 2884; BGH, NJW 1979, 1595, 1596.

895 BGHZ 100, 117, 118 f.

896 RGZ 65, 17, 19.

897 *Palandt/Sprau*, BGB, § 675 Rn. 30.

Für den Auskunftssuchenden stehen erhebliche Werte auf dem Spiel;[898]

die Auskunft hat für den Empfänger eine große (wirtschaftliche) Bedeutung;[899]

die Auskunft soll zur Grundlage wesentlicher Entscheidungen gemacht werden;[900]

der Auskunftssuchende hat erkennbar auf die Sachkunde des Steuerberaters vertraut[901] oder wenn eine Vergütung vereinbart wurde.[902]

Gegen einen Rechtsbindungswillen der Parteien und das Vorliegen eines Mandatsvertrags sprechen:

Die Auskunft wurde nur im privaten, sozialen oder gesellschaftlichen Umfeld erteilt (z.B. bei einer Wanderung oder am Stammtisch);[903]

die Auskunft erfolgte telefonisch außerhalb eines bestehenden Mandatsvertrages oder nach Beendigung eines Mandatsvertrages;[904] oder

es wurde keine Vergütung vereinbart.[905]

Diese Anhaltspunkte sind im Einzelfall gegeneinander abzuwägen. Je mehr der genannten Punkte gegen das Vorliegen eines Rechtsbindungswillen sprechen, desto geringer ist die Wahrscheinlichkeit für das Vorliegen eines Vertrags und umgekehrt.

Die Übertragung des Mandatsvertrages von einem Steuerberater auf einen anderen, zum Beispiel im Rahmen der Veräußerung der Kanzlei, bedarf grundsätzlich der Zustimmung des Mandanten.[906]

d. Die Rechtsnatur des Mandatsvertrags

Der Mandatsvertrag hat die Wahrnehmung der steuerlichen Interessen Dritter zum Gegenstand. Einen Vertrag, der wie ein Mandatsvertrag, eine selbständige Tätigkeit wirtschaftlicher Art[907] zur Wahrnehmung fremder Vermögensinteressen zum

898 RGZ 151, 203, 208.
899 BGHZ 21, 102, 107; BGHZ 56, 204, 210.
900 VersR 1988, 964, 965 f.
901 OLG Saarbrücken, Stbg 1989, 191, 191.
902 *Palandt/Sprau*, BGB, § 675 Rn. 30.
903 BGH, NJW 1991, 352, 352.
904 *Gräfe*, in: *Gräfe/Lenzen/Schmeer*, Rn. 29.
905 *Palandt/Sprau*, BGB, § 675 Rn. 30.
906 *Platz*, StB 2003, 108, 108 ff., es sei denn, es handelt sich um die Veräußerung einer Kanzlei in der Rechtsform einer Kapitalgesellschaft in Form eines Share Deals (a.a.O., S. 109).
907 BGH, BB 1959, 134, 134.

Gegenstand hat,[908] bezeichnet man als Geschäftsbesorgungsvertrag. Daher stellt der Mandatsvertrag nach einhelliger Auffassung einen Geschäftsbesorgungsvertrag dar.[909] Gemäß § 675 BGB finden auf den Geschäftsbesorgungsvertrag die Auftragsregeln der §§ 663, 665-670, 671 Absatz 2, 672-674 BGB Anwendung.[910] Es kann sich entweder um einen Dienstvertrag (§§ 611 ff. BGB) oder um einen Werkvertrag (§§ 631 ff. BGB) handeln.[911] Der Rechtscharakter dieses Geschäftsbesorgungsvertrags bestimmt sich danach, ob die vom Steuerberater aufgrund des Mandatsvertrags geschuldete Leistung Werks- oder Dienstvertragscharakter hat. Ist eine Leistungspflicht weder dem Dienstvertragsrecht noch dem Werksvertragsrecht zuzurechnen, so kommt auch ein gemischter Vertragstyp in Betracht.[912]

aa. Qualifizierung als Dienst- oder Werkvertrag

Die Qualifizierung des Mandatsvertrags als Dienst- oder Werkvertrag hat einen wesentlichen Einfluss auf die Bestimmung der Pflichten des steuerlichen Beraters. Beim Dienstvertrag wird nach § 611 Absatz 1 BGB nur die Tätigkeit des Steuerberaters[913] als solche nicht jedoch der Erfolg der Tätigkeit geschuldet.[914] Daher hat der Mandant bei mangelhaften Leistungen des Beraters keine Gewährleistungsansprüche und bleibt dennoch zur Zahlung der Vergütung verpflichtet.[915] Allerdings steht dem Mandanten bei schuldhafter Schlechtleistung des Beraters ein Kündigungsrecht zu und er kann darüber hinaus auch Regressansprüche gegenüber dem Berater geltend machen.[916] Denn fügt der Berater dem Mandanten durch verschuldete Schlechtleistung einen Schaden zu, so ist er als Dienstverpflichteter zwar nicht zu einer Gewährleistung, wohl aber zum Schadensersatz gemäß § 280 Absatz 1 BGB aufgrund einer positiven Vertragsverletzung verpflichtet.[917]

---

908 BGHZ 45, 224, 229.

909 Vgl. statt vieler BGH, NJW 1970, 1596, 1597; *Gehre/von Borstel*, StBerG, § 33 Rn. 19; *Gräfe*, in: *Gräfe/Lenzen/Schmeer*, Rn. 117; *Späth*, Steuerberaterhaftung, Rn. 68 m.w.Nachw.

910 Trotz des Verweises gemäß § 675 BGB auf die Auftragsregeln handelt es sich beim Mandatsvertrag nicht um ein klassisches Auftragsverhältnis nach §§ 662 ff. BGB. Der Auftrag setzt nämlich nach § 662 BGB die Unentgeltlichkeit der Besorgung eines Geschäfts voraus.

911 *Fissenewert*, DStR 1992, 443, 445.

912 Vgl. auch *Späth*, Steuerberaterhaftung, Rn. 68.

913 Aufgrund der persönlichen Vertrauensbeziehung beim Dienstvertrag hat der Steuerberater gemäß § 613 Satz 1 BGB die Dienste persönlich zu erbringen. Aufgrund der Formulierung „im Zweifel" sind von dieser Regel Ausnahmen zulässig. Es empfiehlt sich daher, eine entsprechende Regelung in den Vertrag aufzunehmen, um das Mandat auch durch qualifizierte Mitarbeiter bearbeiten lassen zu können.

914 *Larenz*, Schuldrecht II/1, § 52 I, S. 309.

915 BGH, DB 1982, 1054, 1054; BGH, WM 1971, 1206, 1206.

916 *Gräfe*, in: *Gräfe/Lenzen/Schmeer*, Rn. 118.

917 Vgl. allgemein auch: RGZ 54, 98, 98 ff.; RGZ 106, 22, 25 f.; BGHZ 11, 80, 83; *Hirte*, § 3.1, S. 135; *Honsell*, JuS 1976, 621, 622.

Beim Werkvertrag ist der Steuerberater nach § 631 Absatz 1 BGB zur Herstellung eines bestimmten Arbeitserfolgs (eines so genannten Werks) verpflichtet. Bei einer Schlechtleistung des Beraters steht dem Mandanten nach §§ 634, 636 BGB ein Nacherfüllungsanspruch zu oder der Mandant kann nach §§ 634, 637 BGB den Mangel selbst beseitigen, sofern er hierzu in der Lage sein sollte und den Ersatz seiner erforderlichen Aufwendungen verlangen. Der Mandant kann aber auch das Honorar des Steuerberaters gemäß §§ 634 i.V.m. 638 BGB mindern oder Schadensersatz nach den §§ §§634, 636, 280, 281,283, 311 a BGB verlangen. Schließlich hat der Mandant bei einer Schlechtleistung des Steuerberaters im Rahmen eines Werkvertrages nach §§ 634, 636, 323, 326 Absatz 5 BGB n.F. auch die Möglichkeit, vom Vertrag zurücktreten.

Zur Qualifizierung des Mandatsvertrags als Dienst- oder Werkvertrag ist der Wille der Parteien der Vertragsparteien heranzuziehen.[918] Nach der Dogmatik des Bürgerlichen Gesetzbuchs ist das entscheidende und meist auch in der Praxis brauchbare Abgrenzungskriterium, dass beim Dienstvertrag das bloße Wirken, d.h. die Arbeitsleistung als solche, beim Werkvertrag dagegen die Herbeiführung des vereinbarten, gegenständlich fassbaren Arbeitsergebnisses geschuldet wird.[919] Im Allgemeinen wird der Steuerberater lediglich bei Einzelaufträgen, die auf einmalige, in sich abgeschlossene Leistung gerichtet sind, das Risiko hinreichend abschätzen können, um für einen bestimmten Erfolg seiner Tätigkeit als Werkleistung im Sinne von § 631 BGB einzustehen.[920] Im Übrigen ist der Umstand, dass der steuerliche Berater bei ordnungsgemäßer Ausführung der von ihm geschuldeten Dienste des Öfteren auch greifbare Ergebnisse zustande zu bringen hat, entgegen einer teilweise vertretenen Ansicht[921] mit der Annahme eines Dienstvertrags allgemein vereinbar.[922] Bei einer fortlaufenden Tätigkeit wäre es nämlich wirklichkeitsfremd, jede zu erbringende Einzelleistung als Erfolg im Sinne eines Werkvertrags anzusehen.[923]

Die Einordnung als Dienst- oder Werkvertrag hat auch nach den alten Verjährungsvorschriften keinen Einfluss auf die Verjährung der Schadensersatzansprüche gegen den Steuerberater.[924] Die Vorschrift des § 68 StBerG unterscheidet nicht zwischen Dienst- und Werkvertrag. Sie findet deshalb auf alle Verträge An-

---

918 BGH, LM Nr. 3 zu § 611 BGB.

919 *Palandt/Sprau*, BGB, Einf. v. § 631 Rn. 8.

920 RGZ 88, 223, 226 f.; BGH, NJW 1965, 106, 106; BGH, NJW 1992, 307, 308; OLG Brandenburg, Urteil v. 29.10.2003, Az.: 7 U 54/03, nicht veröffentlicht (Fundstelle: Westlaw WLDE2003-0017067), LG München I, NJW 1968, 1725, 1726; LG Itzehoe, StB 1978, 294, 294 = Stbg 1978, 201, 201 m. Anm. *Wallner*.

921 Vgl. OLG Celle, DStR 1974, 290, 290 f.; OLG Nürnberg, DStR 1974, 709, 709 f.; *Späth*, DStR 1966, 91, 93 f.

922 BGH, NJW 1992, 307, 308.

923 BGHZ 54, 106, 108.

924 Vgl. zur Verjährung von Ansprüchen gegen den Steuerberater ausführlich Kapitel 9.

wendung, durch die Steuerberater mit der Erledigung der in § 1 StBerG beschriebenen beruflichen Aufgaben betraut werden.[925] Da die Verjährungsvorschrift des § 68 StBerG ausdrücklich nur die Verjährung von Schadensersatzansprüchen regelt, verjähren die Ansprüche des Mandanten auf Nacherfüllung gemäß §§ 634, 636 BGB, auf Ersatz seiner erforderlichen Aufwendungen nach §§ 634, 637 BGB im Falle der Selbstbeseitigung des Mangels,[926] auf Minderung des Honorars des Beraters gemäß §§ 634 i.V.m. 638 BGB sowie das Recht des Mandanten auf Rücktritt vom Vertrag nach §§ 634, 636, 323, 326 Absatz 5 BGB nach der werkvertraglichen Verjährungsfrist des § 634a BGB in Verbindung mit § 195 BGB. Bei den Ansprüchen auf Nacherfüllung, Aufwendungsersatz, Minderung und Rücktritt handelt es sich nämlich nicht um Schadensersatzansprüche, sondern um Gewährleistungsrechte.

Auch nach der neuen Regelverjährung der §§ 195 ff. BGB ist die dogmatische Einordnung für die Bestimmung der Länge der jeweils geltenden Verjährungsfristen weiterhin entscheidend. Denn für die Verjährung von Mängelansprüchen aus einem Werkvertrag sieht § 634a BGB von der Regelverjährung abweichende Verjährungsvorschriften vor.

bb. Fallgruppen

Bei den einzelnen Schwerpunkten der Tätigkeit des Steuerberaters können im Rahmen ihrer mandatsvertraglichen Rechtsnatur folgende Fallgruppen unterschieden werden:

(i) Umfassende Wahrnehmung von steuerlichen Interessen

Wird dem Steuerberater allgemein die Wahrnehmung von steuerlichen Interessen übertragen, so liegt ein Dienstvertrag mit Geschäftsbesorgungscharakter gemäß §§ 675, 611 BGB vor und der Steuerberater schuldet nur die sach- und fachgerechte Erledigung, nicht jedoch einen bestimmten Erfolg.[927] Der Berater wird

---

925 Str.; wie hier BGH, NJW 1982, 2256, 2256 f. und für die der Verjährungsvorschrift bei Steuerberatern sehr ähnlich gelagerte Vorschrift des § 51 b BRAO für Rechtsanwälte nun auch BGH, DB 1996, 977, 978. Vgl. auch zur Verjährungsproblematik allgemein *Zugehör*, NJW-Beil. 1995, 1, 1 ff. Anders OLG Celle, DStR 1974, 290, 290; LG Konstanz, Steuerberater 1977, 158, 158; KG Berlin, NJW 1977, 259, 261, die in der kürzeren werkvertraglichen Verjährungsfrist des § 638 BGB eine Spezialvorschrift sehen.

926 Sofern dies dem Mandanten überhaupt möglich sein sollte.

927 St. Rspr., vgl. BGH, NJW 1970, 1596, 1597; BGHZ 54, 106, 107; BGH, WM 1981, 92, 92; BGH, NJW 1992, 307, 308; BGH, NJW-RR 1993, 374, 374; BGHZ 115, 382, 386; BGH, NJW 1997, 516, 516.

nämlich keinen Erfolg für eine noch unbestimmte in der Zukunft liegende Wahrnehmung von steuerlichen Interessen geben wollen.[928] Schließlich hat er zum Zeitpunkt des Vertragsschluss im Regelfall noch keine Möglichkeit, die Unterlagen des Mandanten zu prüfen.[929]

(ii) Beratung und Erteilung einer Auskunft

Im Rahmen der Beratung und Erteilung einer Auskunft ist zwischen einer fortlaufenden Beratung des Mandanten und einer Einzelauskunft zu differenzieren. Bei einer fortlaufenden Beratung liegt eine dienstvertragliche Tätigkeit selbst dann vor, wenn einzelne greifbare Ergebnisse hierbei entstehen (vgl. oben Rn. (i.)).[930] Die kontinuierliche Beratung ist nicht auf bestimmte Schwerpunkte beschränkt, sondern hat vielmehr die gesamte Optimierung steuerlicher Angelegenheiten zum Ziel. Bei einer Einzelauskunft hingegen geht es um ein konkretes Ergebnis mit einem bestimmten thematischen Schwerpunkt, z.B. eine Analyse der Vor- und Nachteile der Beteiligung an einer Abschreibungsgesellschaft.[931] Daher stellt die Einzelauskunft in der Regel eine werkvertragliche Tätigkeit dar.[932]

(iii) Buchführungsauftrag

Erledigt der Mandant mit seiner EDV-Anlage die Buchführung selbst, beauftragt jedoch den Steuerberater mit der Einrichtung und Organisation der Buchführung, so erwartet er ein Arbeitsergebnis, auf dessen Grundlage er seine Buchführungspflichten selbst erfüllen kann.[933] Diese Tätigkeit ist somit nach Werkvertragsrecht zu beurteilen.

Problematischer gestaltet sich die Frage, wenn der Steuerberater den umfassenden Auftrag erhalten hat, die Buchhaltung über einen längeren Zeitraum zu erstellen. Im Hinblick auf diesen Umstand hat die Rechtsprechung und Literatur noch keine einheitliche Auffassung gewinnen können. Zum Teil wird der Buchführungsauftrag als Werkvertrag mit Geschäftsbesorgungscharakter gemäß §§ 675, 631 BGB eingeordnet.[934] Andererseits wird insbesondere aufgrund der im Regelfall langen

---

[928] Vgl. hierzu bereits oben Kapitel d. aa.

[929] *Gräfe*, in: *Gräfe/Lenzen/Schmeer*, Rn. 124.

[930] BGH, NJW 1992, 307, 308.

[931] BGH, DB 1982, 1452, 1453.

[932] RGZ 88, 223, 226 f; BGH, DB 1982, 1452, 1453; LG München I, NJW 1968, 1725, 1726; LG Itzehoe, StB 1978, 294, 294 = Stbg 1978, 201, 201 m. Anm. *Wallner*.

[933] Vgl. auch die Einstufung als Werkvertrag für die Erstellung von Individualsoftware BGH, NJW 1987, 1259, 1259.

[934] So auch OLG Celle, DStR 1974, 290, 291; LG Bonn, DStR 1978, 116, 116 f.; *Späth*, Steuerberaterhaftung, Rn. 292 m.w.Nachw.; *Wallner*, DStR 1969, 375, 375 ff.

Vertragsdauer des Buchführungsauftrags hierin die Erbringung von Diensten gesehen.[935] Die Buchführung muss nicht nur in materieller Hinsicht richtig sein. Über die materielle Richtigkeit hinaus muss sie auch die Merkmale der steuerrechtlichen Ordnungsmäßigkeit erfüllen.[936] Deshalb hat der Mandant ein berechtigtes Interesse an einem über die fachgerechte Buchführung hinausgehenden bestimmten Arbeitserfolg. Dies deutet zwar zunächst auf die Einordnung der Buchführung als werkvertragliche Tätigkeit hin. Gleichwohl sprechen die besseren Argumente für die Klassifizierung als Dienstvertrag. So verspricht der Steuerberater beim Buchführungsauftrag nicht die Erstellung einer Buchführung, die vom Finanzamt in jeder Hinsicht übernommen wird. Dies kann er schon aus dem Grund nicht, weil seine Arbeit auf den ihm übergebenen Grundaufzeichnungen und der Belegsammlung des Mandanten basiert.[937]

(iv) Erstellung von Steuererklärungen

Bei der Erstellung von Steuererklärungen ist der Steuerberater auf die Mitwirkung des Mandanten angewiesen, um auf der Grundlage der Daten, die er vom Mandanten erhalten hat, eine steuerlich und wirtschaftlich günstige Erklärung zu erarbeiten. Der Bundesgerichtshof bewertete in einer Entscheidung[938] die Erstellung von Steuererklärungen als eine dienstvertragliche Leistung des Beraters. Ein werkvertragliches Versprechen könne vom Steuerberater regelmäßig nach Treu und Glauben (§ 157 BGB) nicht einseitig erwartet werden, weil er bei der Anfertigung der Steuererklärungen ganz entscheidend auf die Mitwirkung des Mandanten angewiesen ist.[939] Nur der Steuerpflichtige selbst ist nach § 149 Absatz 2 Satz 1 AO i.V.m. § 25 Absatz 3 Satz 1 EStG, § 56 EStDV und § 18 Absatz 3 Satz 1 UStG sowie § 18 Absatz 1 Satz 1 UStG zur fristgerechten Abgabe der Steuererklärung verpflichtet. Ohne eine ausdrückliche und eindeutige Zusage für diese

---

935 OLG Braunschweig, VersR 1961, 746, 747; OLG Nürnberg, DStR 1974, 709, 710; OLG Düsseldorf, NJW 1977, 1201, 1201; OLG Stuttgart, ZIP 1982, 80, 81; OLG Düsseldorf, DStR 1985, 281, 281 f.; OLG Köln, DStR 1989, 512, 513; *Gehre/von Borstel*, StBerG, § 33 Rn. 20; *Gräfe*, in: *Gräfe/Lenzen/Schmeer*, Rn. 129.

936 So ist ein Kaufmann nach handels- und steuerrechtlichen Vorschriften verpflichtet, Bücher zu führen und in ihnen die Geschäftsvorfälle nach den Grundsätzen ordnungsmäßiger Buchführung (GoB) nachvollziehbar zu machen; §§ 238-241 HGB, §§ 30 ff. HGB a.F., §§ 148 ff. AktG, §§ 41 f. GmbHG, §§ 33 ff. GenG, §§ 140 ff. AO. Die Grundsätze ordnungsgemäßer Buchführung (vgl. die Generalklausel in § 243 HGB) sind im Einzelnen nicht gesetzlich niedergelegt. Vgl. auch eingehend *Späth*, Steuerberaterhaftung, Rn. 292 m.w.Nachw.

937 So auch OLG Braunschweig, VersR 1961, 746, 747; OLG Nürnberg, DStR 1974, 709, 710; OLG Düsseldorf, NJW 1977, 1201, 1201; OLG Stuttgart, ZIP 1982, 80, 81; OLG Düsseldorf, DStR 1985, 281, 281 f.; OLG Köln, DStR 1989, 512, 513 f.; *Fissenewert*, DStR 1992, 443, 445; *Gräfe*, in: *Gräfe/Lenzen/Schmeer*, Rn. 129.

938 BGH, DStR 1992, 410, 411.

939 BGH, DStR 1992, 410, 411.

Verpflichtung des Mandanten einstehen zu wollen, kann dem Steuerberater im Zweifel eine Übernahme dieser Verpflichtung nicht unterstellt werden.[940] Ebenso wie beim Buchführungsauftrag handelt es sich daher auch bei der Erarbeitung der Steuererklärung um eine dienstvertragliche Tätigkeit des Beraters.[941] Für einen Erfolg dieser Tätigkeit will er regelmäßig nicht einstehen.

(v) Gutachten

Erstellt der Steuerberater ein Gutachten, so stellt dies eine auf ein konkretes Ergebnis gerichtete Einzeltätigkeit dar. Als Erfolg ist dabei das konkrete Ergebnis (das Gutachten) geschuldet. Die gutachterliche Tätigkeit des Berufsangehörigen ist folglich als werkvertragliche Tätigkeit einzustufen.[942]

(vi) Beantragung von Investitionszulagen o.ä.

Der Steuerberater will und kann keine Gewährleistung für die Bewilligung einer Investitionszulage übernehmen, insbesondere auch deshalb nicht, weil der zugrunde liegende Lebenssachverhalt unterschiedlicher Interpretationen und steuerrechtlicher Beurteilung durch die Finanzverwaltung unterliegen kann.[943] Daher ist der Auftrag zur Erstellung und Einreichung eines Antrags auf Investitionszulage seiner Rechtsnatur nach ein entgeltlicher Geschäftsbesorgungsvertrag mit Dienstvertragscharakter.[944]

(vi) Vertretung vor den Finanzbehörden und -gerichten

Ebenso wenig wie der Rechtsanwalt[945] kann der Steuerberater ein Obsiegen im Prozess und die Herbeiführung einer außergerichtlichen Regelung vor den Finanzbehörden versprechen. Eine solche Zusage würde zu einer Erfolgshaftung führen, die nicht mehr nach Haftpflichtvoraussetzungen wie Pflichtwidrigkeit und Verschulden festzustellen wäre, sondern einer Garantie oder einem Bürgschafts-

---

940 Im Unterschied des nunmehr zuständigen IX.-Zivilsenats des BGH hat der früher zuständige IVa-Zivilsenat des BGH die fristgerechte Anfertigung und Einreichung der Steuererklärung zu den vertraglichen Hauptpflichten gezählt; vgl. BGHZ 84, 244, 248. Die neue Entscheidung des IX.-Zivilsenats (BGH, DStR 1992, 410, 410 ff.) wendet sich ausdrücklich von dieser Rechtsprechung ab.

941 BGH, VersR 1980, 264, 264; BGH, DStR 1992, 410, 411; OLG Düsseldorf, GI 1991, 161, 161 f.

942 Vgl. auch: *Zugehör*, DStR 2001, 1613, 1613; *Palandt/Sprau*, BGB, Einf. v. § 631 Rn. 24.

943 OLG Naumburg, Urt. v. 25.05.1999, Az. 1 U 195/98, Juris Nr. KORE410069900.

944 OLG Naumburg, a.a.O.; *Gräfe*, in: *Gräfe/Lenzen/Schmeer*, Rn. 124.

945 Vgl. hierzu ausführlich *Borgmann/Jungk/Grams*, § 10.

versprechen gleichkäme. Nach § 4 Nr. 2 AVB der Berufshaftpflichtversicherung besteht zudem kein Versicherungsschutz für Haftpflichtansprüche, soweit sie aufgrund eines Vertrags oder einer besonderen Zusage über den Umfang der gesetzlichen Haftpflicht hinausgehen. Der Steuerberater schuldet daher nur die sachkundige Dienstleistung vor den Finanzbehörden und –gerichten.[946] Die Vertretung ist demnach als eine dienstvertragliche Tätigkeit einzustufen.

e. Die Ablehnung des Mandats (§ 63 StBerG, § 44 BRAO, § 51 WPO)

Wird dem steuerlichen Berater ein Mandat angetragen, so ist er nicht verpflichtet dieses Mandat anzunehmen[947] und mit dem Mandanten einen Mandatsvertrag abzuschließen.[948] In einigen Fällen – wie der momentanen Arbeitsüberlastung des Beraters, einer Interessenkollision oder wenn der Berater für pflichtwidrige oder unlautere Handlung in Anspruch genommen werden soll – ist die Ablehnung eines Mandats sogar berufsrechtlich geboten.[949] Nach § 63 StBerG hat der Steuerberater, der den Auftrag nicht annehmen will, die Ablehnung dann unverzüglich zu erklären. Für den Rechtsanwalt gilt dies gemäß § 44 BRAO und für den Wirtschaftsprüfer gemäß § 51 WPO. Der Berufsangehörige wird aufgrund einer öffentlichen Bestellung bzw. Zulassung tätig (§§ 40 ff. StBerG, §§ 18 ff. BRAO und §§ 15 ff. WPO). Aus diesem Grund wird von ihm eine Äußerung auf den Antrag zum Abschluss eines Mandatsverhältnisses erwartet, um den Anfragenden nicht über die Annahme im Unklaren zu lassen.[950] Die Regelungen der § 63 StBerG, § 44 BRAO, § 51 WPO gelten nur für die Inanspruchnahme des jeweiligen Beraters in seinem Beruf. Dabei ergibt sich der Umfang der beruflichen Tätigkeit nicht

---

946 BGH, WM 1985, 203, 204; BGH, LM § 675 Nr. 28; OLG Zweibrücken, GI 1997, 117, 117; *Palandt/Weidenkaff*, BGB, Einf. v. § 611, Rn. 16 und 21.

947 Eine Ausnahme ist in § 65 StBerG geregelt. Hiernach haben Steuerberater „im Verfahren vor den Gerichten der Finanzgerichtsbarkeit die Vertretung eines Beteiligten zu übernehmen, wenn sie diesem zur vorläufig unentgeltlichen Wahrnehmung der Rechte aufgrund des § 142 der Finanzgerichtsordnung beigeordnet sind. Der Steuerberater kann beantragen, die Beiordnung aufzuheben, wenn hierfür wichtige Gründe vorliegen." Für Rechtsanwälte gilt § 48 BRAO.

948 Vgl. § 13 Absatz 1 RichtlStB. Siehe auch BGHZ 56, 355, 356, 359 zu § 44 BRAO; *Gehre/von Borstel*, StBerG, § 63 Rn.1.

949 Vgl. § 32 Absatz 1 BOStB. Hiernach muss sich der Steuerberater vor der Annahme eines Auftrages über bestehende Auftragsverhältnisse informieren und einen Auftrag ablehnen, wenn er für eine pflichtwidrige oder unlautere Handlung in Anspruch genommen werden soll. Dasselbe gilt für Aufträge, die der Steuerberater gesetzlich nicht übernehmen darf, z.B. die Vermittlung von Arbeitskräften (LG Münster, Stbg 1990, 389, 389). Weiterhin erfordert es die Gewissenhaftigkeit, dass ein Auftrag übernommen wird, wenn die dafür erforderliche Sachkunde fehlt (§ 4 Absatz 2 Satz BOStB). Vgl. allgemein auch: *Gehre/von Borstel*, StBerG, § 63 Rn.1.

950 *Gehre/von Borstel*, StBerG, § 63 Rn. 3. Vgl. für alle zur Besorgung bestimmte Geschäfte öffentlich bestellter Personen auch die Vorschrift des § 663 BGB, der § 63 StBerG, die als Sonderregelung vorgeht.

aus dem mit dem Mandanten geschlossenen Mandatsvertrag,[951] sondern aus § 33 StBerG. Danach haben steuerliche Berater die berufliche Aufgabe, ihre Auftraggeber im Rahmen ihres Auftrags in Steuersachen zu beraten, sie zu vertreten und ihnen bei der Bearbeitung ihrer Steuerangelegenheiten und bei der Erfüllung ihrer steuerlichen Pflichten Hilfe zu leisten. Dazu gehören auch die Hilfeleistung in Steuerstrafsachen und in Bußgeldsachen wegen einer Steuerordnungswidrigkeit sowie die Hilfeleistung bei der Erfüllung von Buchführungspflichten, die auf Grund von Steuergesetzen bestehen, insbesondere die Aufstellung von Steuerbilanzen und deren steuerrechtliche Beurteilung.

Nicht abschließend geklärt ist die Frage, ob sich die Vorschriften der § 63 StBerG auch auf die mit dem Beruf des Steuerberaters vereinbaren Tätigkeiten nach § 57 Absatz 3 StBerG beziehen.[952] Da im Wortlaut des § 63 StBerG nur vom Beruf des Steuerberaters die Rede ist und nicht die auch mit dem Beruf bloß nur zu vereinbarenden Tätigkeiten erwähnt werden, ist die Anwendung auf Tätigkeiten nach § 57 Absatz 3 StBerG abzulehnen.[953] Denn der Beruf des Steuerberaters wird nicht durch die nur mit dem Beruf zu vereinbarenden Tätigkeiten charakterisiert.[954] In den Fällen des § 57 Absatz 3 StBerG ist der Auftraggeber auch bei Nichtanwendung des § 63 StBerG nicht vollkommen schutzlos. So können bereits gemäß § 311 Absatz 2 BGB in Verbindung mit § 241 Absatz 2 BGB bei den vorvertraglichen Verhandlungen zwischen Steuerberater und Auftraggeber Sorgfalts- und Schutzpflichten entstehen,[955] die den Berater zu einer unverzüglichen Mitteilung der Ablehnung des angetragenen Auftrags verpflichten. Unterlässt er eine solche Mitteilung, so kann der Steuerberater gemäß der §§ 280 Absatz 1, 311 Absatz 2, 241 Absatz 2 BGB durch die Verletzung dieser Schutzpflicht zum Schadensersatz verpflichtet werden (sog. *culpa in contrahendo*). Die Ersatzpflicht im Rahmen der *culpa in contrahendo* besteht insbesondere dann, wenn der Berater die Verhandlungen über den Vertragsschluss ohne einen triftigen Grund abbricht, nach-

---

951 BGH, WM 1968, 1203, 1203; OLG Bamberg, DStR 1988, 722, 722.

952 So z.B. *Gehre/von Borstel*, StBerG, § 63 Rn. 5, der eine Aufteilung der Berufstätigkeit in Steuerberatung im engeren Sinne und die sonstigen zum Berufsbild gehörenden Tätigkeiten nach § 57 Absatz 3 StBerG für nicht möglich hält. So unterscheide auch insbesondere der Mandant nicht zwischen der Steuerberatung im engeren Sinne und sonstigen Tätigkeiten. So wohl auch: *Gräfe*, in: *Gräfe/Lenzen/Schmeer*, Rn. 4.

953 Vgl. *Späth*, DStR 1973, 669, 669.

954 Vgl. BFH, BStBl. II 1973, 832, 833; BFH, BStBl. II 1981, 412, 413 f.; BFH, BStBl. II 1987, 147, 149.

955 Vgl. allgemein zu den vorvertraglichen Sorgfalts- und Schutzpflichten BGHZ 60, 221, 226 und BGH, NJW 1981, 1035, 1035 f.; *Palandt/Heinrichs*, BGB, Einf. v. § 145 Rn. 18 und § 311 Rn. 11 ff.

dem er in zurechenbarer Weise beim Auftraggeber ein Vertrauen auf das Zustandekommen des Vertrags erweckt hat.[956]

Dabei besteht eine Pflicht zur rechtzeitigen Ablehnung des Auftrages, die sich nicht nur auf neu angetragene Mandate bezieht, sondern auch auf einen Antrag auf Ausdehnung eines bereits bestehenden Mandatsverhältnisses.[957] Die Ablehnung des Auftrags muss nach § 63 StBerG, § 44 BRAO, § 51 WPO unverzüglich erfolgen. Nach der Legaldefinition des § 121 Absatz 1 Satz 1 BGB erfolgt eine Handlung unverzüglich, wenn sie ohne schuldhaftes Zögern geschieht. Ob ein Zögern schuldhaft ist, lässt sich nur nach einer Würdigung aller Umstände des Einzelfalls feststellen.[958] Dabei müssen die Interessen des Auftraggebers nach Beschleunigung mit der für den Auftragsempfänger gegebenen Notwendigkeit zur Prüfung und Überlegung ausgeglichen werden.[959] Demnach kann der Berater im Regelfall den Antrag des Auftraggebers zunächst einige Tage prüfen, bevor er ihn ablehnt.[960] Ist für den Berufsangehörigen allerdings das Ablaufen einer Rechtsbehelfs- oder Rechtsmittelfrist erkennbar, so ist ihm nur eine kürzere Ablehnungsfrist zuzubilligen.[961]

Verzögert der steuerliche Berater die Ablehnung schuldhaft, so ist sie nicht mehr unverzüglich erfolgt. Die Vorschriften der § 63 StBerG, § 44 BRAO, § 51 WPO sehen für diesen Fall eine Verpflichtung zum Ersatz des Schadens vor, der aus einer schuldhaften Verzögerung dieser Erklärung entsteht.

f. Die Beendigung des Mandats

Das Mandat wird durch die Auflösung des Mandatsvertrags beendet. Die Voraussetzungen für die Beendigung des Vertrags richten sich nach der Art des zwischen dem Steuerberater und seinem Mandanten geschlossenen Mandats.[962]

aa. Zeitablauf

Handelt es sich hierbei um einen Zeitvertrag, also einen Vertrag, der auf für eine bestimmte Zeit geschlossen wurde, so endet der Vertrag nach § 620 Absatz 1 BGB ohne weiteres mit dem Ablauf der vereinbarten Zeit.

---

956 Vgl. hierzu allgemein BGHZ 71, 389, 395; BGHZ 76, 343, 349; BGH, NJW 1975, 1774, 1774.

957 *Gehre/von Borstel*, StBerG, § 63 Rn. 6.

958 So ist „unverzüglich" nicht mit „sofort" gleichzusetzen; RGZ 124, 115, 118.

959 Vgl. *Erman/Palm*, BGB, § 121 Rn. 3.

960 *Späth*, DStR 1971, 669, 670; *Gräfe*, in: *Gräfe/Lenzen/Schmeer*, Rn. 6.

961 *Gehre/von Borstel*, StBerG, § 63 Rn. 8.

962 *Späth*, NWB 1995, 2323, 2325.

bb. Zweckerreichung

Bei einem sog. Zweckvertrag, einem Vertrag zur Erreichung eines bestimmten Zwecks, endet der Vertrag mit der Erreichung des vereinbarten Zwecks.[963] Der Zweck ist zumeist dann erreicht, wenn dem Mandanten die Arbeitsergebnisse verfügbar gemacht wurden.[964] Dann sind aus der Sicht der Vertragspartner keine Handlungen des steuerlichen Beraters mehr zu erbringen. Wenn der Berater untätig bleibt, wird der Zweck des Vertrags allerdings nicht erreicht und der Mandatsvertrag bleibt bestehen.[965]

cc. Kündigung

In vielen Fällen hat der Berater mit seinem Mandanten einen Vertrag auf unbestimmte Zeit geschlossen. Denn bei der Tätigkeit auf dem Gebiet der Steuerberatung handelt es sich um ein auf Dauer angelegtes Vertrauensverhältnis, aus dem Dienste höherer Art im Sinne von § 627 Absatz 1 BGB geschuldet werden, für die keine feststehende Vergütung vereinbart wird.[966] Ein solches Dauermandat wird in der Regel durch Kündigung beendet.[967] Nach § 627 Absatz 1 BGB darf der Vertrag von jedem der Vertragspartner aus wichtigem Grund ohne Einhaltung einer Kündigungsfrist gekündigt werden. Die Möglichkeit den Vertrag fristlos beenden zu können, ist für den Mandanten von überwiegendem Interesse, der er auf dem Vertrauensverhältnis zum Berater beruht.[968] Das Kündigungsrecht nach § 627 Absatz 1 BGB kann deshalb auch nicht wirksam durch allgemeine Mandatsbedingungen oder Formularvertrag abbedungen werden, da ein Ausschluss des Kündigungsrechts nicht mit der Inhaltskontrolle nach § 307 Absatz 2 Nr. 1 BGB zu vereinbaren ist.[969] Der formularmäßige Ausschluss des Kündigungsrechts

---

963 § 362 Absatz 1 BGB. Vgl. ferner auch: *Palandt/Heinrichs*, BGB, § 362 Rn. 5.

964 OLG Düsseldorf, GI 1997, 150, 150. Beim Werkvertrag muss der Mandant das Werk des Steuerberaters zusätzlich noch abgenommen haben; vgl. § 640 BGB.

965 OLG Köln, VersR 1980, 362, 363.

966 BGH, GI 1987, 35, 35 (Rechtsanwalt); BGHZ 54, 106, 107 f.

967 Vgl. *Gräfe*, in: *Gräfe/Lenzen/Schmeer*, Rn. 49 f.

968 BGHZ 54, 106, 107 f.

969 Vgl. zu § 9 Absatz 2 Nr. 1 AGBG (der Vorgängervorschrift von § 307 Abs. 2 Nr. 1 BGB): OLG Koblenz, NJW 1990, 3153, 3153 f.; *Palandt/Weidenkaff*, BGB § 627 Rn. 5. A.A. LG Aachen, Urt. v. 25.1.1989, 42 S 5/88 für den Ausschluß der Kündigungsmöglichkeit bei einer Steuerberatungs-GmbH: „Die Dienste des Steuerberaters sind solche höherer Art und berechtigen daher den Mandanten grundsätzlich nach § 627 BGB zur fristlosen Kündigung ohne wichtigen Grund. Dieses Kündigungsrecht kann jedoch wirksam durch Vertrag ausgeschlossen werden. (...) Der Ausschluß des allgemeinen Kündigungsrechts in einem Formularvertrag ist ebenfalls wirksam. Die Verbotsvorschriften der §§ 9, 11 AGBG griffen in dem entschiedenen Fall deshalb nicht ein, weil die Parteien Kaufleute waren (§ 24 AGBG). Eine unangemessene Benachteiligung des Mandanten war nach Auffassung des Gerichts zudem nicht ge-

verstößt gegen den wesentlichen Grundgedanken der Regelung des § 627 BGB. Die Zulässigkeit des individualvertraglichen Ausschlusses des Kündigungsrechts nach § 627 Absatz 1 BGB wird allerdings überwiegend bejaht, da die Möglichkeit einer fristlosen Kündigung aus wichtigem Grund nach § 626 BGB bestehen bleibt.[970]

Nach § 627 Absatz 2 BGB ist eine Kündigung zur Unzeit nicht zulässig. Die Kündigung durch den Berater darf daher nur so erfolgen, dass sich der Mandant die Dienste eines Beraters anderweitig beschaffen kann. Kündigt der Berater dennoch zur Unzeit, so hat er dem Mandanten nach § 628 BGB den hieraus entstandenen Schaden zu ersetzen.

Im Falle einer fristlosen Kündigung nach § 627 BGB oder einer fristlosen Kündigung aus wichtigem Grund nach § 626 BGB hat der Steuerberater nach § 628 Absatz 1 BGB lediglich einen Anspruch auf den Teil des Honorars, der seinen bisherigen Leistungen entspricht.[971]

dd. Abgrenzung des Dauermandats von Einzelaufträgen

Die Abgrenzung des Dauermandats von Einzelaufträgen in der Form des Zweck- oder Zeitvertrags ist nicht ganz unproblematisch wie folgendes Beispiel zeigt:[972] Wendet sich ein Mandant in allen Fällen, in denen er auf steuerlichen Rat und Hilfe angewiesen ist, immer an denselben Steuerberater, so kann daraus nicht schon allein auf das Bestehen eines Dauermandats geschlossen werden. Es kann sich hierbei auch um Einzelmandate handeln. In der zwischen den Aufträgen liegenden „mandatslosen" Zeit bestehen dann keine Pflichten des Steuerberaters gegenüber dem Mandanten.

In den Fällen, in denen der steuerliche Berater umfassend alle steuerlichen Interessen des Mandanten wahrnimmt, handelt es sich stets um ein Dauermandat.[973]

---

geben, weil der Mandant sein Recht, den Vertrag aus wichtigem Grund zu kündigen, behielt (...)".

970 *Palandt/Weidenkaff*, BGB § 627 Rn. 5; *Gräfe*, in: *Gräfe/Lenzen/Schmeer*, Rn. 54 ff.; *Späth*, Steuerberaterhaftung, Rn. 113 m.w.Nachw.

971 BGH, WM 1970, 1052, 1054 f.; BGH, NJW 1987, 315, 316 f. (zur Herabsetzung eines Pauschalhonorars bei vorzeitiger Beendigung eines Anwaltsvertrages); OLG Celle, GI 1987, 165, 165 (wurde § 627 BGB abbedungen, so ist § 628 BGB auch nicht anwendbar). § 4 StBGebV sieht vor, die Vergütung gemäß § 628 Absatz 1 BGB auf den Teil, der der bisherigen Dienstleistung des Beraters entspricht, herabzusetzen. Diese Herabsetzung wird nach § 315 BGB vom Steuerberater vorgenommen. Bezweifelt der Mandant die Angemessenheit der Herabsetzung der Vergütung, so wird nach § 4 Absatz StbGebV das Gericht unter Zuhilfenahme eines Sachverständigen die Vergütung herabsetzen.

972 Vgl. BGH, Steuerberater 1987, 242, 242.

Die bloße Aneinanderreihung von Tätigkeiten mit werkvertraglichen Charakter, wie die wiederholte Einzelberatung oder Einzelauskunft, die mehrmalige Erstellung von Gutachten und die abermalige Vertretung vor Finanzbehörden und -gerichten können allein noch kein Dauermandat begründen.[974] Entscheidend für die Bestimmung eines Dauermandats ist die Konkretisierung der Pflichten im jeweiligen Einzelfall, wie sie im Mandatsvertrag festgelegt wurden.[975] Die Umschreibung des Inhaltes der Tätigkeit des Steuerberaters in § 33 StBerG kann daher nicht zur Konkretisierung der Pflichten im Mandat herangezogen werden.[976] Werden dauerhafte Pflichten begründet, handelt es sich um ein Dauermandat.[977] Werden im Vertrag jedoch jeweils nur einzelne und zeitlich begrenzte Tätigkeiten vereinbart, so liegen jedes Mal nur Einzelmandate vor.[978]

ee. *Rücktritt vom Vertrag*

Für den steuerlichen Berater und seinen Mandanten eröffnen sich durch die mit dem Gesetz zur Modernisierung des Schuldrechts[979] neu geschaffenen Regelungen in §§ 323, 324 BGB zum Rücktritt neue Möglichkeiten zur Aufhebung des Vertragsverhältnisses.[980]

---

973 *Späth*, Steuerberaterhaftung, Rn. 294.1. Vgl. zu den Dauerschuldverhältnissen allgemein: *v. Gierke*, JherJb. 64, 355, 355 ff.; *Horn*, in: Gutachten und Vorschläge zur Überarbeitung des Schuldrechts Bd. I, S. 551 ff.; *MüKo/Kramer*, BGB, Bd. 2, Einl. Rn. 85 ff.

974 BGH, Steuerberater 1987, 242, 242.

975 BGHZ 128, 358, 361; vgl. auch bereits: BGH, WM 1987, 661, 662. Von einer jeweils auf den Inhalt des konkreten Auftrags bezogenen Verpflichtung geht auch das Senatsurteil vom 7. Mai 1992 (NJW-RR 1992, 1110, 1111) aus. Der Aufgabenumfang des Steuerberaters bestimmt sich somit in solchen Fällen ebenso wie derjenige eines Anwalts, der ein auf eine konkrete Tätigkeit beschränktes Mandat erhalten hat; BGH, NJW 1993, 2045, 2045. Vgl. ferner auch: BGH, BB 1968, 1263, 1264; BGH, DStR 1965, 442, 442; OLG Frankfurt, DStR 1985, 449, 449.

976 BGH, VersR 1980, 264, 265; BGH, WM 1968, 1203, 1204.

977 *Späth*, Steuerberaterhaftung, Rn. 294.1.

978 Den Dauerschuldverhältnissen ist ein Zeitmoment (eine zeitliche Begrenzung) immanent, das – quasi von außen – gesetzt werden muss (vor allem durch Befristung, Kündigung oder einverständliche Aufhebung), weil dieses seiner Idee nach zeitlich unbegrenzt gedacht werden kann, während den einfachen Schuldverhältnissen die zeitliche Begrenzung (durch die Abwicklung des geschuldeten Leistungsaustauschs, dessen Umfang von der zeitlichen Dauer, in der er erfolgt, unabhängig ist) inhärent ist; *v. Gierke*, JherJb. 64, 355, 355 ff.

979 BGBl. I 2001, 3138, 3138 ff.

980 Bemerkenswert an dieser neuen Regelung ist, dass der Mandant sowohl vom Vertrag zurücktreten als auch gleichzeitig Schadensersatz verlangen kann. Während nach alter Rechtslage ein Rücktritt vom Vertrag den Schadensersatz wegen Nichterfüllung ausschloss (BGH, NJW 1982, 1279, 1280; BGH, NJW 1985, 2697, 2698), wird dies nach § 325 BGB ausdrücklich ermöglicht: „Das Recht, bei einem gegenseitigen Vertrag Schadensersatz zu verlangen, wird durch den Rücktritt nicht ausgeschlossen."

Nach § 324 BGB kann der Gläubiger einer Leistung vom Vertrag zurücktreten, wenn der Schuldner des gegenseitigen Vertrages eine Pflicht nach § 241 Absatz 2 BGB verletzt und dem Gläubiger ein Festhalten am Vertrag nicht mehr zumutbar ist. Eine Pflichtverletzung im Sinne des § 241 Absatz 2 BGB liegt bei einer Verletzung einer Schutzpflicht als nicht leistungsbezogener Nebenpflicht vor, die von Nebenleistungspflichten und anderen leistungsbezogenen Nebenpflichten abzugrenzen ist.[981] Die Unzumutbarkeit eines weiteren Festhaltens am Vertrag ergibt sich dann, wenn der Schuldner nach erfolgter Abmahnung weiterhin Pflichten im Sinne des § 241 Absatz 2 BGB verletzt.[982]

Verletzt der Schuldner nicht eine bloße Schutzpflicht, sondern eine leistungsbezogene Neben- oder Hauptpflicht, berechtigt dies den Gläubiger schon unter den leichter zu erfüllenden Voraussetzungen des § 323 BGB, der nicht das Erfordernis der Unzumutbarkeit des Festhaltens am Vertrag vorsieht, zurückzutreten.[983] § 323 Absatz 1 BGB fordert stattdessen die Bestimmung einer angemessenen Frist zur Leistung oder Nacherfüllung, die jedoch unter den Voraussetzungen des § 323 Absatz 2 BGB entbehrlich ist. Kommt nach der Art der Pflichtverletzung eine Fristsetzung nicht in Betracht, so tritt an die Stelle der Fristsetzung eine Abmahnung; § 323 Absatz 3 BGB. § 323 Absatz 4 BGB berechtigt den Gläubiger zum Rücktritt, wenn es bereits vor Eintritt der Fälligkeit offensichtlich ist, dass die Voraussetzungen des Rücktritts eintreten werden.

Aufgrund der bereits in der Vergangenheit vorhandenen Möglichkeit der Vertragsparteien, den Mandatsvertrag gemäß §§ 626 ff. BGB zu kündigen, bleibt der praktische Anwendungsbereich des neu geschaffenen Rücktrittsrechts der §§ 323, 324 BGB n.F. begrenzt. Da der Mandant dem Berater bei Rücktritt gemäß § 346 Absatz 1 und Absatz 2 BGB n.F. Wertersatz leisten muss, ist er auch beim Rücktritt nicht besser gestellt als bei Anwendung der Vorschriften zur Kündigung, bei denen nach § 628 BGB eine Vergütungspflicht in Höhe der gesetzlichen Gebühren besteht.[984]

---

981 Vgl. *Zimmer*, NJW 2002, 1, 10.

982 *Bruns*, VersR 2002, 524, 528; *Pick*, ZIP 2001, 1173, 1179.

983 *Bruns*, a.a.O.; *Zimmer*, NJW 2002, 1, 6.

984 Erkennt der Mandant allerdings eine Pflichtverletzung des Beraters, die ihn aufgrund des § 323 BGB oder § 324 BGB zum Rücktritt berechtigt, so wird der Mandant dem Berater die Kosten der Beauftragung eines zweiten Beraters als infolge der Pflichtverletzung entstandenen Schadens innerhalb des § 280 Abs. 1 BGB i.V.m. § 249 Abs. 1 BGB entgegenhalten können, was zur Erstattung geleisteter Vorschüsse oder zur Aufrechnung mit offenen Gebührenansprüchen berechtigen wird. Nichts anderes sieht § 628 Abs. 2 BGB vor.

2. Deliktsrecht

Ansprüche gegenüber dem steuerlichen Berater im deutschen Recht können sich nicht nur aus dem Vertragsrecht, sondern auch aus dem Deliktsrecht ergeben. Da sich der Pflichtenumfang der Tätigkeit des steuerlichen Beraters gegenüber dem Mandanten[985] immer aus dem Mandatsverhältnis ergibt, kommt die Haftung des steuerlichen Beraters nach den Vorschriften über die unerlaubten Handlungen nach §§ 823 ff. BGB in der Regel nur dann in Betracht, wenn zwischen dem Berater und seinem Mandanten oder dem geschädigten Dritten kein oder nur ein unwirksamer Vertrag zustande gekommen ist.[986] Denn die bloße Verletzung von vertraglichen Pflichten stellt als solche noch keine unerlaubte Handlung im Sinne des Deliktsrechts dar.[987] Daher spielt das Deliktsrecht im Rahmen der Haftung des steuerlichen Beraters nach deutschem Recht nur eine sehr untergeordnete Rolle. In seltenen Fällen können Verletzungen vertraglicher Sorgfaltspflichten aber auch einen gleichzeitigen deliktischen Anspruch des Mandanten gegenüber seinem Berater begründen, nämlich dann, wenn die Sorgfaltspflichtverletzung des Beraters zugleich einen deliktischen Tatbestand der §§ 823 ff. des BGB erfüllt.[988] Dabei darf der Vorrang der vertraglichen Vereinbarungen[989] zwischen den Parteien jedoch nicht durch einen Anspruch aus einer unerlaubten Handlung wegen desselben Sachverhalts ausgehöhlt werden.[990]

Bei den im Rahmen einer Sorgfaltspflichtverletzung des steuerlichen Beraters entstehenden Schäden handelt es sich um so genannte Vermögensschäden.[991] Das Vermögen stellt jedoch kein geschütztes Rechtsgut im Sinne des § 823 Absatz 1 BGB dar.[992] Die Vorschrift des § 823 Absatz 1 BGB ist folglich auf die typischen

---

985 Vgl. hierzu oben Kapitel 1. a.

986 *Gräfe*, in: *Gräfe/Lenzen/Schmeer*, Rn. 480; *Späth*, Steuerberaterhaftung, Rn. 561.

987 Grundsätzlich muss heute davon ausgegangen werden, dass vertragliche und deliktische Ansprüche unabhängig voneinander und nebeneinander bestehen; vgl. herzu allgemein: BGHZ 110, 323, 330; *Habersack*, S. 176 m.wNachw.; *Katzenmeier*, S. 138 ff.; *Palandt/Thomas*, BGB, Einf. v. § 823 Rn. 4. Eine umfassende rechtsvergleichende Übersicht über die Problematik gibt *v. Bar*, Gemeineuropäisches Deliktsrecht, Bd. I, S. 405 ff.

988 *Palandt/Thomas*, BGB, Einf. v. § 823 Rn. 4.

989 Vgl. *Erman/Schiemann*, BGB, Vor § 823 Rn. 26. So gilt beispielsweise eine vertragliche Haftungserleichterung aufgrund ausdrücklicher Vereinbarung oder einer Vorschrift des dispositiven Gesetzesrechts auch für den Deliktsanspruch. Daher hat die Rechtsprechung die Beschränkung der Haftung auf schweres Verschulden nach §§ 521, 599, 690, 708 BGB auf den Anspruch aus §§ 823 ff. BGB angewendet; vgl. BGHZ 46, 313, 316; BGHZ 93, 23, 27 f.

990 Vgl. in der Rechtsprechung.: BGHZ 24, 188, 192; BGHZ 61, 203, 204 m.w.Nachw.; BGHZ 66, 315, 319; BGHZ 67, 359, 361; BGHZ 96, 221, 229 f.; ferner auch: RGZ 88, 433, 435. Vgl. in der herrschenden Meinung: *Habersack*, S. 176 m.w.Nachw.; *Katzenmeier*, S. 138 ff.; *Palandt/Thomas*, BGB, Einf. v. § 823 Rn. 4.

991 Ein Vermögensschaden ist gegeben, wenn der jetzige tatsächliche Wert des Vermögens des Geschädigten geringer ist als der Wert, den das Vermögen ohne das die Ersatzpflicht begründende Ereignis haben würde; RGZ 77, 99, 101; RGZ 91, 30, 31; BGHZ 27, 181, 183 f.; BGHZ 75, 366, 371; BGHZ 99, 182, 196; BGH, NJW 1994, 2357, 2359.

992 BGHZ 41, 123, 127 f. Vgl. auch ausführlich: *Larenz*, Schuldrecht II/2, § 75 I 3.

Fälle der Haftung für steuerliche Beratung nicht anwendbar.[993] Als deliktische Anspruchsgrundlagen verbleiben mithin die §§ 823 Absatz 2, 824 und 826 BGB.

a. § 823 Absatz 2 BGB – Verletzung eines Schutzgesetzes

Nach § 823 Absatz 2 BGB trifft denjenigen eine Schadensersatzpflicht, „welcher gegen ein den Schutz eines anderen bezweckendes Gesetz verstößt". Eine der Hauptfunktionen des § 823 Absatz 2 BGB ist die Erfassung der Ersatzfähigkeit von Vermögensschäden.[994] Der wichtigste Unterschied gegenüber der Vorschrift des § 826 BGB besteht darin, dass nach § 823 Absatz 2 BGB grundsätzlich auch dann für einen Vermögensschaden gehaftet wird, wenn dem Schädiger nur Fahrlässigkeit zur Last gelegt werden kann.[995]

Als Schutzgesetz im Sinne dieser Vorschrift ist neben Gesetzen im staatsrechtlichen Sinne auch jede Rechtsnorm zu verstehen.[996] Wie sich schon aus dem Wortlaut und erst recht aus dem Zweck von § 823 Absatz 2 BGB ergibt, ist Voraussetzung für die Annahme eines Schutzgesetzes, dass die betreffende Norm nicht lediglich den Schutz der Allgemeinheit oder eines sonstigen nicht-individuellen Rechtsgutes, sondern zumindest auch den Geschädigten zum Ziel hat.[997] Schließlich muss das Gesetz Schutz vor einer Verletzung geben wollen, die dem Schadensersatzanspruch zugrunde liegt.[998]

Als Schutzgesetze im Sinne des § 823 Absatz 2 BGB für die zivilrechtliche Haftung des steuerlichen Beraters wurden von der Rechtsprechung unter anderem anerkannt:

---

993 *Späth*, Steuerberaterhaftung, Rn. 561. Da die schadensverursachende Tätigkeit des Beraters auch keinen unmittelbaren Eingriff in den gewerblichen Tätigkeitsbereich des Geschädigten darstellt, kommt mangels eines so genannten betriebsbezogenen Handelns auch keine Verletzung des Rechts am eingerichteten und ausgeübten Gewerbebetriebs nach § 823 Abs. 1 BGB in Betracht; vgl. hierzu generell: BGHZ 29, 65, 67 ff.

994 *Larenz*, Schuldrecht II/2, § 77 I 1.

995 BGHZ 42, 313, 318.

996 RGZ 79, 85, 91; RGZ 135, 242, 245.

997 *Larenz*, Schuldrecht II/2, § 77 II 2. Vgl. auch: BGHZ 66, 388, 390: „eine zweckvolle Prüfung" der Eigenschaft einer Norm als Schutzgesetz muss „ letztlich immer direkt auf die Frage ausgerichtet sein, ob die Schaffung eines individuellen Schadensersatzanspruchs (...) im Lichte des haftpflichtrechtlichen Gesamtsystems tragbar erscheint"; denn nur so lässt sich „die Entwicklung vermeiden, dass durch die zunehmende Tendenz, Ansprüche eher auf § 823 Abs. 2 BGB zu stützen, die Entscheidung des Gesetzgebers gegen eine allgemeine Haftung für Vermögensschäden unterlaufen wird".

998 BGHZ 56, 73, 77.

§§ 203, 204 StGB (Verletzung der Verschwiegenheitspflicht)[999], § 267 StGB (Urkundenfälschung)[1000], § 263 StGB (Betrug)[1001], § 264 StGB (Subventionsbetrug)[1002], § 264a StGB (Kapitalanlagebetrug)[1003], § 265b StGB (Kreditbetrug)[1004], § 266 StGB (Untreue)[1005], § 163 StGB (Fahrlässiger Falscheid bzw. falsche Versicherung an Eides Statt)[1006], Art. 1 § 1 RBerG (Geschäftsmäßige Rechtsberatung)[1007] und § 322 HGB (Verletzung der Berichtspflicht).[1008]

Keine Schutzgesetze im Sinne des § 823 Absatz 2 BGB für die zivilrechtliche Haftung des steuerlichen Beraters sind:

§ 57 StBerG (Allgemeine Berufspflichten des Steuerberaters)[1009], § 410 Absatz 1 ZPO, § 79 StPO, § 98 VwGO, § 118 Absatz 1 SGG, § 82 FGO (Sachverständigeneid)[1010], handelsrechtliche Bilanzierungsvorschriften[1011] und § 323 HGB (Verantwortlichkeit des Abschlussprüfers)[1012].

b. § 824 BGB – Kreditgefährdung

„Wer der Wahrheit zuwider eine Tatsache behauptet oder verbreitet, die geeignet ist, den Kredit eines anderen zu gefährden oder sonstige Nachteile für dessen Erwerb oder Fortkommen herbeizuführen", ist ihm nach § 824 Absatz 1 BGB auch dann schadenersatzpflichtig, „wenn er die Unwahrheit zwar nicht kennt, aber kennen muss". Geschütztes Rechtsgut ist das Vermögen, da nur dieses in den einschlägigen Fällen geschädigt werden kann. § 824 BGB stellt somit eine Ausnah-

---

999 Vgl. *Gräfe*, in: *Gräfe/Lenzen/Rainer*, Rn. 487 f. m.w.Nachw.

1000 BGH, MDR 1954, 309, 310.

1001 RGZ 71, 184, 186; BGHZ 57, 137, 142 f.; BGH, WM 1991, 2090, 2091 f.

1002 A.a.O.

1003 A.a.O.

1004 A.a.O.

1005 BGHZ 8, 276, 284; BGH, NJW 1960, 1629, 1630.

1006 RGZ 59, 236, 238; BGH, BB 1965, 13, 14; OLG München, VersR 1977, 482, 482. Vgl. auch: RG, JW 1933, 1070, 1070 f.

1007 BGHZ 15, 315, 317; BGH, NJW 1967, 1558, 1559 f.; OLG Köln, MDR 1961, 935, 935; *Palandt/Sprau*, § 823 Rn. 67. Vgl. zum Verbot der Rechtsberatung durch Steuerberater auch eingehend Kapitel I. 2.

1008 OLG Karlsruhe, ZIP 1985, 409, 414 f.

1009 § 57 StBerG ist ein Berufsgesetz, das vom Berufstand normierte Verbote und Gebote gegenüber den Mitgliedern des Berufstandes normiert. Verstöße gegen § 57 StBerG haben daher keine zivilrechtlichen Auswirkungen; vgl. *Gehre/von Borstel*, StBerG, § 57 Rn. 4 m.w.Nachw.

1010 BGHZ 42, 313, 318; OLG Köln, NJW 1962, 1773, 1773; OLG Celle, NJW 1960, 387, 387 f.; LG Stuttgart, NJW 1954, 1411, 1412.

1011 RGZ 72, 408, 411; BGH, DB 1964, 1585, 1585.

1012 OLG Karlsruhe, WM 1985, 940, 944; *Ebke*, S. 47 f. § 323 HGB schützt lediglich die Geschäftsleitung der Aktiengesellschaft; vgl. BGH, BB 1961, 652, 652 (zu § 168 AktG a.F.).

me von dem Grundsatz dar, dass fahrlässig verursachte allgemeine Vermögensschäden deliktsrechtlich nicht ersatzfähig sind.[1013] Die Ersatzpflicht nach § 824 BGB setzt eine schuldhaft unrichtige negative Tatsachenbehauptung des Steuerberaters voraus. § 824 BGB umfasst hingegen keine reinen Werturteile des Steuerberaters.[1014] Die Abgabe eines Kreditgutachtens enthält regelmäßig auch Tatsachenbehauptungen.[1015] Bei einer fahrlässigen unrichtigen Tatsachenbehauptungen im Rahmen der Erfüllung des Mandatsvertrages scheidet nach § 824 Absatz 2 BGB die Haftung des Steuerberaters aus, da er ein berechtigtes Interesse – die Wahrung eigener Rechte in Erfüllung von Berufs- oder vertraglichen Pflichten – an der Mitteilung hatte.[1016] Als Anwendungsfall für die Haftung des Berater aus § 824 BGB bleiben somit nur die fahrlässig unrichtige Tatsachenbehauptung im privaten Bereich und die vorsätzliche Kreditschädigung.[1017]

c. § 826 BGB – Vorsätzlich sittenwidrige Schädigung

Nach § 826 BGB ist „zum Ersatze des Schadens verpflichtet, wer in einer gegen die guten Sitten verstoßenden Weise einem anderen vorsätzlich Schaden zufügt“. Die Vorschrift des § 826 BGB schützt das Vermögensinteresse des Geschädigten.[1018] Sittenwidrig ist die Handlung des steuerlichen Beraters, wenn sie „gegen das Anstandsgefühl aller billig und gerecht Denkenden“ verstößt.[1019] Eine bewusst unrichtige Auskunft des Beraters verstößt grundsätzlich gegen die guten Sitten.[1020] Eine grob fahrlässige Auskunft hingegen rechtfertigt noch nicht den Schluss auf ein sittenwidriges Handeln.[1021] Eine solche Auskunft ist in der Regel nur dann sittenwidrig, wenn das in den Berufsstand gesetzte Vertrauen durch ein leichtfertiges und gewissenloses Handeln des Beraters enttäuscht wird.[1022] Dabei ist ein leichtfertiges Handeln des Beraters nur dann als gewissenlos zu betrachten, wenn von

---

1013 *Larenz*, Schuldrecht II/2, § 79 I 1.

1014 *Larenz*, Schuldrecht II/2, § 79 I 2.

1015 RGZ 115, 101, 335, 338.

1016 RGZ 50, 107, 109; *Gräfe*, in: *Gräfe/Lenzen/Schmeer*, Rn. 512; *Späth*, Steuerberaterhaftung, Rn. 563.

1017 *Gräfe*, in: *Gräfe/Lenzen/Rainer*, Rn. 513. Vgl. zur fahrlässigen Kreditgefährdung: RGZ 115, 74, 79 und zur fahrlässigen Verursachung von sonstigen Nachteilen für Erwerb oder Fortkommen: RGZ 148, 154, 159.

1018 *Larenz*, Schuldrecht II/2, § 78 I 1.

1019 Ständige Rechtsprechung seit: RGZ 48, 114, 124. Vgl. auch allgemein: *Sack*, NJW 1985, 761, 761 ff.

1020 RGZ 94, 318, 320; RGZ 126, 50, 52; BGH, BB 1959, 60, 60; BGH, DB 1966, 2020, 2021; BGH, WM 1977, 52, 52 f.; BGH, NJW 1979, 1599, 1599; *Gräfe*, in: *Gräfe/Lenzen/Schmeer*, Rn. 519.

1021 BGH, BB 1961, 652, 652; OLG Saarbrücken, BB 1978, 1434, 1436.

1022 RG, JW 1929, 3149, 3149 f.; RG, JW 1932, 937, 937; BGH, BB 1956, 865, 866; BGH, BB, 1958, 754, 754; BGH, NJW 1972, 678, 680; BGH, NJW 1987, 1758, 1758 f.; OLG Frankfurt/M., WM 1989, 1618, 1619 f.; *Palandt/Sprau*, BGB, § 826 Rn. 2 und Rn. 26.

dem Inhalt der Auskunft erkennbar weittragende wirtschaftliche Folgen abhängen.[1023] Durch das Vorsatzerfordernis werden dem Anwendungsbereich des § 826 BGB verhältnismäßig enge Grenzen gesetzt.[1024] Denn die sittenwidrige Schadenszufügung muss vorsätzlich geschehen. Vorsatz und Sittenwidrigkeit sind getrennt festzustellen. Allerdings lässt sich aus der Art und Weise des sittenwidrigen Verhaltens nicht selten der Vorsatz des Schädigers folgern.[1025] Zum Vorsatz gehört und genügt, dass der Schädiger die Art und Richtung der Schadensfolgen vorausgesehen und gewollt oder jedenfalls billigend in Kauf genommen hat.[1026] Die Absicht der Schädigung ist jedoch nicht erforderlich.[1027] Dem Schädiger muss die Sittenwidrigkeit seines Handelns nicht bewusst sein, es genügt vielmehr, wenn ihm die Umstände bewusst sind, die sein Verhalten als sittenwidrig erscheinen lassen.[1028]

3. Verursachung: Der Zusammenhang zwischen Fehlverhalten und Rechtsgutsverletzung

Eine Verpflichtung des steuerlichen Beraters zum Ersatz des Schadens, der dem Mandanten entstanden ist, besteht nur dann, wenn der Schaden des Mandanten durch das Ereignis (d.h. im Regelfall durch die Pflichtverletzung), verursacht worden ist. Dieser Kausalzusammenhang ist der Grund und zugleich die Grenze der zivilrechtlichen Haftung.[1029]

> *Beispiel:*[1030]
> Macht der Mandant einen Schaden wegen der Annahme einer verdeckten Gewinnausschüttung durch die Finanzverwaltung geltend und hängt letzteres von Kriterien ab, die der Steuerberater auch bei pflichtgemäßer Beratung nicht hätte beeinflussen können, so fehlt es an der Ursächlichkeit einer im Beratungszeitpunkt gegebenen Pflichtverletzung für den geltend gemachten Schaden. Dies gilt auch dann, wenn die fehlenden Auswirkungen einer Pflichtverletzung darauf beruhen, dass sich zwischen Pflichtverletzung und Schadenseintritt die Rechtsprechung der Finanzgerichte geändert hat.

1023 BGH, WM 1962, 933, 935.
1024 *Larenz*, Schuldrecht II/2, § 78 I 1 b.
1025 BGH, WM 1995, 882, 895.
1026 BGH, LM § 823 (Be) Nr. 15.
1027 BGHZ 8, 387, 393. Dabei sind auch Erfahrungssätze heranzuziehen. So kann man voraussehen, dass das Testat eines Steuerberaters zur Vorlage bei einer Bank zwecks Kreditbeschaffung verwendet werden kann; BGH, NJW 1987, 1758, 1759.
1028 *Palandt/Sprau*, BGB, § 826 Rn. 11.
1029 Vgl. grundlegend zur Kausalität im Haftungsrecht der Anwälte und Steuerberater: *Adam*, VersR 2001, 809, 809 ff.; *Gottwald*, Karlsruher Forum 1986, 3, 4.
1030 Beispiel nach: OLG Düsseldorf, GmbHR 2003, 1434, 1434 ff. (insb. S. 1435).

Beim Kausalzusammenhang ist grundsätzlich zwischen der haftungsbegründenden Kausalität und der haftungsausfüllenden Kausalität zu unterscheiden. Bei der haftungsbegründenden Kausalität geht es darum, ob zwischen dem Verhalten des Schädigers und der eingetretenen Rechtsgutsverletzung ein Ursachenzusammenhang besteht. Systematisch gehört dieser Teil der Kausalkette zum Haftungsrecht und nicht zum Schadensrecht. Der für die Haftung des steuerlichen Beraters weitaus kompliziertere Bereich befindet sich auf dem Gebiet der haftungsausfüllenden Kausalität, nämlich dem Ursachenzusammenhang zwischen dem Haftungsgrund und dem entstandenen Schaden.[1031]

a. Äquivalente Kausalität

Nach der Ursachenbegründung der Logik und der Naturwissenschaften ist Ursache die Gesamtheit aller Bedingungen, Teilursache mithin jede einzelne Bedingung, die zum Erfolg beigetragen hat.[1032] Hieran anknüpfend erkennt die Äquivalenztheorie alle Bedingungen als gleichwertig an. Deshalb setzt auch der Zurechnungszusammenhang im bürgerlichen Recht ein Verhalten voraus, welches im Sinne der *condicio-sine-qua-non*-Formel ursächlich für den eingetretenen Schaden geworden ist.[1033] Nach der Äquivalenztheorie ist also jede Bedingung kausal, die nicht hinweggedacht werden könnte, ohne dass der Erfolg entfiele.[1034] Gemäß dieser Formel darf zur Feststellung des Ursachenzusammenhangs die pflichtwidrige Handlung zwar hinweggedacht, es dürfen aber nicht weitere Umstände hinzugedacht werden.[1035]

Ein Unterlassen des steuerlichen Beraters ist für einen Schaden des Mandanten nur dann kausal, wenn eine Pflicht zum Handeln bestand und die gebotene Handlung[1036] den Schaden verhindert hätte.[1037] Um den Zurechnungszusammenhang zu bejahen, muss die unterbliebene Handlung hinzugedacht werden und festgestellt werden, dass der Schaden dann nicht eingetreten wäre, wobei die bloße Wahrscheinlichkeit des Nichteintritts nicht genügt.[1038]

1031 Vgl. zur haftungsausfüllenden Kausalität allgemein: *Palandt/Heinrichs*, BGB, Vorb. v. § 249, Rn. 56.

1032 RGZ 81, 359, 360.

1033 BGHZ 2, 138, 141; BGHZ 25, 79, 84.

1034 BGHZ 2, 138, 141; *Lange/Schiemann*, S. 79 f.; *Palandt/Heinrichs*, BGB, Vorb. v. § 249, Rn. 57.

1035 BGHZ 96, 157, 172; BGH, NJW 1995, 126, 127.

1036 Die gebotene Handlung wird auch „Alternativverhalten" genannt. Eine Pflicht zum Handeln kann auf Gesetz, Vertrag, vorangegangenem gefährlichen Tun oder der Aufnahme von Vertragsverhandlungen beruhen; vgl. *Palandt/Heinrichs*, BGB, Vorb. v. § 249, Rn. 84.

1037 BGHZ 7, 198, 204.

1038 BGHZ 64, 45, 51; BGH, NJW 1961, 868, 870; BFH, NJW-RR 1994, 102, 102.

Ein Zurechnungszusammenhang ist auch dann gegeben, wenn die Handlung des Beraters den Schaden nicht allein, sondern nur im Zusammenwirken mit dem Handeln eines anderen, zum Beispiel auch des Mandanten, herbeiführen konnte (die so genannte kumulative Kausalität).[1039] Haben zwei Ereignisse den Schaden herbeigeführt, von denen jedes einzelne Ereignis für sich auch den Schaden verursacht hätte (die so genannte konkurrierende Kausalität), so sind beide Ereignisse im Rechtssinne ursächlich.[1040] Die *condicio-sine-qua-non*-Formel bedarf insoweit einer Korrektur.[1041] Hat der Schaden des Mandanten beispielsweise seine Ursache sowohl in den mangelhaften Grundaufzeichnungen des Mandanten und einer zusätzlichen Pflichtverletzung des Beraters (zum Beispiel bei der Kontierung), so sind beide Mängel für den Schaden ursächlich.[1042]

b. Adäquate Kausalität

Die *condicio-sine-qua-non*-Formel ist ein notwendiges, allein aber nicht ausreichendes Kriterium der Schadenszurechnung. Zur Ergänzung wird deshalb nach der ganz herrschenden Meinung auf die Adäquanztheorie zurückgegriffen. Eine zivilrechtlich bedeutsame Ursache ist danach nur diejenige Bedingung (die Handlung oder Unterlassung), die mit einem solchen Erfolg (Schaden), wie er tatsächlich eingetreten ist, in einem adäquaten Zusammenhang steht.[1043] Hiernach muss das Ereignis (Handlung oder Unterlassung des Beraters) im Allgemeinen und nicht nur unter besonders ungewöhnlichen, unwahrscheinlichen und nach dem gewöhnlichen Verlauf der Dinge außer Betracht zu lassenden Umständen geeignet sein, einen Erfolg (Schaden) der eingetretenen Art herbeizuführen.[1044] Der adäquate Kausalzusammenhang fehlt nur dann, wenn der Geschädigte oder ein Dritter in völlig ungewöhnlicher und unsachgemäßer Weise in den schadensträchtigen Geschehensablauf eingreift und eine weitere Ursache setzt, die den Schaden erst endgültig herbeiführt. Der adäquate Ursachenzusammenhang zwischen einem früheren Ereignis und einem nachfolgenden Schaden, der aus einem auf einem freien Entschluss beruhenden Verhalten des Geschädigten selbst entsteht, ist nur

[1039] RGZ 69, 57, 58; RGZ 73, 289, 290; BGH, NJW 1990, 2882, 2884.

[1040] BGH, NJW 1988, 2880, 2882; BGH, NJW 1992, 2691, 2692; BGH, NJW 1993, 1723, 1723.

[1041] *Palandt/Heinrichs*, BGB, Vorbem v. § 249, Rn. 57 und Rn. 86.

[1042] Vgl. BGH, WM 1971, 1056, 1058; BGH, DB 1973, 520, 521. Vgl. auch das Beispiel bei: *Gräfe*, in: *Gräfe/Lenzen/Schmeer*, Rn. 621 f.: Ist der Mandant trotz Mahnung des Finanzamtes seiner Steuererklärungspflicht nicht nachgekommen, so wird er geschätzt. Ist die Schätzung zu hoch ausgefallen, so soll gegen die Schätzungsveranlagung der drohende Schaden vom Steuerberater durch Einspruch korrigiert werden. Versäumt der Steuerberater die Einspruchsfrist, so sind zwei Ereignisse – die Verletzung der Steuererklärungspflicht durch den Mandanten und die Fristversäumnis durch den Berater- für den Schaden ursächlich geworden.

[1043] RGZ 50, 219, 222; vgl. ausführlich: *Palandt/Heinrichs*, BGB, Vorbem v. § 249, Rn. 58 ff.

[1044] BGHZ 57, 137, 141; BGH, NJW, 1995, 126, 127.

dann gegeben, wenn für die Zweithandlung des Geschädigten ein rechtfertigender Anlass bestand oder diese durch das haftungsbegründende Ereignis bedingt war und eine nicht ungewöhnliche Reaktion auf dieses Ereignis darstellte.[1045]

Die Kausalität zwischen dem unrichtigen Rat eines steuerlichen Beraters und dem Schaden des Mandanten ist unter dem Aspekt konkret zu prüfen, ob der Mandant dem richtigen Rat bei richtiger Beratung auch gefolgt wäre; wenn nämlich bei Nichtbefolgung steuerliche Nachteile nicht in jedem Fall zu erwarten gewesen wären und eventuellen steuerlichen Nachteilen wirtschaftliche Vorteile gegenübergestanden hätten.[1046] Nach ständiger Rechtsprechung des Bundesgerichtshofs ist derjenige, der vertragliche oder vorvertragliche Aufklärungspflichten verletzt, dafür beweispflichtig, dass der Schaden auch eingetreten wäre, wenn er sich pflichtgemäß verhalten hätte, der Geschädigte also den Rat oder Hinweis nicht befolgt hätte.[1047] Die Vermutung, dass der Berechtigte sich bei gehöriger Beratung pflichtgemäß verhalten hätte, ist auch im Anwalts- und Steuerberatervertragsrecht anerkannt.[1048] In der Rechtsprechung zum Kauf- und Werkvertragsrecht wurde der Grundsatz entwickelt, dass derjenige, der eine vertragliche Aufklärungs- oder Beratungspflicht verletzt, das Risiko der Unaufklärbarkeit des Ursachenzusammenhangs insoweit zu tragen habe, als es um die Frage geht, wie die andere Person gehandelt hätte, wenn sie pflichtgemäß ins Bild gesetzt worden wäre.[1049] Diese Beweislastregel wurde in der Folgezeit auch bei anderen Vertragstypen angewandt.[1050] Die Beweislastumkehr soll allerdings nicht generell, sondern nur dort gelten, wo die Aufklärungs-, Hinweis- oder Beratungspflichten gerade dazu dienen, dem Vertragsgegner ein bestimmtes Risiko bewusst zu machen und ihm Klarheit zu verschaffen, ob er an der ins Auge gefassten Maßnahme festhalten will. Unter dieser Voraussetzung entspricht es dem Schutzzweck der verletzten Pflicht, dem Berechtigten die auftretende Beweisnot abzunehmen.[1051] Demzufolge hat der Bundesgerichtshof gerade bei Dienst- und Geschäftsbesorgungsverträgen eine Umkehr der Beweislast abgelehnt, wenn nicht der Rat zu einer bestimmten Maßnahme geschuldet war und im Falle erhaltener Aufklärung mehrere, vom An-

---

1045 BGH, WM 1988, 337, 340 ff. m.w.Nachw.; BGH, VersR 1993, 890, 892.

1046 BGH, NJW-RR 1989, 152, 153.

1047 BGHZ 61, 118, 121 f.; BGHZ 64, 46, 51 f.; BGHZ 72, 92, 106; BGHZ 89, 95, 103; BGHZ 124, 151, 159; BGH, WM 1988, 1031, 1031 f.; BGH WM 1989, 1286, 1288; BGH, WM 1990, 1276, 1280; BGH, WM 1991, 127, 130; BGH, WM 1992, 770, 773; BGH, WM 1992, 1935, 1937; BGH, WM 1993, 1457, 1458.

1048 BGHZ, 124, 151, 160; BGH, NJW 1983, 1665, 1666; BGH, VersR 1985, 83, 85; BGH, NJW 1990, 827, 828; BGH, NJW 1990, 2127, 2128; BGH, NJW 1992, 1159, 1160; BGH, NJW-RR 1992, 1110, 1110.

1049 BGHZ 61, 118, 122; BGHZ 64, 46, 51.

1050 Vgl. BGHZ 72, 92, 106; BGHZ 89, 95, 103; BGH, NJW 1980, 2186, 2187; BGH, NJW 1984, 1688, 1689; BGH, NJW 1990, 2461, 2463.

1051 Vgl. BGHZ 61, 118, 121; 64, 46, 51; BGH, NJW 1980, 2186, 2187; BGH, NJW 1988, 200, 203.

satz her gleichwertige, aber mit unterschiedlichen Folgen verbundene Möglichkeiten vernünftigen Verhaltens bestanden.[1052] Aus dieser Rechtsprechung wurde im Anwalts- und Steuerberatervertragsrecht die Regel entwickelt, dass bei Verstößen gegen die Beratungspflicht zu Gunsten des Mandanten die Vermutung für diesen spricht, der Mandant hätte sich bei vertragsgerechtem Handeln des Beauftragten beratungsgemäß verhalten.[1053] Auch dieser Grundsatz kommt nur zur Anwendung, wenn im Hinblick auf die Interessenlage oder andere objektive Umstände eine bestimmte Entschließung des zutreffend informierten Mandanten mit Wahrscheinlichkeit zu erwarten wäre. Voraussetzung sind danach tatsächliche Feststellungen, die im Falle sachgerechter Aufklärung durch den rechtlichen Berater aus der Sicht eines vernünftig urteilenden Mandanten eindeutig eine bestimmte tatsächliche Reaktion nahe gelegt hätten.[1054] Die Beweiserleichterung zugunsten des Mandanten gilt also nicht generell. Sie setzt vielmehr einen Tatbestand voraus, bei dem der Ursachenzusammenhang zwischen der Pflichtverletzung des Beraters und einem bestimmten Verhalten seines Mandanten typischerweise gegeben ist, beruht also auf Umständen, die nach der Lebenserfahrung eine bestimmte tatsächliche Vermutung rechtfertigen.[1055] Diese Auffassung wird in neuerer Zeit auch im Schrifttum zunehmend vertreten.[1056]

So hat der Bundesgerichtshof in einem nicht veröffentlichten Beschluss vom 9. Dezember 2004 entschieden, dass wenn auch in einem Fall vollständiger und ordnungsgemäßer Beratung über die Aufdeckung von stillen Reserven bei der Veräußerung des Unternehmens des Mandanten die Veräußerung des Unternehmens durch den Mandanten nicht fern gelegen hätte, insofern der Mandant bei Inanspruchnahme des Steuerberaters substantiiert darzulegen habe, aus welchen Gründen er sich für eine andere Handlungsmöglichkeit entschieden hätte und wie seine Vermögenslage dann wäre.[1057]

Eine Besonderheit im Rahmen der Kausalität stellt die Frage dar, in welcher Weise dem hypothetischen Ausgang eines Rechtsstreits oder Verwaltungsverfahrens

---

[1052] BGH, NJW 1981, 630, 632; BGH, NJW 1988, 200, 203; BGH, NJW 1989, 2320, 2321.

[1053] BGH, NJW 1983, 1665, 1666; BGH, VersR 1985, 83, 85; BGH, NJW 1992, 1159, 1160; BGH, NJW-RR 1992, 1110, 1115.

[1054] BGH, NJW 1988, 200, 203.

[1055] BGH, VersR 1985, 83, 85; BGH, NJW 1992, 1159, 1160.

[1056] *Baumgärtel/Laumen*, § 675 BGB, Rn. 20 ff.; *Rinsche*, Rn. I 310; *Heinemann*, NJW 1990, 2345, 2352. Dabei wird zutreffend darauf hingewiesen, dass die Berücksichtigung von Lebenserfahrung und Wahrscheinlichkeit zur Beweiswürdigung nicht zum Bereich der grundsätzlich normbezogenen Beweislastumkehr gehören und deshalb bei der Anwendung des Anscheinsbeweises ihren Platz haben; vgl. *Rosenberg/Schwab/Gottwald*, § 114 Rn. 19 (S. 784); *Vollkommer*, FS Baumgärtel, S. 585, 593 f.

[1057] BGH, Beschluß vom 09.12.2004, Az.: IX ZR 84/02, nicht veröffentlicht (Fundstelle: Westlaw – WLDE2004-0015259).

für die Haftung des Beraters Bedeutung zukommt.[1058] Da der hypothetische Verlauf des Vorprozesses kaum festzustellen sei, weil man nicht nachvollziehen könne, zu welchem Ergebnis das zuständige Gericht bei pflichtgemäßen Handeln des Beraters gelangt wäre,[1059] soll nach der ständigen Rechtsprechung des Bundesgerichtshofs, die er vom Reichsgericht übernommen hat, maßgebend sein, wie nach Ansicht des mit dem Regressprozess befassten Gerichts bei fehlerfreiem Handeln des Rechtsanwalts hätte entschieden werden müssen.[1060]

c. Schutzzweck und Schutzbereich des Mandatsvertrages

Die auf eine Wahrscheinlichkeitsbetrachtung ausgerichtete Adäquanztheorie bedarf einer Ergänzung durch eine wertende Beurteilung. Eine Schadensersatzpflicht besteht nur dann, wenn der geltend gemachte Schaden des Mandanten nach Art und Weise seiner Entstehung unter den Schutzzweck des Mandatsvertrages oder der verletzten vertrags- oder deliktsrechtlichen Norm fällt. Es muss sich also um Nachteile handeln, die aus dem Bereich der Gefahren stammen, zu deren Abwendung die verletzte Norm erlassen oder die verletzte vertragliche oder vorvertragliche Pflicht übernommen worden ist.[1061]

Ein Schaden des Mandanten fällt beispielsweise dann nicht mehr in den Schutzbereich des Mandatsvertrages, wenn zwischen einer fehlerhaften Auskunft des Beraters und dem Handeln des Mandanten im Vertrauen auf diese Auskunft geraume Zeit vergangen ist. Der BGH hat den Schutzzweck bei einer erst zwei Jahre nach Auskunftserteilung vorgenommenen Handlung des Mandanten verneint.[1062] Ebenso sollen die gesellschaftsrechtlichen Nachteile der Übernahme einer Hafteinlage grundsätzlich nicht in den Schutzbereich eines Steuerberatungsvertrages fallen.[1063] Ferner haftet ein Steuerberater, der vertraglich lediglich die Beratung über bestimmte steuerliche Auswirkungen einer Kapitalanlageentscheidung schuldet, grundsätzlich nicht für den Vermögensschaden des Anlegers, wie etwa allgemeine Kursverluste, die der Mandant erleidet, weil er auf die Richtigkeit der Auskunft zu den steuerlichen Aspekten der Anlageentscheidung vertraut.[1064]

1058 *Adam*, VersR 2001, 809, 809.

1059 *Borgmann/Jungk/Grams*, Anwaltshaftung, § 29 Rn. 97. Vgl. auch eingehend hierzu: *Baur*, FS Larenz (1973), S. 1063 ff.

1060 BGH, NJW 1996, 48, 49; BGH, VersR 2001, 201, 203 m.w.Nachw.

1061 BGHZ 27, 137, 140; BGHZ 35, 309, 315; BGHZ 57, 245, 256; st. Rspr.

1062 BGH, VersR 1967, 66, 66; BGH, WM 1958, 877, 878. Bei einem Zeitablauf von vier Monaten hat der BGH den Zurechnungszusammenhang als gewahrt angesehen; vgl. auch: *Gräfe*, in: *Gräfe/Lenzen/Schmeer*, Rn. 645.

1063 BGH, Beschluß vom 21. Oktober 2004, Az.: IX – ZR 437/00, nicht veröffentlicht (Fundstelle: Westlaw – WLDE2004-0011116).

1064 OLG Karlsruhe, OLGReport-Karlsruhe 2004, 415, 416.

Verursacht der Mandant durch eigenes rechtswidriges Verhalten einen Schaden, so würde der Mandant durch den Schadensersatz des steuerlichen Beraters einen Vermögensvorteil erlangen, dessen Erzielung mit anderen gesetzlichen Vorschriften gerade verhindert werden soll.[1065] Dem liegt der Gedanke zugrunde, dass der Verletzte als Schadensersatz nicht fordern kann, was er nur mit rechtswidrigen Mitteln erlangt hätte.[1066] Ein Schadensersatz des Beraters ist trotz Pflichtverletzung deshalb aufgrund fehlenden Zurechnungszusammenhangs abzulehnen, wenn die Voraussetzungen einer Steuervergünstigung überhaupt nicht vorlagen,[1067] der vom Berater versäumte Rechtsbehelf keine Aussicht auf Erfolg hatte[1068] oder der Mandant überhaupt keine rechtlich geschützte Position besaß.[1069]

Der Zurechnungszusammenhang kann ebenfalls durch das so genannte rechtmäßige Alternativverhalten entfallen. Hierbei geht es um die Frage, ob der Schädiger geltend machen kann, dass der Schaden wäre auch entstanden wäre, wenn er sich rechtmäßig verhalten hätte.[1070] Das Reichsgericht hat diesen Einwand nicht zugelassen.[1071] Der Bundesgerichtshof stellt bei der Lösung des Problems auf den Schutzzweck der verletzten Norm ab.[1072] So darf nach seiner Rechtsprechung ein auf Schadensersatz in Anspruch genommener Arzt geltend machen, der Patient hätte die wegen fehlender Aufklärung unwirksame Einwilligung auch bei gehöriger Aufklärung erteilt.[1073] Grundsätzlich ist daher das rechtmäßige Alternativverhalten beachtlich.[1074] Schäden, die auch bei einem rechtmäßigen Alternativverhalten des Steuerberaters entstanden wären, werden vom Schutzzweck der Haftungs-

---

1065 BGH, NJW 1981, 920, 922.

1066 RGZ 90, 52, 64; RGZ 90, 305, 306; BGH, NJW 1964, 1181, 1183. Vgl. ferner auch: BGHZ 67, 119, 121; BGHZ 75, 366, 368; BGH, NJW 1974, 1374, 1377.

1067 OLG Celle, GI 1993, 44, 44.

1068 RGZ 162, 63, 68 f.

1069 BGH, NJW-RR 1989, 530, 531: Der Berater stellte versehentlich Unterlagen der BfA zur Verfügung. Die Bundesversicherungsanstalt erkannte hierdurch, dass der Mandant zu Unrecht Erwerbsunfähigkeitsrente bezog. Der BGH verneinte eine rechtlich geschützte Position des Mandanten und sah in dem Nachteil keinen Schaden.

1070 Vgl. generell zu der unterschiedlichen Behandlung der Problematik in Rechtslehre und Rechtsprechung: *MüKo/Oetker*, BGB, § 249 Rz. 210-214; *Esser/Schmidt*, Schuldrecht, Bd. I, Teilb. 2, § 33 III 2; *Lange/Schiemann*, § 4 XII; *von Caemmerer*, Das Problem der überholenden Kausalität im Schadensersatzrecht, S. 30 ff.; OGHZ 1, 308, 310 ff.; BAGE 6, 321, 376 ff.; BAGE 35, 179, 179 ff.; BAG, NJW 1984, 2846, 2847, jeweils m.w.Nachw.

1071 RGZ 101, 389, 391; RGZ 163, 129, 138.

1072 BGHZ 96, 157, 173.

1073 BGHZ 90, 103, 111.

1074 *MüKo/Oetker*, BGB, § 249 Rz. 214; *Esser/Schmidt*, Schuldrecht, Bd. I, Teilb. 2, § 33 III 2.

norm in der Regel nicht erfasst.[1075] Dem Berater obliegt jedoch die Beweislast, dass der Schaden auf jeden Fall eingetreten wäre.[1076]

4. Schaden

Der steuerliche Berater haftet gegenüber dem Mandanten für seine schuldhaften Pflichtverletzungen gemäß § 280 Absatz 1 BGB in Verbindung mit § 249 BGB auf den Ersatz des dem Mandanten durch die Pflichtverletzung ursächlich entstandenen Schadens.

a. Schadensbegriff

Ein Schaden ist eine in Geld bewertbare Einbuße, die jemand an seinem Vermögen erleidet.[1077] Gemäß § 249 Satz 1 BGB ist „der Zustand herzustellen, der bestehen würde, wenn der zum Ersatz verpflichtende Umstand nicht eingetreten wäre." Ausgangspunkt für die rechtliche Beurteilung ist die so genannte Differenzhypothese. Danach besteht der Schaden in der Differenz zwischen zwei Güterlagen; der tatsächlichen durch das Schadensereignis geschaffenen und der unter Ausschaltung dieses Ereignis gedachten. Ein Vermögensschaden ist dann gegeben, wenn der jetzige tatsächliche Wert des Vermögens des Geschädigten geringer ist als der Wert, den das Vermögen ohne das die Ersatzpflicht begründende Ereignis haben würde.[1078] Ein Vermögensschaden liegt damit vor, wenn das Vermögen des Mandanten geringer ist als der Wert, den sein Vermögen ohne die Pflichtverletzung des Steuerberaters haben würde.[1079]

Nach ständiger Rechtsprechung[1080] und herrschender Lehre[1081] gilt der so genannte normative Schadensbegriff.[1082] Danach ist der rechtlich ersatzfähige Schaden in zwei Schritten zu ermitteln: Ausgangspunkt ist die oben erwähnte Differenzhypo-

---

[1075] BGH, NJW 1990, 2057, 2058. So im Ergebnis auch: *Gräfe*, in: *Gräfe/Lenzen/Schmeer*, Rn. 655; *Rother*, Haftungsbeschränkung im Schadensersatzrecht, S. 218; *Späth*, Steuerberaterhaftung, Rn. 561.

[1076] BGHZ 29, 176, 187; BGHZ 61, 118, 123; BGHZ 120, 281, 287; BGH, NJW 1983, 1053, 1053.

[1077] RGZ 153, 101, 106 f.

[1078] BGHZ 27, 181, 183; BGHZ 75, 366, 371; BGHZ 86, 128, 130; BGHZ 99, 183, 196; BGH, NJW 1994, 2357, 2359.

[1079] BGH, NJW-RR 1990, 1241, 1244; BGH, NJW-RR 1995, 449, 451.

[1080] BGHZ 43, 378, 381; BGHZ 50, 304, 305; BGHZ 54, 45, 47.

[1081] *Larenz*, Schuldrecht I, § 27 II a; *Palandt/Heinrichs*, BGB, Vorbem v. § 249, Rn. 13 f.; *Jauernig/Teichmann*, Vorb. §§ 249-253 Anm. 6.

[1082] *Ganter*, NJW 1996, 1310, 1312.

these.[1083] Die Differenzrechnung muss aber durch wirtschaftliche oder normative Wertungen bestätigt oder gegebenenfalls korrigiert werden.[1084] Der Bundesgerichtshof hat wiederholt entschieden, dass der Verlust oder die Vorenthaltung einer tatsächlichen oder rechtlichen Position, auf die der Kläger keinen Anspruch hat, bei einer wertenden Betrachtungsweise keinen ersatzfähigen Schaden darstellt.[1085] Nach dem normativen Schadensbegriff soll der Kläger nur Ersatz dafür verlangen können, was er nach der materiellen Rechtslage zu dem Zeitpunkt, in dem über seinen Antrag von den Finanzbehörden oder den Gerichten zu befinden war, hätte erhalten müssen. Allein der Betrag, auf den er nach der Rechtsordnung einen Anspruch hatte, stellt einen Schaden im rechtlichen Sinne dar.[1086] Der Richter, der über den Schadensersatzanspruch entscheidet, hat daher Gesetz und Recht zum Zeitpunkt der hypothetischen Entscheidung festzustellen.[1087] Eine spätere Änderung dieser Rechtsprechung oder eine abweichende Auffassung des Regressrichters ist in der Regel rechtlich unerheblich.[1088] Der jeweils aktuellen höchstrichterlichen Rechtsprechung kommt für die Erfüllung der dem Rechtsanwalt ebenso wie dem Steuerberater und Wirtschaftsprüfer obliegenden vertraglichen Aufgaben überragende Bedeutung zu (vgl. hierzu eingehend unten unter Kapitel III.). Deshalb hat ein steuerlicher Berater seine Hinweise, Belehrungen und Empfehlungen in der Regel danach auszurichten, dies sogar dann, wenn er die Rechtsprechung für unzutreffend hält.[1089] Wird demnach der objektive Pflichtenkreis in solcher Weise durch die zu diesem Zeitpunkt geltende höchstrichterliche Rechtsprechung geprägt, dann ist es auch nur konsequent, der höchstrichterlichen Rechtsprechung für die Beurteilung der Frage, ob dem Mandanten ein Schaden entstanden ist, in gleicher Weise Beachtung einzuräumen. Der Auftraggeber könnte ansonsten nicht Ersatz für einen wegen Nichtbeachtung der höchstrichterlichen Rechtsprechung erlittenen Nachteil verlangen, wenn der über den Schadensersatzanspruch entscheidende Richter eine davon abweichende Auffassung vertritt.

Von dem Schadensersatzanspruch muss ein Nacherfüllungsanspruch des Mandanten gemäß §§ 634, 636 BGB unterschieden werden. Bei einem Anspruch auf Nacherfüllung handelt es sich sytematisch um einen Erfüllungsanspruch und nicht

---

1083 BGH, NJW 1987, 3255, 3255 f.; BGH, NJW 1988, 3013, 3015.

1084 *Ganter*, a.a.O.

1085 BGHZ 72, 328, 331 f.; BGHZ 124, 86, 95; BGHZ 125, 27, 34; BGH, NJW 1974, 1374, 1376; BGH, NJW 1985, 2482, 2483; BGH, NJW 1987, 3255, 3256; BGH, NJW 1996, 48, 49; BGH, NJW-RR 1989, 530, 530 f.

1086 BGHZ 124, 86, 95; BGHZ 125, 27, 34.

1087 BGH, VersR 2001, 201, 203.

1088 BGH, a.a.O. Ausnahmsweise hat die rechtliche Wertung des Schadensersatzrichters die damals einschlägige höchstrichterliche Rechtsprechung dann außer Betracht zu lassen, wenn diese zu allgemein anerkannten Rechtsgrundsätzen im Widerspruch steht, insbesondere mit der Verfassung nicht vereinbar ist (BGH, NJW 1985, 2482, 2483).

1089 BGH, NJW-RR 1992, 1110, 1112; BGH, NJW 1993, 2799, 2799; BGH, VersR 2001, 201, 203.

um einen Schadensersatzanspruch.[1090] Der Nacherfüllungsanspruch und der Schadensersatzanspruch als Gewährleistungsanspruch schließen sich gegenseitig aus und können deshalb nicht beide gleichzeitig und gleichrangig geltend gemacht werden.[1091] Die Frage, ob der Mandant Schadensersatz oder Nacherfüllung geltend machen kann, richtet sich nach der Rechtsnatur des Mandatsvertrags im konkreten Fall.[1092] Zumeist wird es sich bei dem Mandatsvertrag um einen Geschäftsbesorgungsvertrag mit Dienstvertragscharakter handeln.[1093] Danach stünde dem Mandanten grundsätzlich kein Anspruch auf Nacherfüllung zu. Es steht den Vertragsparteien jedoch frei, ein Nacherfüllungsrecht zu vereinbaren.[1094]

b. Ersatz des Vertrauensschadens (Ersatz des negatives Interesse)

Der Schadensersatzanspruch des Mandanten gegen seinen steuerlichen Berater richtet sich grundsätzlich als unmittelbare Folge des § 280 Absatz 1 BGB nicht auf das positive Interesse, sondern auf das negative Interesse, den so genannten Vertrauensschaden (Integritätsinteresse).[1095] § 280 Absatz 1 BGB enthält – bis auf die Sonderregelung des § 311a Absatz 2 BGB für eine anfängliche Unmöglichkeit – die einheitliche Haftungsgrundlage für einen Schadensersatzanspruch wegen einer zu vertretenden Pflichtverletzung im Rahmen eines Mandatsvertrages.[1096]

Auch in der Vergangenheit konnte der Mandant seinen steuerlichen Berater nicht auf das positive Interesse, den so genannten Schadensersatz wegen Nichterfüllung, in Anspruch nehmen, weil der Berater nicht für einen bestimmten Erfolg einzustehen hatte. Er haftete nur für den Vertrauensschaden, der dem Mandanten dadurch entstanden war, dass er sich auf die Richtigkeit und Vollständigkeit des erteilten Rates verlassen hatte.[1097]

Beim Ersatz des Vertrauensschadens ist der Mandant so zu stellen, wie er stehen würde, wenn er nicht auf den Rat des steuerlichen Beraters vertraut[1098] bzw. sich

---

1090 BGH, NJW 1976, 143, 143.

1091 BGH, a.a.O.

1092 Vgl. zur Rechtsnatur des Mandatsvertrags ausführlich oben in Kapitel 1. c.

1093 Vgl. zu diesem Vertragstyp ausführlich oben in Kapitel 1. c.

1094 Siehe: *Gräfe*, in: *Gräfe/Lenzen/Schmeer*, Rn. 541 m.w.Nachw., der auch darauf hinweist, dass im Bereich fehlerhafter Buchführungsarbeiten durch den Berater ein Nachbesserungsanspruch die kostengünstigere und schnellere Beseitigung der Konsequenzen der Pflichtverletzung darstellt. Danach soll der Mandant auch beim Steuerberatungs-Dienstvertrag im Regelfall zunächst Nachbesserung vom Steuerberater verlangen können.

1095 Der Gesetzgeber wollte damit den „einfachen Schadensersatz“ regeln; vgl. BT-Drucks. 14/6040, S. 135. Vgl. ferner: *Canaris*, DB 2001, 1815, 1817.

1096 *Zugehör*, ZGS 2003, 272, 273.

1097 BGH, NJW-RR 1991, 1125, 1126; BGH, VersR 1995, 714, 714 f.

1098 BGHZ 57, 137, 139; BGH, NJW-RR 1990, 229, 230.

bei gehöriger Aufklärung oder Beratung anders verhalten hätte.[1099] Dies erfordert einen Gesamtvermögensvergleich, wobei alle von dem haftungsbegründenden Ereignis betroffenen finanziellen Positionen erfasst werden.[1100] Die dem Mandanten zugeflossenen Vermögenswerte sind daher beim Schadensersatz zu berücksichtigen.[1101] Neben dem Ersatz des Schadens infolge der zu vertretenden Pflichtverletzung kann der Mandant außerdem eine pflichtgerechte Leistung aus dem Schuldverhältnis, also etwa eine fehlerfreie Beratung anstelle einer mangelhaften Dienstleistung, fordern.[1102]

c. Schadensersatz statt der Leistung (Ersatz des positiven Interesses)

Das Gesetz zur Modernisierung des Schuldrechts hat nunmehr auch im Bereich der Haftung für steuerliche Beratung die Möglichkeit zum Ersatz des Nichterfüllungsschadens, des so genannten positiven Interesses, eröffnet.

Beim Ersatz des positiven Interesses ist der Gläubiger so zu stellen, wie er stehen würde, wenn der Schuldner seine ihm obliegende Leistung aus dem Schuldverhältnis ordnungsgemäß erfüllt hätte.[1103]

Soweit über § 280 Absatz 1 BGB hinaus die zusätzlichen Voraussetzungen der §§ 281-283 BGB vorliegen, kann ein Gläubiger jetzt auch den Nichterfüllungsschaden, in der Terminologie des Gesetzes als „Schadensersatz statt der Leistung“ bezeichnet, verlangen. § 280 Absatz 3 BGB stellt klar, dass für diese Art des Schadensersatzes die Pflichtverletzung im Sinne des § 280 Absatz 1 BGB allein nicht ausreicht. Dies ist grundsätzlich nicht anders als früher. Jetzt müssen aber zusätzliche Voraussetzungen hinzukommen, die in den §§ 281-283 BGB geregelt sind: erfolglose Nachfristsetzung gemäß § 281 Absatz 1 BGB,[1104] Wegfall des Interesses des Gläubigers an der Leistung des Schuldners infolge eines Verzugs gemäß § 281 Absatz 2, 2. Alternative BGB[1105] oder Erfüllungsverweigerung gemäß § 281 Absatz 2, 1. Alternative BGB,[1106] Nichtzumutbarkeit der Leistung bei Ver-

---

1099 BGHZ 57, 191, 193; BGHZ 69, 56; NJW-RR 1990, 229, 230.

1100 BGH, NJW 2000, 2669, 2670.

1101 BGH, BGHReport 2005, 784, 784. Wird z.B. durch die Veräußerung eines Betriebsgrundstücks ein steuerpflichtiger Veräußerungsgewinn aufgedeckt, so ist der durch die fehlerhafte steuerliche Beratung entstandene Schaden nicht zwangsläufig mit der Steuerschuld gleichzusetzen. Vielmehr sind der Steuerschuld die zugeflossenen Vermögenswerte (der Veräußerungserlös) gegenüber zu stellen; BGH, a.a.O.

1102 *Zugehör*, ZGS 2003, 272, 274.

1103 RGZ 91, 30, 33.

1104 Früher: § 326 Abs. 1 BGB a.F. ergänzt durch §§ 283, 325 Abs. 2 BGB a.F.

1105 Früher: § 286 Abs. 2, 326 Abs. 2 BGB a.F.

1106 Früher: für den Fall des gegenseitigen Vertrages gewohnheitsrechtlich anerkannt, in Anlehnung an § 326 Abs. 1 BGB a.F.

letzung einer nicht leistungsbezogenen Pflicht im Sinne des § 241 Absatz 2 BGB durch den Schuldner gemäß § 282 BGB oder Unmöglichkeit der Leistung gemäß § 283 BGB in Verbindung mit § 275 Absatz 1 BGB.[1107] Weiterhin kann der Mandant bei einer Teilleistung oder einer Schlechtleistung des Beraters unter bestimmten Voraussetzungen einen Anspruch auf „Schadensersatz statt der ganzen Leistung" – den so genannten „großen Schadensersatz" – erlangen (§ 280 Absatz 3, § 281 Absatz 1 Satz 2 und 3 BGB), der über einen Anspruch auf Schadensersatz statt der Leistung (§ 280 Absatz 3, § 281 Absatz 1 Satz 1, Absatz 2 BGB) bezüglich einer solchen quantitativen oder qualitativen Minderleistung hinausgeht. Bei einer Schlechtleistung hängt der Anspruch auf Schadensersatz statt der ganzen Leistung – zusätzlich zu den Voraussetzungen für einen Anspruch auf Schadensersatz statt der Leistung (§ 280 Absatz 3, § 281 Absatz 1 Satz 1, Absatz 2 BGB) – davon ab, dass die Pflichtverletzung erheblich ist (§ 281 Absatz 1 Satz 3 BGB). Hat ein Berater seine geschuldete Leistung zu einem abtrennbaren Teil mangelhaft ausgeführt (und damit eine so genannte „Teilschlechtleistung" erbracht), so wird ein Anspruch auf Schadensersatz statt der ganzen Leistung nach § 281 Absatz 1 Satz 3 BGB regelmäßig dann entfallen, wenn es sich um einen abgrenzbaren, leicht zu behebbaren Mangel handelt und aus diesem Grund eine unerhebliche Pflichtverletzung vorliegt.[1108] Da die Unmöglichkeit der Leistung im Rahmen der Steuerberatung keine wesentliche Rolle spielt, sind hier für den Schadensersatz statt der Leistung im Wesentlichen die Voraussetzungen der §§ 281, 282 BGB relevant. Aber auch diese Voraussetzungen werden nur in den seltensten Fällen vorliegen.

Die Vorschrift des § 280 Absatz 1 in Verbindung mit §§ 281-283 BGB ist auf jedes Schuldverhältnis, mithin auch auf den Mandatsvertrag, anwendbar. Es stellt sich folglich die Frage, ob auch ein steuerlicher Berater nunmehr aufgrund des eindeutigen Wortlauts der Vorschrift des § 280 Absatz 1 BGB bei Beratungsfehlern unter den Voraussetzungen der §§ 281-283 BGB seinem Mandanten auch auf das positive Interesse haftet:

1107 Früher: § 325 Abs. 1 BGB a.F. im Fall des gegenseitigen Vertrags, § 280 BGB a.F. in allen sonstigen Fällen.

1108 *Zugehör*, ZGS 2003, 272, 277.

aa. Der Betrachtungsansatz von Bruns

Eine Haftung eines steuerlichen Beraters auf das positive Interesse wird in der Literatur von *Bruns*[1109] bei Vorliegen der zusätzlichen Voraussetzungen der §§ 281-283 BGB bejaht. Nach *Bruns* sollte ein Berater bei Vorliegen der Voraussetzungen der §§ 281-283 BGB, insbesondere der Voraussetzung des § 281 BGB, seinem Mandanten gegenüber bei einem rechtsfehlerhaft zugesagten Anspruch haften, auch ohne dies explizit garantiert zu haben. Den Gerichten werde es, so Bruns weiter, nicht mehr möglich sein, gegen den Wortlaut der neuen §§ 280-283 BGB, die Haftung des Beraters auf das positive Interesse zu versagen. In seiner Argumentation erkennt *Bruns* zwar, dass das Erfordernis der Fristsetzung gemäß § 281 Absatz 1 BGB im Bereich der Beraterhaftung nur geringe Bedeutung gewinnt, der Mandant sich aber wohl im Regelfall auf die Entbehrlichkeit einer Fristsetzung gemäß § 281 Absatz 2 BGB berufen kann. Dies ergibt sich für Bruns auch aus dem Vergleich zwischen Tatbestand und Rechtsfolgen des § 281 Absatz 1 und 2 BGB und denen des § 282 BGB. Denn hätte der Berater eine bloße Schutzpflicht im Sinne des § 241 Absatz 2 BGB verletzt und wäre dem Mandanten die Leistung dadurch unzumutbar geworden, so könne der Mandant sein positives Interesse ersetzt bekommen, ohne dass es auf die Abwägung der Interessen der Entbehrlichkeit ankäme. Aus diesem Grunde müsse der Mandant erst recht den Ersatz des positiven Interesses begehren können, wenn der Berater nicht nur eine bloße Schutzpflicht im Sinne des § 241 Absatz 2 BGB, sondern eine Hauptpflicht oder leistungsbezogene Nebenpflicht verletzt habe. Im Ergebnis sieht *Bruns* eine deutliche Ausweitung der Haftung von Beratern hin zu einer Garantiehaftung.[1110]

bb. Stellungnahme

Der Argumentation von *Bruns* muss mit aller Schärfe entgegengetreten werden, denn eine deutliche Ausweitung der Haftung hin zur einer Garantiehaftung des steuerlichen Beraters ist durch das Gesetz zur Modernisierung des Schuldrechts nicht geschaffen worden. Bis auf wenige Ausnahmen ist auch nach neuem Recht der Schadensersatz des Beraters für eine von ihm begangene Pflichtverletzung auf den Vertrauensschaden, also das negative Interesse, beschränkt. Auch nach bisherigem Recht durfte die Vermögenslage, die bestanden hätte, wenn der Inhalt der fehlerhaften Beratung des steuerlichen Beraters richtig gewesen wäre, für die Schadensberechnung nur zugrunde gelegt werden, wenn der Berater eine Garantie für deren Richtigkeit übernommen hatte.[1111] Der in § 280 Absatz 2 BGB geregelte Verzögerungsschaden sowie der in § 280 Absatz 3 BGB geregelte Schadensersatz statt der Leistung (früher Nichterfüllungsschaden genannt) spielen bei der Haf-

[1109] VersR 2002, 524, 528 f.
[1110] A.a.O., S. 530. Ähnlich wohl auch *Volkenborn/Wenzler*, GodStFachtg 2002, 7, 7-13.
[1111] BGHZ 116, 209, 214.

tung des steuerlichen Beraters in der Regel keine Rolle.[1112] Das schuldhaft verspätete Tätigwerden des Beraters, wie die verspätete Abgabe einer Steuerklärung, war nach der Rechtsprechung zur Rechtslage vor dem Inkrafttreten des Gesetzes zur Modernisierung des Schuldrechts bereits eine positive Vertragsverletzung[1113] und dürfte daher auch künftig nur unter § 280 Absatz 1 BGB fallen, wenn keine anderen Umstände hinzutreten.[1114] Die Argumentation von *Bruns* verkennt ferner, dass auch im Rahmen der steuerlichen Beratung die Fristsetzung des Mandanten zur Leistung oder Nacherfüllung gemäß § 281 Absatz 1 BGB grundsätzlich nicht entbehrlich ist.[1115] Ein Anspruch auf Schadensersatz statt der Leistung setzt nach § 280 Absatz 3, § 281 BGB neben den Voraussetzungen des § 280 Absatz 1 BGB weiterhin voraus, dass der Gläubiger (Mandant) dem Schuldner (Berater) erfolglos eine angemessene Frist zu einer – bisher ausgebliebenen – „Leistung" oder zu der – bei einer Schlechtleistung noch ausstehenden – „Nacherfüllung" bestimmt hat.[1116] Denn nach dem Willen des Gesetzgebers soll der Schuldner, bevor der nachrangige Schadensersatzanspruch statt der Leistung an die Stelle der primären Leistungspflicht tritt, eine letzte Gelegenheit zur ordnungsgemäßen Erfüllung des Schuldverhältnisses haben.[1117] „Besondere Umstände" aufgrund derer die Fristsetzung entbehrlich ist und kraft derer unter Abwägung der beiderseitigen Interessen die sofortige Geltendmachung des Schadensersatzanspruchs gerechtfertigt ist, müssen so beschaffen sein, dass bei ihrem Vorliegen eine Nachfrist für beide Beteiligten offensichtlich sinnlos erscheint.[1118] Diese Voraussetzungen können z.B. gegeben sein, wenn der Schuldner bei einem „Just-in-time-Vertrag" nicht termingerecht leistet.[1119] Eine mit „Just-in-time-Verträgen" vergleichbare Sachverhaltskonstellation wird man im Rahmen der Steuerberatung jedoch fast nie finden.

Wenn *Bruns* schließlich argumentiert, man werde sich im Regelfall auf die Entbehrlichkeit der Nachfristsetzung berufen können, unterläuft ihm ein wesentlicher logischer Fehler, in dem er die „Entbehrlichkeit" mit der „Behebbarkeit" der Leistung des Beraters verwechselt. Zugegebenermaßen ist eine Pflichtverletzung auf dem Gebiet der steuerlichen Beratung, nachdem sie begangen wurde, oftmals bereits nicht mehr rückgängig zu machen. Aus der Vorschrift des § 281 Absatz 1 Satz 1 BGB ergibt sich aber, dass diese Vorschrift an sich nur Leistungsstörungen erfasst, die noch behebbar sind.[1120] Da die überwiegende Zahl von Pflichtverlet-

1112 So richtigerweise auch *Leibner/Holzkämper*, DB 2004, 2087, 2087.
1113 BGH, NJW 1992, 307, 309; vgl. auch ferner oben Kapitel 1. a.
1114 So auch *Leibner/Holzkämper*, a.a.O.
1115 So wohl auch *Zugehör*, ZGS 2003, 272, 276 f.
1116 *Zugehör*, ZGS 2003, 272, 276.
1117 Begr. des Entwurfs v. 11.05.2001 eines Gesetzes zur Modernisierung des Schuldrechts, BR-Drucks. 338/01, S. 301, 307 und 315.
1118 *Erman/Westermann*, § 281 Rn. 17; *Palandt/Heinrichs*, § 281 Rn. 15.
1119 BR-Drucks. 338/01, S. 301, 319.
1120 BR-Drucks. 338/01, S. 301, 314.

zungen auf dem Gebiet der steuerlichen Berater bereits mit Begehung unbehebbar ist, verliert die Vorschrift des § 281 BGB und damit der Schadensersatz statt der Leistung ihre Bedeutung im Rahmen des Rechts der Haftung für steuerliche Beratung. Keinesfalls kann aber aus der Unbehebbarkeit auf die Entbehrlichkeit der Nachfristsetzung geschlossen werden.

Auch der von *Bruns* vorgenommene Vergleich der Vorschrift des § 281 Absatz 1 und Absatz 1 BGB mit der Vorschrift des § 282 BGB kann eine Garantiehaftung des Beraters nicht rechtfertigen. Denn *Bruns* verkennt hier, dass gemäß § 282 BGB neben die Verletzung einer nicht leistungsbezogenen Nebenpflicht deren Unerträglichkeit für den Gläubiger (Mandanten) treten muss; also gemäß § 282 BGB die bloße Verletzung einer nicht leistungsbezogenen Nebenpflicht eben nicht ausreicht, um den Schadensersatz statt der Leistung fordern zu können.

> *Beispiel:*[1121]
> Eine Unzumutbarkeit bzw. Unerträglichkeit der Leistung liegt zum Beispiel dann vor, wenn ein steuerlicher Berater seine Ratschläge einem Mandanten in beleidigender Weise übermittelt.

Die Haftung des steuerlichen Beraters auf den Schadensersatz statt der Leistung wird daher auf wenige Ausnahmekonstellationen beschränkt bleiben.[1122] Denn es dürfte ein eher theoretischer Fall sein, dass ein Berater trotz Mahnung oder Fristsetzung nicht tätig wird und durch die Beauftragung eines neuen Beraters ein Nichterfüllungsschaden zum Beispiel durch höhere Kosten oder vergebliche Aufwendungen gemäß § 284 BGB entsteht.

d. Fallgruppen typischer Schäden im Rahmen der Steuerberatung

Nachfolgend werden einige im Bereich der Steuerberatung häufig von den Mandanten geltend gemachte Posten eingehend auf ihre Eigenschaft als Schaden untersucht:

aa. Steuernachforderung

Bei einer Steuernachforderung muss der Mandant lediglich die Steuern nachentrichten, zu deren Zahlung er von vornherein verpflichtet war. Die gezahlte Steuerlast entspricht der gesetzlich vorgesehenen Steuer. Bis zur Entrichtung der gesetzlich geschuldeten Steuer ist der Mandant so zu behandeln, als sei ihm der Betrag

---

1121 Beispiel nach *Zugehör*, ZGS 2003, 272, 275.

1122 Zu den Voraussetzungen für den Schadensersatz statt der Leistung sowie den Fallkonstellationen, in denen dieser in der Rechtsberatung ausnahmsweise anwendbar ist, vgl. *Zugehör*, ZGS 2003, 272, 276 ff.

vom Finanzamt gestundet worden.[1123] Der Mandant kann daher nicht vortragen, er hätte sich bei pflichtgemäßem Handeln des Steuerberaters besser gestanden.[1124] Mithin lässt sich unter Anwendung der Differenzhypothese kein Schaden des Mandanten feststellen.

bb. Steuermehrforderung

Anders ist die Frage zu bewerten, wenn dem Mandanten aufgrund der Pflichtverletzung des Beraters ein berechtigter Steuervorteil versagt wurde oder es zu einer ungerechtfertigten Steuerforderung kam, die bei pflichtgemäßen Verhalten des Steuerberaters vermeidbar gewesen wäre. Dann liegt im Sinne der Differenzhypothese eine Schädigung des Mandanten vor. Die Steuermehrforderung stellt nur einen Schaden dar, wenn und soweit der Betrag über die nach dem Betriebsergebnis tatsächlich geschuldeten Steuern hinausgeht[1125] oder die für die Steuermehrforderung maßgebliche Steuerfestsetzung auf unrichtigen Voraussetzungen beruht und somit zu einer Schlechterstellung des Mandanten führte.[1126]

> *Beispiel*:[1127]
> Ein Steuerberater, der seine Pflicht, zwei Kapitalgesellschaften über die steuerlich günstigste Art ihrer Verschmelzung zu beraten, schuldhaft verletzt, hat der nach der Verschmelzung übrig bleibenden Gesellschaft den Schaden zu ersetzen, der darin besteht, dass es bei ihr zu einer höheren Steuerbelastung kommt, als es bei einer Verschmelzung auf die untergegangene Gesellschaft der Fall gewesen wäre.

Nicht jede Steuermehrforderung stellt sofort eine Schädigung des Mandanten dar. Die allgemeine Regel, dass ein Schaden erst mit einer Vermögensverschlechterung eintritt, bedeutet in Steuersachen, dass alle Belastungen, die grundsätzlich erst durch einen Akt des Finanzamtes eintreten, damit auch erst entstehen. Danach hat – unter Berücksichtigung der Belange beider Vertragspartner – der Mandant frühestens ab Zugang des belastenden Steuerbescheids ein schutzwürdiges Interesse daran, seinen Steuerberater haftbar zu machen. Zuvor besteht kein Anlass für ein derartiges Vorgehen, das das wechselseitige Vertrauens- und Vertragsver-

---

1123 LG Kassel, GI 4/85: Muss der Mandant nun einen Kredit aufnehmen, um die Steuern zu entrichten und wäre ihm dies zuvor ohne einen Kredit möglich gewesen, so muss er sich einen Zinsgewinn aufgrund der verspäteten Steuerzahlung entgegenhalten lassen. Weiterhin kann auch die Berufung des Mandanten auf einen Kapitalverzehr (Wegfall der Bereicherung) im Rahmen von vertraglichen Schadensersatzansprüchen nicht durchgreifen.

1124 Vgl. BFH, BStBl III 1963, 23, 25; BFH, BStBl III 1965, 700, 700; OLG Bremen, NJW 1954, 1937, 1939; LG Kassel, VersR 1977, 775, 775 m.Anm. *Späth*.

1125 BGH, BHStB R 631.1.

1126 OLG Karlsruhe, BHStB, R 632.2.

1127 Beispiel nach BGH, NJW 1997, 1001, 1001 f.

hältnis stören würde.[1128] Setzt ein Bescheid im Sinne von §§ 172 ff. AO Steuern infolge einer schuldhaften Pflichtverletzung eines Steuerberaters zu hoch fest, so ist ein Schaden dann noch nicht entstanden, wenn aufgrund eines fristgerechten und deshalb noch zulässigen Einspruchs (§§ 348 Abs. 1 Nr. 1,355 AO) das Finanzamt alsbald zugunsten des Steuerpflichtigen entscheiden könnte und müsste.[1129] Denn die Finanzbehörde hat auf rechtzeitigen Einspruch die Sache in vollem Umfang erneut zu prüfen (§ 367 Abs. 2 AO) und entsprechend einer nunmehr vom Steuerberater berichtigten fehlerfreien Steuererklärung die richtige Entscheidung im Sinne des § 38 AO zu treffen. Ein Steuerbescheid wird jedoch bestandskräftig im Sinne der §§ 172 ff. AO, wenn innerhalb der Rechtsbehelfsfrist (§ 355 AO) der Einspruch versäumt worden ist. Dann ist ein Vermögensnachteil in Höhe des Betrages eingetreten, um den jener Bescheid die Steuer im Vergleich zur Steuerbelastung aufgrund fehlerfreier Steuererklärung zu hoch festgesetzt hat.[1130] Gemäß § 172 Nr. 2 a AO darf ein bestandskräftiger Bescheid zugunsten des Steuerpflichtigen nicht mehr geändert werden, es sei denn, er ist von einer nicht zuständigen Behörde erlassen (Nr. 2 b) worden oder die Änderung ist gesetzlich zugelassen (Nr. 2 d). § 173 Abs. 1 Nr. 2 a AO erlaubt die Änderung eines den Steuerpflichtigen belastenden, bestandskräftigen Bescheids durch Festsetzung niedrigerer Steuern nur, soweit Tatsachen oder Beweismittel nachträglich bekannt werden und den Steuerpflichtigen kein grobes Verschulden daran trifft, dass die Tatsachen oder Beweismittel erst nachträglich bekannt wurden. Das Verschulden eines steuerlichen Beraters muss sich der Steuerpflichtige allerdings immer zurechnen lassen.[1131]

cc. Schätzungsveranlagungen

Eine Schätzungsveranlagung nach § 162 AO stellt dann einen ersatzpflichtigen Schaden des Mandanten dar, wenn hierdurch eine Steuermehrforderung entstanden ist, die über die tatsächlich geschuldeten Steuern hinausgeht.[1132] Ein ersatzpflichtiger Schaden kann auch in den vom Mandanten auf Grundlage der Steuerschätzung gezahlten Säumniszuschlägen liegen.[1133] Der Mandant muss bei Schätzungsschäden darlegen, welche Gewinne abweichend von den Besteuerungsgrundlagen der Schätzungsveranlagung tatsächlich hätten versteuert werden müssen.[1134] Hierzu muss eine ordnungsgemäße Gewinnermittlung des Mandanten vor-

---

1128 BGHZ 119, 69, 74.

1129 BGHZ 114, 150, 153.

1130 BGHZ 114, 150, 154.

1131 BFH, BStBl II 1989, 789, 791 m.w.Nachw.

1132 BGH, BHStB R 631.1.

1133 OLG Düsseldorf, Urteil v. 09.01.2004, Az. 23 U 34/03, nicht veröffentlicht (Fundstelle: Westlaw WLDE2004-0000048).

1134 *Gräfe*, in: *Gräfe/Lenzen/Schmeer*, Rn. 574.

gelegt werden.[1135] Der vom steuerlichen Berater erstellte Jahresabschluss kann vom Mandanten zur Gewinndarlegung benutzt werden, wenn die Gewinnermittlung nicht Bestandteil des Regressprozesses ist.[1136] Der Schaden muss vom Mandanten konkret nachgewiesen werden und besteht nicht schon allein in dem Hinweis, das Finanzamt habe im Rahmen der Betriebsprüfung das Angebot gemacht, die zugeschätzten Umsätze zu reduzieren.[1137] Gerade bei einer Schadensersatzforderung gegen einen Steuerberater infolge nicht ordnungsmäßiger Buchführung darf aber nicht zu weitgehend gefordert werden, dass jeder einzelne zum Schaden führende Vorgang und jeder konkrete Buchungsfehler nachvollziehbar zu bezeichnen sowie darzustellen ist, wie diese jeweiligen Geschäftsvorfälle hätten richtig gebucht werden müssen und zum Schaden geführt haben.[1138] Vielmehr genügt für eine angemessene Verteidigungsmöglichkeit des Beklagten, dass der Kläger jedenfalls bei schon im System begründeten Buchführungsfehlern exemplarisch vorträgt. Dies bedeutet, dass der Kläger eine für die Gesamtheit der Fehler stehende Auswahl so vorzutragen hat, dass der Gesamtvorwurf verständlich wird; anderenfalls müsste er einem Journal ähnlich Buchungsvorgänge aufführen und sie außerdem erklären und richtig stellen, was gerade des Umfanges wegen zur Unverständlichkeit führen kann.[1139]

dd. Geldstrafen und Bußgelder

Bei der Ersatzpflicht des steuerlichen Beraters für eine öffentlich-rechtliche Strafe oder Buße des Mandanten ist zu differenzieren. Für den Steuerpflichtigen, der naturgemäß daran interessiert ist, seine Steuerlast so gering wie möglich zu halten, ist oft nur schwer erkennbar, was noch gesetzmäßig ist und was den Rahmen der steuerrechtlichen Legalität sprengt.[1140] Wenn der Steuerpflichtige sich in dieser Lage eines steuerlichen Fachberaters bedient, so besteht die Aufgabe nicht nur darin, für seinen Mandanten zustehende Steuervorteile auszuschöpfen, sondern er hat ihn auch davor zu bewahren, sich durch Überschreitung des zulässigen Rahmens der steuerstrafrechtlichen Verfolgung auszusetzen.[1141] Diese Pflicht endet allerdings dort, wo der Mandant selbst sich über die Rechtswidrigkeit eines bestimmten Verhaltens im Klaren ist; denn dann bedarf er keiner Aufklärung.[1142] Begeht er deshalb allein oder gemeinsam mit seinem Berater oder von diesem an-

---

1135 OLG Köln, DB 1973 542, 542; OLG Düsseldorf, NJW-RR 1992, 27, 28; OLG Düsseldorf, GI 1994, 341, 342. Vgl. ferner auch BGHZ 84, 244, 254.

1136 BGHZ 84, 244, 254.

1137 BGHZ 84, 244, 254 f.

1138 BGHZ 96, 290, 292. So aber OLG Düsseldorf, DStR 1981, 575, 575 f.

1139 BGHZ 96, 290, 293.

1140 BGH, NJW 1992, 1159, 1160 f..

1141 BGH, NJW 1997, 518, 519. Vgl. auch allgemein zur bußgeldrechtlichen Verantwortlichkeit des Beraters: *Reitz*, DStR 1984, 91, 91 ff.

1142 BGH, a.a.O.

gestiftet eine vorsätzliche Steuerhinterziehung, so kann er die sein Vermögen treffenden steuerstrafrechtlichen Folgen nicht auf seinen Berater abwälzen.[1143]

Bei leichtfertigem Verhalten (§ 378 AO) ist die Lage jedoch eine andere. Der Mandant darf sich, soweit es um die Erfüllung seiner öffentlich-rechtlichen Pflichten geht, nicht blind auf seinen steuerlichen Berater verlassen, sondern muss sich, soweit es ihm möglich ist, ein eigenes Bild über die steuerrechtliche Behandlung machen und seinen Berater entsprechend seinen eigenen Kenntnissen sowie je nachdem, wenn für ihn dazu ein konkreter Anlass besteht, bei der Erledigung der ihm übertragenen Aufgabe überwachen.[1144] Wird er diesen Anforderungen nicht gerecht, weil er sich grob sorgfaltswidrig auf den fachkundigen Berater verlassen hat, dann haftet er zwar nach öffentlichem Recht; der Berater hat ihm aber wegen Verletzung seiner Vertragspflichten den daraus entstandenen Vermögensschaden zu ersetzen.[1145] Als Grundsatz bleibt somit festzuhalten: Wer als Fachmann vertraglich verpflichtet ist, seinen Vertragspartner vor bestimmten Gefahren zu bewahren, haftet diesem gegenüber bei Verletzung seiner Pflichten auch dann, wenn jener im Einzelfall die Gefahr auch selbst hätte erkennen können, sich der Rechtswidrigkeit seines Verhaltens jedoch nicht positiv im Klaren ist.[1146] Ein solcher Schaden liegt auch innerhalb des Schutzzwecks der Vertragspflichten eines Steuerberaters.[1147]

ee. Nachteilige Vermögensanlageentscheidung

Hat der Mandant infolge einer fehlerhaften Beratung des Steuerberaters eine nachteilige Vermögensanlageentscheidung getroffen, kann er grundsätzlich nur den Schaden ersetzt verlangen, der ihm durch das Vertrauen auf die Richtigkeit und Vollständigkeit der Beratung entstanden ist.[1148] Der Steuerberater konnte bislang wegen fehlerhafter Beratung grundsätzlich nicht auf Schadensersatz wegen Nichterfüllung der steuerlichen Vorteile der konkreten Anlage im Sinne einer Garantie für einen bestimmten steuerlichen Erfolg in Anspruch genommen werden; denn aus lediglich beratender Tätigkeit ließ sich eine solche Haftung nicht herleiten. Dies wird sich auch jetzt nicht wesentlich durch die Möglichkeit des Schadensersatzes statt der Leistung ändern (vgl. hierzu oben unter c.).

1143 BGH, a.a.O.; OLG Düsseldorf, StB 1988, 98, 99.

1144 RGSt 59, 281, 286; BGHSt 7, 336, 349; BGH, BStBl I 1955, 365, 367; *Joecks*, in: *Franzen/Gast-de-Haan/Joeck*, SteuerstrafR, § 378 Rn. 40.

1145 BGH, NJW 1997, 518, 519.

1146 BGH, a.a.O.

1147 BGH, a.a.O. und ferner: *Gräfe*, in: *Gräfe/Lenzen/Schmeer*, Rn. 580.

1148 BGH, NJW-RR 1991, 1125, 1126.

ff. Unternehmerische Beteiligungen

Ein steuerlicher Berater, der einen Mandanten allein auf steuerliche Vorteile einer gesellschaftsrechtlichen Beteiligung hinweist, haftet bei einem Fehler grundsätzlich nur für den ausgebliebenen Steuervorteil und nicht für den ausgebliebenen Unternehmenserfolg.[1149] Denn der Berufsangehörige, der aufgrund einer eingeschränkten Mandatierung nur hinsichtlich eines bestimmten für das Vorhaben bedeutsamen Punktes (nämlich die steuerlichen Folgen) Aufklärung schuldet, hat grundsätzlich im Rahmen des Schutzzwecks der verletzten Norm im Falle eines Fehlers lediglich für die Risiken einzustehen, für deren Einschätzung die geschuldete Aufklärung maßgeblich war.[1150]

Eine Kapitalgesellschaft kann steuerliche Nachteile ihrer Gesellschafter nicht als eigenen Schaden geltend machen.[1151]

gg. Kosten bei der Schadensfeststellung und Schadensvermeidung

Überprüfungs- und Korrekturarbeiten können grundsätzlich adäquate und zurechenbare Folge einer fehlerhaften Steuerberatung sein.[1152] Es obliegt dem Mandanten im Einzelnen vorzutragen, dass die Kosten für derartige Arbeiten durch die pflichtwidrige Handlung hervorgerufen wurden.[1153] Auch die Kosten für die anwaltliche Vertretung bei der Geltendmachung von Regressansprüchen gegen den steuerlichen Berater sind ein ersatzfähiger Schadensposten.[1154] Obwohl es sich bei dem Mandatsvertrag zumeist um einen Geschäftsbesorgungsvertrag mit Dienstvertragscharakter handelt, hat der Steuerberater in diesen Fällen oft ein Nachbesserungs- oder Nacherfüllungsrecht.[1155]

hh. Vorteilsausgleich

Hat die Pflichtverletzung des Steuerberaters dem Mandanten neben den Nachteilen auch Vorteile gebracht, ergibt sich die Frage, ob diese auf den Schadensersatzanspruch des Mandanten anzurechnen sind. Das Bürgerliche Gesetzbuch nimmt zu dem Problem nicht ausdrücklich Stellung. Einzelne Vorschriften (wie z.B. § 642 Absatz 2 BGB im Werkvertragsrecht) sehen eine Anrechnung vor, andere (z.B. § 843 Absatz 4 BGB) schließen sie aus. Aus der Entstehungsgeschichte

1149 BGH, DB 2003, 1216, 1217.
1150 BGHZ 116, 209, 213; BGH, WM 2002, 1440, 1441.
1151 BGH, NJW-RR 1992, 290, 291.
1152 BGH, NJW 1985, 1964, 1965; BGH, NJW 1993, 2181, 2183.
1153 BGH, NJW 1993, 2181, 2183.
1154 BGH, WM 1986, 1056, 1057 f.
1155 Siehe oben. Vgl. auch OLG Düsseldorf, GI 1993, 45, 47; OLG Frankfurt/M., GI 1995, 17, 17; OLG Düsseldorf, GI 1997, 45, 45.

des Bürgerlichen Gesetzbuchs ergibt sich, dass der Gesetzgeber die Lösung des Problems Rechtsprechung und Lehre überlassen wollte.[1156]

Die Rechtsprechung macht die Vorteilsausgleichung von zwei Voraussetzungen, einer tatsächlichen und einer normativen, abhängig. Zwischen dem schädigenden Ereignis und dem Vorteil muss ein adäquater Kausalzusammenhang stehen.[1157] Weiter muss die Anrechnung des Vorteils aus der Sicht des Geschädigten zumutbar sein;[1158] sie muss also dem Zweck des Schadensersatzes entsprechen und darf den Schädiger nicht unbillig entlasten.[1159] In der Lehre finden diese Grundsätze der Rechtsprechung trotz vereinzelter Kritik[1160] hinsichtlich der Aussagekraft der von der Rechtsprechung verwendeten Begriffe (Zumutbarkeit, Billigkeit, Zweck des Schadensersatzes) generelle Zustimmung.[1161]

Für die Haftung des Steuerberaters ergeben sich hieraus die folgenden Grundsätze: Zu den auf den Schadensersatz anzurechnenden Vorteilen können auch Steuern gehören, die der Mandant infolge der Schädigung erspart hat.[1162] Muss der Mandant auf die verbleibende Schadenssumme Steuern zahlen, so muss ihm nach der Vorteilsausgleichung die Nettoschadenssumme ohne Abzüge verbleiben.[1163] Steuervergünstigungen sind hingegen grundsätzlich dann nicht als Vorteilsausgleich anzurechnen, wenn der Zweck der Steuervergünstigung einer solchen Entlastung entgegensteht.[1164]

5. Verschulden

Der steuerliche Berater muss die Pflichtverletzung grundsätzlich auch verschuldet haben, bevor sich seine Haftung an die Pflichtverletzung knüpfen lässt. Das Verschulden richtet sich insoweit nach § 276 BGB. Danach hat zunächst er für die Pflichtverletzungen einzustehen, die er vorsätzlich begeht. Weiterhin liegt ein

---

1156 Mot. II 19.
1157 BGHZ 49, 56, 61; BGHZ 81, 271, 275.
1158 BGHZ 10, 107, 108.
1159 BGHZ 8, 325, 329; BGHZ 30, 29, 33; BGHZ 49, 56, 61 f.; BGHZ 54, 269, 272; BGHZ 74, 104, 113 f.; BGHZ 81, 271, 275; BGHZ 91, 206, 210; BGHZ 91, 357, 361; BGH, NJW 1977, 1819, 1819; BGH, NJW 1978, 356, 356 f.; BAG, NJW 1968, 221, 222.
1160 *Esser/Schmidt*, Schuldrecht, Bd. I, Teilb. 2, § 30 II; *Lange/Schiemann*, § 9 III; *Larenz*, Schuldrecht I, § 30 II.
1161 Vgl. die Darstellungen der Lehrmeinungen bei *Lange/Schiemann*, § 9 II 4.
1162 BGHZ 42, 76, 78; BGHZ 43, 378, 380; BGH, NJW 1967, 1462, 1462; BGH, NJW 1970, 461, 461 f.; BGH, NJW 1979, 1449, 1451 f.; BGH, NJW 1989, 3150, 3150 f.
1163 BGH, NJW-RR 1988, 161, 161.
1164 BGH, NJW 1994, 2084, 2085. So wurde beispielsweise für die Steuervergünstigung des § 34 Absatz 2 Nr. 2 EStG entschieden, dass bei dieser Vorschrift der Vorteilsausgleich grundsätzlich ausscheidet; vgl. BGH, NJW 1994, 2084, 2085.

Verschulden aber auch in den Fällen vor, in denen er „die im Verkehr erforderliche Sorgfalt außer acht lässt“ und somit fahrlässig handelt.[1165] Im Bereich der Haftung des steuerlichen Beraters wird das Außerachtlassen der im Verkehr erforderlichen Sorgfalt in der überwiegenden Mehrzahl aller Haftungsfälle vorliegen, während eine vorsätzliche Begehung von Pflichtverletzungen eine sehr seltene Ausnahme bildet. Das Erfordernis eines Vertretenmüssens lässt die gesetzliche Differenzierung zwischen der objektiven Pflichtverletzung und der persönlichen Vorwerfbarkeit erkennen.[1166] Die Rechtsprechung schloss aber bislang von der objektiven Pflichtverletzung zumeist automatisch auf das Verschulden des steuerlichen Beraters.[1167]

> *Beispiel:*
> In einer Entscheidung des BGH[1168] heißt es: „*Der Beklagte hätte erkennen müssen, dass das Umschwenken auf die Argumentation einer Betriebsaufspaltung den Klägern keine Vorteile bringen, sie vielmehr gewerbesteuerlich benachteiligen würde. Schon deshalb (!) hat er schuldhaft (!) gehandelt.*“

Eine dogmatische Ausdifferenzierung zwischen der Pflichtverletzung des steuerlichen Beraters einerseits und dem Verschulden andererseits ist stets vernachlässigt worden. Nun regelt der neu geschaffene § 280 Absatz 1 BGB das Verhältnis zwischen der objektiven Pflichtverletzung und dem Verschulden des Schädigers.

Nach dem mittels des Gesetzes zur Modernisierung des Schuldrechts eingeführten § 280 Absatz 1 BGB muss der Mandant die Pflichtverletzung, die Entstehung eines Schadens und den Ursachenzusammenhang zwischen der Pflichtverletzung des Beraters und dem Schaden als Voraussetzung für seinen Schadensersatzanspruch gegen den Berater darlegen. Für sie trägt nach der Fassung der Vorschrift der Mandant in Übereinstimmung mit der bisherigen Rechtslage die Beweislast.[1169] Das Nichtvertretenmüssen ist hingegen ein Einwendungstatbestand, für den gemäß § 280 Absatz 1 Satz 2 BGB der Schuldner (also der Berater) beweispflichtig ist. § 280 Absatz 1 Satz 2 BGB macht mithin die nach altem Recht[1170] für die Unmöglichkeit[1171] und den Verzug[1172] geltende Regelung zu einem für alle Pflichtverletzungen geltenden Rechtsprinzip. Da die Rechtsprechung[1173] aber be-

---

1165 Vgl. § 276 Absatz 2 BGB.

1166 Vgl. hierzu eingehend *Späth*, S. 325 f., Rn. 338. Vgl. weiterhin *Hirte* (o. Fn. 38), S. 48.

1167 Vgl. etwa BGH, VersR 1985, 1086, 1087; BGH, WM 1986, 675, 676; BGH, NJW-RR 1992, 1110, 1114.

1168 BGH, NJW-RR 1992, 1110, 1114.

1169 *Palandt/Heinrichs*, SMG, § 280 Rn. 34.

1170 D.h. das Recht vor Inkrafttreten des Gesetzes zur Modernisierung des Schuldrechts.

1171 § 282 BGB a.F.

1172 § 285 BGB a.F.

1173 Vgl. etwa BGH, VersR 1985, 1086, 1087; BGH, WM 1986, 675, 676; BGH, NJW-RR 1992, 1110, 1114.

reits bislang von der objektiven Pflichtverletzung zumeist automatisch auf das Verschulden des steuerlichen Beraters schloss,[1174] wird sich im Ergebnis durch die neue Regelung in § 280 Absatz 1 Satz 2 BGB kaum etwas ändern.

Hat der Mandant die objektive Pflichtverletzung seines steuerlichen Beraters hinreichend dargelegt, ist der Berater dafür beweispflichtig, dass ihn kein Verschulden trifft. Der Berater muss gemäß § 280 Absatz 1 Satz 2 BGB darlegen, dass er die Pflichtverletzung nicht zu vertreten hat. Eine Entlastung wird ihm praktisch immer nur dann möglich sein, wenn er die vollständige Erbringung aller ihm obliegenden Sorgfaltspflichten darlegen kann.[1175] Ist der Schaden des Mandanten durch mehrere pflichtwidrige Handlungen des Beraters entstanden, so muss der Berater den Entlastungsbeweis für jede einzelne Pflichtverletzung erbringen.[1176] Ist es zwischen den Parteien umstritten, ob ein Gehilfe des Beraters dessen Erfüllungsgehilfe[1177] war, so gehen die Zweifel zu lasten des Beraters.[1178]

6. Haftung für Hilfspersonen

Vielfach wird es nicht der steuerliche Berater, sondern einer seiner angestellten Mitarbeiter sein, dem die Pflichtverletzung unterläuft. Dies ist eine logische Konsequenz aus der Tatsache, dass ein Berater oftmals Mitarbeiter beschäftigt, die ihn bei seiner Tätigkeit entlasten. Für Pflichtverletzungen der Mitarbeiter, deren Hilfe sich der Berater bedient, kann er im Rahmen eines vertraglichen Anspruchs über die Vorschrift des § 278 BGB und im Rahmen eines deliktischen Anspruch nach § 831 BGB haftbar gemacht werden.

a. Die Haftung bei Verschulden der Erfüllungsgehilfen über § 278 BGB

Die Vorschrift des § 278 BGB beruht auf dem Gedanken, dass der Schuldner gegenüber dem Gläubiger für seinen Geschäfts- und Gefahrenkreis verantwortlich ist, wobei zu diesem Gefahrenkreis des Schuldners auch die von ihm eingesetzten Hilfspersonen gehören.[1179] Wer den Vorteil der Arbeitsteilung nützt, soll auch deren Nachteil tragen, nämlich das Risiko einer Verletzung rechtlich geschützter In-

---

1174 Obwohl Rechtsprechung und neueres Schrifttum darin übereinstimmten, dass § 282 BGB a.F. auf die positive Vertragsverletzung nicht entsprechend angewendet werden könne, wurde eine Ersatzpflicht des Schuldners bei Zweifeln über das Vertretenmüssen eigentlich immer bejaht; vgl. *Palandt/Heinrichs*, BGB, § 280 Rn. 34.

1175 RGZ 74, 342, 344; BGH, NJW 1965, 1583, 1585.

1176 BGH, NJW 1980, 2186, 2187.

1177 Vgl. zum Erfüllungsgehilfen unten Kapitel 6. a.

1178 *Palandt/Heinrichs*, BGB, § 280 Rn. 40.

1179 BGHZ 62, 119, 124; *Larenz*, Schuldrecht I, § 20 VIII.

teressen des Gläubigers durch den an seiner Stelle handelnden Gehilfen.[1180] Als Erfüllungsgehilfe gilt, wer mit dem Willen des Schuldners (Beraters) bei der Erfüllung einer diesem obliegenden Verbindlichkeit als seine Hilfsperson tätig wird.[1181] Die Art der zwischen dem Schuldner und der Hilfsperson bestehenden rechtlichen Beziehung ist unerheblich.[1182] Erfüllungsgehilfe des steuerlichen Beraters ist damit jede Person, die mit dem Willen des Beraters bei einer ihm obliegenden Vertragsverpflichtung als dessen Hilfsperson tätig wird.[1183] Es ist ohne Bedeutung, ob der Gehilfe als freier Mitarbeiter oder in einem Angestelltenverhältnis bei dem Berater tätig ist: Bürovorsteher, Steuerfachgehilfen, Rechtsanwaltsgehilfen, Auszubildende, Schreibkräfte sowie angestellte Steuerberater, Rechtsanwälte und Wirtschaftsprüfer usw. können Erfüllungsgehilfen sein.[1184] Eine Haftung des steuerlichen Beraters für seine Erfüllungsgehilfen kommt nur dann in Betracht, wenn der Erfüllungsgehilfe bei der Schädigung des Mandanten in Erfüllung einer Verbindlichkeit des Beraters handelt, das heißt die vom Erfüllungsgehilfen verrichtete Tätigkeit muss im Bereich des vom Berater dem Mandanten geschuldeten Gesamtverhaltens – den konkret vereinbarten Mandatspflichten und dem allgemeinen Pflichtenumfang der Steuerberatung - liegen.[1185] Für schuldhafte Handlungen nur bei Gelegenheit der Vertragserfüllung haftet der Berater nicht.[1186] Hierzu gehören zum Beispiel Diebstahls- und Unterschlagungshandlungen des Personals des Beraters.[1187] Weicht der Erfüllungsgehilfe lediglich von den Weisungen des Beraters ab, so entfällt die Haftungszurechnung nach § 278 BGB nicht.[1188] Denn der Grundsatz des § 278 BGB, der den Schuldner im Bereich der Vertragserfüllung mit dem Personalrisiko belastet, greift auch für solche Fälle, in denen sich der Erfüllungsgehilfe nicht an die Weisungen seines Geschäftsherrn hält. Hier gewinnt der Grundsatz oft sogar seine besondere Bedeutung. Nur dann entfällt die Haftung, wenn ein Verhalten, das den Vorwurf der Pflichtwidrigkeit begründet, aus dem allgemeinen Umkreis jenes Aufgabenbereichs herausfällt, den der Erfüllungsgehilfe für den Schuldner wahrzunehmen hat.[1189] Problematisch gestaltet sich hier die Abgrenzung in den Fällen, in denen Pflichtverletzungen in der steuerrechtlichen Beratung durch Mitarbeiter des Beraters begangen werden. Die steuerrechtliche Beratung ist vom Berater höchstpersönlich zu erbringen und auch nur diesem erlaubt,[1190] liegt also außerhalb des Aufgabenbereiches der nicht

---

1180 BGHZ 95, 128, 132.
1181 BGHZ 13, 111, 113; BGHZ 50, 32, 35; BGHZ 62, 119, 124; BGZ 98, 330, 334.
1182 BGHZ 13, 111, 113; BGHZ 50, 32, 35.
1183 BGHZ 13, 111, 113; BGHZ 50, 32, 35; BGH, NJW 1974, 692, 692 f.; BGH, NJW 1978, 2294, 2295.
1184 *Gräfe*, in: *Gräfe/Lenzen/Schmeer*, Rn. 823.
1185 Vgl. allgemein: BGHZ 123, 1, 14.
1186 BGHZ 31, 358, 361; BGH, NJW 1965, 1709, 1710.
1187 *MüKo/Grundmann*, BGH, § 278 Rn. 47.
1188 BGHZ 31, 358, 361.
1189 RGZ 63, 341, 343 f.; BGHZ 123, 1, 14.
1190 Vgl. hierzu oben Kapitel I. 2.

als Steuerberater bzw. Wirtschaftsprüfer bestellten oder als Rechtsanwalt zugelassenen Mitarbeiter. Generell wird der Mandant die Nichtberechtigung des Mitarbeiters zur Beratung in Steuerrechtsangelegenheiten erkennen und folglich die Beratung auf eigenes Risiko entgegennehmen.[1191] Je qualifizierter allerdings der Mitarbeiter ist, dem die Mandatspflichten übertragen wurden, desto schwieriger wird es für den Mandanten, die Nichtberechtigung des Mitarbeiters zu erkennen. Verweist der Berater den Mandanten beispielsweise an seinen Mitarbeiter, der dem Mandanten dann eine fehlerhafte steuerrechtliche Auskunft gibt, so hat er das Verschulden seines Mitarbeiters nach § 278 BGB zu vertreten.[1192] Außerdem übertragen Steuerberater in der täglichen Berufspraxis oftmals ihre eigenen Pflichten an mehr oder weniger qualifizierte Mitarbeiter. Eine solche Übertragung kann dann – aufgrund mangelnder Überwachung oder unzulänglicher Büroorganisation[1193]– ein eigenes Verschulden des Steuerberaters begründen.[1194] Allgemein gilt der Grundsatz, dass der Berater auch gegenüber zuverlässigen und sachkundigen Hilfskräften zu einer Überwachung durch gelegentliche Kontrollen verpflichtet ist.[1195]

§ 278 Satz 2 BGB gestattet es dem Steuerberater, die Haftung für vorsätzliches Verhalten seiner Erfüllungsgehilfen auszuschließen. Erfolgt ein solcher Ausschluss im formularmäßigen Mandatsvertrag, so ist er gemäß § 309 Nr. 7 b) BGB[1196] unwirksam, wenn er für Vorsatz und grobe Fahrlässigkeit des Erfüllungsgehilfen erfolgen soll.

b. Die Haftung für den Verrichtungsgehilfen gemäß § 831 BGB

Während § 278 BGB die Zurechnung eines Gehilfenverschulden regelt, soweit es um die Pflichten aus Schuldverhältnissen geht, befasst sich § 831 BGB mit den Fehlhandlungen von Hilfspersonen im allgemeinen privatrechtlichen Rechtsverkehr.[1197] Im Unterschied zu § 278 BGB gestattet § 831 Absatz 1 Satz 2 BGB dem Geschäftsherrn den Entlastungsbeweis, den Gehilfen sorgfältig ausgesucht und überwacht zu haben. Damit gestaltet sich die vertragliche Haftung aus § 278 BGB im Vergleich zur deliktischen Haftung aus § 831 BGB als die strengere.[1198] Die Haftung des steuerlichen Beraters als Geschäftsherr nach § 831 BGB gründet sich

---

[1191] RG, JW 1906, 332, 332; *Borgmann/Jungk/Grams*, VII, Rn. 74 (jeweils für die Haftung des Rechtsanwalts).

[1192] LG, Köln DStR 1987, 600, 600.

[1193] Vgl. z.B. hierzu unten Kapitel III. 9.

[1194] LG Berlin, StB 1993, 106, 106.

[1195] Vgl. hierzu ausführlicher H.L., DB 2002, 297, 297.

[1196] Vormals § 11 Nr. 7 AGBG.

[1197] *MüKo/Grundmann*, BGH, § 278 Rn. 7.

[1198] *Palandt/Sprau*, BGB § 831 Rn. 3.

auf der Vermutung seines eigenen Verschuldens bei der Auswahl oder Leitung der Hilfsperson oder bei Beschaffung der erforderlichen Vorrichtungen oder Gerätschaften sowie auf die weitere Vermutung des ursächlichen Zusammenhangs zwischen dem Verschulden des Beraters als Geschäftsherrn und einem dem Mandanten zugefügten Schaden.[1199]

Verrichtungsgehilfe ist, wem von einem anderen, in dessen Einflussbereich er allgemein oder im konkreten Fall und zu dem er in einer gewissen Abhängigkeit steht,[1200] eine Tätigkeit übertragen worden ist.[1201] Für die Abhängigkeit ist es ausreichend, wenn der Geschäftsherr die Tätigkeit des Handelnden jederzeit beschränken, untersagen oder nach Zeit und Umfang bestimmen kann.[1202] Danach ist jede Person Verrichtungsgehilfe des steuerlichen Beraters, der vom Berater eine Tätigkeit übertragen wurde. Verrichtungsgehilfe sind Bürovorsteher, Bilanzbuchhalter, Prüfungsassistent, Steuerfachgehilfen bzw. Rechtsanwaltsgehilfen, Auszubildende, Schreibkräfte usw.[1203] Ein Sozius des Beraters ist nicht von dem Willen seines Partners abhängig und kann über die Zeit und den Umfang seiner Tätigkeit frei verfügen. Daher ist ein Sozius grundsätzlich nicht Verrichtungsgehilfe.[1204]

Ein eigenes Verschulden des Verrichtungsgehilfen ist in der Regel nicht erforderlich, es genügt die objektive Widerrechtlichkeit seiner Handlung; nur dort, wo die Widerrechtlichkeit erst durch die Kenntnis der Tatumstände, welche die Handlung zu einer sittenwidrigen Handlung machen, wie zum Beispiel bei der sittenwidrigen vorsätzlichen Schädigung nach § 826 BGB,[1205] begründet wird, muss die Kenntnis bei dem Verrichtungsgehilfen vorhanden sein.[1206] Nach dem Schutzzweck der Norm haftet der Geschäftsherr dem Geschädigten gegenüber trotz rechtswidriger Schadenszufügung durch einen Verrichtungsgehilfen nicht, wenn dieser objektiv fehlerfrei gehandelt, das heißt wenn er sich so verhalten hat, wie jede mit Sorgfalt ausgewählte und überwachte Person sich sachgerecht und vernünftig verhalten hätte.[1207]

Der Schaden muss in Ausführung der Verrichtung und nicht nur gelegentlich der Verrichtung dem Mandanten von dem Verrichtungsgehilfen zugefügt werden. In letzterem Fall haftet nur der Täter (d.h. der Verrichtungsgehilfe) selbst.[1208] Es

---

1199 *Palandt/Sprau*, BGB § 831 Rn. 1.
1200 BGH, WM 1989, 1047, 1050.
1201 *Palandt/Thomas*, BGB § 831 Rn. 6.
1202 BGHZ 45, 311, 311; BGH LM § 823 BGB, Hb Nr. 5.
1203 BGH, WM 1989, 1047, 1050.
1204 BGH, NJW 1956, 1715, 1715; BGH, BB 1994, 1741, 1741.
1205 Vgl. zum Anspruch aus § 826 BGB bereits oben Kapitel 2. c.
1206 BGH, NJW 1956, 1715, 1715; BGH, NJW 1970, 1737, 1738.
1207 BGH, VersR 1975, 447, 447; BGH, NJW-RR 1988, 38, 38.
1208 *Palandt/Thomas*, BGB § 831 Rn. 11.

muss deshalb ein unmittelbarer innerer Zusammenhang zwischen der dem Gehilfen aufgetragenen Verrichtung nach ihrer Art und ihrem Zweck und der schädigenden Handlung bestehen.[1209] Das Verhalten des Gehilfen darf nicht aus dem Kreis oder dem allgemeinen Rahmen der ihm anvertrauten Aufgaben herausfallen.[1210]

Der steuerliche Berater kann sich durch die Widerlegung der Verschuldensvermutung nach § 831 Absatz 1 Satz 2 BGB entlasten. Dies geht zum einen aus § 831 Absatz 1 Satz 2 1. Halbsatz BGB hervor. Danach muss zur Entlastung ein Nachweis der erforderlichen Sorgfalt bei Auswahl, Leitung, Überwachung und Fortbildung des Verrichtungsgehilfen erfolgen. Weiterhin kann der Berater nach § 831 Absatz 1 Satz 2, 2. Halbsatz BGB den Beweis erbringen, dass es an der vermuteten Kausalität zwischen der Sorgfaltspflichtverletzung bei der Auswahl, Leitung, Überwachung und Fortbildung des Gehilfen und dem Schaden fehlt.

7. Haftung gegenüber Dritten

Aufgrund des Inhalts seiner Tätigkeit ist der steuerliche Berater umfassend über die finanzielle Situation seines Mandanten informiert. Darüber hinaus wird der besonderen Sachkunde des Beraters – sowohl vom Mandanten als auch im allgemeinen Rechtsverkehr[1211] – ein hohes Vertrauen entgegengebracht.[1212] Insoweit ist es nicht verwunderlich, wenn steuerliche Berater damit beauftragt werden, den Geschäftspartnern oder Kreditgebern des Mandanten Auskunft über die finanzielle Situation des Mandanten zu geben. Ist der Berater vom Geschäftspartner oder dem Kreditgeber beauftragt worden, so steht die Berufshaftung auf den allgemeinen Rechtsgrundlagen eines regelmäßig vorliegenden Geschäftsbesorgungsvertrages,[1213] der zumeist einen Dienstvertragscharakter haben wird.[1214] Problematischer gestaltet sich die Haftung aufgrund mangelhafter Beratung, fehlerhafter Auskünfte sowie falscher Expertisen und Erklärungen gegenüber Dritten („Nichtmandaten"), mit denen kein Vertragsverhältnis besteht. Da die deliktische Vorschrift des § 823 Absatz 1 BGB das Vermögen nicht schützt und § 823 Absatz 2 BGB in Verbindung mit §§ 263, 266 StGB sowie die Vorschrift des § 826 BGB den schwierigen Nachweis des Vorsatzes verlangen, gewährleistet das Deliktsrecht nur einen unzureichenden Schutz für Nichtmandanten.[1215] Die Dritthaftung

---

1209 BGH, NJW 1971, 31, 32; BGH, NJW-RR 89, 723, 724.

1210 BGH, WM 1977, 1169, 1170.

1211 *Gounalakis*, NJW 1998, 3593, 3593. Vgl. auch *Fleischmann*, S. 92 f.; *Ring*, S. 45.

1212 Vgl. hierzu bereits oben Kapitel I. 1.

1213 Vgl. zum Mandatsschluss bereits oben Kapitel 1. b.

1214 Vgl. zur Rechtsnatur des Mandatsvertrages oben Kapitel 1. c.

1215 Vgl. hierzu auch *Zugehör*, NJW 2000, 1601, 1602.

für Schäden, die im Zusammenhang mit der Berufsausübung von Rechtsanwälten, Wirtschaftsprüfern, Steuerberatern und Sachverständigen auftreten, hat sich in den letzten Jahren zunehmend ausgedehnt und dabei wurde neben der Haftung aus „Verschulden bei Vertragsschluss" (*culpa in contrahendo*), die nunmehr ausdrücklich in § 280 Absatz 1 BGB in Verbindung mit § 311 Absatz 3 BGB geregelt ist und dem konkludent geschlossenen Auskunftsvertrag insbesondere auf die Rechtsfigur des „Vertrages mit Schutzwirkung zugunsten Dritter" zurückgegriffen.[1216] Daneben lässt sich die Haftung gegenüber Dritten – wie sich im Folgenden zeigen wird – auch noch über andere Lösungswege begründen.

a. Stillschweigend (konkludent) geschlossener Auskunftsvertrag

Wie bereits oben (unter Kapitel 1. b.) ausgeführt, kann der Vertragsschluss zwischen dem steuerlichen Berater und seinem Mandanten auch durch konkludentes (d.h. stillschweigendes) Verhalten entstehen und muss nicht notwendigerweise ausdrücklich geschlossen werden.[1217] Es kommt vielmehr darauf an, wie sich das Verhalten der Beteiligten bei Würdigung aller Umstände einem objektiven Beobachter darstellt.[1218] Für eine vertragliche Bindung spricht, wenn der Begünstigte sich erkennbar auf die Zusage verlässt und für ihn erhebliche Werte auf dem Spiel stehen.[1219] Ein Vertrag und nicht bloß ein Gefälligkeitsverhältnis ist anzunehmen, wenn die Gesamtumstände unter Berücksichtigung der Verkehrsauffassung und des Verkehrsbedürfnisses die Schlussfolgerung zulassen, dass beide Teile nach

---

1216 Vgl. allgemein zu der Dritthaftung der steuerberatenden Berufe und deren Entwicklung: *Canaris*, JZ 1998, 603, 603 ff.; *Schindhelm/Grothe*, DStR 1989, 445, 445 ff.; *Zugehör*, NJW 2000, 1601, 1601 ff. Vgl. im Besonderen zur Dritthaftung des Wirtschaftsprüfers, der im Rahmen seiner wirtschaftsprüfenden Tätigkeiten einer besonders strengen Dritthaftung unterliegt: *Ebke*, Wirtschaftsprüfer und Dritthaftung, 1983; *Ebke*, BB 1997, 1731; *Ebke/Scheel*, WM 1991, 389, 389 ff. Die Anforderungen an die Haftung des Wirtschaftsprüfers aus Vertrag mit Schutzwirkung zugunsten Dritten wurden jüngst noch einmal durch den BGH gelockert: BGH, BB 2004, 2153, 2153 ff.; vgl. hierzu auch: *Janert/Schuster*, BB 2005, 987, 988 ff.; *Graf*, EWiR 2005, 341, 341 f., *Ellerkmann*, WuB I G 8. Das Institut der Wirtschaftsprüfer (IDW) sieht deshalb auch im Entwurf des neuen IDW ES 4 (Grundsätze ordnungsmäßiger Beurteilung von Verkaufsprospekten über öffentlich angebotene Vermögensanlagen) den Abschluss einer Auskunftsvereinbarung zwischen dem Wirtschaftsprüfer und dem Auskunftsempfänger (Dritten) vor. Vereinzelt wird in der Literatur – mit wenig überzeugenden Argumenten – sogar eine „kapitalmarktrechtliche Dritthaftung" des Wirtschaftsprüfers propagiert; vgl. so z.B. *Heukamp*, ZHR 2005, 471, 471 ff.

1217 BGH, NJW 1972, 678, 680; BGH, NJW 1973, 321, 323; BGH, WM 1988, 905, 907, BGH, NJW 1988, 2880, 2881; BGH, NJW 1992, 2080, 2082; *Janert/Schuster*, BB 2005, 987, 988.

1218 BGHZ 21, 102, 107.

1219 Vgl. hierzu die in BGHZ 21, 102, 107 aufgestellten objektiven Kriterien für einen, über die bloße Gefälligkeit hinausgehenden, rechtlichen Bindungswillen: „Der Wert einer anvertrauten Sache, die wirtschaftliche Bedeutung einer Angelegenheit, das erkennbare Interesse des Begünstigten und die nicht ihm, wohl aber dem Leistenden erkennbare Gefahr, in die er durch fehlerhafte Leistung geraten kann...".

dem objektiven Inhalt ihrer Erklärungen die Auskunft zum Gegenstand vertraglicher Rechte und Pflichten gemacht haben.[1220] Abzustellen ist auch darauf, welche Bedeutung die Auskunft für den Empfänger hat und ob er sie zur Grundlage von wesentlichen Entschlüssen machen will.[1221] Das Vertrauen eines Auskunftsempfängers in die besondere Sachkunde des Auskunftsgebers kann ebenfalls als ein Indiz für das Vorliegen eines Rechtsbindungswillens gewertet werden.[1222] Hat der Leistende (also der Berater) selbst ein rechtliches oder wirtschaftliches Interesse an der Hilfe, die dem Begünstigten gewährt wird, so wird dies in der Regel für seinen Rechtsbindungswillen sprechen.[1223] Dabei gilt im Bereich der „Dritthaftung" folgendes:

> Setzt der Steuerberater „die eigene Persönlichkeit als Garant für die Richtigkeit seiner Erklärung" ein, beispielsweise wenn der Steuerberater zu Kreditverhandlungen auf Verlangen einer Bank hinzugezogen wird und sich zur Begründung der Kreditwürdigkeit des Mandanten auf die selbst gefertigten und testierten Bilanzen bezieht, so kommt ein stillschweigender Vertragsschluss mit dem Dritten zustande.[1224]
>
> Tritt der Berater allerdings nur als verlängerter Arm des Mandanten in Erscheinung, so kann hieraus noch kein konkludenter Vertragsschluss abgeleitet werden. Denn ohne ein besonderes Vertrauen des Dritten in die Sachkunde des Steuerberaters im konkreten Fall, lässt sich eine unangemessene Ausweitung der Vertragshaftung nicht begründen.[1225] Macht der Steuerberater dem Auskunftsempfänger also klar, dass er nicht als neutraler, übergeordneter Sachverständiger auftritt, sondern lediglich zur Unterstützung seines Mandanten, so entfällt aufgrund dessen im Regelfall der Rechtsbindungswillen des Beraters.[1226] Die besondere Sachkunde des Beraters und die Bedeutung der Auskunft für den Empfänger stellen lediglich Indizien dar, die, wenn auch mit erheblichem Gewicht, in die Gesamtwürdigung der Gegebenheiten des konkreten Falles einzubeziehen sind. Für den stillschweigenden Abschluss eines Auskunftsvertrages ist entscheidend darauf abzustellen, ob die Gesamtumstände unter Berücksichtigung der Verkehrsauffassung und des Verkehrsbedürfnisses den Schluss zulassen, dass beide Teile nach dem objektiven Inhalt ihrer Erklä-

---

1220 BGH, NJW 1989, 1029, 1029; BGH, NJW 1991, 352, 352; BGH, NJW 1992, 2080, 2082; BGH, NJW 1993, 3073, 3075; BGH, NJW-RR 1995, 619, 620; BGH, NJW-RR 1998, 1343, 1344; *Janert/Schuster*, BB 2005, 987, 988.

1221 OLG Düsseldorf, OLGReport-Düsseldorf 2005, 193, 194. Vgl. auch für die Auskunft einer Bank BGH, NJW 1989, 2882, 2884; BGH, NJW 1979, 1595, 1596.

1222 BGHZ 100, 117, 118 f.

1223 RGZ 65, 17, 19.

1224 BGHZ 7, 371, 374 ff. (insb. S. 377); BGH, WM 1966, 1283, 1284.

1225 BGH, NJW 1986, 180, 181; *Gräfe*, in: *Gräfe/Lenzen/Schmeer*, Rn. 426.

1226 *Gräfe*, in: *Gräfe/Lenzen/Schmeer*, Rn. 426; vgl. auch zur Auskunft von Rechtsanwälten: *Robrecht*, AnwBl 1973, 57, 59 f.

rungen die Auskunft zum Gegenstand vertraglicher Rechte und Pflichten gemacht haben.[1227]

Ein eigenes wirtschaftliches Interesse des Auskunftsempfängers wird vielfach als ein starkes Indiz für den Verpflichtungswillen des Auskunftsgebers gesehen.[1228]

Das Versprechen eigener Nachprüfungen der Angaben des Geschäftspartners des Auskunftsempfängers durch den Berater spricht für den Vertragsschluss zwischen Steuerberater und Auskunftsempfänger.[1229]

Die Hinzuziehung des Auskunft gebenden steuerlichen Beraters auf Verlangen des Auskunftsempfängers[1230] oder die Einbeziehung des Beraters in derartige Vertragsverhandlungen als unabhängige neutrale Person[1231] sind ebenfalls ein Kennzeichen für einen konkludenten Vertragsschluss.[1232]

Besteht bereits eine anderweitige vertragliche Beziehung zwischen dem Auskunftsempfänger und dem Berater, so kann die Auskunft vom Verpflichtungswillen des Beraters zum Vertragsschluss umfasst sein.[1233]

Ein konkludenter Vertragsschluss setzt die unmittelbare Fühlungnahme (den Auskunftskontakt) zwischen dem steuerlichen Berater und dem Auskunftsempfänger voraus.[1234] Gibt der Mandant daher Arbeitsergebnisse des steuerlichen Beraters, die nach dem Mandatszweck nur Erklärungen gegenüber dem Mandanten darstellen, an Dritte weiter, so können ohne weitere Anhaltspunkte keine vertraglichen Beziehungen zwischen dem Steuerberater und dem Dritten begründet werden.

Für weiter Indizien, die für und wider den Rechtsbindungswillen sprechen, vgl. oben unter Kapitel 1. b.

1227 RGZ 162, 129, 154f.; BGH, LM § 157 BGB Nr. 3; BGH, NJW 1973, 321, 323; BGH, WM 1978, 576, 577; BGH, NJW 1986, 180, 181.

1228 Vgl. statt vieler BGH, WM 1962, 1110, 1111 m.w.Nachw.; siehe auch: BGHZ 7, 371, 374 ff.; BGH, NJW 1953, 60, 60; BGHZ 74, 103, 106 f.; BGH, NJW 1972, 678, 680 f.; BGH, NJW 1979, 771, 772; BGH, WM 1985, 450, 451.

1229 BGH, WM 1965, 287, 288.

1230 BGH, VersR 1967, 65, 66.

1231 BGH, NJW 1972, 678, 680 f.

1232 BGH, NJW 1986, 180, 181.

1233 BGH, WM 1979, 36, 37.

1234 BGH, NJW 1973, 321, 323; *Lammel*, NJW 1973, 700, 700.

b. Vertrag zu Gunsten Dritter (§§ 328 ff. BGB)

Gemäß § 328 BGB können die Vertragsparteien des Mandatsvertrages die Erbringung der Leistung aus dem Vertrag vom steuerlichen Berater als Versprechenden an einen vom Gläubiger (Versprechensempfänger) verschiedenen Dritten vereinbaren. Steuerlicher Berater und Mandant vereinbaren somit eine Pflicht des Steuerberaters, seine vertragliche Hauptleistungspflicht (wie zum Beispiel eine Beratung oder Auskunft) nicht an seinen Auftraggeber (Mandanten), sondern an eine andere natürliche oder juristische Person zu erbringen.[1235] Der Dritte erwirbt damit nach § 328 Absatz 1 BGB unmittelbar das Recht, diese Leistung zu fordern. Fehlt eine ausdrückliche Vereinbarung zwischen dem Berater und dem Mandanten, so kann sich dennoch aufgrund einer am Vertragszweck orientierten Auslegung des Vertrages ein Vertrag zu Gunsten Dritter ergeben (vgl. § 328 Absatz 2 BGB).[1236] Nach § 334 BGB stehen dem Berater gegenüber dem Dritten auch dieselben Einwendungen und Einreden aus seinem Außenverhältnis (dem so genannten Deckungsverhältnis) zu, die er gegenüber dem Mandanten geltend machen könnte. Hierzu zählen beispielsweise Haftungsbeschränkungen, die Verjährung der Forderung oder ein Mitverschulden.[1237] Ausgeschlossen sind allerdings alle Einwendungen aus dem Valutaverhältnis, dem Zuwendungsverhältnis zwischen dem Mandanten und dem Dritten.[1238] Dem begünstigten Dritten steht aus dem fremden Vertrag grundsätzlich kein weitergehendes Recht zu als dem Vertragspartner, von dem er seinen Anspruch herleitet.[1239] Im Bereich der Steuerberatung wird der Vertrag zu Gunsten Dritter zumeist in im Rahmen von Treuhandverhältnissen des steuerlichen Beraters erheblich sein, beispielsweise dort, wo der Berater als Treuhänder die Mittelverwendung zu überwachen[1240] oder Sicherheiten zu prüfen hat.[1241]

c. Vertrag mit Schutzwirkung zu Gunsten Dritter

Der Vertrag mit Schutzwirkung zugunsten Dritter stellt den Schwerpunkt bei der Dritthaftung dar.[1242] Dieser Vertragstyp ist in Analogie zum „echten" Vertrag zu

---

1235 *Zugehör*, NJW 2000, 1601, 1602; *Janert/Schuster*, BB 2005, 987, 988.

1236 § 328 Absatz 2 BGB: „In Ermangelung einer besonderen Bestimmung ist aus den Umständen, insbesondere aus dem Zwecke des Vertrags, zu entnehmen, ob der Dritte das Recht erwerben, ob das Recht des Dritten sofort oder nur unter gewissen Voraussetzungen entstehen und ob den Vertragsschließenden die Befugnis vorbehalten sein soll, das Recht des Dritten ohne dessen Zustimmung aufzuheben oder zu ändern."

1237 Vgl. *Palandt/Heinrichs*, BGB § 334 Rn. 3.

1238 BGHZ 54, 145, 156.

1239 BGHZ 56, 269, 272.

1240 BGH, NJW-RR 1986, 1158, 1158.

1241 OLG Karlsruhe, WM 1997, 1476, 1477.

1242 *Canaris*, JZ 1998, 603, 603; *Zugehör*, NJW 2000, 1601, 1603.

Gunsten Dritter gemäß § 328 BGB entwickelt worden.[1243] Bei Vertrag mit Schutzwirkung zu Gunsten Dritter steht der Anspruch auf die Hauptleistung des Mandatsvertrages grundsätzlich allein dem Gläubiger (also dem Mandanten) zu, der Dritte ist jedoch in die vertraglichen Sorgfalts- und Obhutspflichten einbezogen und kann bei deren Verletzung vertragliche Schadensersatzansprüche geltend machen.[1244] Der Vertrag mit Schutzwirkung zu Gunsten Dritter war der Sache nach bereits in der Rechtsprechung des Reichsgerichts anerkannt.[1245] Die Erkenntnis, dass es sich um einen besonderen vom Vertrag zu Gunsten Dritter zu unterscheidenden Vertragstyp handelt, hat sich jedoch erst später nach den Untersuchungen von *Larenz*[1246] durchgesetzt.[1247] In den Jahren 1965 und 1977 hat der Bundesgerichtshof die vertragliche Schutzwirkung für einen Dritten auf die Rechtsberatung als geschuldete Hauptleistung ausgedehnt.[1248] Der Vertrag mit Schutzwirkung zugunsten Dritter kann in Anspruchsgrundlagenkonkurrenz mit einer Haftung aus Prospekthaftung[1249] stehen.[1250]

aa. Voraussetzungen des Vertrags mit Schutzwirkung zu Gunsten Dritter

Grundlage der Haftung aus einem Vertrag mit Schutzwirkung zu Gunsten Dritter ist die Einbeziehung des Dritten in den Schutzbereich von Neben-[1251] oder Hauptpflichten[1252] des Vertrages. Diese Einbeziehung muss anhand einer (gegebenenfalls ergänzenden[1253]) objektiven Vertragsauslegung gewonnen werden.[1254] Nur wenn dem steuerlichen Berater bei Vertragsschluss bekannt ist oder zumindest erkennbar ist, dass ein Vertrag mit dem Mandanten Schutzwirkung für einen Dritten haben soll, lässt sich ein dementsprechender Vertragswille des Beraters begründen.[1255] Auch ein vorvertragliches Verhältnis kann dann bereits Schutzwirkung für einen Dritten entfalten.[1256] Dies geht auch aus § 311 Absätze 2 und 3 BGB

1243 *Larenz*, Schuldrecht I, § 17 II.
1244 BGHZ 49, 350, 353; BGH, NJW 1959, 1676, 1676 f.; BGH, NJW 1964, 33, 34; BGH, NJW 1965, 1757, 1757 ff.; BGH, NJW 1965, 1955, 1956.
1245 RGZ 87, 64, 65; RGZ 87, 289, 292; RGZ 91, 21 24; RGZ 102, 231, 232; RGZ 127, 218, 221 ff.; RGZ 152, 175, 176.
1246 Schuldrecht I, § 17 II; NJW 1960, 78, 78 ff.
1247 BGHZ 49, 350, 353; BGH, NJW 1959, 1676, 1676 f.; BGH, NJW 1964, 33, 34; BGH, NJW 1965, 1757, 1757 ff.; BGH, NJW 1965, 1955, 1956.
1248 BGH, NJW 1965 1955, 1957; BGH, NJW 1977, 2073, 2074.
1249 Wie z.B. aus § 13 VerkProspG oder §§ 44-47 BörsG.
1250 BGH, DB 2004, 2153, 2155.
1251 BGHZ 70, 327, 329; BGHZ 96, 9, 17; BGH, NJW 1984, 355, 356; BGH, NJW 1985, 489, 489; BGH, NJW 1994, 2231, 2231.
1252 BGH, NJW 1965, 1955, 1956; BGH, NJW 1977, 2073, 2074; BGH, NJW 1987, 1758, 1759; BGH, NJW 1988, 200, 201; BGH, NJW-RR 1990, 1172, 1173; BGH, NJW 1995, 51, 52.
1253 BGHZ 56, 269, 273.
1254 BGH, NJW 1984, 355, 356; BGH, NJW-RR 1986, 1307, 1308.
1255 BGHZ 49, 350, 353; BGH, NJW 1985, 489, 489 f.; BGH, NJW 1985, 2411, 2411.
1256 BGHZ 66, 51, 56.

hervor.[1257] Der von der Schutzwirkung umfasste Personenkreis wird von der Rechtsprechung sehr eng gezogen. Die ältere Rechtsprechung des Bundesgerichtshofs verlangte eine Fürsorgepflicht des Vertragsgläubigers (Mandanten). Der Gläubiger musste für das „Wohl und Wehe" des Dritten verantwortlich sein, wie etwa im Rahmen eines Familien-, Mietvertrags- oder Arbeitsrechtsverhältnisses.[1258] Der Bundesgerichtshof hat nunmehr jedoch seine „Wohl und Wehe" Rechtsprechung aufgegeben[1259] und verlangt, dass die Rechtsgüter des Dritten nach der objektiven Interessenlage im Einzelfall durch die Vertragsleistung des Schuldners mit Rücksicht auf den Vertragszweck „bestimmungsgemäß, typischerweise" beeinträchtigt werden können – die so genannte Leistungsnähe oder Drittbezogenheit der Leistung – und der Vertragsgläubiger ein berechtigtes Interesse am Schutz des Dritten hat.[1260] Eine Übereinstimmung der Interessen von Vertragsgläubiger und Dritten ist nicht erforderlich für die Einbeziehung des Dritten in den Schutzzweck des Vertrages und selbst gegenläufige Interessen schaden nicht.[1261] Eine Schutzwirkung zu Gunsten des Dritten kann allerdings nur entstehen, wenn dieser überhaupt schutzbedürftig ist. Hat der Dritte Ansprüche aus einem eigenen Vertrag gegen den Vertragsschuldner, so muss damit eine Haftung aus Vertrag mit Schutzwirkung zu Gunsten Dritter abgelehnt werden.[1262]

bb. Beispiele

Familienangehörige des Mandanten sind oftmals von der Schutzwirkung des Mandatsvertrages erfasst, etwa bei:

einer Einkommensteuererklärung für den Mandanten, der mit seiner Ehefrau gemeinsam veranlagt wird;[1263]

einer Steuererklärung zur Feststellung der Einkünfte einer Grundstücksgemeinschaft, an der neben dem Mandanten dessen Angehörige beteiligt sind;[1264]

einem Gutachten über die Steuerfolgen einer geplanten Übertragung von Gesellschaftsanteilen durch den Mandanten an seinen Sohn;[1265]

1257 Berechtigte eines Anspruches nach §§ 280 Abs. 1, 241 Abs. 2, 311 Abs. 1 und 2 BGB können in entsprechender Anwendung des § 328 BGB unter Umständen auch Dritte sein; vgl. *Palandt/Heinrichs*, BGB, § 311 Rn. 13.

1258 BGHZ 51, 91, 96; BGHZ 56, 269, 273; BGHZ 66, 51, 57; BGH, NJW 1977, 2208, 2209.

1259 BGH, NJW 1984, 355, 356.

1260 BGHZ 49, 350, 354; BGHZ 69, 82, 86; BGHZ 70, 327, 329; BGHZ 96, 9, 17; BGH, NJW 1996, 2927, 2927.

1261 BGHZ 127, 378, 380; BGH, NJW 1998, 1059, 1060.

1262 BGHZ 70, 327, 329 f.; BGH, NJW 1987, 2510, 2511; BGH, NJW 1993, 655, 656; BGH, NJW 1996, 2927, 2928 f.

1263 BGH, NJW 1986, 1050, 1051.

1264 OLG Celle, NJW-RR 1986, 1315, 1315.

1265 OLG München, NJW-RR 1991, 1124, 1125.

einer falschen Bilanz eines Wirtschaftsprüfers, durch die die Ehefrau des Mandanten als Kreditgeberin einen Schaden erleidet.[1266]

Ein weiterer häufiger Fall der Haftung des steuerlichen Beraters aus Vertrag mit Schutzwirkung zu Gunsten Dritter findet sich bei der Auskunft oder gutachterlichen Tätigkeit, in dem erkennbar auch die Interesses eines Dritten gewahrt werden sollen, der in der Regel als Kreditgeber oder Käufer in Erscheinung tritt und die Auskunft oder das Gutachten zur Grundlage einer Vermögensentscheidung machen will.[1267] Letzterer Fall liegt insbesondere dann vor, wenn der Steuerberater im Rahmen der steuerlichen Beratung hinsichtlich einer Vermögensanlage erfährt, dass der Dritte in Abstimmung mit dem Mandanten möglicherweise an Stelle des Mandanten, gegenüber dem die Beratung durch den Steuerberater erfolgte, in das Anlagevorhaben eintreten wird. Solchen Dritten gegenüber kann der Steuerberater dann auch für Fehler und Versäumnisse aus der Beratung des „Erstmandanten" haften, die für die Entschlussbildung der Dritten fortwirken.[1268] Eine Haftung aus einem fremden Vertrag mit Schutzwirkung zu Gunsten des Dritten (zum Beispiel eines Kreditgebers) kommt somit dann in Betracht, wenn der Steuerberater kraft eigener Sachkunde eine Auskunft erteilt,[1269] ein Gutachten anfertigt[1270] oder einen Zwischen- oder Jahresabschluss erstellt.[1271] Bescheinigt ein Steuerberater in einem Testat die Einhaltung handelsrechtlicher und steuerrechtlicher Vorschriften oder die Ordnungsmäßigkeit der Buchführung, so haftet er gegenüber dem Dritten nur insoweit, als er nach dem Wortlaut seines Testats die Verantwortlichkeit für die Richtigkeit übernommen hat.[1272] Die Vorschrift des § 334 BGB gilt bei Auskunftsverträgen mit Schutzwirkung zu Gunsten Dritter meist als konkludent ausgeschlossen mit der Folge, dass der Steuerberater dem Dritten gegenüber selbst dann haftet, wenn den Mandanten ein Verschulden an der Fehlerhaftigkeit des Gutachtens trifft.[1273] Denn die den echten Vertrag zu Gunsten Dritter betreffende Vorschrift des § 334 BGB, wonach dem Versprechenden die Einwendungen aus dem Vertrag auch gegenüber Dritten zustehen, ist dispositives Recht.[1274] Diese Vorschrift kann auch stillschweigend abbedungen werden, was sich insbesondere aus der Natur des Deckungsverhältnisses ergeben kann.[1275]

1266 BGH, NJW-RR 1993, 944, 944 f.
1267 *Zugehör*, NJW 2000, 1601, 1604.
1268 BGH, BB 2003, 1216, 1217 f.
1269 BGH, NJW-RR 1987, 1307, 1307.
1270 BGH, NJW 1983, 1053, 1054.
1271 BGH, NJW 1987, 1758, 1759; BGH, NJW-RR 1989, 696, 697; BGH, NJW-RR 1993, 944, 944 f.; BGH, NJW 1997, 1235, 1235; OLG Düsseldorf, NJW-RR 1986, 522, 522; OLG München, WM 1997, 613, 615 ff.
1272 BGH, NJW-RR 1989, 696, 697.
1273 BGHZ 127, 378, 384 ff.; BGH, NJW 1998, 1059, 1061. So im Ergebnis auch Musielak, S. 41 f.; Ziegltrum, S. 217 f.
1274 *Palandt/Heinrichs*, BGB § 334 Rn. 2.
1275 BGHZ 93, 271, 275 f.

Geht es deshalb beim Vertrag mit Schutzwirkung zu Gunsten Dritter bei der Ermittlung der Reichweite des Drittschutzes durch Auslegung des Vertrages darum, diese Bestimmung entsprechend oder ihrem Rechtsgedanken nach anzuwenden, ist nicht ersichtlich, warum strengere Maßstäbe gelten sollen.[1276]

d. Drittschadensliquidation

Der Schaden, der typischerweise beim Mandanten eintreten müsste, wird vielfach aufgrund eines Rechtsverhältnisses zwischen dem Mandanten und einem Dritten auf diesen verlagert. Der Schädiger soll aus dieser Schadensverlagerung keinen Vorteil ziehen dürfen. Rechtsprechung und Lehre lassen deshalb beim Auseinanderfallen von Gläubigerstellung und geschütztem Interesse eine Drittschadensliquidation zu.[1277] Der Mandant kann dann trotz mangelndem eigenen Schaden vom Steuerberater Leistung des Schadensersatzes an sich oder an den Dritten verlangen.[1278] Der geschädigte Dritte hat gegen den Mandanten einen Anspruch auf Abtretung des vertraglichen Schadensersatzanspruchs.[1279] Liegt ein Vertrag mit Schutzwirkung zu Gunsten Dritter vor, so wird aufgrund des eigenen Anspruchs des Dritten die Drittschadensliquidation ausgeschlossen sein.[1280]

e. Verschulden bei Vertragsschluss (culpa in contrahendo) §§ 280 Absatz 1, 311 Absätze 2 und 3 BGB

Aus Verschulden bei Vertragsschluss (*culpa in contrahendo*) kann auch derjenige in Anspruch genommen werden, der nicht Vertragspartner des Dritten ist oder werden sollte, sofern ihm als Vertreter, Verhandlungsgehilfe oder Sachwalter einer Verhandlungspartei seitens des Dritten aufgrund seiner besonderen Sachkunde oder persönlicher Vertrauenswürdigkeit ein besonderes Vertrauen entgegengebracht wurde und/oder wenn er selbst an dem Abschluss des Vertrags ein unmittelbares eigenes wirtschaftliches Interesse hatte.[1281]

1276 BGHZ 127, 378, 385.

1277 BGHZ 40, 91, 100; BGHZ 51, 91, 93; *Staudinger/Schiemann*, BGB, Vor. § 249 Rn. 62 ff.; *Lange/Schiemann*, § 8 III; *Larenz*, Schuldrecht I, § 27 IV.

1278 BGH, NJW-RR 1987, 880, 882.

1279 BGH, NJW 1970, 38, 41.

1280 Str. so wie hier: BGHZ 40, 91, 106; *Zugehör*, NJW 2000, 1601, 1605. Für die parallele Anwendung beider Rechtsinstitute vgl. BGH, NJW 1977, 2073, 2074. Für den Vorrang der Drittschadensliquidation vor den Regeln des Vertrags mit Schutzwirkung zu Gunsten Dritter vgl. *Berg*, NJW 1978, 2018, 2019.

1281 RGZ 106, 68, 73; RGZ 120, 249, 252 f.; RGZ 132, 76, 82; RGZ 143, 219, 222 f.; RGZ 159, 33, 54 f.; BGHZ 14, 313, 318; BGHZ 56, 81, 83 ff.; BGHZ 63, 382, 384 ff.; BGHZ 74, 103, 108; BGHZ 88, 67, 68; BGHZ 126, 181, 183 ff.; BGH, WM 1981, 1021, 1021 f.; BGH, WM 1984, 889, 890; BGH, WM 1985, 1520, 1521; BGH, WM 1985, 1531, 1532; BGH, NJW

Mit dem Gesetz zur Modernisierung des Schuldrechts wurde das bislang ungeschriebene Rechtsinstitut der *culpa in contrahendo* nunmehr in §§ 280 Absatz 1, 311 Absätze 2 und 3 BGB ausdrücklich kodifiziert. Bereits bislang sahen eine Reihe von gesetzlichen Vorschriften die Verpflichtung zum Schadensersatz wegen Verschuldens bei Vertragsverhandlungen vor, ohne dass ein wirksamer Vertrag oder eine unerlaubte Handlung gegeben zu sein brauchte.[1282] Aus diesen Einzelvorschriften haben Rechtsprechung und Lehre im Wege der Rechtsfortbildung den Grundsatz abgeleitet, dass bereits durch die Aufnahme von Vertragsverhandlungen oder einem diesen gleichzustellenden geschäftlichen Kontakt ein vertragsähnliches Vertrauensverhältnis entsteht, das die Partner zur Sorgfalt von Schuldnern verpflichtet.[1283] Der Grund für die Haftung wurde in der Gewährung von in Anspruch genommenem Vertrauen gesehen.[1284] Die Haftung für *culpa in contrahendo* war seit langem gewohnheitsrechtlich anerkannt.[1285]

In § 311 Absatz 2 und Absatz 3 BGB hat der Gesetzgeber darauf verzichtet, einen alle Einzelheiten regelnden subsumtionsfähigen Tatbestand zu formulieren. Gegenüber den bisher als Richter- oder Gewohnheitsrecht angewandten Rechtsgrundsätzen bringen § 311 Absatz 2 und Absatz 3 BGB daher keine Änderungen. Das Pflichtenprogramm, das die Vertragsanbahnung begründet, wird hier nicht ausdifferenziert oder in Fallgruppen konkretisiert. Durch die Bezugnahme auf § 241 Absatz 2 BGB wird nur der allgemeine Pflichtenrahmen der *culpa in contrahendo*, namentlich die Rücksichtnahme auf die Rechte, Rechtsgüter und Interessen des Vertragspartners in Übereinstimmung mit dem geltenden Recht umschrieben. Die Rechtsprechung kann und wird daher die von ihr entwickelten Rechtsgrundsätze weiter anwenden und sich an die bisher anerkannten Fallgruppen orientieren.[1286] Durch die Kodifizierung der vorvertraglichen Haftung ergibt sich daher keine inhaltliche Änderung gegenüber dem vormals gewohnheitsrechtlich anerkannten Rechtsinstitut der *culpa in contrahendo*.

Ein steuerlicher Berater kann einer Haftung aus *culpa in contrahendo* (d.h aus §§ 280 Absatz 1, 311 Absätze 2 und 3 BGB) unterliegen, wenn er Vertragsverhandlungen mit einem Dritten führt oder an solchen beteiligt ist.[1287] Dabei muss er jedoch über das gewöhnliche Auftreten eines Verhandlungs- oder Abschlussgehil-

---

1990, 1907, 1908; BGH, NJW 1991, 32, 33; BGH, NJW 1997, 1233, 1233; vgl. zur Entwicklung der Rechtsprechung auch *Schulze*, JuS 1983, 81, 82 f. und *Janert/Schuster*, BB 2005, 987, 990 f.

1282 Vgl. §§ 122, 179, 307 a.F., 309 a.F., 663 BGB.

1283 RGZ 95, 58, 59 ff.; BGHZ 6, 330, 333; BGHZ 66, 51, 54.

1284 BGHZ 60, 221, 226; *Canaris*, JZ 1998, 603, 603; *Canaris*, Vertrauenshaftung, S. 539; *Zugehör*, NJW 2000, 1601, 1606.

1285 BGH, NJW 1979, 1983, 1983 ff.

1286 *Palandt/Heinrichs*, BGB, § 311 Rn. 14; *Albrecht/Flohr/Lange*, Schuldrecht 2002, IV 6 a, S. 31.

1287 *Zugehör*, NJW 2000, 1601, 1606.

fen hinaus gleichsam in eigener Sache tätig geworden sein.[1288] Deshalb setzt die Haftung des Beraters aufgrund eines eigenen wirtschaftlichen Interesses an dem abzuschließenden Geschäft eine engere Beziehung zu dem mit dem Vertragsschluss verfolgten Ziel voraus. Der Berater muss, um auch persönlich in Anspruch genommen werden zu können, dem Verhandlungsgegenstand besonders nahe stehen.[1289] Er muss zumindest in einer Weise gegenüber den anderen Verhandlungsteilnehmern aufgetreten sein, die seine Gleichstellung mit einem künftigen Vertragspartner rechtfertigt.[1290] Gleichsam in eigener Sache handelt der steuerliche Berater, wenn sein eigenes Interesse in den Vertragsschluss mit dem des Mandanten vergleichbar ist.[1291] Allerdings kann das eigene Interesse des Beraters nicht schon durch seinen Honoraranspruch aus dem Mandatsverhältnis begründet werden.[1292] Der Berater muss ein über das normale Verhandlungsvertrauen hinausgehendes besonderes Vertrauen in Anspruch genommen und der Dritte als Verhandlungsgegner ihm dieses auch entgegengebracht haben.[1293] Ein derartiges Vertrauen kann mit Blick auf die maßgeblichen Umstände des jeweiligen Einzelfalls begründet werden. Gründe können sein: eine außergewöhnliche Sachkunde des steuerlichen Beraters für den Gegenstand des angestrebten Vertrags, die besondere persönliche Zuverlässigkeit des Beraters oder dessen eigener Einfluss auf die Abwicklung des Vertrags.[1294] Der bloße Hinweis des Beraters auf seine Sachkunde genügt zur Begründung dieses Vertrauens und damit der Haftung allerdings nicht aus.[1295] Greift die Haftung aus Verschulden bei Vertragsschluss, so ist der steuerliche Berater verpflichtet, denjenigen Schaden zu ersetzen, der im Vertrauen auf die Richtigkeit seiner Auskunft entstanden ist. Dieser Schaden ist in der Höhe nicht auf das Erfüllungsinteresse des Dritten begrenzt.[1296]

1288 BGH, NJW-RR 1990, 459, 461; BGH, NJW 1991, 32, 33; BGH, NJW-RR 1991, 1241, 1242.

1289 BGH, LM Nr. 49 zu § 278 BGB.

1290 BGH, WM 1967, 121, 123.

1291 BGHZ 56, 81, 83 f.; BGH, NJW 1991, 32, 33; BGH, NJW-RR 1991, 1241, 1242; BGH, NJW 1997, 1233, 1234.

1292 BGHZ 56, 81, 84; BGHZ 88, 67, 70; BGHZ 126, 181, 183 ff.; BGH, NJW 1986, 586, 587 f.; BGH, NJW 1990, 506, 506; BGH, NJW-RR 1991, 1241, 1242; BGH, NJW 1997, 1233, 1233.

1293 BGHZ 56, 81, 83 ff.; BGHZ 74, 103, 108; BGHZ 88, 67, 68 f.; BGH, NJW 1990, 1907, 1908; BGH, NJW-RR 1991, 1241, 1242; BGH, NJW-RR 1992, 605, 605; BGH, NJW 1997, 1233, 1233.

1294 BGHZ 56, 81, 84 f.; BGHZ 74, 103, 108; *Zugehör*, NJW 2000, 1601, 1606

1295 BGH, NJW 1990, 506, 506; BGH, NJW-RR 1991, 1241, 1242.

1296 BGHZ 49, 77, 82; BGHZ 57, 191, 193; BGHZ 69, 53, 56; BGHZ 114, 87, 94; BGH, NJW 1988, 2234, 2236; *Palandt/Heinrichs*, BGB, § 311 Rn. 57.

f. Prospekthaftung

Unter Prospekthaftung versteht man die von der Rechtsprechung parallel zur börsenrechtlichen Prospekthaftung[1297] entwickelte Haftung eines ständig erweiterten Personenkreises für die Richtigkeit und Vollständigkeit der von den Anlagegesellschaften zur Werbung von Kapitalanlegern herausgegebenen Werbeschriften.[1298] Die Prospekthaftung ist ein Unterfall der *culpa in contrahendo* und wird daher durch die vom Gesetz zur Modernisierung des Schuldrechts eingeführten §§ 280 Absatz 1, 311 Absatz 2 BGB erfasst.[1299] Die Prospekthaftung wurde in jüngerer Zeit insbesondere auf den Vertrieb von Bauherrenmodellen ausgedehnt.[1300] Der steuerliche Berater kann nach den Grundsätzen der Prospekthaftung als Prospektverantwortlicher für unrichtige oder unvollständige Prospektangaben haften, für deren Erstellung er verantwortlich war.[1301] Ein Berater wird dann zum Prospektverantwortlichen, wenn er aufgrund seiner herausgehobenen beruflichen oder wirtschaftlichen Stellung oder seiner berufsmäßigen Sachkenntnis eine Garantenstellung einnimmt und mit seiner Zustimmung als Fachmann im Prospekt angeführt wird und darin Erklärungen abgibt, also durch seine erkennbare Mitwirkung an der Prospektgestaltung nach außen hin einen besonderen zusätzlichen Vertrauenstatbestand schafft.[1302] Für die Begründung der Prospekthaftung ist es nicht erforderlich, dass der betreffende Berater im Prospekt genannt wird.[1303] Es genügt dem Bundesgerichtshof, wenn werbewirksam auf die berufliche Qualifikation des Beraters als Sachverständiger hingewiesen wird und seine Identifikation dem Interessenten faktisch ohne weiteres möglich ist.[1304]

g. § 826 BGB

Die unter Kapitel 2. c. beschriebene deliktische Haftungsgrundlage des § 826 BGB kann ebenfalls eine Haftung des steuerlichen Beraters gegenüber einem

---

1297 Vgl. § 44 Abs. 1 S. 1 BörsG sowie § 13 VerkProspG (der auf die §§ 44 bis 47 BörsG verweist).

1298 Vgl. *Assmann*, S. 225, 276, 331 ff.; *MüKo/Emmerich*, BGB, Vor § 275 Rn. 131; *Keunecke*, StB 2003, 296, 296.

1299 *Palandt/Heinrichs*, BGB, § 311 Rn. 30.

1300 BGHZ 111, 314, 317 ff; BGHZ 115, 213, 217 ff.

1301 BGHZ 79, 337, 348; BGH, NJW 1984, 865, 866.

1302 BGHZ 77, 172, 176 f.; BGHZ 79, 337, 341; BGHZ 83, 222, 224; BGHZ 111, 314, 319; BGH, NJW 1984, 865, 866; BGH, NJW-RR 1992, 879, 883. Ist der Berater allerdings nur als Kommanditist an der Gesellschaft beteiligt, die den Prospekt zu verantworten hat und hat er nur eine Rolle als Steuerberater und Treuhänder, ohne aber gewichtigen Einfluss auf den Prospekt der Gesellschaft zu nehmen, so haftet er nicht im Rahmen der Prospekthaftung (OLG Hamm, NZG 2001, 331, 331 f.).

1303 *Keunecke*, StB 2003, 296, 297.

1304 BGH, NJW 1990, 2461, 2461 f.

Dritten begründen, der im Vertrauen auf eine falsche Expertise des Beraters geschädigt wird.[1305] Da durch das Vorsatzerfordernis dem Anwendungsbereich des § 826 BGB verhältnismäßig enge Grenzen gesetzt werden,[1306] muss zumindest ein gewissenloses Verhalten des Beraters vorliegen, das insbesondere dann nahe liegt, wenn der Berater mit Rücksicht auf sein Ansehen oder seinen Beruf eine Vertrauensstellung einnimmt oder wenn der Berater wichtige Sachfragen zu untersuchen hat, von deren Beantwortung weitreichende wirtschaftliche Folgen abhängen.[1307] Die Rechtsprechung hat den ansonsten schwierigen Beweis des Vorsatzes bei der Schädigung Dritter erleichtert, indem sie bedingten Vorsatz genügen lässt.[1308] Eine direkte Schädigungsabsicht des Beraters wird nicht verlangt.[1309] Die Sittenwidrigkeit muss dem steuerlichen Berater nicht bewusst sein; es genügt, dass er mit der Möglichkeit des Vorliegens von Umständen rechnet, die ein solches Unwerturteil begründen.[1310]

8. Mitverschulden

Der Begriff des Mitverschuldens beschreibt die Ersatzpflicht des steuerlichen Beraters, wenn bei der Entstehung oder der Entwicklung des Schadens ein Verschulden des Mandanten mitgewirkt hat. § 254 BGB mindert den Umfang der Haftung des Beraters um einen Betrag, der billigerweise dem eigenen Verhalten des Mandanten zugerechnet werden muss.[1311] Der Einwand des mitwirkenden Verschuldens des Mandanten greift in der Regel dann nicht, wenn die Vermeidung des entstandenen Schadens nach dem Vertragsinhalt dem in Anspruch genommenen Schädiger (also dem Berater) allein oblag.[1312] Deswegen kann dem geschädigten Mandanten grundsätzlich kein Mitverschulden angerechnet werden, weil er eine Gefahr, zu deren Vermeidung er einen Fachmann hinzugezogen hat, bei genügender Sorgfalt selbst hätte erkennen und abwenden können.[1313] Der Mandant sollte sich in der Regel auf eine einwandfreie Vertragserfüllung durch den steuerlichen Berater verlassen können; selbst dann, wenn der Mandant selbst fachkundig

---

1305 Vgl. *Zugehör*, NJW 2000, 1601, 1608.
1306 *Larenz*, Schuldrecht II/2, § 78 I 1 b.
1307 BGH, NJW 1956, 1595, 1595; BGH, WM 1962, 579, 581; BGH, WM 1966, 1150, 1151; BGH, NJW 1986, 180, 181; BGH, NJW 1987, 1758, 1759 f.; BGH, NJW 1991, 3282, 3283; BGH, NJW 1992, 2080, 2083 f.
1308 BGH, WM 1975, 559, 560; BGH, NJW 1986, 180, 181.
1309 BGHZ 8, 387, 389.
1310 BGHZ 8, 387, 393; BGH, WM 1962, 578, 579; BGH, NJW-RR 1986, 1150, 1151.
1311 BGH, WM 1986, 675, 677.
1312 BGH, NJW-RR 1995, 252, 252 f.
1313 BGH, ZIP 1992, 548, 552; BGH, WM 1992, 739, 740; BGH, NJW 1993, 2045, 2047; BGH, NJW-RR 1995, 252, 252 f.; BGH, WM 1997, 321, 323; BGH, NJW 1997, 2238, 2239 jeweils m.w.Nachw.

ist.[1314] Etwas anderes gilt nur dann, wenn der Mandant etwas versäumt, was in den Bereich seiner Eigenverantwortung fällt,[1315] insbesondere wenn er es unterlässt, den Berater wahrheitsgemäß und vollständig über den maßgeblichen Sachverhalt zu unterrichten.[1316] Ferner hat der Mandant grundsätzlich im Rahmen des § 254 BGB geeignete und zumutbare Rechtsbehelfe zu ergreifen, um den ihm drohenden Schaden abzuwenden oder zu mindern.[1317] Soweit der Mitverschuldensvorwurf reicht, kann das Schadensersatzbegehren des Mandanten auch in vollem Umfang unbegründet sein.[1318] Ein die Haftung ausschließendes Mitverschulden kann sich auch daraus ergeben, dass der Mandant sich darauf beschränkt, sich gegenüber der Behörde Einwendungen vorzubehalten, ohne die von dieser geforderten tatsächlichen Angaben nachzuholen.[1319]

Bei der Haftungsverteilung nach § 254 BGB ist entscheidend darauf abzustellen, ob das Verhalten des Schädigers oder des Geschädigten den Schadenseintritt in einem wesentlich höheren Maße wahrscheinlich gemacht hat.[1320] Nach dem Entzug des Mandats aufgrund einer Pflichtverletzung des steuerlichen Beraters ist der Mandant nach § 254 Abs. 2 Satz 1 Fallgruppe 2 BGB verpflichtet, alle ihm möglichen und zumutbaren Schritte zu unternehmen, um den Schaden abzuwenden oder zu mindern.[1321]

9. Verjährung

Zweck der Verjährung ist es, den Schuldner vor der Verschlechterung der Beweissituation durch Zeitablauf zu schützen[1322] sowie Rechtssicherheit und Rechtsklarheit zu gewährleisten[1323] und die Gerichte zu entlasten.[1324] Steuerberater sollen ebenso wie Rechtsanwälte, Wirtschaftsprüfer und Notare sowie deren Berufshaftpflichtversicherer davor geschützt werden, dass Regressrisiken auf eine nicht absehbare Zeit ihre berufliche und wirtschaftliche Existenz in unüberschaubarer Weise bedrohen und sie so durch Zeitablauf drohenden Beweisnachteilen

---

1314 BGH, WM 1998, 301, 304; Zugehör, DStR 2001, 1663, 1663.
1315 BGH, WM 1992, 62, 66; BGH, WM 1995, 212, 214; BGH, NJW 1997, 2238, 2239.
1316 BGH, WM 1996, 1832, 1835 f.; BGH, NJW 1997, 2238, 2239.
1317 BGH, NJW-RR 1991, 1458, 1458; BGH, WM 1994, 948, 949.
1318 BGH, NJW-RR 1991, 1458, 1458; BGH, ZIP 2003, 803, 805.
1319 BGH, ZIP 2003, 803, 805.
1320 BGH, WM 1994, 217, 217; BGH, NJW-RR 1995, 252, 253.
1321 BGH, NJW 1992, 1695, 1697.
1322 *MüKo/Grothe*, BGB, § 194 Rn. 6; *Gräfe*, in: *Gräfe/Lenzen/Schmeer*, Rn. 580; *Zimmermann*, Jus 1984, 409, 410.
1323 *Staudinger/Peters*, BGB, Vor § 194 Rn. 7.
1324 *MüKo/Grothe*, BGB, § 194 Rn. 6; *Zimmermann*, Jus 1984, 409, 410.

ausgesetzt sind.[1325] Dem Bedürfnis des Steuerberaters nach Rechtssicherheit und zeitlich überschaubarer Haftung steht aber auch ein Schutzbedürfnis des Mandanten gegenüber. Die Komplexität des Steuerrechts[1326] und die Besonderheiten des Besteuerungsverfahrens machen es ihm oftmals unmöglich, eine Schädigung und deren Eintritt innerhalb eines gewissen Zeitraums festzustellen. Daher sind beide Positionen bei der Auslegung der Verjährungsregelungen im Auge zu behalten.

Nach § 68 StBerG a.F. verjährte der Anspruch des Mandanten auf Schadensersatz aus dem zwischen ihm und dem Steuerberater bestehenden Vertragsverhältnis in drei Jahren, ausgehend von dem Zeitpunkt, an dem der Anspruch entstanden war. Für die Verjährung von Ansprüchen eines Mandanten gegen seinen Rechtsanwalt galt bislang § 51b BRAO a.F., der für den Beginn der Verjährungsfrist zusätzlich auf die Beendigung des Auftrags abstellte. Für die Haftung des Wirtschaftsprüfers galt bislang die fünfjährige Verjährungsfrist des § 51a WPO. Die §§ 68 StBerG, 51b BRAO und 51a WPO galten bislang als *lex speciales* zu den neuen mit dem Gesetz zur Modernisierung des Schuldrechts ins Bürgerliche Gesetzbuch eingeführten Verjährungsregeln der §§ 194 ff., gemäß derer die Regelverjährung nunmehr nur noch drei Jahre beträgt.[1327] Der durch die Neuregelung in der Schuldrechtsreform angestrebte Vereinfachungseffekt der Verjährungsfristen blieb jedoch ziemlich bescheiden aufgrund der Tatsache, dass die Verjährungsfristen außerhalb des Bürgerlichen Gesetzbuches von der Reform unberührt bleiben. Das Bundesjustizministerium war sich dieses Mangels der Schuldrechtsreform bewusst, wollte aber die Reform nicht durch die beim Versuch einer Generalbereinigung zu erwartenden Schwierigkeiten gefährden.

1325 BGHZ 129, 386, 390; vgl. auch: BGHZ 94, 380, 387; *Späth*, DStR 1993, 624, 626; *Spiess*, DStR 1993, 35, 36.

1326 Vgl. hierzu bereits oben Kapitel I.

1327 Vgl. § 195 BGB n.F. Die Regelverjährung des Bürgerlichen Gesetzbuchs beginnt mit dem Ablauf des Jahres, in dem der Anspruch entstanden ist und der Gläubiger von der Anspruchsgrundlage und der Person des Schuldners Kenntnis erlangt hat; grob fahrlässige Unkenntnis steht der Unkenntnis gleich (§ 199 Abs. 1 BGB n.F.). Ohne Rücksicht auf die Kenntnis (oder die grob fahrlässige Unkenntnis) tritt die Verjährung nach dem Bürgerlichen Gesetzbuch in zehn Jahren ab Entstehung ein (§ 199 Abs. 3 Nr. 1 BGB n.F.), bei Schadensersatzansprüchen kann sie sich in bestimmten Fällen bis auf dreißig Jahre verlängern, so vor allem bei Tötung und Körperverletzung (§ 199 Abs. 1 BGB n.F.). Für einige Ansprüche ist die Verjährung ausnahmsweise auf zehn Jahre ab Entstehung festgesetzt, so vor allem für Ansprüche auf Übertragung des Grundstückseigentums (§ 196 BGB n.F.), für einige Ansprüche beträgt sie weiterhin dreißig Jahre, so vor allem bei dinglichen Herausgabeansprüchen, familien- und erbrechtlichen Ansprüchen und rechtskräftig festgestellten Ansprüchen (§ 197 BGB n.F.). Besondere Regeln gelten wie bisher für die Mängelhaftung beim Kauf und Werkvertrag. Die Verjährungsfrist beträgt in Zukunft in der Regel zwei Jahre (es gibt eine Reihe von Ausnahmen, in denen die Verjährung länger ist, auf die hier aber nicht eingegangen werden soll); vgl. §§ 438, 634 BGB n.F.

Die Absicht der Bundesregierung, auch die Sonderverjährungsbestimmungen anderer Gesetze, darunter die berufsrechtlichen Verjährungen für die rechtsberatenden Berufe, in die Regelverjährung der §§ 194 ff. BGB zu überführen, ist aber in der jüngsten Vergangenheit zunächst für die besondere fünfjährige Frist nach § 51a WPO durchgeführt worden,[1328] am Jahresende 2004 dann auch für die Anwalts- und Steuerberaterhaftung.[1329]

Mit Wirkung vom 1. Januar 2004 ist § 51a WPO und mit Wirkung vom 15. Dezember 2004 sind die § 68 StBerG sowie § 51b BRAO aufgehoben worden. Es gilt seit diesen Zeitpunkten somit die Regelverjährung der §§ 194 ff. BGB. Trotzdem werden die steuerberatenden Berufe noch einige Zeit mit den alten spezialgesetzlichen Verjährungsvorschriften sowie der von der Rechtsprechung hinzugefügten Hinweispflicht auf eigene Fehler, einen möglichen Schadensersatzanspruch und der mit Ablauf der Primärfrist ausgelösten Sekundärverjährung zu tun haben.[1330] Gemäß der dem Art. 229 § 6 EGBGB entnommenen Übergangsregelung in Art. 229 § 12 EGBGB ist nämlich für den Fristbeginn der zum Zeitpunkt des Inkrafttretens der neuen Regelverjährung des BGB bereits bestehenden, aber noch nicht verjährten Ansprüche, das bisherige Recht maßgeblich.

Deshalb wird im Folgenden wird, wenn es auf die alte Rechtslage vor Geltung des Gesetzes zur Anpassung von Verjährungsvorschriften an das Gesetz zur Modernisierung des Schuldrechts[1331] ankommt, schwerpunktmäßig die Verjährungsfrist des § 68 StBerG in der alten Fassung dargestellt. Die Verjährung von Ansprüchen gegen den Rechtsanwalt oder den Wirtschaftsprüfer für fehlerhafte Steuerberatung unterliegt im Prinzip denselben Grundsätzen wie bei § 68 StBerG a.F. Diese Verjährungsfristen gelten nur für Ansprüche des Auftraggebers. Als Auftraggeber werden Personen verstanden, für die der Steuerberater Hilfe in Steuersachen im Sinne des § 33 StBerG geleistet oder andere berufliche Leistungen erbracht hat.[1332] Dieser Begriff ist generell weit zu ziehen; Ansprüche aus Prospekthaftung fallen jedoch nicht darunter, weil insoweit kein Vertragsverhältnis vorliegt.[1333] Wird ein Dritter allerdings in den Schutzbereich eines Mandatsvertrags einbezogen, besteht zwischen dem Dritten und dem Berater ein konkludenter Vertrag oder eine *culpa in contrahendo*, so findet die Verjährungsregel des § 68 StBerG hierauf Anwendung.[1334] Der Anspruch des Mandanten auf Schadensersatz, wenn er be-

---

1328 BGBl I 2003, 2446, Art. 1 Nr. 28.
1329 Gesetz vom 09.12.2004, BGBl I, 3214.
1330 *Borgmann*, NJW 2005, 22, 29.
1331 Gesetz vom 09.12.2004, BGBl I, 3214.
1332 BGHZ 97, 21, 25; BGH, NJW 1982, 1866, 1867; BGH, WM 1986, 940, 941; BGH, NJW 1990, 2464, 2465; BGH, WM 1991, 695, 697; OLG Köln, DStR 1994, 726, 726.
1333 BGHZ 115, 213, 226; BGHZ 126, 166, 172.
1334 *Zugehör*, NJW 2000, 1601, 1604 und 1606 bzw. 1607.

gründet ist, erlischt nicht, er verliert bei der Erhebung der Einrede der Verjährung nur seine Durchsetzbarkeit.[1335]

a. Alte Rechtslage

Die §§ 68 StBerG a.F., 51b BRAO a.F. und – mit Einschränkungen auch – 51a WPO a.F. waren oftmals in doppelter Hinsicht für den steuerlichen Berater günstiger als die ansonsten eingreifende Regelverjährung nach §§ 195, 199 BGB.[1336] Zum einen begann die Regelverjährung erst mit Anspruchsentstehung und zusätzlich der Kenntnis des Gläubigers von den anspruchsbegründenden Tatsachen zum Jahresschluss.[1337] Bei den §§ 68 StBerG a.F., 51b BRAO a.F. und 51a WPO a.F. wurde die Kenntnis des Gläubigers von der Pflichtverletzung hingegen für den Verjährungsbeginn nicht vorausgesetzt.[1338] Bedeutsam ist ferner der Vorteil, den die kurze dreijährige Maximalfrist der §§ 68 StBerG a.F. und 51b BRAO a.F. und die fünfjährige Maximalfrist des § 51a WPO a.F. bot. Spätestens drei[1339] bzw. fünf[1340] Jahre nach Auftragsbeendigung tritt die Verjährung ein. Nach der neuen Regelverjährung des Gesetzes zur Modernisierung des Schuldrechts beträgt die Verjährungshöchstfrist gemäß § 199 Absatz 3 BGB zehn Jahre ab Anspruchsentstehung oder dreißig Jahre ab der mandatsvertraglichen Pflichtverletzung, wobei die früher endende Frist die maßgebliche ist.

Da die Verjährungsvorschrift des § 68 StBerG a.F. bisher ausdrücklich nur die Verjährung von Schadensersatzansprüchen regelte, verjährten allerdings die Ansprüche des Mandanten auf Nacherfüllung gemäß §§ 634, 636 BGB auf Ersatz seiner erforderlichen Aufwendungen nach §§ 634, 637 BGB im Falle der Selbstbeseitigung des Mangels,[1341] auf Minderung des Honorars des Beraters gemäß §§ 634 i.V.m. 638 BGB sowie das Recht des Mandanten auf Rücktritt vom Vertrag nach §§ 634, 636, 323, 326 Absatz 5 BGB nach der werkvertraglichen Verjährungsfrist des § 634a BGB in Verbindung mit § 195 BGB. Bei den Ansprüchen auf Nacherfüllung, Aufwendungsersatz, Minderung und Rücktritt handelt es sich nämlich nicht um Schadensersatzansprüche sondern um Gewährleistungsrechte.

aa. Verjährungsbeginn

Die Verjährung begann gemäß § 68 StBerG a.F. nach Ablauf von drei Jahren von dem Zeitpunkt, an dem der Anspruch entstanden ist. Dabei entsteht ein Ersatzan-

---

1335 *Palandt/Heinrichs*, SMG, Vor § 194 Rn. 2.
1336 Vgl. hierzu auch *Mansel*, NJW 2002, 418, 419.
1337 § 199 Abs. 1 BGB.
1338 BGH, NJW 1993, 199, 200.
1339 Bei § 68 StBerG und § 51b BRAO.
1340 Bei § 51a WPO.
1341 Sofern dies dem Mandanten überhaupt möglich sein sollte.

spruch des Mandanten, sobald die Leistungspflicht erstmals klageweise geltend gemacht werden kann.[1342] Die Kenntnis des Mandanten von dem Schadensersatzanspruch gegenüber dem Berater ist nicht erforderlich.[1343] Aufgrund der Besonderheiten des Besteuerungsverfahrens wird diese Abgrenzung für den Mandanten in der Regel aber nicht sehr hilfreich sein. Zwar wird der Mandant oftmals gegen seinen Steuerberater klagen können. Dies macht für den Mandanten aufgrund des finanziellen Risikos eines Prozesses aber nur dann Sinn, wenn die Klage des Mandanten Aussicht auf Erfolg hat. Folglich kann der Beginn der Verjährung nur auf einen Zeitpunkt fallen, an dem die Klage des Mandanten eine gewisse Aussicht auf Erfolg hat.[1344] Der Zeitpunkt, an dem die Leistungspflicht erstmals klageweise geltend gemacht werden könnte, ist somit bei der Steuerberaterhaftung wenig brauchbar. Vielmehr macht es Sinn, den Verjährungsbeginn an die Wahrscheinlichkeit des Eintritts eines Schadens und damit einer ernsthaften Gefährdung des Vermögens des Mandanten anzuknüpfen.[1345] Eine Anspruchsentstehung bei der fehlerhaften Steuerberatung liegt nach der Rechtsprechung des Bundesgerichtshofs dann vor, wenn ein Schaden dem Grunde nach bereits verwirklicht ist, die Höhe jedoch noch nicht bestimmt werden kann;[1346] wenn durch die Pflichtverletzung die Vermögenslage des Mandanten verschlechtert wird, selbst wenn die Vermögensverschlechterung später wieder entfällt;[1347] oder wenn mit späteren Schäden zu rechnen ist.[1348]

Die alte Rechtsprechung des IVa-Zivilsenats des Bundesgerichtshofs:
Nach der Rechtsprechung des vor 1991 zuständigen IVa-Senats des BGH[1349] sollte im Fall einer Außenprüfung mit dem Ergebnis späterer Steuernachzahlungen der Schaden erst mit der Schlussbesprechung entstehen. Zur Begründung wurde angeführt, dass erst ab diesem Moment Klarheit bestehe über die Änderung der Besteuerungsgrundlagen nach Aufgreifen des Sachverhalts durch den Prüfer. Denn durch die ursprünglich anerkannte Steuerveranlagung sei eine Situation ge-

---

[1342] RGZ 83, 354, 358; RGZ 153, 101, 107; BGHZ 55, 340, 341; BGHZ 73, 363, 365; BGHZ 96, 290, 294; BGH, NJW 1982, 1288, 1289.

[1343] BGHZ 73, 363, 365; BGHZ 83, 17, 19; BGHZ 114, 150, 151; BGH, NJW 1982, 1288, 1288; BGH, DB 2004, 1771, 1773.

[1344] BGZ 100, 228, 232.

[1345] So auch: *Gräfe*, in: *Gräfe/Lenzen/Schmeer*, Rn. 872; *Späth*, Steuerberaterhaftung, Rn. 421; nun auch ausdrücklich der BGH, vgl. BGH, DB 2004, 1771, 1773 (Eintritt der Verschlechterung der Vermögenslage).

[1346] RG, JW 1907, 299, 302; BGHZ 100, 228, 231; BGHZ 114, 150, 152 f.; BGHZ 119, 69, 70 f.; BGH, NJW 1991, 2831, 2831; BGH, DB 2004, 1771, 1773.

[1347] RGZ 83, 354, 360; RGZ 87, 306, 311 f.; RGZ 153, 101, 106 f.; RG, JW 1932 II, 1648, 1649; RG, HRR 1940, Nr. 980; BGHZ 100, 228, 231; BGHZ 114, 150, 152 f.; BGHZ 119, 69, 71; BGH, DB 2004, 1771, 1773.

[1348] RGZ 83, 354, 360; RGZ 87, 306, 312; RG, JW 1932 II, 1648, 1648; RG, HRR 1940, Nr. 980; BGHZ 100, 228, 231; BGHZ 114, 150, 153; BGHZ 119, 69, 71; BGH, VersR 1972, 459, 460; BGH, NJW 1991, 2831, 2831; BGH, DB 2004, 1771, 1773.

[1349] So schon BGHZ 73, 363, 365 ff.

schaffen worden, auf deren Bestand der Steuerpflichtige vertraut habe. Dieser Vertrauenstatbestand entfalle und lege ein klageweises Geltendmachen der Ersatzansprüche wegen Buchführungs- und Bilanzierungsmängeln erst nahe, wenn die Steuerbehörde in der Schlussbesprechung erkennen lasse, dass sie die ursprüngliche Festsetzung aufhebe und durch eine höhere ersetze.[1350] Die Schlussbesprechung war lediglich für den Verjährungsbeginn irrelevant, wenn bereits im Prüfungszeitraum die vermeidbare Steuer veranlagt war. Die Auffassung wurde dann später aufgegeben. Danach kam es in Betriebsprüfungsfällen lediglich auf die Frage an, ob es bei einer vermeidbaren Steuermehrbelastung blieb.[1351] Diese Auffassung stand jedoch im direkten Widerspruch zu der Rechtsauffassung des I-II. Zivilsenats über die Entstehung eines Schadens durch die Besteuerung eines zu ersetzenden Schadens.[1352] Gegen die Auffassung des IVa. Zivilsenats wurde vorgebracht, dass sie die Vorschrift des § 68 StBerG umgehe.[1353]

> *Beispiel:*
> StB A berät im Jahre 1970 seinen Mandanten B, einen Gewerbetreibenden, schuldhaft fehlerhaft dahin, ein bis dahin im Privatvermögen befindliches Grundstück in das Betriebsvermögen aufzunehmen (einzulegen).[1354] Für ein solches Verfahren sprachen damals zwar einige gute Gründe. Notwendig war die Einlage jedoch nicht (gewillkürtes Betriebsvermögen[1355]). Mit der Einlage in das Betriebsvermögen entstand selbstverständlich die Gefahr einer Versteuerung des Entnahmegewinns in späterer Zeit.[1356] Darüber belehrte A seinen Mandanten B nicht. Das Mandat von A endete durch dessen Tod im Jahre 1976. In Unkenntnis der steuerlichen Folgen überträgt B ohne Hinzuziehung eines Beraters im Jahre 1990 das Grundstück auf seine Ehefrau C im Wege des Zugewinnausgleichs nach Ehescheidung. In dem von B - wiederum ohne Hinzuziehung eines StB - erstellten Abschluss wird der Veräußerungsgewinn infolge eines Fehlers bei der Ermittlung des Grundstückswertes als zu hoch erklärt. Das Finanzamt veranlagt erklärungsgemäß unter dem Vorbehalt der

---

1350 *Gräfe*, in: *Gräfe/Lenzen/Schmeer*, Rn. 890; *Mutze*, StB 1979, 189, 191.

1351 BGH, DStR 1986, 724, 724.

1352 BGH, VersR 1985, 859, 859: "Der in der Besteuerung der anerkannten Schadensrente liegende zusätzliche Schaden entstand bereits mit der erstmaligen Zuerkennung einer Schadensrente. Seine tatsächliche Verwirklichung im Wege des Besteuerungsverfahrens war in diesem Zeitpunkt zumindest voraussehbar."

1353 *Späth*, Steuerberaterhaftung, Rn. 432, S. 311.

1354 Zum Begriff der Einlage s. § 4 EStG; die Bewertung der Einlagen erfolgt gem. § 6 EStG, so dass bei Sacheinlagen die Bewertung nach dem Teilwert erfolgt (§ 6 I Nr.5 EStG).

1355 Gewillkürtes Betriebsvermögen = es ist objektiv dem Betrieb förderbar und der Unternehmer muss subjektiv den Willen haben diesen Gegenstand als Betriebsvermögen zu behandeln (dies kommt meist durch die Einstellung des Gegenstandes in die Bilanz zum Ausdruck).

1356 Die Veräußerung aus dem Betriebsvermögen wird als Entnahme grundsätzlich mit dem Teilwert bewertet und versteuert (vgl. § 6 I Nr.4 EStG).

Nachprüfung.[1357] Im Zuge einer Außenprüfung[1358] im Jahre 1994, die auch den Veranlagungszeitraum 1990 erfasst, wird der überhöhte Veräußerungsgewinn korrigiert.[1359] Die zuviel gezahlten Steuern werden erstattet.

Nach der Auffassung des IVa-Zivilsenats wäre in diesem Fall der Schaden erst mit der Außenprüfung im Jahr 1994 (endgültig) entstanden mit der Folge, dass erst ab dann die Verjährung des Schadensersatzanspruchs gegen den bereits 1976 verstorbenen A begonnen hätte. Sie wäre im Jahre 1997 – also 27 Jahre nach dem fehlerhaften Rat – abgelaufen.[1360]

Diese Rechtsprechung führte somit, entgegen der ausdrücklichen Absicht des IVa-Senats[1361], zu einer gravierenden Schlechterstellung der Steuerberater gegenüber den Anwälten,[1362] sowie zu weiteren Nachteilen, die den Steuerberatern nicht zugemutet werden können bis hin zur praktischen Unmöglichkeit, die angemessene Versicherungssumme im Sinne des § 67 StBerG zu bestimmen.[1363] Damit wurden im Rahmen der Rechtsprechung die Grenzen der Rechtsanwendung[1364] überschritten. Dies stellte zudem eine den gesetzgebenden Organen vorbehaltene Rechtsetzung dar. Weiterhin war auch fraglich, ob zum Zeitpunkt der Schlussbesprechung eine Vermögensminderung des Mandanten überhaupt vorlag. Denn oftmals kann es in der Schlussbesprechung unklar bleiben, wie das Finanzamt Problemfälle beurteilt. Damit könnte für den Verjährungsbeginn erst die Festsetzung der Steuernachforderung maßgeblich sein.[1365]

Noch weniger konnte die Theorie über das „Bestehenbleiben" der vermeidbaren Steuermehrbelastung überzeugen. Angesichts eines Prüfungsturnus von etwa drei bis vier Jahren bewirkte sie ja nach Dauer der Außenprüfung einen Verjährungsbeginn, der in jedem Fall mehr als sieben Jahre nach Abgabe der Steuererklärung lag, wobei diese entweder selbst fehlerhaft war oder der der vermeidbare steuerschädliche Sachverhalt zugrunde lag.[1366] Wie der BGH jedoch übersehen hatte, hätte dieser Zeitraum sogar noch bis zu zehn Jahre mehr umfasst, wenn die nach § 170 Absatz 2 Nr. 1 AO erforderliche Steuererklärung nicht abgegeben worden

---

1357 Gem. § 164 AO 1977.

1358 Gem. §§ 193-203 AO 1977.

1359 Gem. § 173 I AO 1977.

1360 Beispiel nach *Späth* - a.a.O.

1361 BGH, BHStB R 821.8.

1362 Vgl. § 51 BRAO, hiernach verjährt der Anspruch des Mandanten spätestens in drei Jahren nach der Beendigung des Auftrags.

1363 *Späth,* a.a.O., Rn. 436.

1364 Vgl. Art. 20 III GG: Die Rechtsprechung ist an Gesetz und Recht gebunden.

1365 *Späth,* Steuerberaterhaftung, Rn. 426; *Späth,* DStR 1991, 1437, 1439.

1366 Späth, DStR 1993, 624, 624 m.w.Nachw.

wäre oder wenn eine Steuerhinterziehung (vgl. § 169 Absatz 2 Satz 2 AO) vorgelegen hätte.[1367]

Wurde die Pflichtverletzung und damit die Steuermehrbelastung nicht erst mit der Abschlussprüfung, sondern bereits im ersten Steuerbescheid offensichtlich, so sollte nach der ursprünglichen Rechtsprechung des IVa-Senats die Verjährung des Regressanspruchs bereits mit dem Zeitpunkt dieser Festsetzung beginnen.[1368] Mit dem Urteil vom 27.11.1985[1369] revidierte der IVa-Senat seine Auffassung und stellte auch bei der durch die ursprüngliche Steuerfestsetzung bereits eingetretener Mehrbelastung auf die Schlussbesprechung der Außenprüfung als Zeitpunkt, an dem die Verjährung begann, ab. Nur zu diesem Zeitpunkt stände fest, so wurde argumentiert, ob es bei der vermeidbaren Steuermehrbelastung bliebe und ob folglich ein Schaden entstanden sei.[1370] Diese über den eindeutigen Wortlaut des § 68 StBerG[1371] hinausgehende Rechtsprechung stieß in der Literatur auf heftige Kritik.[1372] Dabei wurde darauf hingewiesen, dass in dieser Rechtsprechung eine Übervorteilung von Großbetrieben liege, die regelmäßigen Außenprüfungen nach § 4 Absatz 2 BpO unterliegen, gegenüber kleineren Betrieben, die nur unregelmäßig nach § 4 Absatz 3 BpO zu prüfen sind.

Rechtsprechung des IX. Zivilsenats des Bundesgerichtshofs:
Nach Übergang der alleinigen Zuständigkeit für die Entscheidung derartiger Rechtsstreitigkeiten auf den IX. Zivilsenat des Bundesgerichtshofs hat dieser die Rechtsprechung des IVa.-Zivilsenats als „unausgewogen" aufgegeben.[1373] Mit seiner Entscheidung vom 02.07.1992[1374] stellte der IX. Zivilsenat des Bundesgerichtshofs dann klar, dass die Verjährung nach § 68 StBerG bei einer Änderung der Steuerfestsetzung zum Nachteil des Steuerpflichtigen im Rahmen einer Außenprüfung frühestens ab dem Zugang des belastenden Steuerbescheids beginnt.[1375] Die Bekanntgabe des belastenden Steuerbescheids nach § 122 Absatz 1

1367 *Clausnitzer*, DStR 1991, 1362, 1364; *Späth*, DStR 1993, 624, 624.
1368 BGHZ 73, 363, 367; BGHZ 83, 17, 20 f.
1369 BGHZ 96, 290, 296.
1370 BGHZ 96, 290, 296.
1371 Späth, Steuerberaterhaftung, Rn. 431.
1372 *Gräfe*, in: *Gräfe/Lenzen/Schmeer*, Rn. 895 ff.; *Späth*, Steuerberaterhaftung, Rn. 430 ff.; *Späth*, StB 1986, 81, 81 ff.
1373 BGHZ 114, 150, 155; BGH, NJW 1991, 2831, 2832; BGH, NJW 1991, 2833, 2834; BGH, NJW-RR 1992, 157, 159.
1374 BGHZ 119, 69, 72.
1375 Vgl. auch BGH, NJW 1993, 1139, 1140 f.; BGH, NJW 1993, 2045, 2046; BGH, WM 1993, 1677, 1680; BGH, NJW-RR 1994, 1210, 1210 f.; BGH, NJW 1994, 3097, 3097; BGH, NJW 1995, 2108, 2108; BGH, NJW-RR 1997, 50, 51; BGH, NJW-RR 1998, 742, 743; BGH, NJW 1998, 1488, 1489; BGH, DB 2004, 131, 132 f. Anders ist der Fall jedoch zu beurteilen, wenn dem Steuerberater nicht eine Pflichtverletzung vor dem Erlass des belastenden Steuerbescheids, sondern nur vorgeworfen wird, gegen den belastenden Steuerbescheid keinen Rechtsbehelf eingelegt zu haben. In diesem Fall dürfte die Verjährung des Schadenser-

und § 155 Absatz 1 Satz 2 AO ist nach dieser nun geltenden Rechtsprechung der frühestmögliche Zeitpunkt des Zugangs des belastenden Steuerbescheids.[1376] Auf die formelle Bestandskraft (Unanfechtbarkeit) des Steuerbescheids kommt es für den Verjährungsbeginn nicht an.[1377] Die Verjährung beginnt somit nunmehr grundsätzlich mit der Bekanntgabe des belastenden Steuerbescheids, weil erst dann ein Schaden infolge eines Beratungsfehlers und damit ein Ersatzanspruch i. S. des § 198 BGB entstanden ist.[1378] Der bekannt gegebene Steuerbescheid gibt dem Mandanten in der Regel Anlass zur Prüfung, ob der Steuernachteil auf einer Fehlberatung seines Steuerberaters beruht. Von diesem Zeitpunkt an ist dem Auftraggeber zuzumuten, einen Ersatzanspruch gegen den Steuerberater im Rahmen einer Klage geltend zu machen.[1379] Da der aus einem bestimmten Ereignis erwachsene Schaden als ein einheitliches Ganzes aufzufassen ist, läuft eine einheitliche Verjährungsfrist für den Anspruch auf Ersatz dieses Schadens einschließlich aller weiteren adäquat verursachten, zurechen- und voraussehbaren Nachteile, sobald irgendein (Teil-)Schaden entstanden ist.[1380] Danach kann die Verjährung bei einem sich nach und nach entwickelnden Schaden aus ein und derselben Verletzungshandlung – anders als bei mehreren selbständigen Handlungen des Schädigers[1381] – bereits eingetreten sein, bevor sich ein später Folgenachteil einstellt.[1382]

Die positive Kenntnis des Mandanten von der Pflichtverletzung des Beraters führt nicht zu einem Beginn der Verjährungsfrist bereits zu dem Zeitpunkt, an dem Mandant Kenntnis von dieser Pflichtverletzung hat.[1383] Der Gesetzgeber wollte, wie sich aus dem Wortlaut der Vorschrift ergibt und durch die Entstehungsgeschichte bestätigt wird, den Beginn der Verjährung nicht an die Kenntnis des Mandanten von den anspruchsbegründenden Umständen knüpfen.[1384] Anders als in § 852 BGB hat der Gesetzgeber bei § 68 StBerG nicht die Kenntnis des Mandanten vom Schadensersatzanspruch sondern die Anspruchsentstehung als das den

---

satzanspruchs gemäß § 68 StBerG erst mit dem Eintritt der Rechtskraft des Bescheides beginnen (so auch: OLG Düsseldorf, OLGReport-Düsseldorf 2005, 38, 39).

1376 BGH, WM 1993, 1511, 1513; BGH, WM 1993, 1677, 1680; BGH, BB 1994, 1522, 1523; BGH, NJW 1995, 2108, 2109; BGH, DStR 1996, 240, 240; BGH, WM 1996, 1508, 1509; BGH, NJW 1996, 1895, 1896.

1377 BGH, NJW 1995, 2108, 2109; BGH, NJW 1996, 1895, 1896.

1378 BGH, NJW 1998, 1488, 1489 m.w.Nachw.; offengelassen für Schäden durch Beratungsfehler in sozialversicherungsrechtlichen Angelegenheiten: BGH, DB 2004, 1771, 1773 f.

1379 BGHZ 129, 386, 390.

1380 BGHZ 50, 21, 23; BGHZ 100, 228, 231 f.; BGHZ 114, 150, 153; BGH, NJW 1993, 648, 650; BGH, NJW 1995, 2039, 2040; BGH, NJW 1996, 1895, 1896.

1381 BGH, NJW 1993, 648, 650 ff.

1382 BGH, NJW 1998, 1488, 1489.

1383 So ausdrücklich OLG Saarbrücken, DStZ 1993, 607, 607; im Ergebnis wie hier auch BGHZ 83, 17, 20; ausdrücklich offen gelassen von BGH, NJW 1979, 2211, 2212.

1384 Vgl. BGHZ 83, 17, 20.

Verjährungsbeginn konstituierende Tatbestandsmerkmal bestimmt.[1385] Diese besondere Verjährungsvorschrift für Schadensersatzansprüche gegen steuerliche Berater wurde erstmals durch das Zweite Gesetz zur Änderung des Steuerberatungsgesetzes vom 11. August 1972[1386] als § 29a in das Steuerberatungsgesetz eingefügt. Die Bestimmung geht auf den von den Abgeordneten *von Bokkelberg*, *Ott* und Genossen eingebrachten Entwurf eines Gesetzes über eine Berufsordnung der Wirtschaftsprüfer- [Wirtschaftsprüfer-Steuerberater] Steuerberater[1387] zurück; § 51 dieses Entwurfs stimmt wörtlich mit § 51 BRAO überein. Er wurde im Rahmen der Ausschussberatungen in den Entwurf des zweiten Gesetzes zur Änderung des Steuerberatungsgesetzes[1388] als § 29a übernommen. In der Ausschusssitzung vom 4. November 1971[1389] regte der Vertreter des Bundesfinanzministeriums an, die Worte „spätestens jedoch in drei Jahren nach der Beendigung des Auftrags" zu streichen, denn der Mandant müsse auch im Falle späterer Betriebsprüfungen noch Ersatzansprüche stellen können. Dem schlossen sich der Finanzausschuss und später auch das Plenum des Bundestags an. Hieraus folgt zusätzlich, dass eine Beendigung des Mandatsverhältnisses ebenfalls nicht zu einer Vorverlegung des Verjährungsbeginns auf diesen Zeitpunkt führen kann.[1390]

Die Problematik hinsichtlich des Verjährungsbeginns in der Rechtsprechung des IVa.-Zivilsenats des Bundesgerichtshofs bei vorläufigen oder unter dem Vorbehalt der Nachprüfung stehenden Steuerfestsetzungen wurde ebenfalls vom IX.-Zivilsenat berichtigt. Die Verjährung des Schadensersatzanspruchs des Mandanten aufgrund einer vom Berater pflichtwidrig verursachten und vermeidbaren Steuerfestsetzung beginnt danach spätestens mit dem Festsetzungsbescheid.[1391] Dabei ist auf den Zeitpunkt der Bekanntgabe des nachteiligen Steuerbescheids und auf den Zeitpunkt der Unanfechtbarkeit, der so genannten formellen Bestandskraft, abzustellen.[1392]

bb. Hinweispflicht und sekundärer Schadensersatz

Mit seinem Urteil vom 20.01.1982 hat der Bundesgerichtshof die Verpflichtung des Steuerberaters bejaht, den Mandanten auf die Möglichkeit seiner Haftung (so genannter primärer Schadensersatzanspruch) hinzuweisen und über die hierfür

---

1385 Vgl. die abweichende und gegenüber § 68 StBerG subsidiäre Regelung des § 199 Abs. 1 BGB n.F., nach der sowohl die Anspruchsentstehung als auch die Kenntnis des Gläubigers von den den Anspruch begründenden Umständen erforderlich sind.

1386 BGBl. I 1401.

1387 BTDrucks. VI/1617.

1388 BTDrucks. VI/1424.

1389 Prot. Nr. 44 Seite 9 f.

1390 So auch *Eckert*, NJW 1989, 2081, 2083; *Gräfe*, BB 1980, 1265, 1266.

1391 BGHZ 114, 150, 153.

1392 BGH, NJW 1995, 2108, 2109; BGH, NJW 1996, 1895, 1896; BGH, NJW 1998, 1488, 1489 m.w.Nachw.

geltenden Verjährungsvorschriften zu belehren.[1393] Der Steuerberater, der schuldhaft die Pflicht zur Belehrung des Mandanten über einen von ihm begangenen Fehler und über die Verjährung des daraus entstehenden primären Schadensersatzanspruch verletzt, macht sich erneut schadensersatzpflichtig; er hat daher nach § 249 BGB den Mandanten so zu stellen, wie er stehen würde, wenn er richtig belehrt worden wäre (der so genannte Sekundäranspruch).[1394] In diesem Fall hätte der Mandant gegebenenfalls unter Einschaltung eines Rechtsanwalts den Schadenersatzanspruch (Primäranspruch) verfolgt und verjährungsunterbrechende Maßnahmen ergriffen.[1395] Der Mandant erhält eine Art Hilfsrecht zur Durchsetzung eines ansonsten verjährten Regresses.[1396] Für die Verjährung der Haftung eines Rechtsanwalts ist diese Belehrungspflicht zur Vermeidung eines Sekundäranspruchs seit langem anerkannt.[1397] Hieran hatte sich zunächst in jüngster Zeit auch durch die Einführung des Gesetzes zur Modernisierung des Schuldrechts nichts geändert. Wenn *Bruns*[1398] einen Wegfall der Sekundärhaftung mit der Begründung der systematischen Unverträglichkeit des Sekundärhaftung mit den durch das Gesetz zur Modernisierung des Schuldrechts geschaffenen neuen Verjährungsregelungen fordert, so verkennt er, dass der Gesetzgeber zunächst bewusst mit den neuen Verjährungsregeln nicht die spezialgesetzlichen Regelungen für Steuerberater (§ 68 StBerG), Wirtschaftsprüfer (§ 51a WPO) und Rechtsanwälte (§ 51b BRAO) ersetzen wollte; diese blieben bis vor kurzem insoweit gegenüber den neuen allgemeinen Verjährungsregeln des Bürgerlichen Gesetzbuches *lex specialis*.[1399]

Wesentlich ist in diesem Zusammenhang, dass die Belehrungspflicht die Kenntnis des steuerlichen Beraters von der eigenen Pflichtverletzung voraussetzt.[1400] Von einer Pflichtverletzung wird der Berater aber dann ausgehen können, wenn das Finanzamt seine Rechtsauffassung nicht teilt und ein Einspruch erfolglos war.[1401] Der Bundesgerichtshof verlangt, dass sich der Fehler dem Steuerberater "aufdrängt"[1402] oder für ihn "wahrscheinlich"[1403] ist. Das Oberlandesgericht Düsseldorf[1404] hält bei unterlassener Belehrung eine schuldhafte Pflichtverletzung nur für gegeben, wenn die gebotene Pflicht zur Selbstprüfung des Beraters grobfahr-

---

1393 BGH, DStR 1982, 297, 298; BGH, DB 2004, 1771, 1774.
1394 BGH, DStR 1982, 297, 299; BGH, DB 2004, 1771, 1774.
1395 BGHZ 94, 380, 390; BGHZ 129, 386, 392.
1396 *Gräfe*, in: *Gräfe/Lenzen/Schmeer*, Rn. 909.
1397 RGZ 158, 130, 136; BGH, VersR 1967, 979, 979; BGH, NJW 1975, 1655, 1656; BGH, VersR 1977, 617, 618.
1398 *Bruns*, BB 2003, 1347, 1347 ff.
1399 *Mansel*, NJW 2002, 418, 419.
1400 BGH, Stbg 1990, 423, 423; OLG München, DStR 1991, 198, 198.
1401 *Gehre*, StBerG (4. Aufl.), § 68, Rn. 11.
1402 BGH, NJW 1985, 1151, 1152.
1403 BGH, NJW VersR 1977, 622, 623 f.
1404 VersR 85, 92, 93.

lässig missachtet und dadurch ein eigener Fehler nicht wahrscheinlich wird. Diese Rechtsauffassung wird der Praxis gerecht; ansonsten müsste der Steuerberater ständig jedes Mandat in allen Einzelheiten daraufhin überprüfen, ob er möglicherweise zu Lasten des Mandanten auch nur leicht fahrlässig einen Fehler gemacht hat. Daher ist eine Nachprüfung nicht allgemein, sondern nur bei einem konkreten Anlass geboten.[1405]

Für die sekundäre Hinweispflicht des Beraters ist es nicht ausreichend, wenn der Berater seinen Mandanten auf die eventuelle Verletzung seiner Pflichten und den Anspruch des Mandanten gegen ihn hinweist.[1406] Vielmehr muss der Berater seinen Mandanten darauf hinweisen, dass der Anspruch der kurzen dreijährigen Verjährungsfrist, gerechnet ab Schadensentstehung, unterliegt.[1407]

Bei einem Dauermandat verletzt der Steuerberater die sekundäre Hinweispflicht in den jeweiligen Folgezeiträumen jeweils erneut. Dies gilt auch dann, wenn sich die gleiche Pflichtwidrigkeit bei der Bearbeitung der Steuererklärung für das nächste oder die folgenden Jahre im Rahmen des einheitlichen Mandats wiederholt, der Steuerberater seinen Fehler also nicht erkennt und den Mandanten darauf aufmerksam macht.[1408]

Da die Belehrungspflicht des Beraters aus dem Mandatsverhältnis resultiert, endet sie, wenn das Mandat einvernehmlich beendet wird.[1409] Dies wird jedoch nur dann gelten können, wenn zum Zeitpunkt der Beendigung des Mandates der Steuerberater nicht von einem vorausgegangenen eigenen Fehlverhalten ausgehen musste.

Die Belehrungspflicht entfällt auch dann, wenn der Mandant nicht mehr belehrungsbedürftig ist. So fehlt es an der Belehrungsbedürftigkeit des Mandanten, wenn dieser über die Regressfrage anwaltlich vertreten wird.[1410] Die Verpflichtung eines Steuerberaters nach einem Beratungsfehler auf die eigene Regress-

1405 OLG Frankfurt, Stbg 1988, 45, 46.

1406 BGH, VersR 2001, 716, 717.

1407 BGHZ 94, 380, 386; BGH, NJW 1996, 48, 50; BGH, VersR 2001, 716, 717.

1408 BGHZ 114, 150, 158; OLG Düsseldorf, Urteil v. 14.10.2003, Az. 23 U 222/02, nicht veröffentlicht (Fundstelle: Westlaw WLDE2003-0012988).

1409 So wohl auch BGHZ 114, 150, 158 f.; OLG Hamburg, DStR 1990, 187, 188; OLG Hamm, DStR 1993, 1724, 1724; BGHR, StBerG, § 68 Sekundärhaftung 3; *Gehre*, StBerG (2. Aufl.), § 68 Rn. 13; *Gräfe*, in: *Gräfe/Lenzen/Schmeer*, Rn. 917. Strittig: vgl. auch BGH, NJW 1995, 218, 2109 f.. Offen gelassen von OLG Koblenz, DStRE 2000, 331, 333.

1410 BGH, NJW 1982, 1288, 1289; BGH, WM 1985, 1038, 1040; BGH, NJW 1995, 2108, 2110; BGH, NJW-RR 1996, 313, 314; OLG Koblenz, DStRE 2000, 331, 333; OLG Düsseldorf, Urteil v. 09.01.2004, Az. 23 U 34/03, nicht veröffentlicht (Fundstelle: Westlaw WLDE2004-0000048), wonach der Steuerberater allerdings die Beweislast hinsichtlich der anwaltlichen Vertretung gerade bezüglich der Frage, ob der Berater dem Mandanten durch einen Fehler einen Schaden zugefügt hat, zu tragen hat – der bloße Nachweis der anwaltlichen Vertretung des Mandanten reicht nicht aus.

pflicht und deren kurze Verjährung nach § 68 StBerG hinzuweisen entfällt jedoch nicht allein deshalb, weil sich der geschädigte Mandant bei einem anderen Steuerberater steuerrechtliche Beratung in Anspruch nimmt.[1411] Etwas anderes soll jedoch gelten, wenn der Mandant von dem neuen Steuerberater auf die Möglichkeit der Haftung des alten Steuerberaters und die hierfür geltenden Verjährungsfristen hingewiesen wurde und er deshalb einer weiteren Aufklärung durch einen Anwalt nicht mehr bedurfte.[1412] Ebenso ist es dem Steuerberater nicht verwehrt, sich mit Erfolg auf den Eintritt der Verjährung zu berufen, wenn nachweislich feststeht, dass der Mandant zu einem neuen Steuerberater gewechselt ist, der bisherige Steuerberater nach Zugang des belastenden Steuerbescheids mit der Angelegenheit nicht mehr befasst war und ein irgendwie gearteter Anlass zur Überprüfung der eigenen vorangegangenen Tätigkeit nicht bestanden hat.[1413]

Nach der jüngeren Rechtsprechung des Bundesgerichtshofs zur Hinweispflicht eines Rechtsanwalts[1414] kann auch ein rechtskundiger Mandant auf die vertragsgerechte Erfüllung der Pflichten seines Beraters vertrauen. Daher müsse auch ein rechtskundiger Mandant[1415] über einen möglichen Regressanspruch und die dafür maßgebliche Verjährungsregelung unterrichtet werden.[1416] Einem rechtskundigem Auftraggeber sollte dabei nicht vorgeworfen werden können, er hätte das, worüber ihn sein Steuerberater oder Rechtsanwalt hätte unterrichten müssen, bei genügen-

---

1411 OLG Karlsruhe, OLGReport-Karlsruhe 2004, 388, 388 ff. Das OLG Karlsruhe argumentiert hier zutreffend, dass es – anders als beim Rechtsanwalt – grundsätzlich nicht zu den Pflichten eines Steuerberaters gehört, auf mögliche Schadensersatzansprüche seines Vorgängers hinzuweisen. Denn die Beratungspflichten eines Steuerberaters beschränken sich in der Regel auf das Steuerrecht (§§ 1-3, 33 StBerG); eine Besorgung anderer Rechtsangelegenheiten einschließlich der Rechtsberatung ist ihm grundsätzlich untersagt (Art. 1 §§ 1, 4 Abs. 3 RBerG) – vgl. hierzu schon oben umfassend Kapitel I. 2. In diesem Bereich richten sich die Aufgaben eines Steuerberaters nach Inhalt und Umfang des erteilten Mandats; nur in den dadurch gezogenen Grenzen hat der Steuerberater im Rahmen seiner umfassenden steuerlichen Beratungspflicht auch über die bei der Bearbeitung auftauchenden steuerlichen Fragen zu belehren. Deswegen kann eine Pflicht des neuen Steuerberaters, auf einen möglichen Schadensersatzanspruch gegen seinen Vorgänger und die Verjährung hinzuweisen, nicht aus der sekundären Hinweispflicht des früheren haftpflichtigen Steuerberaters abgeleitet werden; ebenso wenig darf dieser auf die Erfüllung seiner Pflicht durch den neuen Berater vertrauen. Dies führt dazu, dass ein Sekundäranspruch mangels eines Verschuldens entfällt.

1412 OLG Düsseldorf, OLGReport-Düsseldorf 2005, 38, 39. Diese Entscheidung erscheint zumindest fragwürdig, da sich auch hier die Frage nach der unzulässigen Rechtsberatung durch den neuen Steuerberater stellt. Daher erschließt sich aus der Entscheidung des OLG Düsseldorf nicht vollständig, warum der Mandant der Aufklärung durch einen Rechtsanwalt nicht mehr bedurfte.

1413 OLG Düsseldorf, MDR 2004, 1087, 1088. Die Entscheidung des OLG ist wohl folgerichtig, da gemäß des Sachverhalts, der dem Urteil zugrunde liegt, der Steuerberater zum Zeitpunkt der Mandatsbeendigung nicht von seinem Fehlverhalten ausgehen musste.

1414 VersR 2001, 331, 332.

1415 In der zitierten Entscheidung war dies ein promovierter Volljurist und Rechtsbeistand.

1416 So wohl auch bereits: BGH, WM 1999, 1330, 1336.

der Sorgfalt selbst feststellen können und müssen.[1417] Nach dieser Rechtsprechung scheint die Hinweispflicht des Beraters nur dort zu entfallen, wo der Mandant durch einen Rechtsanwalt bereits gerade hinsichtlich des Primäranspruchs vertreten wird.

Meines Erachtens sollte einer Ausdehnung dieser auf Rechtsanwälte geprägten Rechtsprechung auf den Steuerberater Einhalt gewährt werden. Soweit der Steuerberater selbst kein Jurist ist, würde er ansonsten einen juristisch viel besser geschulten rechtskundigen Mandanten über rechtliche Ansprüche gegen ihn belehren müssen. Aufgrund der Einheitlichkeit der Rechtsprechung zur Verjährung der Ansprüche gegen Rechtsanwälte und Steuerberater ist jedoch zu erwarten, dass die Rechtsprechung auch von einem Steuerberater verlangen wird, seiner Hinweispflicht auch gegenüber einem rechtskundigen Mandanten nachzukommen.

Die sekundäre Haftung knüpft an den Ablauf der Primärverjährung an. Wird der Mandant nach Beginn der Sekundärverjährung von einem Rechtsanwalt über den Fehler des Steuerberaters aufgeklärt, so wird dadurch die Sekundärfrist von drei Jahren nicht abgekürzt.[1418] Dass nach Ablauf der Primärverjährung bei noch bestehendem Mandat eine Hinweispflicht auf den Ablauf der Sekundärverjährung besteht, ist zwar denkbar, im Ergebnis aber abzulehnen. Anderenfalls würde es zu einer Aushöhlung des § 68 StBerG kommen. Es gibt keinen tertiären, quartären usw. Anspruch gegen den Steuerberater.[1419] Die Verjährung von Regressansprüchen gegen den Steuerberater läuft demnach (außer bei einem Fall der erneuten oder andauernden Verletzung im Rahmen eines Dauermandats) maximal 6 Jahre.

b. Neue Rechtslage (Verjährung nach BGB)

Nach der nunmehr geltenden Regelverjährung der §§ 194 ff. BGB beträgt die regelmäßige Verjährungsfrist drei Jahre (§ 195 BGB). Sie beginnt mit dem Schluss des Jahres, in dem der Anspruch entstanden ist und der Mandant von den Umständen, die den Anspruch begründen sowie von der Person des Schuldners Kenntnis erlangt oder ohne grobe Fahrlässigkeit erlangen müsste (§ 199 Absatz 1 BGB). Die Verjährung für Schadensersatzansprüche aufgrund von Pflichtverletzungen gemäß § 280 BGB tritt jedoch ohne Rücksicht auf die Kenntnis oder grob fahrlässige Unkenntnis spätestens zehn Jahre nach der Entstehung des Anspruchs ein (§ 199 Absatz 2 Nummer 1 BGB) und unabhängig von der Entstehung eines Schadens nach 30 Jahren von der Begehung der Pflichtverletzung oder dem sonstigen, den Schaden auslösenden Ereignis an (§ 199 Absatz 2 Nummer 2 BGB).

[1417] BGH, VersR 1992, 447, 447; BGH, WM 1993, 1889, 1894; BGH, WM 1993, 1508, 1511; BGH, WM 1997, 1392, 1395; BGH, VersR 2001, 331, 332.

[1418] *Gräfe*, in: *Gräfe/Lenzen/Schmeer*, Rn. 931.

[1419] BGH, WM 1985, 889, 892 f.; *Gräfe*, in: *Gräfe/Lenzen/Schmeer*, Rn. 932.

aa. Verjährungsbeginn

Anders als nach § 68 StBerG a.F. ist für den Beginn der regelmäßigen Verjährungsfrist von drei Jahren neben der Schadensentstehung die Kenntnis des Mandanten von den Umständen, die den Anspruch begründen, und der Person des Schuldners des Anspruchs. Da diese Kenntnis aber neben der Schadensentstehung vorliegen muss, sind die oben dargestellten Grundsätze der Rechtsprechung zur Schadensentstehung uneingeschränkt auch für die Bestimmung des Zeitpunkts der Entstehung des Schadens gemäß der Verjährung nach neuem Recht heranzuziehen.

bb. Hinweispflicht und sekundärer Schadensersatz

Schutzzweck der von der Rechtsprechung geschaffenen Hinweispflicht auf eigene Pflichtverletzungen und des damit verbundenen sekundären Schadensersatzes war es, einen Mandanten vor der mit drei Jahren recht kurzen Verjährung des § 68 StBerG a.F. (bzw. § 51b BRAO a.F.) zu schützen.[1420] Sie führte dazu, dass die Verjährungsfrist bereits abgelaufen sein konnte, bevor der Mandant überhaupt Kenntnis von seinem Schaden erlangte.[1421] Der Bundesgerichtshof hielt deshalb seine Rechtssprechung zur Hinweispflicht und zum sekundären Schadensersatz für verfassungsrechtlich geboten.[1422] Er sah in der wortgetreuen Anwendung des § 51b BRAO und des § 68 StBerG eine außerordentliche Härte, die eine völlige Außerachtlassung schutzwürdiger Belange des Mandanten zur Folge hätte; diesen Umstand galt es zu mildern.

Nach der bisherigen Rechtsprechung des Bundesgerichtshofs zur sondergesetzlichen Verjährung müsste der Berater den Mandanten unabhängig von einer groben Fahrlässigkeit des Mandanten hinsichtlich seiner Unkenntnis des Schadens über den Primäranspruch gegen sich selbst belehren. Mit der Reform des Verjährungsrechts durch den Gesetzgeber wird es die Hinweispflicht sowie der damit verbundene sekundäre Schadensersatz jedoch nicht mehr geben,[1423] denn vom Beginn der Regelverjährung für Pflichtverletzungen der steuerlichen Berater an kann eine so ausgedehnte Hinweispflicht nicht mehr entstehen, weil § 199 BGB schon die grob fahrlässige Unkenntnis des geschädigten Mandanten mit dem Verjährungsbeginn sanktioniert, wobei die Kenntnis der dreijährigen Verjährung ganz offensichtlich vorausgesetzt wird.[1424] Hat der Mandant keine Kenntnis bzw. beruht seine Unkenntnis nicht auf grober Fahrlässigkeit, so gilt ohnehin die „lange" 10-

[1420] *Bruns*, BB 2003, 1347, 1347 f.; *Borgmann*, NJW 2005, 22, 30.
[1421] *Bruns*, BB 2003, 1347, 1348.
[1422] BGH, BB 2003, 600, 600 f.
[1423] So auch *Borgmann*, NJW 2005, 22, 30 und wohl auch *Bruns*, BB 2003, 1347, 1348 ff.
[1424] *Borgmann*, NJW 2005, 22, 30.

jährige Verjährungsfrist. Insoweit ist dem schutzwerten Interesse des Mandanten nunmehr durch die gesetzliche Verjährung hinreichend Rechnung getragen. Die letzte Hinweispflicht kann folglich bei noch bestehendem Mandat und gegebenem Anlass am letzten Tag vor Inkrafttreten der Neuregelung entstehen und der letzte Sekundäranspruch drei Jahre danach verjähren.[1425]

[1425] *Borgmann*, a.a.O.

III. Die Pflichten des Steuerberaters

Die Pflichten des steuerlichen Beraters ergeben sich wie in Kapitel II aufgeführt grundsätzlich aus dem Mandatsvertrag.[1426] Danach sind die jeweils zwischen dem Berater und seinem Auftraggeber getroffenen Vereinbarungen allein entscheidend für die vom Berater vorzunehmenden Dienstleistungen, den Umfang der zu beachtenden Sorgfaltspflichten und seine Haftung. Aufgrund der Tatsache, dass der steuerliche Berater von seinem Mandanten als Fachmann des Steuerrechts beauftragt wird, entsteht die berechtigte Erwartungshaltung des Mandanten, der Berater werde seinen Beruf sorgfältig und gewissenhaft ausüben.[1427] Aus dieser Tätigkeit „höherer Art"[1428] resultiert eine Anzahl grundsätzlicher Pflichten, die der steuerliche Berater bei seinem Mandat gegenüber dem Mandanten im Rahmen seiner Befugnisse und tatsächlichen Möglichkeiten zu beachten hat.

Bei der Ausfüllung des Pflichtenkatalogs verliert die Rechtsprechung jedoch zunehmend die tatsächlichen Möglichkeiten der steuerlichen Berater aus den Augen. Diese Pflichten sollen im Folgenden am Beispiel der Pflichten des Steuerberaters erörtert werden. Der Pflichtenkreis des Steuerberaters ist im Wesentlichen auch auf Rechtsanwälte und Wirtschaftsprüfer anwendbar, wenn diese Steuerberatung betreiben.

1. Der Pflichtenkreis der Steuerberatung

In zahlreichen Mandaten wird der Umfang des Auftrags nicht genau genug von den Vertragsparteien im Mandatsvertrag fixiert. Vielfach sind auch zu Mandatsbeginn hinreichend konkretisierte Auftragsbegrenzungen im Laufe der Zeit nicht an die sich wandelnden Anforderungen eines Dauermandats angepasst worden. Eine detaillierte mandatsvertragliche Regelung der Pflichten des steuerlichen Beraters liegt daher in der Praxis sehr oft nicht vor. Dies kann allerdings keinen unbegrenzten Pflichtenkatalog des Beraters zur Folge haben, der sich nicht mehr an den dem Berater objektiv zur Verfügung stehenden Möglichkeiten orientiert.[1429] Schließlich folgt aus einer fehlenden oder mangelhaften mandatsvertraglichen Regelung der Pflichten ebenso wenig die völlige Abwesenheit von Pflichten des Berufsangehörigen. Vielmehr existiert eine Vielzahl von allgemeinen Pflichten und Sorgfaltsanforderungen, die aus der Erwartung des Mandanten an die Sachkunde des Beraters resultieren.

1426 Vgl. hierzu auch BGHZ 128, 358, 361 m.w.Nachw.

1427 *Peemöller/Meyer-Pries*, DStR 1994, 718, 718; *Scheffler*, NJW 1961, 577, 578.

1428 Vgl. auch die Formulierung in § 627 Absatz 1 BGB und oben in Kapitel I. 2.

1429 So auch *Späth*, Steuerberaterhaftung, Rn. 124.

a. Grundsätze

Als Ausgangspunkt des Umfangs des Pflichtenkreises könnten bereits der in § 33 StBerG normierte Inhalt der Tätigkeit und die in § 57 StBerG aufgeführten allgemeinen Berufspflichten des Steuerberaters in Betracht kommen. Hiermit allein kann man den Umfang der Pflichten des steuerlichen Beraters gegenüber seinem Mandanten und damit der Haftpflicht im Einzelmandat jedoch nicht bestimmen, denn diese Normen schaffen keine allgemeinen Pflichten des Beraters gegenüber dem Mandanten, sondern bestimmen nur das allgemeine Berufsbild eines Steuerberaters.[1430] So können Verstöße des Beraters gegen die Berufspflichten vom Vorstand der Berufskammer gerügt (§ 76 Absatz 2 Ziffer 2 StBerG) und berufsgerichtlich geahndet werden (§ 89 StBerG). Sie haben in der Regel aber keine zivilrechtlichen Konsequenzen.[1431] Deshalb wird der aus § 33 StBerG resultierende und sehr weit gefasste Pflichtenkreis der Berufspflichten des Berufsangehörigen jeweils durch die Bestimmungen des konkreten Mandatsvertrags wieder eingegrenzt.[1432]

Nur die in § 57 StBerG ebenfalls normierte Berufspflicht zur Verschwiegenheit stellt eine Pflicht des Steuerberaters gegenüber seinem Mandanten dar, die eine zivilrechtliche Haftung für einen Schaden zur Folge hat (vgl. hierzu ausführlich unten in Kapitel 8).[1433]

Die Pflichten des steuerlichen Beraters bestimmen sich im Rahmen und in den Grenzen des Einzelmandats jeweils nach der Treue gegenüber dem Mandanten und dem Dienst für ihn einerseits sowie der Treue gegenüber der Rechtsordnung andererseits.[1434] Innerhalb dieser Punkte sind dann die Vereinbarungen zwischen den Parteien maßgeblich.

b. Rechtsprechung des Bundesgerichtshofs

Der Bundesgerichtshof hat in nunmehr ständiger Rechtsprechung zur Haftung des steuerlichen Beraters einige grundsätzliche Pflichten des steuerlichen Beraters geschaffen. So besteht insbesondere eine allgemeine Pflicht des Beraters zur umfas-

---

1430 BGH, WM 1968, 1203, 1204; BGH, VersR 1980, 264, 265.

1431 *Gehre/von Borstel*, StBerG, § 57 Rn. 4.

1432 Vgl. ähnlich für die Anwaltshaftung *Borgmann/Jungk/Grams*, Kapitel IV Rn. 1.

1433 Die Verschwiegenheitspflicht ergibt sich zivilrechtlich als Nebenpflicht aus dem mit dem Mandanten geschlossenen Geschäftsbesorgungsvertrag; vgl. *Gehre/von Borstel*, StBerG, § 57 Rn. 61. Darüber hinaus stellt auch die strafrechtliche Vorschrift des § 203 StGB ein Schutzgesetz im Sinne des § 823 Absatz 2 BGB dar, dessen Verletzung einen deliktischen Schadensersatzanspruch des Mandanten begründen kann; vgl. OLG Hamm MedR 1995, 328, 328; *Gehre/von Borstel*, StBerG, § 57 Rn. 61.

1434 So auch *Späth*, Steuerberaterhaftung, Rn. 126.

senden Beratung, Belehrung und Hilfeleistung im Rahmen des erteilten und angenommenen Mandats.[1435]

Beispiele aus der Rechtsprechung des BGH:
„Ein Steuerberater hat seinem Auftraggeber von sich aus die bedeutsamen steuerlichen Fragen, die bei der Erledigung eines Auftrags auftauchen, darzulegen und ihn über die steuerlichen Folgen in Frage kommender rechtlicher Gestaltungsmöglichkeiten zu belehren.“[1436] "Der Steuerberater ist verpflichtet, den Mandanten „kraft des erhaltenen Auftrags [...] umfassend steuerlich zu beraten, ihm insbesondere den relativ sichersten Weg aufzuzeigen und ihn möglichst vor Schaden zu bewahren.“[1437]

Die von der Rechtsprechung des Bundesgerichtshofs sowie der Instanzgerichte herausgearbeiteten grundsätzlichen Pflichten des Steuerberaters werden nun im Einzelnen vorgestellt.

2. Vertretung der Interessen der Mandanten

Der Mandatsvertrag begründet die Verpflichtung des Beraters, die Interessen des Mandanten in optimaler Weise wahrzunehmen.[1438] Dabei muss der Berater sich innerhalb der gesetzlichen Möglichkeiten halten[1439] und dem Mandanten ermöglichen, die für ihn geringste Steuerlast zu erzielen.[1440] Schließlich gehört hierzu auch die Pflicht, den Mandanten vor steuerstrafrechtlicher Verfolgung zu bewahren.[1441] Diese vertragliche Verpflichtung des Berufsangehörigen endet nur dort, wo der Mandant sich selbst über die Rechtswidrigkeit eines bestimmten Vorhabens im Klaren ist und - allein oder gemeinsam mit dem Steuerberater – eine vorsätzliche Steuerhinterziehung begeht.[1442]

1435 Vgl. z.B. BGH, NJW 1993, 2799, 2800, BGH, NJW-RR 1987, 210, 211; so auch OLG Köln, NJW-RR 1991, 414, 414.

1436 BGH, NJW-RR 1992, 1110, 1111; s.a. BGH, WM 1992, 238, 239.

1437 BGH, NJW 1993, 2799, 2800.

1438 Vgl. für die Pflichten des Rechtsanwalts BGH, NJW 1994, 3295, 3297 und allgemein für die rechts- und steuerberatenden Berufe *Ganter*, NJW 1996, 1310, 1310.

1439 LG München I, Urt. v. 31.05.1989 - 25 O 2667/88 (n.v.).

1440 BGH, NJW 1997, 518, 519; BGH, Urt. v. 20.11.1997 - IX ZR 62/97 (n.v.).

1441 BGH, NJW 1997, 518, 519.

1442 BGH, NJW 1997, 518, 519.

3. Weisungsgebundenheit

Aus der Rechtsnatur des auf eine entgeltliche Geschäftsbesorgung ausgerichteten Mandatsvertrags folgt die Bindung des Steuerberaters an die Weisungen seines Mandanten.[1443] Hieran kann auch die „unabhängige" Berufsausübung des Steuerberaters gemäß § 57 Absatz 1 StBerG nichts ändern. Der Steuerberater darf jedoch Weisungen des Mandanten nicht befolgen, wenn ein rechtswidriges Handeln, z.B. die Mitwirkung bei einer Steuerhinterziehung, verlangt wird.[1444] Ist die Weisung des Mandanten unklar oder steuerrechtlich problematisch, muss der Berater auf eine Klarstellung oder Änderung der Weisung hinwirken.[1445] Wie beim Anwalt kann ein ausdrücklicher Auftrag des Mandanten zu einer aussichtslosen Tätigkeit den Steuerberater nur dann von seiner Verantwortung befreien, wenn er seinen Mandanten vorher auf die Folgen aufmerksam gemacht und ihm den besseren Weg empfohlen hat.[1446] Das Handeln entsprechend den Weisungen des Mandanten kann eine Pflichtverletzung des Steuerberaters grundsätzlich nicht entschuldigen. Aufgrund der Verpflichtung zur gewissenhaften und eigenverantwortlichen Tätigkeit nach § 57 Absatz 1 StBerG muss er den Mandanten vielmehr über die Folgen einer unsachgemäßen Weisung aufklären.[1447] Nach § 665 Satz 1 BGB ist der Berater berechtigt, von den Weisungen des Mandanten abzuweichen, „wenn er den Umständen nach annehmen darf, dass der Auftraggeber bei Kenntnis der Sachlage die Abweichung billigen würde." Allerdings hat er nach § 665 Satz 2 BGB vor der Abweichung von der Weisung den Mandanten hierüber zu informieren und dessen Weisung abzuwarten, wenn mit der hierdurch entstehenden Verzögerung keine Gefahr verbunden ist. In einem laufenden Steuerrechtsstreit ist im Regelfall allerdings ebenso wenig wie in einem Zivilprozess eine Verzögerungsgefahr im Sinne des § 665 Satz 2 BGB gegeben.[1448] Bei jeder Abweichung muss sich der Steuerberater von dem vermuteten Willen oder, wenn dieser nicht zu ermitteln ist, vom erkennbaren Interesse des Mandanten leiten lassen.[1449] Ist mit einer Billigung des Mandanten nicht zu rechnen, darf der Berufsangehörige auch bei Gefahr nicht von den Weisungen abweichen.[1450] Bei einer Abweichung entsteht zudem nach § 666 BGB die Pflicht, den Auftraggeber nachträglich zu informieren.

1443 *Gehre/von Borstel*, StBerG, § 57 Rn. 13; *Borgmann/Jungk/Grams*, Kapitel IV Rn. 143.

1444 BGH, VersR 1977, 421, 422.

1445 *Palandt/Sprau*, BGB, § 665 Rn. 3.

1446 Vgl. zu einer zweckwidrigen Klageerhebung durch einen Anwalt auf Weisung seines Mandanten RGZ 161, 280, 282.

1447 BGH, VersR 1984, 658, 659; BGH, NJW 1985, 42, 43.

1448 BGH, VersR 1961, 467, 468; *Gräfe*, in: *Gräfe/Lenzen/Schmeer*, Rn. 176.

1449 *Palandt/Sprau*, BGB, § 665 Rn. 3 und 6.

1450 BGH, VersR, 1977, 421, 422 f.

4. Pflicht zur umfassenden Ermittlung des Sachverhalts

Eine optimale Beratung, die zu einer möglichst geringen Steuerbelastung beim Mandanten führt, setzt eine sorgfältige Aufklärung des Sachverhalts, der der Besteuerung zugrunde liegt, voraus. Daher trifft den Berater die generelle Verpflichtung, vor einer Beratung seines Mandanten zunächst den zu beurteilenden Sachverhalt genau zu klären.[1451]

Beispiel:[1452]
Teilt der Mandant dem Steuerberater seinen Güterstand nicht mit, so ist der Berater verpflichtet, sich hierüber zu informieren.

Der Berater darf grundsätzlich auf die Richtigkeit von Informationen seines Mandanten vertrauen und ist nicht verpflichtet, eigene Ermittlungen und Prüfungen darüber anzustellen, ob diese Angaben richtig sind.[1453] Er muss aber aufgrund mangelnder Kenntnisse und Erfahrungen des Mandanten damit rechnen, dass dieser die einzelnen Punkte tatsächlicher Art, auf die es für die rechtliche Beurteilung ankommt, nicht kennt. Insoweit bleibt der Steuerberater verpflichtet, durch Befragen seines Mandanten alle Punkte tatsächlicher Art bzw. die Einzelheiten einer vertraglichen Gestaltung zu klären, die für die rechtliche Beurteilung wesentlich sein könnten.[1454] Macht der Mandant widersprüchliche Angaben, so muss der Berater den Widerspruch aufklären, wenn unterschiedliche steuerliche Folgen damit verbunden sind.[1455]

Beispiel:[1456]
Erfährt der Steuerberater von seiner Mandantin, dass diese seit Anfang des Jahres X in Scheidung lebt und mit ihrem Mann einen Gütertrennungsvertrag geschlossen hat, so ist er verpflichtet, den genauen Zeitpunkt des Beginns des dauernden Getrenntlebens festzustellen. Die Angabe der Mandantin ist nämlich unklar und mehrdeutig. Sie kann bedeuten „schon am 01.01. des Jahres X“, sie kann aber nach allgemeinen Sprachgebrauch auch bedeuten: „irgendwann im Laufe des Jahres X“. Dem exakten Trennungszeitpunkt kommt eine besondere steuerrechtliche Bedeutsamkeit zu, insbesondere wenn der Ehegatte einen Eigentumsanteil im Veranlagungszeitraum auf den anderen Ehegatten übertragen hat (vgl. § 26 Absatz 1 EStG, Abschnitt 62 Absatz 4 EStR).[1457] Der Steuerbera-

1451 BGH, NJW 1985, 1154, 1155 (Rechtsanwalt); OLG Hamburg, VersR 1994, 323, 323 f.
1452 Beispiel nach BGH, VersR 1980, 264, 264 ff.
1453 BGH, VersR 1960, 911, 911.
1454 BGH, NJW 1985, 1154, 1155; BGH, NJW 1983, 1665, 1665 f.; BGH, NJW 1961, 601, 602.
1455 OLG Hamburg, VersR 1994, 323, 324.
1456 Beispiel nach OLG Hamburg, VersR 1994, 323, 323 f.
1457 Danach konnte die Mandantin, wenn sie schon ab 01.01. des Jahres X dauernd getrennt lebte (die Trennung also schon vor dem Jahr X vollzogen wurde), die erhöhten Absetzungen nach

ter muss in diesem Fall bei der Mandantin „nachfassen" und auf Klarstellung des exakten Zeitraums drängen. Die Mandantin kann allerdings dann ein Mitverschulden treffen, wenn ihr die Bedeutung des genauen Datums bekannt ist, sie gleichwohl eine leichthin tatsächlich unzutreffende Zeitangabe macht.

Die Rechtsprechung geht grundsätzlich davon aus, dass der Mandant bei einer pflichtgemäßen Aufklärung des Sachverhalts durch den Berater die zutreffenden Informationen erteilt hätte.[1458]

Ohne einen konkreten Anhaltspunkt ist ein Steuerberater nicht dazu verpflichtet, den Mandanten über die Folgen künftiger ausschließlich vom Mandanten veranlasster Änderungen der bisherigen, steuerlich anerkannten tatsächlichen Gegebenheiten zu belehren. Denn es ist in diesen Fällen Sache des Mandanten, dem Steuerberater Änderungen der tatsächlichen Verhältnisse mitzuteilen.[1459]

5. Beratungspflicht

a. Grundsatz

Die zentrale Pflicht des Steuerberaters ist es, seinen Mandanten umfassend zu beraten[1460] und seine Interessen entsprechend wahrzunehmen.[1461] Danach hat ein steuerlicher Berater „dafür zu sorgen, dass seinem Mandanten alle ihm zustehenden steuerlichen Vorteile zukommen und alle ungerechtfertigten steuerlichen Nachteile von ihm abgewandt werden".[1462] Auf Steuersparmöglichkeiten[1463] muss er genauso wie auf Risiken einer bestimmten steuerlichen Gestaltung[1464] hinweisen.[1465]

---

§ 7 b EStG und § 82 a EStDV nur noch bezogen auf ihren Miteigentumsanteil von 50 % geltend machen. Wenn die Trennung jedoch erst im Jahr X, und sei es auch schon kurz nach Jahresbeginn, erfolgte, hätte die Mandantin die Absetzungen für das ganze Jahr X zu 100 % geltend machen können.

1458 BGH, NJW 1992, 240, 241.

1459 OLG Koblenz, VersR 2003, 1412, 1413.

1460 *Lang*, WM 1988, Beil. 9, S. 11 ff.; *Hirte*, § 2 b., S. 40 f.; *Späth*, Steuerberaterhaftung, Rn. 131; BGH, MDR 1968, 831, 832.

1461 *Gräfe*, in: *Gräfe/Lenzen/Schmeer*, 140.

1462 So BGH, VersR 1959, 902, 903; BGH, VersR 1981, 1029, 1029; BGH, VersR 1985, 1086, 1087 f; BGH, NJW-RR 1992, 1010, 1011 f.; BGH, NJW 1993, 1139, 1140; BGH, NJW 1993, 2799, 2800; BGH, WM 1994, 1848, 1850; BGH, NJW 1997, 518, 519; OLG München, NJW-RR 1991, 1127, 1128.

1463 BGH, DStR 1967, 424, 424 f.

1464 BGH, NJW-RR 1987, 1375, 1376 f.; BGH, NJW-RR 1992, 1110, 1111.

1465 *Hirte*, S. 41.

Beispiel:
Berät der Steuerberater seinen Mandanten im Zusammenhang mit einer Beteiligung an einem Bauherrenmodell, so hat er grundsätzlich von der Belehrungsbedürftigkeit seines Auftraggebers in steuerlichen Dingen auszugehen. Er schuldet dem Mandanten, wenn es um die Beteiligung an einer steuersparenden Vermögensanlage geht, eine umfassende Aufklärung über die Arten und Möglichkeiten der zu erzielenden Verlustzuweisungen und über deren Vorteile, Nachteile und Risiken in steuerlicher Hinsicht.[1466]

Im Rahmen der ordnungsgemäßen Beratung muss ein Steuerberater unmissverständliche Auskünfte erteilen. Seine Aufgabe ist es, schon durch die Wortwahl seiner Erklärungen Klarheit zu schaffen.[1467] Zu Zweifeln am Wortlaut der Erklärung, die einen Anlass zur Auslegung des Gesagten geben, darf es ein Berater nicht kommen lassen.

Beispiel:[1468]
So muss der Berater, will er dem Mandanten zur Auflösung eines Leasingvertrages raten, eine „Kündigung" und nicht einen „Rücktritt" vom Vertrag empfehlen.[1469]

Die Erklärungen des steuerlichen Beraters müssen dem Mandanten, der verlässlich über bestimmte steuerliche Folgen unterrichtet werden will, um darauf geschäftliche Maßnahmen gründen zu können, eine annähernd zutreffende Vorstellung von dem Wagnis vermitteln, über das er aufgeklärt werden möchte.[1470] Deshalb muss der Berater äußerst sorgsam sein, wenn er Erklärungen nur unter Vorbehalt abgegeben kann, weil er zunächst noch weitere rechtliche oder tatsächliche Nachforschungen anstellen möchte. Denn der Vorbehalt muss aus der maßgeblichen Sicht des Mandanten so verstanden werden, dass die zuvor erteilte Auskunft nur vorläufig sein soll.[1471]

1466 BGH, NJW-RR 1991, 1125, 1126; BGH, NJW-RR 1993, 714, 715.

1467 BGH, NJW 1996, 2648, 2650.

1468 Nach BGH, NJW 1996, 2648, 2648 ff.

1469 Ein gesetzlicher Rücktritt von einem Dauerschuldverhältnis wie der Miete oder einem Leasingvertrag ist nach Überlassung der Sache grundsätzlich ausgeschlossen, weil er die Hauptleistungspflichten nachträglich zerstört; er wird durch die nur für die Zukunft wirkende Kündigung ersetzt; vgl. BGHZ 50, 312, 315.

1470 BGH, WM 1962, 932, 933.

1471 BGH, DB 2003, 1733, 1733. Spricht der Berater gegenüber dem Mandanten nur von der Möglichkeit einer weiteren steuerlichen Optimierung, die noch geprüft werden muss, lässt ihn aber in dem Glauben, die wesentlichen steuerlichen Parameter seien erläutert worden, so reicht dieser „Vorbehalt" nicht aus; vgl. BGH, a.a.O.

Für die ordnungsgemäße Ausführung seiner Anordnungen und Vorschläge durch den Mandanten ist der Berater nicht verantwortlich.[1472] Hat er aber konkrete Anhaltspunkte dafür, dass seine Ratschläge nicht oder nur unvollkommen befolgt worden sind, so muss er auf die Risiken, die sich daraus ergeben, hinweisen.[1473]

> *Beispiel:*[1474]
> Ein Mandant spaltet nach Rücksprache mit seinem Steuerberater seinen landwirtschaftlichen Betrieb, der aufgrund seiner zunehmenden Größe als Gewerbebetrieb eingestuft zu werden droht, durch einen Pachtvertrag über einen Teil des Betriebes mit seiner Frau auf, um damit die für die Gewerblichkeit der Viehhaltung maßgeblichen Grenzen (§ 13 I Nr. 1 S. 2 EStG) in beiden Betrieben rechnerisch zu unterschreiten. Den Berater trifft hier nicht die Verpflichtung, zu überwachen, ob seine zur Betriebsaufspaltung angeratenen Maßnahmen auch tatsächlich eingehalten werden. Er hat jedoch die vertragliche Nebenpflicht, den Mandanten auf bei der tatsächlichen Durchführung der Betriebsaufteilung begangene Fehler, von denen er z.B. anlässlich der Jahresabschlussarbeiten erfährt, hinzuweisen. Diesen Anforderungen wird genügt, wenn eine Angestellte des Steuerberaters wiederholt im Rahmen der Abschlussarbeiten auf die Unzulänglichkeit der Betriebsaufteilung mündlich hinweist. Nimmt der Mandant diese mündlichen Hinweise nicht ernst, besteht keine Pflicht zur schriftlichen Belehrung des Mandanten.[1475]

Ein neu beauftragter Steuerberater hat nicht ohne weiteres die Verpflichtung, zurückliegende, augenscheinlich abgeschlossene Vorgänge einer erneuten steuerrechtlichen Prüfung zu unterziehen. Eine derartige weitergehende Prüfungspflicht kann nur dann bestehen, wenn der Berater hierzu einen ausdrücklichen Auftrag erhält.[1476]

aa. Beratungspflicht bei einem umfassenden Mandatsvertrag

Im Rahmen eines umfassenden Mandatsvertrags und einer gestaltenden Beratung hat der Steuerberater – im Gegensatz zum bloßen Auskunftsvertrag, der lediglich zur gewissenhaften und vollständigen Beantwortung der gestellten Fragen ver-

---

1472 So wohl auch BGH, WM 1995, 721, 722.

1473 BGH, NJW 1995, 2842, 2842 f.

1474 Nach BGH, NJW 1995, 2842, 2842 f.

1475 Mündliche Hinweise müssen nicht wiederholt werden, vgl. BGH, NJW 1995, 2842, 2843. Die Gegenauffassung wurde aber noch von der Vorinstanz der BGH-Entscheidung (OLG Hamm, NJW 1993, 1137, 1138) vertreten: Durch die schriftliche Belehrung sollte dem Mandanten die Dringlichkeit der erforderlichen Maßnahmen mit der notwendigen Nachdrücklichkeit und Eindringlichkeit vor Augen geführt werden. Das Fehlen einer schriftlichen Belehrung ist kein Indiz für das Unterbleiben der Belehrung; OLG Köln, v. 1.6.1994, 11 U 244/93 = SIS 94 21 60.

1476 LG Frankfurt(Oder), GI 1999, 147, 148 f.

pflichtet – auch eigene Ermittlungs- und Hinweispflichten hinsichtlich solcher Umstände, die vom Mandanten nicht bedacht und nachgefragt wurden.[1477] So gehört es laut einer in der Literatur[1478] zwar höchst umstrittenen, mittlerweile aber gefestigten Rechtsprechung des Bundesgerichtshofs[1479] zu den Aufgaben eines steuerlichen Beraters, seinen Auftraggeber auch ungefragt über die bei Erledigung des Auftrages auftauchenden Fragen, insbesondere auch über die Möglichkeiten einer Steuerersparnis, zu belehren. Dies wird damit begründet, dass der Berater davon ausgehen muss, dass sein Auftraggeber in der Regel in steuerlichen Dingen unkundig und vielfach deshalb schon gar nicht in der Lage ist, selbst die entsprechenden Fragen zu stellen.[1480] Aufgabe des Steuerberaters ist es deshalb, den Mandanten in die Lage zu versetzen, eigenverantwortlich seine Rechte und Interessen zu wahren und eine Fehlentscheidung zu vermeiden.[1481] Fehlt es allerdings an Anhaltspunkten dafür, dass eine Gestaltungsmöglichkeit, die zu einer Steuerersparnis führen würde, nicht im mutmaßlichen Willen des Mandanten liegt, so wird möglicherweise eine Beratungspflicht hinsichtlich dieser Gestaltungsmöglichkeit zu verneinen sein.[1482]

Beispiel:
Entspricht es aufgrund der Rechtsfolgen – wie der Teilnahme nach dem Umfang der jeweiligen Beteiligung an Gewinn und Verlust und auch der Übernahme der je nach der gesellschaftsrechtlichen Gestaltung bestehenden Haftungsrisiken – nicht dem mutmaßlichen Willen des Mandanten, seine Steuerlast durch Einbeziehung seines Ehegatten in die gewerbliche Tätigkeit des Mandanten zu mindern, so ist im konkreten Einzelfall eine diesbezügliche Pflicht zur Beratung zu verneinen.

1477 BGH, WM 1962, 932, 933; BGH, WM 1964, 117, 118.

1478 Vgl. z.B. die kritische Anmerkung von *Messmer*, DStR 1967, 425, 425; *Hirte*, S. 41.

1479 Nach BGH, DStR 1967, 424, 424 f.; BGH, WM 1980, 308, 309; BGH, NJW-RR 1987, 1375, 1376; BGH, NJW 1990, 2057, 2058; BGH, NJW-RR 1992, 157, 158; zuletzt BGH, Urt. v. 20.11.1997 - IX ZR 62/97; vgl. auch OLG Stuttgart, NJW-RR 1990, 791, 792 und OLG Karlsruhe, DStR 1991, 790, 791 ("Er muss auch ungefragt wesentliche steuerlich bedeutsame Einzelheiten darlegen und über ihre Folgen belehren") und die zustimmende Anm. von *Späth*, DStR, 1991, 791, 791 f. In einem Aufsatz aus dem Jahre 1995 sieht *Späth*, NWB 1995, 2323, 2328 in einer BGH-Entscheidung von 1995 (BHZ 128, 358, 361 f.) eine Aufgabe dieses Grundsatzes. Dem kann allerdings nicht gefolgt werden. Zum einen wird der Grundsatz durch das spätere BGH-Urteil v. 20.11.1997 - IX ZR 62/97 aufrecht erhalten, zum anderen bezieht sich die Entscheidung in BGHZ 128, 358, 361 f. nicht auf den Fall eines umfassenden Dauermandats, sondern behandelt ein begrenztes Mandat, in dem der Steuerberater lediglich den Auftrag hatte, den Jahresabschluss zu erstellen (BGHZ 128, 358, 362).

1480 BGH, NJW-RR 1992, 157, 158; BGHZ 129, 386, 396; BGH, NJW 1997, 1008, 1011.

1481 A.a.O. Vgl. auch LG Bonn, GI 1999, 18, 19: Zu der umfassenden Beratung des Mandanten, zu der ein Steuerberater verpflichtet ist, gehört auch der Hinweis auf die so genannte Objektbeschränkung bei der steuerprivilegierten Privatentnahme einer Wohnung aus dem Privatvermögen.

1482 BGH, Urt. v. 20.11.1997 - IX ZR 62/97.

bb. Beratungspflicht bei einem begrenzten Mandat

Handelt es sich nur um ein auf bestimmte Aufgaben beschränktes Mandat, so ist der Steuerberater nach einer Entscheidung des Bundesgerichtshofs vom 26.02.1995[1483] nicht verpflichtet, Vorgänge, die ihm bei Gelegenheit dieser Tätigkeit bekannt werden, auf steuerliche Fragen zu überprüfen, die nicht in unmittelbarer Beziehung zu der von ihm übernommenen Aufgabe stehen. Müsste der Steuerberater diese Vorgänge jeweils daraufhin untersuchen, ob sie Veranlassung zu einem Rat oder Hinweis an den Mandanten geben, würde dies zu einer erheblichen Ausweitung der geschuldeten Tätigkeit und damit gerade auf dem komplexen und unübersichtlichen Gebiet des Steuerrechts zu einer unerträglichen Verschärfung der Anforderungen an die vertraglichen Hauptleistungen führen.[1484] Von einer jeweils auf den Inhalt des konkreten Auftrags bezogenen Verpflichtung geht es deshalb auch im Senatsurteil vom 07.05.1992.[1485] Der Umfang der Aufgaben des Steuerberaters bestimmt sich somit in diesen Fällen ebenso wie der Umfang der Aufgaben eines Anwalts, der ein auf eine konkrete Tätigkeit beschränktes Mandat erhalten hat.[1486] Eine Beratungspflicht besteht dabei nur im Rahmen des erteilten Auftrags. Dieser bezieht sich in der Regel nicht auf eine allumfassende Beratung, sondern ist aufgrund der nach dem Auftragsumfang bestehenden Gebührenansprüche auf bestimmte Punkte beschränkt.[1487] Der Berater hat den Mandanten aber dann auf eine außerhalb seines Auftrages liegende steuerliche Fehlentscheidung hinzuweisen, wenn sie für einen durchschnittlichen Berater auf den ersten Blick ersichtlich ist oder ihm aufgrund seines persönlichen Wissens die Sach- und Rechtslage bekannt ist.[1488]

b. Bedeutung von Mandantenrundschreiben

Ob der steuerliche Berater seiner Beratungspflicht auch durch sog. Mandantenrundschreiben, z.B. bei der Aufklärung über eine neue steuerlich relevante Rechtslage, genügen kann, wird uneinheitlich beurteilt. Während eine Entscheidung des OLG Hamm[1489] dem Mandanten schon überhaupt keine Pflicht zum Lesen der Rundschreiben auferlegt und so zu keinem Mitverschulden des Mandanten im konkreten Fall gelangt, gehen sowohl der BGH[1490] als auch das LG Köln[1491] zu-

1483 BGHZ 128, 358, 361 f.
1484 BGHZ 128, 358, 361 f.
1485 BGH, NJW-RR 1992, 1110, 1111.
1486 BGH, NJW 1993, 2045, 2045.
1487 LG Münster, Urt. v. 22.04.1992 - 10 O 483/92 (n.v.).
1488 BGH, WM 1991, 1303, 1304; BGHZ 128, 358, 362 ff.
1489 Urt. v. 28.04.1989 - 25 U 253/88 (n.v.).
1490 VersR 1987, 688, 689.
1491 DStR 1985, 354, 354.

mindest von einer Verpflichtung des Mandanten zur Kenntnisnahme aus und begründen bei unterlassener Kenntnisnahme ein Mitverschulden des Mandanten. Mandantenrundschreiben werden oftmals als Marketinginstrument in der Steuerberatung eingesetzt.[1492] Der Berater bringt sich hierdurch in Erinnerung. Der Inhalt der Mandantenrundschreiben bezieht sich dabei in der Regel auf aktuelle steuerliche Entwicklungen und erweckt so die Aufmerksamkeit der Mandanten. Der Inhalt eines jeden Rundschreibens kann als Grundlage dienen, einen Kontakt mit dem Mandanten über ein ihn betreffendes Problem zu knüpfen. Im Rahmen und in den Grenzen eines bestehenden Mandatsvertrags ist der Berater jedoch verpflichtet, den Mandanten nicht nur allgemein, sondern auch individuell zu beraten. Diesem Erfordernis der individuellen Beratung kann der Berater durch allgemeine, auf alle Mandanten zugeschnittene Rundschreiben nicht nachkommen. Mandantenrundschreiben können daher die individuelle Beratung nicht ersetzen.[1493] Der Steuerberater kommt deshalb seiner Beratungspflicht nicht nach, wenn sich seine Tätigkeit in dem Rundschreiben erschöpft. Aufgrund der Mitwirkungspflichten des Mandanten, die sich aus dem Mandatsverhältnis ergeben, erscheint es allerdings richtig, ihm die Verpflichtung zur Kenntnisnahme der Rundschreiben aufzuerlegen. Die Nichtbeachtung stellt dann zumindest ein erhebliches Mitverschulden des Mandanten dar, das zu einer Minderung seines Schadensersatzanspruchs führen kann (vgl. generell zum Mitverschulden oben in Kapitel II. 8.).

c. Beratungspflicht bei eigener Sachkunde des Mandanten

Bei der Bestimmung von Art und Umfang der Beratungspflicht ist die Persönlichkeit des Mandanten mit einzubeziehen. Die Beratungspflicht besteht nur, soweit der Auftraggeber zur eigenen Beurteilung nicht in der Lage ist.[1494] Eine Beratungspflicht kann daher nicht bestehen, wenn der Mandant eine eigene Sachkunde aufgrund seiner beruflichen Tätigkeit besitzt, über den Problemkreis von seinem steuerlichen Berater bereits umfassend belehrt oder von dritter Seite fachkundig beraten wurde bzw. aus anderen Quellen zuverlässig informiert ist.[1495]

> *Beispiel:*
> Es besteht keine Beratungspflicht dahingehend, einen Grundstücksmaler über Grunderwerbssteuern zu belehren.[1496]

[1492] Grundlegend hierzu *Wittsiepe*, NWB 1996, 2109, 2114.

[1493] Vgl. hierzu auch BGH, WM 1987, 721, 725 wonach eine allgemein gehaltene Erläuterung zu der Frage der verdeckten Gewinnausschüttung in einen Rundschreiben den Steuerberater von seiner Beratungspflicht nicht befreien kann.

[1494] BGHZ 23, 222, 227; BGH, ZIP 1984, 460 , 461.

[1495] *Gräfe*, in: *Gräfe/Lenzen/Schmeer*, Rn. 267 m.w.Nachw.

[1496] OLG Stuttgart, DStR 1975, 171, 171.

Nach der jüngeren Rechtsprechung des Bundesgerichtshofs zur Hinweispflicht von Rechtsanwälten und Steuerberatern hinsichtlich der alten Verjährungsvorschriften §§ 51b BRAO und 68 StBerG auf den Verjährungsbeginn der Ansprüche des Mandanten gegen sie[1497] werden an die eigene Sachkunde des Mandanten aber sehr hohe Anforderungen zu stellen sein, bevor eine Beratungspflicht des steuerlichen Beraters entfällt. Denn nach der Rechtsprechung soll einem rechtskundigen Auftraggeber nicht vorgeworfen werden können, er hätte die Umstände, über die ihn sein Berater hätte unterrichten müssen, bei genügender Sorgfalt selbst feststellen können und müssen. Diese Ausweitung der Pflichten des steuerlichen Beraters ist ebenso wie bei der Frage der Hinweispflicht im Rahmen der Verjährung nach § 68 StBerG[1498] durchaus kritisch zu sehen.

Der BGH hält die Pflicht zur Beratung unter Hinweis auf die notarielle Belehrungs-[1499] und ärztliche Aufklärungspflicht[1500] auch dann für entbehrlich, wenn ein „Rechtsanwalt erkennt, dass dem Mandanten die Risiken des Geschäfts oder der ins Auge gefassten rechtlichen Gestaltung bekannt sind und er diese auch bei einer Belehrung auf sich nehmen würde."[1501] Diese Entscheidung wird aufgrund der ähnlichen Behandlung der Beratungspflichten von Rechtsanwälten und Steuerberatern[1502] auch auf Steuerberater Anwendung finden.

d. Pflicht zur Berichtigung einer falschen oder fehlerhaften Beratung

Ein rechtsgeschäftlich erteilter Rat, der objektiv unrichtig ist, verpflichtet zur Richtigstellung, sobald der Irrtum für den Berater erkennbar wird.[1503] Eine solche Verpflichtung tritt z.B. dann ein, wenn nach der Beratung eine anders lautende Entscheidung des Bundesfinanzhofs ergeht und der Mandant noch Zeit hat, daraus Konsequenzen zu ziehen.[1504] Diese Pflicht zur Berichtigung einer falschen oder fehlerhaften Beratung endet mit der Beendigung des Mandats.[1505]

e. Keine erneute Beratungspflicht bei Uneinsichtigkeit des Mandanten

Erweist sich der Mandant für die ihm eingehend erteilten Hinweise und Gestaltungsvorschläge als unzugänglich, ist es nicht die Aufgabe des Beraters, die Ein-

---

1497 VersR 2001, 330, 331 und wohl bereits auch: BGH, WM 1993, 1889, 1894; BGH, WM 1993, 1508, 1511; BGH, WM 1997, 1392, 1395.
1498 Vgl. hierzu bereits oben unter: II. 9. a. bb.
1499 BGH, VersR 1984, 82, 83.
1500 BGH, VersR 1976, 293, 293 ff.
1501 BGH, NJW 1977, 2073, 2074.
1502 Vgl. statt vieler Entscheidungen z.B. BGH, NJW 1992, 1695, 1696.
1503 BGH, DStR 1962/63, 108, 108; BGH, VersR 1978, 565, 567.
1504 *Späth*, Steuerberaterhaftung, Rn. 184.
1505 OLG Hamm, DStR 1979, 508, 509.

dringlichkeit seiner Belehrung zu steigern und nach einiger Zeit die bisher erfolglose Beratung zu wiederholen und auf diese Weise den Versuch zu unternehmen, den Mandanten doch noch zur Ergreifung sachgerechter Maßnahmen zu bewegen.[1506] Es bleibt die freie Entscheidung des Mandanten, ob er den Vorschlägen seines Beraters folgt oder die ihm empfohlenen Maßnahmen unterlässt. Hat der Steuerberater die ihm obliegende Aufgabe der ordnungsgemäßen Beratung erfüllt und zeigt sich der Mandant unbedingt und endgültig uneinsichtig, entstehen daraus in der Regel keine zusätzlichen Pflichten zu weitergehender Tätigkeit. Deshalb muss der Steuerberater bei einem Dauermandat die Sache, um die es geht, nicht von sich aus in bestimmten Zeitabständen immer wieder anzusprechen, solange dafür kein hinreichender Anlass besteht. Ein solcher Anlass wäre dann gegeben, wenn der Mandant seinerseits das Thema wieder aufgreift, dem Berater in diesem Zusammenhang neue bedeutsame Umstände bekannt werden oder sich später herausstellt, dass er infolge der Weigerung, den vorgeschlagenen Weg zu gehen, weitere aus dem Mandat folgende Aufgaben nicht sachgerecht erledigen kann.[1507]

Beispiel:
Hat der Steuerberater seinen Mandanten zu Beginn des Mandatsverhältnisses umfassend über den umsatzsteuerrechtlichen Unterschied zwischen Dauervermietung und Vermietung an Feriengäste beraten und berechnet der Mandant seinen Feriengästen trotzdem keine Mehrwertsteuer, so hat er sich bewusst für deren Nichtabführung entschieden. Den Steuerberater trifft hier nicht die Verpflichtung, seine Beratung zu wiederholen.

f. Keine Pflicht zur allgemeinen betriebswirtschaftlichen Beratung und zur Lebensvorsorge

Soweit es nicht mit dem Mandanten vereinbart wurde, ist ein Steuerberater nicht verpflichtet, sich in die Rolle des Unternehmers zu versetzen, wirtschaftliche Analysen und Prognosen zu erstellen und dem Mandanten auf unternehmerischem Gebiet Ratschläge zu erteilen.[1508] Die umfassende Beratung im Rahmen des Steuerberatungsvertrages schließt nämlich keine Pflicht zu allgemeinen betriebswirtschaftlichen Beratungen ein.[1509] Ebenfalls nicht Bestandteil des Steuerberatungs-

---

1506 BGH, NJW 1987, 1322, 1323; OLG Koblenz, VersR 2003, 1412, 1413.
1507 BGH, NJW 1996, 2571, 2572.
1508 OLG Karlsruhe, DStR 1991, 790, 790 f. mit zust. Anm. von *Späth*, DStR 1991, 791 f.
1509 OLG Stuttgart, DStR 1988, 523, 523. Vgl. allgemein zur Unternehmensberatung durch den Steuerberater: *Kirschbaum*, DStR 1998, 429, 429 ff.; *Schäfer*, DStR 1997, 794, 794 und zu den besonderen zivil- und strafrechtlichen Haftungsrisiken des Steuerberaters bei der Beratung eines Unternehmens in einer Krisensituation *Sundermeier/Gruber*, DStR 2000, 929, 929 ff.

vertrages ist die Beratung[1510], in Fragen der Lebensvorsorge[1511], in sozialversicherungsrechtlichen Fragen[1512], in allgemeinen Vermögensangelegenheiten[1513], in straf- und haftungsrechtlichen Folgen der Nichtabführung von Sozialversicherungsbeiträgen[1514] sowie über allgemeine Rechtsfragen.[1515]

Wenn der Beratungswunsch des Mandanten nicht im Zusammenhang mit dem Auftrag zur Bilanzerstellung, Steuererklärung etc. steht, so muss eine konkrete Beauftragung des Steuerberaters erfolgen.[1516]

Erfolgt die Beratung im Hinblick auf betriebswirtschaftliche oder sozialversicherungsrechtliche Aspekte der Lebensvorsorge oder sonstige Aspekte zum Zweck der Steuerersparnis, so ist diese Beratung Bestandteil des typischen Mandatsvertrages.

1510 Vgl. die Übersicht bei *Gräfe*, in: *Gräfe/Lenzen/Schmeer*, Rn. 315.

1511 OLG Köln, NJW-RR 1991, 414, 414; LG Bielefeld, DStR 1974, 676, 676.

1512 OLG Köln, NJW-RR 1991, 414, 414; OLG Düsseldorf, GI 1999, 119, 122 f.; OLG Düsseldorf, Urteil v. 21.08.2003, Az. 23 U 222/01, nicht veröffentlicht (Fundstelle: Westlaw WLDE2003-0014379).

1513 OLG Hamm, DStR 1979, 508, 509; OLG Köln, NJW-RR 1991, 414, 414. Vgl. allgemein zur berufsrechtlichen Zulässigkeit der Testamentsvollstreckung und Vermögensverwaltung durch den Steuerberater *Streck*, DStR 1991, 592, 592 ff.

1514 OLG Düsseldorf, GI 1999, 119, 122 f. (Über die Tatbestandsvoraussetzungen des § 266a StGB muss der Steuerberater, der mit steuer- und wirtschaftsberatenden Aufgaben betraut ist, den Mandanten darauf hinweisen, dass seine persönliche Inanspruchnahme wegen der Nichtabführung einbehaltener Sozialversicherungsbeiträge droht.

1515 Der Steuerberater gehört nicht zu der gesetzlich zur Rechtsberatung ermächtigten Personengruppe (vgl. Art. I § 1 und § 4 III RBerG). Überträgt der Mandant dem Steuerberater die Besorgung einer Rechtsangelegenheit, so ist diese Vereinbarung wegen Verstoßes gegen ein gesetzliches Verbot gem. § 134 BGB nichtig. Da aber auch der Steuerberater Rechtsberatung, nämlich Steuerrechtsberatung betreiben kann, muss eine Abgrenzung der erlaubnispflichtigen Rechtsberatung von der Steuerrechtsberatung (vgl. §§ 45, 46 StBGebV) gemacht werden. Als zulässig wird man die Mitbehandlung einer allgemeinrechtlichen Frage anzusehen haben, wenn ohne sie der Steuerberater seiner Verpflichtung zur ordnungsgemäßen und vollständigen steuerlichen Beratung und Betreuung seines Mandanten nicht nachkommen kann. Darüber hinaus gehende Rechtsberatung des Steuerberaters ist aufgrund der momentanen Gesetzeslage abzulehnen. Diese Situation ist nicht immer befriedigend. Das Steuerrecht knüpft jeweils an das Ergebnis des Zivilrechts an, so dass keine genaue Trennung zwischen Rechtsberatung und Steuerrechtsberatung möglich ist.

1516 *Gräfe*, in: *Gräfe/Lenzen/Schmeer*, Rn. 316. Vgl. auch LG Berlin, Stbg 1999, 529, 530: Wenn ein Gewerbetreibender erwartet, dass der Steuerberater neben der zunächst allein vereinbarten und vergüteten Tätigkeit der Mittelverwendungsprüfung die geschäftlichen Verhältnisse auch daraufhin überprüft, ob er seinen Pflichten als Arbeitgeber nachkommt, so muss dies gesondert und ausdrücklich vereinbart werden. Durch den bloßen Hinweis auf eine gewünschte „Rundumbetreuung" kann der Mandant dem Steuerberater nicht unüberschaubare Haftungsrisiken aufbürden.

Beispiel:[1517]
Verhandelt der Mandant mit einer Versicherungsmaklerin über den Abschluss eines Vertrags, der dazu dienen soll, Steuern zu sparen, so muss der zu diesem Gespräch hinzugezogene Steuerberater grundsätzlich von sich aus alle Voraussetzungen erläutern, die erforderlich sind, um den beabsichtigten steuerlichen Zweck (z.B. die Anerkennung der Versicherungsprämien als Betriebsausgaben) zu erreichen.

Berät der Steuerberater den Mandanten auch in sozialversicherungsrechtlichen (z.B. bei der Berechnung der Sozialversicherungsabzüge[1518]) oder in allgemeinen betriebswirtschaftlichen Fragen, so muss er, wenn er auf Schwierigkeiten tatsächlicher oder rechtlicher Art stößt oder sich ihm die Rechtslage als unklar darstellt, es seinem Mandanten anheim stellen, einen mit den notwendigen Erfahrungen ausgestatteten Rechtsanwalt aufzusuchen, da er selbst zur Beratung komplexer sozialversicherungsrechtlicher oder gesellschaftsrechtlicher Fragen weder berechtigt noch verpflichtet ist.[1519]

Rät der Steuerberater dem Mandanten im Rahmen einer Frage der betriebswirtschaftlichen Planung oder der allgemeinen Lebensvorsorge, den Rat eines fachkundigen Dritten einzuholen, so kann er dennoch verpflichtet sein, den Rat des Dritten auf seine steuerlichen Konsequenzen hin zu überprüfen.

Beispiel:[1520]
Empfiehlt der Steuerberater dem Mandanten, vor dem Abschluss einer steuerlich wirksamen Pensionsvereinbarung zusätzlichen Rat einzuholen, so ist er dennoch verpflichtet, bei der erstmaligen Aufnahme von Pensionsrückstellungen in die Bilanz zu überprüfen, ob die Pensionsvereinbarung tatsächlich zustande gekommen ist.

1517 Nach BGH, VersR 1996, 236, 236 f.

1518 Nach § 33 Satz 2 StBerG kann zum geschuldeten Gegenstand der steuerlichen Beratung auch die Hilfeleistung bei der Erfüllung von Buchführungspflichten gemacht werden, die aufgrund von Steuergesetzen bestehen. Nach der hieran anknüpfenden Gebührenvorschrift des § 34 Abs. 5 StBGebV erhält der Steuerberater für die Hilfeleistung bei sonstigen Tätigkeiten „im Zusammenhang mit dem Lohnsteuerabzug und der Lohnbuchführung" die Zeitgebühr. Aus der Umschreibung dieses Gebührentatbestands sowie aus § 57 Abs. 3 Nr. 3 StBerG, der es mit dem Beruf des Steuerberaters ausdrücklich für vereinbar erklärt, eine wirtschaftsberatende, gutachterliche oder treuhänderische Tätigkeit vorzunehmen sowie Bescheinigungen über die Beachtung steuerrechtlicher Vorschriften zu erteilen, ist zu schließen, dass sich die dem Steuerberater übertragene Lohnbuchhaltung nicht auf die steuerliche Lohnabrechnung und die Führung des Lohnkontos beschränken muss, sondern daneben auch die Berechnung der Sozialversicherungsabzüge erfassen kann.

1519 BGH, DB 2004, 1771, 1772; OLG Köln, Urteil v. 02.12.2004, Az. 8 U 44/04, nicht veröffentlicht (Fundstelle: Westlaw WLDE2004-0020618) sowie OLG Köln, Urteil v. 27.01.2005, Az. 8 U 66/04, nicht veröffentlicht (Fundstelle: Westlaw WLDE2005-0005880).

1520 Nach OLG Düsseldorf, GI 2000, 141, 141 ff.

6. Der „sicherste Weg“

Der Steuerberater hat die Interessen seines Auftraggebers in den Grenzen des erteilten Mandats nach jeder Richtung umfassend wahrzunehmen.[1521] Er muss sein Verhalten so einrichten, dass er Schädigungen seines Auftraggebers, mag deren Möglichkeit auch nur von einem (Steuer-)Rechtskundigen vorausgesehen werden können, vermeidet.[1522] Oftmals gibt es nicht nur einen Weg, wie der Steuerberater den steuerlichen Belangen des Mandanten optimal gerecht werden kann. Generell hat der Berater nach seinem pflichtgemäßen Ermessen zu entscheiden, wobei er auch bei einer unklaren Rechtslage den für den Mandanten sichersten Weg wählen muss.[1523] Unter mehreren denkbaren Maßnahmen hat er danach diejenige zu wählen, welche die sicherste und gefahrloseste ist, und unter mehreren gangbaren Wegen denjenigen, auf dem der Erfolg am sichersten erreichbar ist.[1524] Kommen verschiedene steuerrechtliche Möglichkeiten mit unterschiedlichen Vor- und Nachteilen in Betracht, so hat der Berater seinem Mandanten diese Möglichkeiten und die mit ihnen verbundenen Rechtsfolgen aufzuzeigen. Denn die Beratung soll den Mandanten in die Lage versetzen, eigenverantwortlich seine Rechte und Interessen wahren und eine Fehlentscheidung vermeiden zu können.[1525]

Darüber hinaus kann der Berater auch gehalten sein, eine verbindliche Auskunft des Finanzamtes einzuholen.[1526] Im Streitfall ist der Steuerberater verpflichtet, den Versuch zu unternehmen, die entscheidende Stelle - das Gericht oder die Behörde - von der Richtigkeit seiner für den Mandanten günstigeren Auffassung zu überzeugen.[1527] Macht die entscheidende Stelle eine steuerliche Vergünstigung allerdings von einer Auflage abhängig, die nach der (vertretbaren) Auffassung des Steuerberaters für die Vergünstigung nicht erforderlich ist, so muss der Berater seine Rechtsauffassung aufgeben und der Auflage der entscheidenden Stelle folgen.[1528]

Der Steuerberater hat seine Beratung an einer dem Mandanten günstigen höchstrichterlichen Rechtsprechung grundsätzlich auch dann auszurichten, wenn sie im

---

[1521] Vgl. hierzu bereits oben in Kapitel 1 b. und 2.

[1522] BGH, NJW 1993, 2799, 2800; BGH, NJW 1997, 518, 519 und BGH, Urt. v. 20.11.1997 - IX ZR 62/97.

[1523] Vgl. schon RG, JW 1910, 294, 297; seitdem ständige Rechtsprechung (s. z.B.: BGH, NJW 1993, 2799, 2800 m. w. Nachw.; BGH, NJW 1996, 2648, 2649).

[1524] BGH, NJW 1992, 1695, 1696.

[1525] BGHZ 129, 386, 396; BGH, WM 1998, 301, 302; BGH, ZIP 2003, 803, 804; BGH, DB 2004, 131, 132.

[1526] OLG Düsseldorf, Urteil v. 20.01.2004, Az. I-23 U 28/03, nicht veröffentlicht (Fundstelle: Westlaw WLDE2004-0004421).

[1527] BGH, NJW 1988, 486, 487; BGH, NJW 1988, 1079, 1081 ff.

[1528] Nach OLG Düsseldorf, GI 2000, 116, 116 f.

Schrifttum kritisiert wird und nicht auszuschließen ist, dass sie sich in der Zukunft ändert.[1529]

Beispiel:[1530]
Geht es einem Mandanten bei Wahl einer Gesellschaftsform vorrangig darum, bei fortschreitendem Abbau seiner Bodenvorkommen die steuerliche Anerkennung von Abschreibungen für Substanzverringerungen (AfS) gem. § 7 VI EStG zu sichern, und rät der Steuerberater daraufhin im Jahre 1979 zur Gründung einer OHG, so haftet der Steuerberater, wenn das Finanzamt die Gesellschaft nicht als Gewerbebetrieb anerkennt und folglich keine AfS erlaubt. Zum Zeitpunkt der Beratung (1979) verstand die Rechtsprechung nämlich sowohl für die Gewerbe- als auch für die Einkommensteuer Tätigkeiten oder Vermögensnutzungen einer Personengesellschaft immer als gewerbliches Unternehmen, wenn an der Gesellschaft neben den natürlichen Gesellschaftern eine Kapitalgesellschaft beteiligt war, die der Personengesellschaft ihr Gepräge gibt und ihre Tätigkeit entscheidend bestimmte ("Geprägerechtsprechung"). Dies wurde bei einer GmbH & Co. KG ohne Ausnahme bejaht.[1531] Wäre dem Mandanten die Gründung einer GmbH & Co. KG empfohlen worden, wären die Einkünfte dieser Gesellschaft als solche aus gewerblicher Tätigkeit zu behandeln gewesen. Die Abschreibung für Substanzverringerung hätte bis zur Abschaffung der Gewerberechtsprechung gewährt werden müssen. Hiernach hätte der Steuerberater seine Beratung ausrichten müssen. Dass die "Geprägerechtsprechung" des BFH im Schrifttum sehr umstritten war und mit der Entscheidung des Großen Senats vom 25.06.1984[1532] später aufgehoben wurde, kann den Berater nicht entlasten. Er hat nämlich zu dem maßgeblichen Zeitpunkt der Errichtung der Gesellschaft den Rat versäumt, der geeignet gewesen wäre, dem Mandanten ohne Verstoß gegen gesetzliche Bestimmungen später nicht mehr entziehbare steuerliche Vorteile zu sichern.

Einem Steuerberater kann nicht angelastet werden, einen gefahrlosen und sicheren Weg zur Erreichung der begehrten Maßnahme versäumt zu haben, wenn die Finanzverwaltung bei Verwirklichung dieses Konzepts nach dem Inhalt der einschlägigen Verwaltungsvorschriften gehalten gewesen wäre, die zunächst gewährte begünstigende Maßnahme nachträglich zu widerrufen.[1533]

1529 BGH, NJW 1993, 2799, 2800. In BGH, NJW 1993, 3323, 3324 wiederholt der BGH diese Ansicht in einem Anwaltsfall, relativiert sie jedoch gleichzeitig dahin gehend, indem er die Pflicht nur "grundsätzlich" und "insbesondere in den Fällen einer gefestigten Rechtsprechung" bejaht.

1530 Nach BGH, NJW 1993, 2799, 2799 ff.

1531 Zusammenfassung der Rechtsprechung in BFHE 141, 405, 424.

1532 BFHE 141, 405, 423 ff.

1533 OLG Saarbrücken, GmbHR 2000, 884, 884 (bezüglich einer Steuerstundung).

Stellt sich – z.B. aufgrund einer Klärung durch die Rechtsprechung – die Unrichtigkeit einer früheren Beratung heraus, so entsteht die Pflicht zur Richtigstellung, sobald der Irrtum für den Berater erkennbar ist.[1534]

7. Pflicht zur Kenntnis des Steuerrechts

Aufgrund der bereits erörterten zunehmenden Komplexität des Steuerrechts (vgl. oben in Abschnitt A.) ist eine umfassende Kenntnis der jeweils aktuellen Rechtslage in der Praxis nahezu unmöglich. Trotzdem hat der Steuerberater für die Kenntnis des Steuerrechts grundsätzlich einzustehen. Wie der Rechtsanwalt hat auch er sich auf seinem Spezialgebiet in den zur Verfügung stehenden Fachzeitschriften über den Stand der Rechtsprechung und eventuelle Gesetzesänderungen zu informieren.[1535] Der Steuerberater muss auf in Presse und Fachzeitschriften angesprochene Gesetzesvorhaben, die für den Mandanten zu steuerlich günstigeren Gestaltungsmöglichkeiten führen können, hinweisen.[1536] Aufgrund der Fülle von Veröffentlichungen kann allerdings keine allumfassende Kenntnis verlangt werden. Eine Abgrenzung ist unerlässlich.

> *Beispiel:*
> Ein in der Zeitschrift "Entscheidungen der Finanzgerichte" (EFG) veröffentlichtes Urteil eines Finanzgerichts sowie den dort abgedruckten Vermerk, dass Revision beim Bundesfinanzhof eingelegt worden sei, muss der Steuerberater nicht kennen.[1537]

Die Rechtslage auf diesem Gebiet ist diffus und uneinheitlich.[1538] Die Rechtsprechung legt einen eher strikten Maßstab zugrunde, wobei sich der Berater grundsätzlich über die Rechtslage auf den Gebieten informieren muss, mit denen er in seiner Praxis gewöhnlich zu tun hat.[1539] Bei nicht alltäglichen rechtlichen Problemen muss der Berufsangehörige sich die besonderen Kenntnisse beschaffen[1540] oder das Mandat ablehnen.[1541]

1534 BGH, DStR 1962/63, 108, 108.
1535 Vgl. auch: § 666 BGB; weiterhin BGH NJW 1952, 425, 425; BGH NJW 1958, 825, 825; so jüngst auch: BGH, BB 2004, 2211, 2212 und BGH, ZGS 2004, 404, 405.
1536 OLG Düsseldorf, GI 2000, 67, 69 f.
1537 LG Hamburg, Urt. v. 26.05.1993, 326 O 559/92 = SIS 95 04 37.
1538 Vgl. hierzu ausführlich *Späth*, Steuerberaterhaftung, Rn. 155 ff. m.w.Nachw.
1539 BGH, NJW 1978, 1486, 1486.
1540 BGH, MDR 1958, 496, 497.
1541 OLG Köln, VersR 1979, 580, 580.

Die Grundsätze der aus amtlichen Sammlungen ersichtlichen obergerichtlichen Rechtsprechung, insbesondere die des Bundesfinanzhofs,[1542] müssen dem steuerlichen Berater bekannt sein.[1543] Die Kenntnis von Veröffentlichungen in den verschiedensten Fachzeitschriften kann allerdings nicht gefordert werden; Veröffentlichungen im Bundessteuerblatt und in der Zeitschrift Deutsches Steuerrecht hingegen sind zu kennen.[1544] Weiterhin kann von dem Berater erwartet werden, dass er die Rechtslage einer ihm gestellten Steuerrechtsfrage anhand eines Standardkommentars prüft.[1545]

Die Kenntnis einer neuen Entscheidung und eines neuen Gesetzes kann notwendigerweise nicht sofort ab dem Veröffentlichungszeitpunkt unterstellt werden, so dass in der Regel eine einmonatige Karenzzeit gewährt werden muss.[1546] Innerhalb dieses Zeitraums ist es ihm nicht als Verschulden anzurechnen, wenn ihm Entscheidungen noch nicht zur Kenntnis gelangt sind.[1547]

8. Pflicht zur Verschwiegenheit

Da das Steuerrecht alle Aspekte des Lebens betrifft und daher dem Steuerberater neben einem Einblick in die Vermögens- und Einkommensverhältnisse auch fast alle persönlichen und wirtschaftlichen Angelegenheiten des Mandanten bekannt gemacht oder anvertraut werden, entsteht durch das Mandat ein besonderes Vertrauensverhältnis.[1548] Zum Schutz dieses Vertrauensverhältnisses dient die in § 57 Absatz 1 StBerG normierte Verschwiegenheitspflicht des steuerlichen Beraters.[1549] Im Schutze dieser Verschwiegenheitspflicht kann sich der Mandant dem Berater voll anvertrauen. In vielen Fällen weiß der Steuerberater mehr von den persönlichen Verhältnissen des Mandanten als dessen Ehepartner, bester Vertrauter und Hausarzt zusammen. Deshalb ist diese Verschwiegenheitspflicht als Berufsgeheimnis strafrechtlich nach §§ 203 Absatz 1 Nr. 3, 204 StPO und zivilrechtlich (und wiederum zugleich strafrechtlich) durch die Zeugnis- und Auskunftsverweigerungsrechte in §§ 383 Absatz 1 Nr.6 ZPO, 53 Absatz 1 Nr.3 StPO und § 102 Absatz 1 sowie Absätze 3 a und b AO 1977 festgelegt. Auch das Steuerge-

---

1542 *Lange*, DB 2003, 869, 870.

1543 LG Stuttgart, DStR 1994, 151, 151.

1544 *Späth*, Steuerberaterhaftung, Rn. 161; *Gräfe*, in: *Gräfe/Lenzen/Schmeer*, Rn. 237.

1545 *Späth*, Steuerberaterhaftung, Rn. 161; *Gräfe*, in: *Gräfe/Lenzen/Schmeer*, Rn. 244 jeweils m.w.Nachw.

1546 BGH, NJW 1958, 825, 825; OLG Köln, StW 1999, 95, 95 (vier bis sechs Wochen); *Lange*, DB 2003, 869, 870 f.

1547 OLG Köln, StW 1999, 95, 95.

1548 *Gehre/von Borstel*, StBerG, § 57 Rn. 57 m.w.Nachw.

1549 A.a.O.

heimnis des § 30 AO wäre weitgehend bedeutungslos, wenn nicht auch die Angehörigen der steuerberatenden Berufe zur Verschwiegenheit verpflichtet wären.[1550] Die Pflicht zur Verschwiegenheit betrifft alles, was dem Steuerberater in Ausübung seines Berufs oder bloß bei Gelegenheit der Berufstätigkeit anvertraut oder bekannt geworden ist.[1551] Die Verschwiegenheitspflicht besteht auch nach Beendigung des Mandatsverhältnisses fort.[1552]

Die Pflicht zur Verschwiegenheit findet dort ihre Grenzen, wo die Offenlegung der Wahrung eigener berechtigter Interessen des Steuerberaters dient oder wo der Berufsangehörige von seinem Auftraggeber von der Verschwiegenheitspflicht entbunden worden ist.

Eigene berechtigte Interessen des steuerlichen Beraters liegen dann vor, wenn er sich gegen den Vorwurf eines strafbaren Verhaltens[1553] oder gegen einen Regressanspruch[1554] des Mandanten verteidigen muss. Dies gilt auch, wenn der Berufsangehörige sein Honorar einklagt.[1555] Nach § 5 Absatz 3 der AVB ist der Steuerberater zudem verpflichtet, seinem Berufshaftpflichtversicherer alle Einzelheiten des Sachverhalts mitzuteilen, die zur sachgerechten Aufklärung, zur außergerichtlichen Abwehr und zu einer eventuellen Prozessführung notwendig sind.

Zur Entbindung von der Verschwiegenheitspflicht ist grundsätzlich die Person berechtigt, der gegenüber die Verschwiegenheitspflicht besteht.[1556] Beim Tod des Mandanten geht die Befugnis zur Entbindung von der Verschwiegenheitspflicht direkt auf die Erben über, wenn der Umstand, auf den sich die Verschwiegenheitspflicht des Berufsangehörigen bezieht, unmittelbar vermögensrechtliche Verhältnisse des Erblassers betrifft.[1557] Betrifft ein solcher Umstand jedoch die persönliche Intimsphäre des Erblassers, was insbesondere der Fall ist, wenn er zur Beurteilung der Testierfähigkeit des Erblassers dienen soll, geht eine solche Befugnis weder auf die Erben noch auf dem Erblasser nahe stehende Personen über;

1550 A.a.O.

1551 BGH, MDR 1984, 48, 48.

1552 BGH, BB 1987, 26, 26.

1553 BGHSt 1, 366, 366 f. Vor einer Selbstanzeige aufgrund einer gemeinsam mit dem Mandanten begangenen Steuerhinterziehung muss dem Mandanten Gelegenheit gegeben werden, sich der Selbstanzeige anzuschließen, vgl. *Gehre/von Borstel*, StBerG, § 57 Rn. 69. Wurde die Straftat allerdings nur vom Mandanten begangen und vom Steuerberater im Rahmen seiner Tätigkeit entdeckt, so ist der Berater nicht berechtigt diese Straftat anzuzeigen. Er ist jedoch verpflichtet, jegliche Mithilfe an der strafbaren Tat zu unterlassen und den Mandanten über die Unrechtmäßigkeit seines Tuns zu unterrichten sowie zu einem gesetzestreuen Verhalten anzuregen; vgl. LG Hannover, Urt. v. 09.01.1984, WP-Handbuch 1985, 131.

1554 LG München I, DStR 1982, 179, 179.

1555 OLG Düsseldorf, DNotZ 1972, 443, 443 f. Siehe auch *Gräfe*, in: *Gräfe/Lenzen/Schmeer*, Rn. 166 m.w.Nachw.

1556 *Gehre/von Borstel*, StBerG, § 57 Rn. 68.

1557 *Gräfe*, in: *Gräfe/Lenzen/Schmeer*, Rn. 161.

es sei denn, es ist ein dahin gehender Wille des Erblassers erkennbar. In einem solchen Fall hat der Steuerberater selbst nach pflichtgemäßem Ermessen darüber zu befinden, ob er sich unter maßgeblicher Beachtung des mutmaßlichen Erblasserwillens als von der Verpflichtung zur Verschwiegenheit entbunden anzusehen hat.[1558]

9. Fristprüfung und Fristeinhaltung

Zu den wesentlichen Pflichten des Steuerberaters gehört die Vorsorge, dass im Einzelfall zu beachtende Fristen wie die Rechtsbehelfsfrist nach § 355 AO,[1559] die Klagefrist nach § 47 I FGO oder die Revisions- und Revisionsbegründungsfrist nach § 120 I FGO gewahrt werden.[1560] Folglich muss er ein Büro unterhalten, dessen Ausstattung und Organisation die Fristenkontrolle und Fristenwahrung gewährleistet.[1561] Durch die Fristenkontrolle sollen Fristversäumnisse vermieden[1562] und der Dokumentationspflicht des Steuerberaters genüge getan werden.[1563]

Der Berater muss ein Fristenkontrollbuch oder einen Fristenkalender[1564] führen.[1565] Eine Verwendung von Terminmappen[1566] ist hierfür ebenso wenig ausreichend wie der Gebrauch von losen[1567] oder aufgehefteten[1568] Zetteln. Wird der Fristenkalender im Wege der elektronischen Datenverarbeitung (EDV) geführt, so muss sichergestellt werden, dass die Daten jederzeit auf Vollständigkeit und Richtigkeit überprüft sowie Datenverluste durch System- und Bedienungsfehler ausgeschlossen werden können.[1569]

Die Fristenkontrolle hat - wenn sie an einen Mitarbeiter übertragen wird - ausschließlich durch gut ausgebildetes und überwachtes Personal zu erfolgen.[1570]

1558 OLG Stuttgart, NJW 1983, 1070, 1070.

1559 Bei gemeindlichen Steuerbescheiden § 70 I VwGO.

1560 Siehe auch BVerwG, MDR 1973, 698, 698 m.w.Nachw.

1561 BGH, BB 1962, 1177, 1177 f.; VGH Kassel, NJW 1967, 2328, 2328 f.

1562 BGH, VersR 1985, 992, 992.

1563 *Späth*, NWB 1995, 3773, 3775.

1564 Vgl. allgemein zum Fristenkalender *Hagen*, AnwBl 1994, 463, 463 f.

1565 BFH, BB 1970, 1425, 1425; BGH, JurBüro 1977, 1705, 1705; *Späth*, NWB 1995, 3773, 3775 m.w.Nachw.

1566 So schon RFH, RStBl. 1936, 147 Nr. 117.

1567 BGH, VersR 1985, 1184, 1185; *Hagen*, AnwBl 1994, 463, 463.

1568 *Borgmann*, AnwBl. 1989, 95, 96 m.w.Nachw.

1569 OLG München, NJW 1990, 191, 191 f. Insbesondere muss durch systematische Ausdrucke der gespeicherten Daten sowie die Fertigung von Sicherungskopien eine jederzeitige Kontrollmöglichkeit geschaffen werden.

1570 BGH, NJW 1988, 2045, 2045; vgl. auch: BGH, NJW 1992, 2488, 2489; BGH, NJW-RR 1995, 58, 59 m.w.Nachw.

Beispiel:[1571]

Wenn die Führung des Fristenkalenders einer Steuerfachgehilfin übertragen wird, die erst vor kurzem ihre Gehilfenprüfung abgelegt hat, entspricht dies nicht den Anforderungen an die Pflichten des Steuerberaters an die Organisation seines Büros.

Der mit der Führung des Fristenkalenders beauftragte Mitarbeiter muss namentlich verantwortlich sein, da ansonsten eine Überschneidung von Kompetenzen mehrerer Mitarbeiter vorliegen kann und Fehlerquellen eröffnet werden, indem sich jeder auf den anderen verlässt.[1572] Bei Urlaub muss eine gleichfalls voll ausgebildete und zuverlässige Vertretung gewährleistet sein.[1573]

Schöpft ein Berater eine Rechtsmittelfrist bis zum letzten Tag aus, so obliegen ihm bei der Berechnung der Frist erhöhte Sorgfaltspflichten.[1574] Wird ein Mandant durch mehrere Verfahrensbevollmächtigte vertreten, so ist eine ordnungsgemäße Fristenkontrolle nur gewährleistet, wenn sichergestellt ist, dass der Fristberechnung diejenige Zustellung an einen Bevollmächtigten zugrunde gelegt wird, die zeitlich zuerst vorgenommen worden ist.[1575]

Ist in der Kanzleiorganisation sichergestellt, dass ein fristgebundenes Schriftstück vom Postausgangsfach unmittelbar zum Briefkasten gebracht wird, ist hiermit der Organisationspflicht des Beraters hinreichend Rechnung getragen; es wäre eine Überspannung der Sorgfaltspflichten, noch zusätzliche Ausgangskontrollen zu verlangen.[1576]

Ein Fristversäumnis durch den Steuerberater muss allerdings nicht immer eine Haftung nach sich ziehen. Wurde eine Frist unverschuldet versäumt, so kann dieses Versäumnis durch einen Wiedereinsetzungsantrag (vgl. § 110 AO, § 56 I FGO, § 60 VwGO, § 233 ZPO) geheilt werden. Ein Verschulden des Steuerberaters wird dem Mandanten dabei als eigenes Verschulden zugerechnet.[1577] Dem persönlichen Verschulden des Beraters (z.B. Falschberechnung der Frist oder verspätete Bearbeitung) steht – wie bereits dargestellt – das Organisationsverschulden gleich.[1578] Liegt ein solches Verschulden aber nicht vor, ist die Wiedereinset-

---

1571 Beispiel nach BGH, VersR 1986, 1083, 1083 f.
1572 BGH, NJW 1992, 3176, 3176.
1573 BGH, VersR 1978, 959, 960.
1574 BFH, BStBl. II 1968, 787, 788.
1575 BGH, NJW 2003, 2100, 2100.
1576 BGH, NJW-RR 2003, 862, 862.
1577 Vgl. z.B. § 85 II ZPO.
1578 *Hagen*, AnwBl. 1994, 463, 463.

zung möglich. Dies wird zumeist dann der Fall sein, wenn der Berufsangehörige die Bearbeitungsschritte der Fristenkontrolle hinreichend organisiert hat.[1579]

Beispiel:[1580]
Ein Steuerberater erteilt seiner Angestellten den Auftrag, die Frist für eine Berufungseinlegung und die Vorfrist im Fristenkalender und in den Handakten zu notieren und die Akten zu den genannten Fristen wieder vorzulegen. Die Angestellte führt diesen Auftrag aus unaufklärbaren Gründen nicht aus. Hierbei handelt es sich um ihren ersten Fehler dieser Art. Sie ist für die Fristenkontrolle hinreichend qualifiziert und seit längerer Zeit mit dieser Tätigkeit betraut. Sie arbeitete bislang immer sorgfältig und wurde vom Berater regelmäßig kontrolliert. Im vorliegenden Fall liegt kein (Organisations-) Verschulden des steuerlichen Beraters vor, da er die Fristenkontrolle einer dafür qualifizierten Fachkraft übertragen hat. Eine Wiedereinsetzung in den vorigen Stand wäre in dieser Fallkonstellation möglich.

1579 Vgl. die Rechtsprechungsübersicht zur Versagung und Gewährung der Wiedereinsetzung in den vorigen Stand bei *Koehler*, NWB F.2 S. 5411 - Heft 8 v. 19.02.1990.

1580 Beispiel nach: BGH, NJW-RR 1995, 58, 58 f.

IV. Die Grenzen der Pflichten des Steuerberaters

1. Begrenzung durch den Inhalt des Mandatsvertrages

Der Mandatsvertrag regelt die Pflichten zwischen dem steuerlichen Berater und seinem Mandanten (vgl. daher ausführlich oben in Kapitel II. 1.). Danach ist der Inhalt der vertraglichen Vereinbarung zwischen dem Berater und dem Mandanten für die Bestimmung einer Pflichtverletzung maßgeblich.[1581] Der BGH[1582] führt dazu aus:

> *„Die Aufgaben eines Steuerberaters richten sich nach Inhalt und Umfang des erteilten Mandats. Folglich ist er verpflichtet, sich mit den steuerrechtlichen Punkten zu befassen, die zur pflichtgemäßen Erledigung des ihm erteilten Auftrags zu beachten sind. Nur in den hierdurch gezogenen Grenzen hat er den Auftraggeber auch ungefragt über die bei der Bearbeitung auftauchenden steuerrechtlichen Fragen zu belehren. Müsste der Steuerberater Vorgänge, die ihm lediglich bei Gelegenheit des erteilten Auftrags bekannt geworden sind, jedoch in keiner unmittelbaren Beziehung zu der von ihm übernommenen Aufgabe stehen, jeweils daraufhin untersuchen, ob sie Veranlassung zu einem Rat oder Hinweis an den Mandanten geben, würde das zu einer erheblichen Ausweitung der geschuldeten Tätigkeit und damit gerade auf dem komplexen und unübersichtlichen Gebiet des Steuerrechts zu einer untragbaren Verschärfung der Anforderungen an die vertraglichen Hauptleistungen führen. Von einer jeweils auf den Inhalt des konkreten Auftrags bezogenen Verpflichtung geht auch das Senatsurteil vom 7. Mai 1992 (IX ZR 151/91, NJW-RR 1992, 1110, 1111) aus. Der Aufgabenkreis des Steuerberaters bestimmt sich in solchen Fällen ebenso wie derjenige eines Anwalts, welcher ein auf eine konkrete Tätigkeit beschränktes Mandat erhalten hat."*

Für die Feststellung des Inhalts des Mandats und der daraus resultierenden Pflichten sind die Bestimmungen der §§ 157, 242 BGB zu berücksichtigen.[1583] Danach sind Verträge so auszulegen und ist eine Leistung so zu bewirken, "wie Treu und Glauben mit Rücksicht auf die Verkehrssitte es erfordern".

1581 BGHZ 128, 358, 361; BGH, NJW-RR 1992, 1110, 1111; BGH, WM 1987, 661, 662.

1582 BGHZ 128, 358, 361 f. So führte auch jüngst das OLG Karlsruhe aus, dass ein Steuerberater nicht verpflichtet ist, ihm zwar bei Gelegenheit des erteilten Auftrags bekannt gewordene, zu der von ihm übernommenen Aufgabe aber in keiner unmittelbaren Beziehung stehende Vorgänge dahingehend zu untersuchen, ob sie Veranlassung zu Belehrungen, Ratschlägen oder Hinweisen gegenüber dem Mandanten geben; OLG Karlsruhe, Urteil . 24.03.2005, nicht veröffentlicht (Fundstelle: Westlaw WLDE2005-0005679).

1583 *Späth*, Steuerberaterhaftung, Rn. 260.1.

2. Begrenzung bzw. Beendigung der Pflichten durch Mandatsende

Nach Beendigung des Mandatsverhältnisses hat der Mandant grundsätzlich keinen Anspruch mehr darauf, von seinem (ehemaligen) steuerlichen Berater über die Sach- und Rechtslage aus dem beendeten Mandat sowie die sich daraus ergebende zweckmäßige künftige Sachbehandlung unterrichtet zu werden.[1584] Nach Beendigung des Mandats ist der steuerliche Berater deshalb zum Beispiel nicht mehr verpflichtet, namens und im Interesse des Mandanten Rechtsbehelfe einzulegen.[1585] Der Berater muss den Mandanten aber auf eine ihm selbst offenkundig werdende Gefahr, die dem Mandanten bei Beendigung des Mandats insbesondere durch den mit einem Rechtsverlust verbundenen Ablauf einer Frist droht, jedenfalls dann hinweisen, wenn der Berater die Gefahr mit verursacht hat.[1586] Dem steht der Fall gleich, dass der Mandant für den Berater erkennbar aufgrund von dessen früherem Verhalten darauf vertraut, dass dieser das Erforderliche von sich aus veranlassen wird.[1587]

3. Begrenzung bei gesetzwidrigen Handlungen

Aus der beruflichen Verpflichtung zur Gewissenhaftigkeit und seiner Stellung als Organ der Rechtspflege (vgl. dazu oben Kapitel I. 3.) folgt die Verpflichtung zur Einhaltung der gesetzlichen Bestimmungen und fachlichen Regeln. Der Berater hat dem Mandanten lediglich steuerliche Vorteile zu sichern, die nicht gegen gesetzliche Bestimmungen verstoßen.[1588] Eine Grenze der Beraterpflichten besteht demnach dort, wo das Tätigwerden des Beraters die Mitwirkung an einer gesetzwidrigen Steuervermeidung,[1589] eine mit Strafe bedrohte Handlung oder eine Ordnungswidrigkeit darstellen würde.[1590]

Macht das Finanzamt bei der Steuerfestsetzung einen Fehler zugunsten des Mandanten, besteht keine Pflicht des Beraters, das Finanzamt über seinen Fehler aufzuklären, denn der steuerliche Berater ist nicht der "verlängerte Arm" oder der Sachwalter der Finanzbehörden.[1591] Weder der Steuerberater noch sein Mandant

---

[1584] BGH, WM 1997, 77, 78; BGH, WM 1997, 321, 322; BGH, NJW 2001, 1644, 1645.

[1585] OLG Saarbrücken, GmbHR 2001, 884, 884.

[1586] BGH, WM 1997, 321, 322.

[1587] BGH, NJW 2001, 1644, 1645. Ein Steuerberater ist deshalb verpflichtet, bei Beendigung des Mandats auf die Gefahr des Ablaufs der Frist für die Antragsstellung hinzuweisen, wenn für ihn erkennbar ist, dass der Mandant – unabhängig vom Umfang des Mandats – aufgrund von dessen früherem Verhalten darauf vertraut, dass er (der Berater) den Antrag von sich aus stellen würde.

[1588] BGH, NJW 1993, 2799, 2800.

[1589] LG Stuttgart, DStR 1994, 151, 151.

[1590] *Späth*, Steuerberaterhaftung, Rn. 266.

[1591] *Gräfe*, in: *Gräfe/Lenzen/Schmeer*, Rn. 141. Der Berater sollte allerdings seinen Mandanten auf die Rechtswidrigkeit des Steuerbescheides hinweisen. Den Finanzbehörden steht nämlich machen sich einer Steuerhinterziehung gemäß § 370 Absatz 1 Nr. 2 AO strafbar, wenn sie einen Fehler des Finanzamtes ausnutzen.[1592]

4. Begrenzung bei Interessenkollision

Eine Interessenkollision würde die unabhängige Berufsausübung des steuerlichen Beraters gefährden. Daher dürfen Steuerberater in diesen Fällen nicht tätig werden – § 6 BOStB.[1593] Mehrere Auftraggeber dürfen durch den Berater nur bei einer gemeinsamen Auftragserteilung beraten werden.[1594] Bei widerstreitenden Interessen ist nur eine vermittelnde Tätigkeit zulässig.[1595] Vertritt der Berater sowohl eine Gesellschaft als auch deren Gesellschafter, so können aus unterschiedlichen Interessen dieser verschiedenen Mandanten leicht Interessenkollisionen entstehen. Was für die Gesellschaft oder einen Gesellschafter günstig sein mag, kann sich für die andere Partei gerade als nachteilig erweisen. Entsprechende Interessenkollisionen können auch bei der steuerlichen Vertretung von Ehepartnern im Rahmen der gemeinsamen Veranlagung entstehen. Kommt es zu familienrechtlichen Auseinandersetzungen, so wird sich die ursprünglich gleich gerichtete Interessenlage in widerstreitenden Interessen der Ehegatten auflösen. Von einer Interessenkollision ist auf jeden Fall auszugehen, wenn der Berater den Tatbestand des Parteiverrats gemäß § 356 StGB erfüllt hat.[1596] Ein konkreter Interessengegensatz liegt vor, wenn der Berater erst den Auftraggeber, dann einen anderen Auftraggeber in derselben Sache im entgegengesetzten Sinne berät oder betreut; er liegt ferner vor, wenn der Berater in zwei Mandaten denselben Rechtsstandpunkt einnimmt, der dann den Interessen eines Mandanten zuwiderläuft.[1597]

5. Begrenzung durch das Rechtsberatungsgesetz (RBerG)

Die Befugnis zur Hilfeleistung in Steuersachen nach dem Steuerberatungsgesetz ermächtigt nicht zur Rechtsbesorgung in sonstigen Angelegenheiten; Art. 1 § 4 Absatz 3 RBerG (vgl. zum Rechtsberatungsgesetz bereits eingehend oben unter: II. 2.). Nach der Ausnahmebestimmung des Art. 1 § 5 Nr. 2 RBerG dürfen Wirt-

---

die Möglichkeit der Berichtigung des Steuerbescheides nach §§ 173 ff., 129 AO zu. Der Mandant kann sich dann auf eine eventuelle Steuernachzahlung einrichten.

1592 BGH, GI 1994, 187, 187.

1593 Vgl. für den Rechtsanwalt § 45 BRAO. Die Vermeidung solcher Interessenkollisionen ist ein notwendiges und zulässiges Ziel der Berufsordnung, BVerfG, NJW 1988, 191, 193.

1594 *Gehre/von Borstel*, StBerG, § 57 Rn. 17.

1595 § 6 Absatz 2 BOStB.

1596 *Maxl*, in: *Kuhls/Meurers/Maxl/Schäfer/Goez/Willerscheid*, StBerG, § 57 Rn. 87.

1597 A.a.O., Rn. 96.

schaftsprüfer sowie neuerdings auch Steuerberater[1598] in Angelegenheiten, mit denen sie beruflich befasst sind, auch die rechtliche Beratung übernehmen, soweit diese mit den Aufgaben des Wirtschaftsprüfers oder Steuerberaters in unmittelbarem Zusammenhang steht und diese Aufgaben ohne die Rechtsberatung nicht sachgerecht erledigt werden können. Eine darüber hinausgehende Rechtsberatung ist nur dem Rechtsanwalt, nicht aber dem Steuerberater oder Wirtschaftsprüfer gestattet.

6. Begrenzung durch Fragen der höchstpersönlichen Entscheidung des Mandaten

Die Pflicht zur umfassenden Beratung über vermeidbare Steuerbelastungen findet ihre Grenze bei Fragen, die eine höchstpersönliche Entscheidung des Mandanten voraussetzen.[1599] Es bleibt so zum Beispiel allein Sache des Mandanten, ohne fremden Einfluss zu entscheiden, ob er der Mitgliedschaft in einer Kirche aus immateriellen Gründen des Glaubens, des Gewissens und des religiösen Bekenntnisses oder dem materiellen Interesse an einer Ersparnis der Kirchensteuer den Vorrang einräumt, was letztlich seine Bestätigung in Artikel 4 des Grundgesetzes findet.[1600]

[1598] Vgl. das 3. Gesetz zur Änderung der BNotO und anderer Gesetze vom 31.08.1998, BGBl. I 1998, 2585, 2597.

[1599] Vgl. auch allgemein: *Zugehör*, DStR, 2003, 1124, 1124 ff.

[1600] OLG Köln, Urteil v. 24.02.2005, Az. 8 U 61/04, nicht veröffentlicht (Fundstelle: Westlaw: WLDE2005-0005874) und *Zugehör*, DStR, 2003, 1124, 1124 ff.

D. Vergleichende Würdigung

I. Einleitung

Ernst Rabel schrieb im Jahre 1927 in der ersten Ausgabe der später nach ihm benannten Zeitschrift für ausländisches und internationales Privatrecht, dass die erste und grundlegende Aufgabe der Rechtsvergleichung darin besteht, die "Rechtssysteme auf ihre Ähnlichkeiten, Verschiedenheiten und gegenseitige Beeinflussung zu prüfen und in Beziehung zu setzen“.[1601] Sinn und Zweck der Rechtsvergleichung ist die Erweiterung des juristischen Gesichtskreises.[1602] Erreicht werden sollen damit Erkenntnisse, die über die eigenen nationalen Grenzen hinausgehen.[1603] Die Rechtsvergleichung kann deshalb eine umfassendere Anzahl von Lösungsmodellen zur Verfügung stellen als eine nur national bezogene Rechtswissenschaft. Die Rechtsvergleichung ist als eine *"école de vérité"* erweitert und bietet daher dem kritischen Betrachter die Möglichkeit, die für die jeweilige Zeit und den jeweiligen Raum "bessere Lösung" zu erkennen.[1604]

Gerade was die Haftung des steuerlichen Beraters in Deutschland anbetrifft, kann die Rechtsvergleichung, insbesondere durch einen Vergleich mit der Haftung für steuerliche Beratung nach US-amerikanischem Recht wertvolle Erkenntnisse liefern. Denn das US-amerikanische Recht musste sich in noch stärkerem Maße als das deutsche Recht mit einer Klageflut gegen steuerliche Berater auseinandersetzen.[1605] Die Durchbrechung der Lehre der *privity of contract* (vgl. hierzu Kapitel A. II. 10.), die Akzeptanz der so genannten *Fault Finding Rule*[1606] (vgl. hierzu Kapitel B. I.) in der Gesellschaft sowie die Zunahme von Schadensersatzforderungen Dritter gegen *Tax Practitioner* bedrohten den Fortbestand der berufsmäßigen steuerlichen Beratung in den USA. Eine ähnliche Gefährdung eines Berufstandes in den USA erlebten zuvor die Ärzte.[1607] Bei ihnen stiegen durch das zunehmende Haftungsrisiko die Prämien der Berufshaftpflichtversicherungen so

---

1601 Rechtsvergleichung und internationale Rechtsprechung, in: Gesammelte Aufsätze, (Hrsg.: *Leser*), Bd. II, 1965, S. 1, 3.

1602 *Zweigert/Kötz*, Rechtsvergleichung, Bd. 1, Vorwort zur 2. Auflage (1984).

1603 *„Auf Vergleichen läßt sich wohl alles Erkennen, Wissen zurückführen.“, Novalis*, zitiert aus: *Zweigert/Kötz*, 3. Aufl., S. V.

1604 *Zweigert/Kötz*, Rechtsvergleichung, 2. Aufl., Bd. 1, S. 16.

1605 Vgl. hierzu oben Abschnitt A.

1606 Hiernach soll eine geschädigte Person den Schaden von einer anderen an dem schädigenden Ereignis beteiligten Person ersetzt bekommen, wenn diese andere Person in der Lage ist, den Schaden einfacher zu tragen (*best loss bearer*).

1607 *Sabella*, VersR 1990, 1186, 1187 ff.

stark an, dass schließlich bestimmte Tätigkeiten als nicht mehr versicherbar galten.[1608]

Die Haftung für steuerliche Beratung ist sowohl in den USA wie auch in Deutschland weitestgehend gesetzlich nicht normiert und wird durch Richterrecht bestimmt. Auch durch die nunmehr mit dem Gesetz zur Modernisierung des Schuldrechts in Deutschland erfolgte Kodifizierung der positiven Forderungsverletzung, der *culpa in contrahendo* sowie bestimmter Fälle der Dritthaftung hat sich daran nichts geändert. Durch die Kodifizierung wurden lediglich bereits gewohnheitsrechtlich anerkannte Rechtsinstitute des Richterrechts in das Bürgerliche Gesetzbuch aufgenommen, deren Auslegung weiterhin nach Richterrecht erfolgt. Richter in Deutschland müssen sich bei der Schaffung von Richterrecht bei der Auslegung der dem Richterrecht zugrunde liegenden Vorschriften an den logisch vorgegebenen juristischen Apparat[1609] halten.[1610] Da die Rechtsprechung gemäß Art. 20 Absatz 3 GG nicht nur an das Gesetz sondern auch an das Recht gebunden ist und die Möglichkeiten des Analogieschlusses im deutschen Recht nicht immer befriedigend sind, gebietet die Gesamterweiterung des Gesichtskreises durch die Rechtsvergleichung insbesondere bei der auf Richterrecht beruhenden Haftung für steuerliche Beratung, so dass es sich anbietet zusätzlich zu den anerkannten Auslegungsmethoden auch Lösungen anderer Rechtsordnungen für die Interpretation nationaler Normen zu nutzen. Diese Methodik ist dem deutschen Recht auch nicht fremd, denn in der Rechtsprechung der deutschen Obergerichte finden sich viele Entscheidungen, in denen mit Hilfe rechtsvergleichender Überlegungen Unklarheiten des deutschen Rechts beseitigt oder Lücken geschlossen worden sind.[1611]

Die vorliegende Arbeit folgt in diesem Kapitel der in der Rechtsvergleichung bewährten Methodik und damit der zugleich bewährten Gliederung rechtsvergleichender Arbeiten. Es wurden bereits der nun folgenden eigentlichen Vergleichung Länderberichte vorangestellt, in denen die Rechtslage in den USA und Deutschland für jedes Land gesondert, aber mit allen bedeutsamen Nuancen dargestellt wurden (Teil B und Teil C der vorliegenden Arbeit). In der nunmehr erfolgenden vergleichenden Würdigung werden in der vergleichenden Analyse zunächst die grundlegenden Gemeinsamkeiten und Unterschiede in der Haftung für steuerliche Beratung heraus gearbeitet (Kapitel II), bevor diese dann in der Gesamtwürdigung einer kritischen Betrachtung unterzogen werden (Kapitel III), die als Ausgangspunkt für die weitere wissenschaftliche Diskussion dienen soll.

1608 Vgl. die Ausführungen bei *Sabella*, a.a.O.

1609 Z.B. Analogie und *argumentum a contrarium*.

1610 Diese Regel wird explizit im schweizerischen Zivilgesetzbuch (ZGB) in Art. 1 Absatz 2 und Absatz 3 formuliert: "Kann dem Gesetz keine Vorschrift entnommen werden, so soll der Richter nach Gewohnheitsrecht und, wo auch ein solches fehlt, nach der Regel entscheiden, die er als Gesetzgeber aufstellen würde. - Er folgt dabei bewährter Lehre und Überlieferung."

1611 Vgl. z.B.: BVerfG, NJW 1995, 3303, 3306.

II. Vergleichende Analyse

Aufgrund des Umfangs der zuvor untersuchten Punkte der Berufshaftung der steuerlichen Berater, sollen in der folgenden vergleichenden Analyse nur die wesentlichen Aspekte behandelt werden. Dabei sollen die grundlegenden Unterschiede und Gemeinsamkeiten in beiden Rechtsordnungen miteinander verglichen werden.

1. Berufsbild und Regelungen

a. Professionalisierung der steuerlichen Berater

Sowohl in den USA als auch in Deutschland zeichnen sich die steuerberatenden Berufe durch eine sehr hohe fachliche Qualifikation und Professionalität aus. An die Stelle einer klaren Unterscheidung zwischen professionellen und nicht-professionellen Berufen tritt heute in der Soziologie stärker das Konzept einer gleitenden Skala, auf der man verschiedene Berufe mit einem höheren oder geringeren Professionalisierungsgrad eintragen kann.[1612] Wesentliche Professionalisierungsmerkmale sind das Verständnis des Berufs als Dienst an der Allgemeinheit, die Bindung an besondere berufsethische Regeln, die Berufstätigkeit als Anwendung abstrakten Wissens aufgrund theoretisch fundierter Spezialausbildung, die Kanalisierung des Berufs durch staatliche Prüfungen und Zulassungen, die Bildung eines Berufsverbands mit Disziplinargewalt sowie die generell abstrakte Honorierung der Berufsangehörigen, die ihren Leistungseinsatz an der sachlichen Aufgabe und nicht an der Höhe der Gegenleistung orientieren.[1613]

Die steuerberatenden Berufe in den USA und Deutschland erfüllen weitestgehend die genannten Professionalisierungsmerkmale. Der Ausbildungsstand und die Anforderung an die fachliche Eignung der *Lawyer* und der *Certified Public Accountants* unterscheidet sich kaum von den entsprechenden zur Steuerberatung in Deutschland befugten Berufsgruppen und wird den Erwartungen der Mandanten, die auf eine sachkundige Beratung und Vertretung auf dem komplizierten Spezialgebiet des Steuerrechts vertrauen, durchaus gerecht. So müssen die Angehörigen der steuerberatenden Berufsgruppen sowohl in den USA als auch in Deutschland eine einschlägige theoretische Grundausbildung bzw. langjährige Berufserfahrung vorweisen und in einer Zulassungsprüfung ihre Eignung zum Beruf unter Beweis

---

[1612] *Hesse*, Berufe im Wandel, S. 45, 145 f.; *Gross*, Work and Society, S. 81; vgl. auch bereits eingehend schon: *Carr-Saunders/Wilson*, The Professions, S. 185, 284 ff.

[1613] Vgl. eingehend: *Hesse*, a.a.O., S. 44 ff., 63 ff.; *Harries-Jenkins*, Professionals in Organizations, in: *Jackson*, Professions and Professionalization, S. 53, 57 ff. und *Daheim*, Der Beruf in der modernen Gesellschaft, S. 41.

stellen. In beiden Ländern sind die jeweiligen mit der Steuerberatung befassten Berufsgruppen in ihrem jeweiligen Berufsverband zusammengefasst und unterliegen der Disziplinargewalt dieses Berufsverbandes. Hier wie dort ist der steuerliche Berater an berufsethische Regeln gebunden und betrachtet seine Tätigkeit als Dienst an der Allgemeinheit. Eine vergleichende Untersuchung der Haftung dieser Berufsgruppen in Deutschland und den USA bietet sich daher an.

Eine Ausnahme bildet hier nur der amerikanische *Income Tax Return Preparer.* An seine Ausbildung und fachliche Qualifikation werden keine besonderen Anforderungen gestellt.[1614] Allerdings ist auch die Erwartungshaltung eines Mandanten, der einen Tax Return Preparer konsultiert, im Vergleich zu einem *Attorney* oder *Certified Public Accountant* bedeutend geringer. Denn Steuerzahler nehmen die Dienste des *Tax Return Preparer* zumeist nur für die preiswerte Erstellung eines einfachen einkommensteuerlichen *Tax Return* in Anspruch. Da der *Income Tax Return Preparer* hinsichtlich seiner geringen fachlichen Qualifikation und aufgrund mangelnder Professionalisierungsmerkmale gegenüber den anderen steuerberatenden Berufsgruppen aus der Rolle fällt, wird er im Folgenden für die rechtsvergleichende Untersuchung nicht berücksichtigt.

b. Beschränkungen der Rechtsberatung durch nicht-anwaltliche Berater

In den USA und Deutschland bestehen deutliche Beschränkungen im Hinblick auf die Rechtsberatung durch Nichtjuristen. Die Grenze zwischen zulässiger und unzulässiger Rechtsberatung ist in beiden Ländern fließend. Zulässig ist aber stets diejenige Rechtsberatung, die im unmittelbaren Zusammenhang mit der steuerlichen Beratung steht. In Deutschland wurde dies erst kürzlich durch die Erweiterung des Anwendungsbereiches Art. 1 § 5 Nr. 2 RBerG auf die Steuerberater festgelegt. Zuvor galt diese Regelung nur für den Wirtschaftsprüfer. Für den Steuerberater war bis dahin die Abgrenzung zwischen erlaubter Steuerrechtsberatung und unzulässiger Rechtsberatung nahezu unmöglich. Die Erweiterung des Anwendungsbereiches des Art. 1 § 5 Nr. 2 RBerG auf den Steuerberater ist deshalb eine begrüßenswerte Entwicklung, die nicht nur eine Angleichung zwischen den Wirtschaftsprüfern und Steuerberatern im Rahmen der Steuerberatung, sondern zugleich auch eine den USA vergleichbare Regelung schafft und somit zur internationalen Rechtsvereinheitlichung beiträgt. In den USA erlaubt *Circular 230* dem *Certified Public Accountant* ausdrücklich jegliche Rechtsberatung im Rahmen der Steuerdeklarationsberatung. Da die Steuerdeklarationsberatung jedoch auch in Deutschland im unmittelbaren Zusammenhang mit der klassischen Tätigkeit der steuerlichen Beratung steht, dürften sich insoweit keine Unterschiede in beiden Rechtsordnungen ergeben. Die problematischen Grenzfälle ergeben sich indes eher außerhalb der Deklarationsberatung. Insbesondere bei der Erstellung

---

[1614] Vgl. hierzu bereits oben Kapitel B I. 1. c.

von steuerlichen Gutachten und im Bereich der Gestaltungsberatung wird der nicht-anwaltliche steuerliche Berater Gefahr laufen, unzulässige Rechtsberatung zu betreiben. So unbefriedigend die unscharfe Grenzziehung zwischen erlaubter und unzulässiger Rechtsberatung auch sein mag, so unverzichtbar ist sie andererseits. Denn die Alternative wäre ein Katalog erlaubter oder verbotener Rechtsberatung für den nicht-anwaltlichen Berater. Dieser könnte der Vielfalt der Tätigkeiten im Rahmen der steuerlichen Beratung aber bereits nicht einmal ansatzweise gerecht werde. Eine Katalogisierung der erlaubten bzw. der untersagten Rechtsberatung ist meines Erachtens auch nicht erforderlich, denn sowohl für den Wirtschaftsprüfer als auch für den Steuerberater lässt sich nach deutschem Recht die erlaubte Rechtsberatung aufgrund der jeweiligen Aufgaben der Berufsangehörigen zumindest bestimmen; auch wenn eine derartige Bestimmung in der Praxis nicht immer einfach sein wird.

Dem Steuerberater ist demnach Rechtsberatung gestattet, die im unmittelbaren Zusammenhang mit den Aufgaben des Steuerberaters nach § 33 StBerG steht. Daneben wird Steuerberatern in eingeschränktem Maße auch die Rechtsberatung im unmittelbaren Rahmen der betriebswirtschaftlichen Beratung gestattet sein.[1615] Die betriebswirtschaftliche Beratung ist zwar nicht im Steuerberatungsgesetz genannt, doch in der Lebenswirklichkeit seit langem allgemein üblich. Hierfür ist insbesondere die Tatsache ursächlich, dass Steuerberater weitgehend langfristig tätig werden.[1616] Von der betriebswirtschaftlichen Beratung ist die rein wirtschaftsberatende Tätigkeit zu unterscheiden, bei der ein Bezug zur Steuerberatung kaum noch gegeben sein wird und die daher oftmals als Rechtsberatung unzulässig sein wird.[1617]

Der Wirtschaftsprüfer kann sich nach den Vorschriften der WPO mit betriebswirtschaftlichen Prüfungen beruflich befassen,[1618] mit der Beratung und Vertretung in steuerlichen Angelegenheiten,[1619] der Tätigkeit als Sachverständiger auf den Gebieten der wirtschaftlichen Betriebsführung,[1620] der Beratung und Interessenwahrnehmung in wirtschaftlichen Angelegenheiten[1621] sowie der treuhänderischen Verwaltung.[1622] Daher ist ihm auch Rechtsberatung gestattet, die im unmittelbaren Zusammenhang mit diesen Tätigkeiten steht.

1615 So im Ergebnis wohl auch *Rennen/Caliebe*, RBerG, Art. 1 § 5 Rn. 78.

1616 Vgl. *Gehre/von Borstel*, StBerG, § 33 Rn. 11.

1617 So im Ergebnis auch: *Chemnitz*, AnwBl 1988, 492, 492 ff.; *Zuck*, JZ 1988, 558, 559 f.; *Chemnitz/Johnigk*, RBerG, Art.1 § 1 Rn. 579 ff.; *Rennen/Caliebe*, RBerG Art. 1 § 5 Rn. 59.

1618 § 2 Abs. 1 WPO.

1619 § 2 Abs. 2 WPO.

1620 § 2 Abs. 3 Nr. 1 WPO.

1621 § 2 Abs. 3 Nr. 2 WPO.

1622 § 2 Abs. 3 Nr. 3 WPO.

Der unmittelbare Zusammenhang mit der Aufgabe des Steuerberaters oder des Wirtschaftsprüfers wird immer dann gegeben sein, wenn diese Aufgaben ohne die Rechtsberatung nicht sachgemäß erledigt werden können und die Rechtsberatung nicht mehr als eine bloße Nebentätigkeit[1623] zur Aufgabe des Steuerberaters oder Wirtschaftsprüfers darstellt. Die Erstellung von Vertragsentwürfen[1624] sowie die Beratung bei der Geltendmachung von Schadensersatzansprüchen[1625] oder bei Vertragsverhandlungen ist daher in der Regel eine unzulässige Rechtsberatung. Aufgrund der noch möglichen Bestimmbarkeit der Grenzen zwischen zulässiger Steuerrechtsberatung und unzulässiger Rechtsberatung durch den Steuerberater und Wirtschaftsprüfer sollte im Ergebnis auf eine Katalogisierung der erlaubten Handlungen im Rahmen der Rechtsberatung durch den nicht-anwaltlichen steuerlichen Berater verzichtet werden. Das US-amerikanische Recht kommt ebenfalls ohne eine Katalogisierung aus.

Fazit: Die flexible, an der Tätigkeit der steuerlichen Beratung orientierte Regelung des Art. 1 § 5 Nr. 2 RBerG liefert nunmehr auch für den Steuerberater die flexible und sachgerechte Abgrenzung der erlaubten von der erlaubnispflichtigen Rechtsberatung.

c. Spannungsverhältnis zwischen Mandant und Steuersystem

Die Tätigkeit der Steuerberatung ist in beiden Ländern durch das Spannungsverhältnis zwischen der Verpflichtung zur Wahrnehmung der Interessen des Mandanten und der Verpflichtung gegenüber dem Steuersystem zur Einhaltung der Steuergesetze geprägt. Während die Verpflichtung des *Tax Practitioners* in den USA aus seinem Status als Freiberufler folgt, der bei Wahrnehmung des Interesses seines Mandanten an der richtigen Berechnung (und der damit verbundenen Vermeidung einer zu hohen Steuerzahlung und der gleichzeitigen Vermeidung der Festsetzung einer Strafsteuer aufgrund zu niedriger Steuerberechnung) auch zugleich zur ordnungsgemäßen Durchführung der Steuergesetze beiträgt, ergibt sich die Verpflichtung zur Einhaltung der Steuergesetze für die steuerberatenden Berufe in Deutschland aus ihrer Stellung als Organ der Rechtspflege.[1626] Da aber auch der *Tax Practitioner* in den USA den Weisungen seines Mandanten selbst dann nicht uneingeschränkt Folge leisten darf, wenn der Mandant bereit ist, die Folgen des Verstoßes gegen das Steuersystem zu tragen,[1627] werden sich in der Praxis kaum Unterschiede im Spannungsverhältnis zwischen dem Mandatsverhältnis und dem Steuersystem im amerikanischen und deutschen Recht finden.

1623 So wohl auch bereits: BGHZ 37, 258, 261; BGHZ 70, 12, 15.

1624 BGH, NJW 1963, 2027, 2027; BGH, NJW 1986, 1050, 1050 f.; OLG Köln, StB 1981, 224, 224; *Streck/Schwedhelm*, Stbg 1989, 379, 379 f. m.w.Nachw.

1625 OLG Düsseldorf, StB 1985, 307, 307.

1626 Vgl. hierzu eingehend oben Kapitel C. I. 3.

1627 Vgl. hierzu oben in Kapitel B. I. 3.

Auch hinsichtlich der Bedeutung der Standesrichtlinien für die Haftung der Berufsangehörigen bestehen in beiden Ländern keine nennenswerten Unterschiede. Sie prägen sowohl in den USA als auch in Deutschland das Berufsbild ihrer jeweiligen Berufsangehörigen, bilden allerdings im Regelfall kein Recht, auf das sich Dritte berufen können.

2. Rechtsdogmatische Einordnung der Haftung für Steuerberatung

Trotz aller Unterschiede in ihrer historischen Entwicklung, in ihrem systematisch-theoretischen Aufbau und im Stil ihrer praktischen Anwendung kommen das US-amerikanische und das deutsche Recht bei der Haftung für steuerliche Beratung bei gleichen Problemstellungen oft zu verblüffend ähnlichen Lösungen.

a. Beeinflussung durch Richterrecht

Das US-amerikanische Berufshaftungsrecht hat seine Wurzeln im *Case Law*, einem Fallrecht, welches sich nach der Eroberung Englands durch Wilhelm I. im Jahre 1066 im 12. und 13. Jahrhundert entwickelt hat. In den über 200 Jahren, die seit der Unabhängigkeitserklärung von England vergangen sind, hat das US-amerikanische Recht eine eigenständige Entwicklung genommen und sich vom englischen Vorbild in vielen Punkten entfernt. Dennoch basiert die Berufshaftung des *Tax Practitioners* in den Rechtsinstitutionen des *Contract Law*, des *Tort Law* und dem *Law of Fiduciary Duties*, die allesamt dem englischen *Case Law* entstammen. Diese drei Rechtsinstitute bilden die Anspruchsgrundlage im US-amerikanischen Recht für den geschädigten Mandanten, der seinen steuerlichen Berater für dessen Fehlverhalten in Regress nehmen möchte.

Die zivilrechtliche Haftung des steuerlichen Beraters im deutschen Recht findet ihre Grundlage im Mandatsvertrag, in dem die Pflichten zwischen dem steuerlichen Berater und dem Mandanten normiert werden, deren Verletzung eine Verpflichtung zum Schadensersatz nach sich ziehen kann. Daneben ist auch eine deliktische Haftung des Steuerberaters möglich, die in der Praxis im Gegensatz zum Haftungsrecht der USA nur eine eher untergeordnete Rolle spielt. Da die Haftung des steuerlichen Beraters für steuerliche Beratung im deutschen Recht nicht explizit gesetzlich geregelt ist, bestimmt sich das rechtliche Verhältnis zwischen dem steuerlichen Berater und seinem Mandanten vorrangig nach dem Mandatsvertrag. Die Anspruchsgrundlage für den vertraglichen Schadensersatzanspruch des Mandanten bildeten vor Inkrafttreten des Gesetzes zur Modernisierung des Schuldrechts nahezu ausschließlich die Grundsätze zu der gewohnheitsrechtlich anerkannten positiven Forderungsverletzung und der *culpa in contrahendo*. Mit dem Gesetz zur Modernisierung des Schuldrechts hat der Gesetzgeber ein neues System der Schadens- und Aufwendungsersatzhaftung für das Leistungsstörungsrecht geschaffen. Kernbestandteil dieses Systems ist die neue Vorschrift des § 280 Absatz 1 BGB, die auf dem zentralen Tatbestandsmerkmal der Pflichtverletzung aufbaut. Mit den Tatbestandsmerkmalen Schuldverhältnis, Pflichtverletzung, Vertretenmüssen und Schadensverursachung verankert der Gesetzgeber die Grundsätze zur Haftung aus positiver Forderungsverletzung und der *culpa in contrahendo* im BGB. Haftete der steuerliche Berater einem Mandanten bislang aus positiver Forderungsverletzung, so haftet er jetzt aus § 280 Absatz 1 BGB in Verbindung mit § 249 BGB. Dennoch bleiben die Grundsätze der aufgrund Richterrechts geschaffenen positiven Forderungsverletzung und der *culpa in contrahendo* weiterhin für die Bestimmung der Tatbestandsmerkmale des § 280 Absatz 1 BGB maßgeblich.

Grundlegend für die Haftung in den USA und in Deutschland ist, dass beide Jurisdiktionen maßgeblich durch Richterrecht geprägt wurden. Gesetzgeberische Regelungen für die Haftung des steuerlichen Beraters gibt es bis auf wenige Ausnahmen[1628] nicht. Dadurch ist das Recht der Haftung für steuerliche Beratung in beiden Rechtsordnungen ständig im Fluss. Aufgrund der Vielzahl der ergangenen Entscheidungen entwickelt sich aber eine immer weiter ausufernde Kasuistik, bei der man leicht den Überblick verlieren kann. Die Einhaltung vieler dem steuerlichen Berater von den Gerichten auferlegten Pflichten wird dem Steuerberater oft tatsächlich nicht möglich sein. Es wird dem steuerlichen Berater insbesondere nicht zumutbar sein, nahezu jede obergerichtliche Entscheidung zu beachten und jeden nur erdenkbaren Blickwinkel eines Sachverhalts auszuleuchten. Vielfach ist es daher lediglich dem Zufall überlassen, ob sich eine Pflichtverletzung realisiert und damit zur Schädigung des Mandanten führen kann. Freilich ist die Wahrscheinlichkeit des Eintritts einer Pflichtverletzung bei einem gewissenhaften, sorgfältigen und immer gut geschulten Berater geringer als bei einem nachlässigen Berater. Aber selbst der sorgfältigste, gewissenhafteste und am besten geschuldete Berater wird eine Pflichtverletzung nicht immer vermeiden können.

Darüber hinaus ist das Haftungsrecht in Deutschland in starkem Maße auch vom Gerechtigkeitsdenken der Richter sowie von ökonomischen Gesichtspunkten beeinflusst (vgl. dazu Kapitel III. Kritische Betrachtung). Dies gilt zwar auch für das amerikanische Recht. Hier, so scheint es, verlieren die Richter aber niemals vollständig das Maß des von dem *Tax Practitioner* tatsächlich Verlangbaren aus dem Blick.

1628 Im deutschen Recht zum Beispiel die Vorschriften über die Verjährung der Ansprüche gegenüber den Berufsangehörigen; § 68 StBerg, § 51b BRAO und § 51a WPO. Aufgrund der Anwendbarkeit der Regelverjährung und der Verjährungsfristen in §§ 194 ff. BGB auf die Berufsanghörigen sind auch diese Vorschriften hinfällig geworden und haben nur noch für Übergangssachverhalte für kurze Zeit Bedeutung; vgl. oben in Kapitel C. II. 9. b. bb.

b. Vertrag, Delikt und Treuepflichten (Fiduciary Duties)

Da sich im deutschen Recht die gegenseitigen Pflichten aus dem Mandatsvertrag ergeben, ist dieser im Hinblick auf die Haftung des steuerlichen Beraters in Deutschland das wichtigste Instrument zur Bestimmung der Sorgfaltspflichten des steuerlichen Beraters. Daneben sind für die Haftung des Steuerberaters auch die Vorschriften des Bürgerlichen Gesetzbuchs über den Dienstvertrag, den Werkvertrag, das Auftragsrecht sowie das allgemeine Schuldrecht und die Bestimmungen über das Recht der gegenseitigen Verträge maßgebend. Ansprüche gegenüber dem steuerlichen Berater im deutschen Recht können neben dem Vertragsrecht auch aus den deliktsrechtlichen Vorschriften geltend gemacht werden. Da sich der Pflichtenumfang der Tätigkeit des steuerlichen Beraters gegenüber dem Mandanten oder einem Dritten allerdings immer aus dem Mandatsverhältnis ergibt, kommt die Haftung des steuerlichen Beraters nach den Vorschriften über die unerlaubten Handlungen nach §§ 823 ff. BGB im Regelfall nur dann in Betracht, wenn zwischen dem Berater und seinem Mandanten oder dem geschädigten Dritten kein oder nur ein unwirksamer Vertrag zustande gekommen ist. Denn die bloße Verletzung von vertraglichen Pflichten stellt als solche noch keine unerlaubte Handlung im Sinne des Deliktsrechts dar. Daher spielt das Deliktsrecht im Rahmen der Haftung des steuerlichen Beraters nur eine sehr untergeordnete Rolle im deutschen Recht. In seltenen Fällen können Verletzungen vertraglicher Sorgfaltspflichten aber auch einen gleichzeitigen deliktischen Anspruch des Mandanten gegenüber seinem Berater begründen, nämlich dann, wenn die Sorgfaltspflichtverletzung des Beraters zugleich einen deliktischen Tatbestand der §§ 823 ff. des BGB erfüllt. Dabei darf der Vorrang der vertraglichen Vereinbarungen zwischen den Parteien jedoch nicht durch einen Anspruch aus unerlaubter Handlung aufgrund desselben Sachverhalts ausgehöhlt werden.

Im US-amerikanischen Recht sieht es ganz anders aus. Während ein Mandant in Deutschland die Klage gegen seinen deutschen steuerlichen Berater meist mit der Verletzung vertraglicher geschuldeter Pflichten aus dem Mandatsvertrag begründen wird, wird ein amerikanischer Mandant seine Klage gegen den *Tax Practitioner* zumeist auf die deliktische Klageform des *Tort of Negligence* oder – seltener – auf die Klageform des vertraglichen Schadensersatzes (*contract theory of recovery*) stützen. Darüber hinaus kann der Mandant auch die Verletzung einer *Fiduciary Duty* geltend machen, z.B. wenn der Berater seine Pflicht zur Verschwiegenheit verletzt hat oder seine Interessen im Widerspruch zu den Interessen des Mandanten stehen. Die dem steuerlichen Berater obliegenden Sorgfaltspflichten sind zwar im amerikanischen Recht im Grunde genommen wesensgleich, ganz gleich, ob man sie als vertragliche oder deliktische Sorgfaltspflichten charakterisiert. Dennoch kann die richtige Einordnung einer Pflichtverletzung in eine der genannten Klageformen einen wesentlichen Einfluss auf den Erfolg oder Misserfolg der Klage haben. Der Umfang der Haftung variiert ebenfalls erheblich mit der

Wahl der jeweiligen Klageart. Schließlich sind auch Unterschiede in den Anspruchsvoraussetzungen, den Beweisanforderungen, sowie der Verjährung der Ansprüche zu beachten. Die Wahl der bestgeeigneten Klageform (oder Klageformen) ist somit in den USA unabdingbar, um der Klage des Mandanten zum größtmöglichen Erfolg zu verhelfen.

c. Verursachung: Der Zusammenhang zwischen Fehlverhalten und Rechtsgutsverletzung

Im US-amerikanischen Recht wird der Ursachenzusammenhang zwischen der Rechtsgutsverletzung des steuerlichen Beraters und dem vom Mandanten erlittenen Schaden, die so genannte *proximate cause* aufgrund eines zweistufigen Tests ermittelt. Zunächst muss nach dem *but for test* eine Verursachung durch den Beklagten maßgeblich zum Eintritt des Schadens beigetragen haben, bevor sich auf der zweiten Stufe des Tests die Frage stellt, ob der Beklagte für diesen Schaden haftbar gemacht werden soll; die so genannte *proximate cause* im eigentlichen Sinne. *Proximate cause* ist dann gegeben, wenn die Haftung des Beklagten sich nicht auf unvorhersehbare Risiken erstreckt oder wenn die Schädigung eine direkte (oder direkt ableitbare) Konsequenz des Verhaltens des Schädigers darstellt. Da sich feinere dogmatische Unterscheidungen und Theorien mit dem Anspruch einer allgemeinen Gültigkeit in den USA nicht durchgesetzt haben und vielmehr mit dem Ausdruck *proximate cause* lediglich das Tummelfeld abgesteckt wird, auf dem im Rahmen verschiedenster *policies* der Zweckmäßigkeit, der Billigkeit, der Rechtssicherheit, der sozialen Gerechtigkeit miteinander darüber gestritten wird, ob eine bestimmte Schadensfolge in casu dem Deliktsschädiger noch zuzurechnen sei oder nicht, ist die *proximate cause* sehr breit angelegt. Man dürfte erwarten, dass ein Ursachenzusammenhang zwischen einer Pflichtverletzung des Beraters und einem Schaden beim Mandanten in den USA daher fast schematisch angenommen werden kann. In der Praxis ist dem freilich nicht so. Denn durch die bewusst weit gehaltene Definition der *proximate cause* wird dem Richter die Möglichkeit gegeben, seine Gerechtigkeitsvorstellungen im Einzelfall einzubringen.

Im deutschen Recht wird der Ursachenzusammenhang durch Anwendung von Äquivalenz- und Adäquanztheorie ermittelt und gegebenenfalls durch den Schutzzweck und Schutzbereich des Mandatsvertrages korrigiert. Während die Äquivalenztheorie eine ähnliche Funktion wie der *but for test* im amerikanischen Recht aufweist, gibt es im deutschen Recht mit der Adäquanztheorie eine weitere Stufe der wahrscheinlichkeitsbasierten Kausalitätsprüfung, bevor man im Rahmen einer wertenden Betrachtung, dem Schutzzweck und Schutzbereich der verletzten Norm das gefundene Ergebnis korrigiert. Dennoch wird im Regelfall ein Ursachenzusammenhang zwischen einer Pflichtverletzung des Beraters und einem Schaden des Mandanten im deutschen Recht eher bejaht werden als im amerikanischen Recht. Denn durch die ausufernd weite Fassung des Pflichtkataloges der steuerlichen Berater durch die deutschen Gerichte wird unweigerlich auch der Schutzzweck der Norm erweitert. Ein Ursachenzusammenhang wird daher im deutschen Recht regelmäßig nur dann nicht vorliegen, wenn der Zeitraum zwischen schädigenden Ereignis und Eintritt des Schadens unverhältnismäßig lang war oder der Mandant durch den Ersatz des Schadens einen Vermögensvorteil erlangen würde, dessen Erzielung andere gesetzliche Vorschriften gerade verhindern wollen.

Das deutsche Recht schafft überdies eine Beweiserleichterung zugunsten des Mandanten in Tatbeständen, in denen der Ursachenzusammenhang zwischen der Pflichtverletzung des Beraters und einem bestimmten Verhalten seines Mandanten typischerweise gegeben ist. In der Praxis führt dies in diesen Fällen zu einer Beweislastumkehr zugunsten des Mandanten.

Sowohl das deutsche als auch das amerikanische Recht kennen die kumulative sowie die überholende Kausalität. Die Behandlung dieser jeweiligen Verursachungsarten unterscheidet sich in beiden Rechtsordnungen nicht. Verblüffende Ähnlichkeiten bestehen auch bei der Behandlung der Frage, in welcher Weise dem hypothetischen Ausgang eines Rechtsstreits oder Verwaltungsverfahrens für die Haftung des Beraters Bedeutung zukommt.

d. Expertenbeweis als Besonderheit des amerikanischen Rechts

Der Nachweis eines Fehlverhalten des Berufsangehörigen erfordert im Rahmen einer *Negligence*-Klage im Regelfall die Beurteilung des Verhaltens des Beraters durch einen Experten *(expert testimony)*. Anders als im deutschen Recht, wo ein weit gefasster kasuistischer Pflichtenkatalog existiert, misst das amerikanische Recht den anzuwendenden Sorgfaltsmaßstab an dem Verhalten, das eine durchschnittlich qualifizierte Idealperson aus dem Berufsstand des Freiberuflers unter denselben oder vergleichbaren Umständen an den Tag gelegt hätte. Dieser Sorgfaltsmaßstab wird zudem nicht durch den Richter, sondern durch einen Experten geprägt, der aus der jeweiligen Berufsgruppe des Beraters stammt. Da das Verhalten des Beraters nicht am Standard eines Laien gemessen wird, sondern sich am Berufsstand des Beraters orientiert, muss die Jury durch Experten aus dem Berufsstand des Beraters über die gewöhnlichen Praktiken und Verhaltensweisen des Berufsstands informiert werden. Der Beweis des anspruchsbegründenden Fehlverhaltens in den anderen beiden Klageformen erfordert nicht die Aussage eines Experten. Denn beim vertraglichen Anspruch liegt das Fehlverhalten des Beraters immer schon dann vor, wenn er das im Vertrag gegebene Versprechen nicht eingehalten hat.[1629] Die *Fiduciary Duties* sind absolute Pflichten.[1630] Der Verstoß ge-

1629 Vgl. hierzu oben Kapitel B. II. 7.

gen diese Pflichten ergibt sich schon aus Handlung des Beraters und kann auch von einem Laien beurteilt werden.

Da eine Vielzahl der Klagen gegen steuerliche Berater in den USA als *Negligence*-Klagen erhoben werden, sind der Haftungsstandard sowie der Pflichtenkatalog des *Tax Practitioners* durch die Beurteilung von Experten maßgeblich mit geprägt worden. Da die Experten im Regelfall selber Angehörige der Berufsgruppen der *Tax Practitioner* sind, nehmen die Berufsangehörigen damit selbst maßgeblichen Einfluss auf den Maßstab ihrer Berufshaftung. Gleichzeitig können die Experten eine ausufernde Überdehnung des Pflichtenmaßstabes verhindern.

Da sich der Pflichtenmaßstab zwischen den einzelnen Klageformen nicht wesentlich unterscheidet, finden die im Rahmen des *Tort of Negligence* gewonnen Pflichtenbestimmungen indirekt auch Einzug in die anderen Klageformen.

e. Schaden

Der Bestimmung des Schadens liegt in beiden Rechtsordnungen der Gedanke der Restitution zugrunde. Der Betrag des zu ersetzenden Schadens ist auf die tatsächlich erlittene Schadenssumme begrenzt. Beide Rechtsordnungen ersetzen sowohl direkte Schäden als auch Folgeschäden, wobei jeweils bei den Folgeschäden ein besonderes Augenmerk auf den Ursachenzusammenhang gerichtet wird.

Das US-amerikanische Recht kennt die Gewährung eines symbolischen Schadensersatzes, z.B. in Höhe eines US-Dollars, für eine tatbestandsmäßige Rechtsgutsverletzung, in der kein tatsächlicher Schaden existiert; die sog. *nominal damages*. Diese Art des Schadensersatzes ist dem deutschen Recht fremd. Aber auch den USA werden *nominal damages* im Rahmen der Berufshaftung im Regelfall von den meisten Gerichten nicht zugesprochen, da dort der mit dieser bloßen Feststellung einer rein technischen Rechtsgutsverletzung ohne konkreten Schaden verbundene Aufwand und deren Kosten als eine unnötige Belastung der gegnerischen Prozesspartei, der Gerichte und der gesamten Gesellschaft betrachtet werden. Eine Klage, die auf eine Verurteilung zur Zahlung von *nominal damages* abzielt, wird daher in den USA im Rahmen der Berufshaftung zumeist nicht statthaft sein.

Im deutschen Recht wird bei der Haftung des steuerlichen Beraters im Regelfall nur das negative Interesse des Mandanten ersetzt. Dies hat sich auch durch Einführung des Gesetzes zur Modernisierung des Schuldrechts nicht wesentlich geändert. Im US-amerikanischen Recht ist bezüglich der Art des Schadensersatzes zwischen den jeweiligen Klageformen zu differenzieren. Basiert die Klage gegen

---

[1630] Vgl. hierzu Kapitel B. II. 7.

den amerikanischen Berater auf der Verletzung einer vertraglichen Pflicht, so geht der Schadensersatz auf das positive Interesse. Im Rahmen einer *Negligence*-Klage wird nur das negative Interesse ersetzt. Wieder anders sieht es bei einer Klage aus, die auf die Verletzung von *Fiduciary Duties* gestützt wird. Hier bekommt der geschädigte Mandant grundsätzlich nur seinen Vertrauensschaden ersetzt, das sog. negative Interesse. Darüber hinaus entfällt der Vergütungsanspruch des Beraters, wenn dieser eine gegenüber dem Mandanten bestehende *Fiduciary Duty* verletzt. Hat der Berater von seinem Vertrauensbruch profitiert, muss er dem Mandanten das ersetzen, was er durch seinen Vertrauensbruch erlangt hat.

Reine Vermögensschäden kann der Mandant von seinem Berater in Deutschland im Regelfall nur im Rahmen einer vertraglichen Pflichtverletzung des Beraters ersetzt bekommen. Die in den USA vorherrschende *economic loss doctrine* besagt ebenfalls, dass reine Vermögensschäden nur aufgrund eines vertraglichen Anspruchs des Geschädigten, nicht jedoch im Rahmen einer *Negligence*-Klage ersetzt werden können. Da aber bei der Berufshaftung nahezu alle Schäden einen rein vermögensrechtlichen Charakter haben, ist die Anwendung der *economic loss doctrine* auf diesem Gebiet problematisch. Weil eine Vielzahl von Klagen gegen den *Tax Practitioner* in den USA im Wege der *Negligence*-Klage erhoben werden, würde aufgrund der *economic loss doctrine* die Art des zu ersetzenden Schadens im Rahmen der Haftung für steuerliche Beratung in den USA und Deutschland einen deutlichen Unterschied aufweisen. Dies ist in der Praxis allerdings nicht der Fall, da in den meisten Bundesstaaten der USA Vermögensschäden im Rahmen der deliktischen Klageform anerkannt werden, entweder in Ablehnung der *economic loss doctrine* oder in Schaffung einer Ausnahme von der Doktrin für die Sachverhalte der Berufshaftung. Insoweit werden in den USA Vermögensschäden im Bereich der Haftung für steuerliche Beratung unabhängig von den jeweiligen Klageformen generell anerkannt.

f. Verschulden

Das deutsche Recht verlangt neben dem Vorliegen einer Pflichtverletzung grundsätzlich auch noch ein Verschulden des Beraters für die Verletzung der ihm obliegenden Sorgfaltspflicht. Dieses Erfordernis verweist auf die gesetzliche Differenzierung zwischen der objektiven Pflichtverletzung und der persönlichen Vorwerfbarkeit. Nach dem mittels des Gesetzes zur Modernisierung des Schuldrechts eingeführten § 280 Absatz 1 BGB muss der Berater im Rahmen eines Einwendungstatbestands nunmehr darlegen, dass er die Pflichtverletzung nicht zu vertreten hat. Eine Entlastung wird ihm praktisch immer nur dann möglich sein, wenn er die vollständige Erbringung aller ihm obliegenden Sorgfaltspflichten darlegen kann. Die Rechtsprechung schloss auch bislang schon von der objektiven Pflichtverletzung zumeist automatisch auf das Verschulden des steuerlichen Beraters.

Damit ist die Handhabung in der Praxis nicht wesentlich anders als in den USA, wo die bloße Pflichtverletzung ausreicht, um die Haftung des Beraters zu begründen. Die dogmatische Unterscheidung bei der Haftung für steuerliche Beratung im deutschen Recht zwischen der Pflichtverletzung und der persönlichen Vorwerfbarkeit der Pflichtverletzung ist in der Praxis nahezu bedeutungslos.

g. Haftung für Hilfspersonen

In beiden Rechtsordnungen haftet der Berater für Hilfspersonen, denen er sich zur Erfüllung seiner Pflichten im Rahmen des Mandatsverhältnisses bedient. Im US-amerikanischen Recht basiert die Haftung des Beraters für seine Hilfspersonen auf dem deliktsrechtlichen Institut der *vicarious liability*. Die Haftung erstreckt sich auf alle deliktischen Handlungen der Hilfsperson, die sich aus dem Beschäftigungsverhältnis ergeben. Im deutschen Recht haftet der Berater entweder für das Verschulden seiner Erfüllungsgehilfen nach § 278 BGB (vertragliche Haftung) oder aufgrund der Vermutung seines eigenen Verschuldens bei der Auswahl oder Leitung der Hilfsperson oder bei Beschaffung der erforderlichen Vorrichtungen oder Gerätschaften sowie auf die weitere Vermutung des ursächlichen Zusammenhangs zwischen dem Verschulden des Beraters als Geschäftsherrn und einem dem Mandanten zugefügten Schaden nach § 831 BGB (deliktische Haftung).

Der steuerliche Berater kann sich dabei aber durch die Widerlegung der Verschuldensvermutung nach § 831 Absatz 1 Satz 2 BGB entlasten. Dies geht zum einen aus § 831 Absatz 1 Satz 2 1. Halbsatz BGB, indem er die erforderliche Sorgfalt bei Auswahl, Leitung, Überwachung und Fortbildung des Verrichtungsgehilfen nachweist. Weiterhin kann er nach § 831 Absatz 1 Satz 2, 2. Halbsatz BGB den Beweis erbringen, dass es an der vermuteten Kausalität zwischen der Sorgfaltspflichtverletzung bei der Auswahl, Leitung, Überwachung und Fortbildung des Gehilfen und dem Schaden fehlt. Damit gestaltet sich die vertragliche Haftung aus § 278 BGB im Vergleich zur deliktischen Haftung aus § 831 BGB als die strengere.

Die deliktische Haftung der *vicarious liability* im amerikanischen Recht kennt die Möglichkeit der Exculpation nicht. Des Weiteren ist die deliktische Haftung im amerikanischen Recht weiter und erfasst nahezu jede Pflichtverletzung im Rahmen der steuerlichen Beratung. Im Ergebnis ist daher die Haftung für Pflichtverletzungen durch Hilfspersonen im amerikanischen Recht nach den Grundsätzen der *vicarious liability* nicht enger als die Haftung für Erfüllungsgehilfen gemäß § 278 BGB im deutschen Recht.

Der Berater haftet im amerikanischen wie im deutschen Recht nicht für Pflichtverletzungen oder deliktische Handlungen, die der Erfüllungsgehilfe lediglich gelegentlich der Verrichtung dem Mandanten dem Schaden zufügte.

h. Haftung gegenüber Dritten

Sowohl in Deutschland als auch in den USA bildet die Haftung des steuerlichen Beraters gegenüber Nichtmandanten zunehmend einen Schwerpunkt der Haftung für steuerliche Beratung.

Im deutschen Recht findet die Haftung gegenüber Dritten ihre Grundlage im stillschweigend geschlossenen Auskunftsvertrag, dem Vertrag zu Gunsten Dritter, dem Vertrag mit Schutzwirkung zu Gunsten Dritter, der Drittschadensliquidation, dem Verschulden bei Vertragsschluss (der so genannten „culpa in contrahendo“), der Prospekthaftung sowie der sittenwidrigen vorsätzlichen Schädigung.

In Deutschland kann der Vertragsschluss zwischen dem steuerlichen Berater und einem Dritten auch durch konkludentes (stillschweigendes) Verhalten entstehen, wenn die Gesamtumstände unter Berücksichtigung der Verkehrsauffassung und des Verkehrsbedürfnisses die Schlussfolgerung zulässt, dass beide Teile nach dem objektiven Inhalt ihrer Erklärungen die Auskunft zum Gegenstand vertraglicher Rechte und Pflichten gemacht haben. Dabei kommt es insbesondere auf die Bedeutung der Auskunft für den Empfänger sowie auf die Frage an, ob der Empfänger die Auskunft zur Grundlage von wesentlichen Entschlüssen machen will. In diesem Fall besteht ein Vertragsverhältnis zwischen dem steuerlichen Berater und dem Dritten. Die Haftung gegenüber dem Dritten ergibt sich dann aus diesem Vertragsverhältnis. Die Frage, ob ein Rechtsbindungswille des Beraters vorliegt, ist jeweils im Einzelfall festzustellen.[1631]

Gemäß § 328 BGB können im deutschen Recht die Vertragsparteien des Mandatsvertrages die Erbringung der Leistung aus dem Vertrag vom steuerlichen Berater als Versprechenden an einen vom Gläubiger (Versprechensempfänger) verschiedenen Dritten vereinbaren. Steuerlicher Berater und Mandant vereinbaren somit eine Pflicht des Steuerberaters, seine vertragliche Hauptleistungspflicht (wie zum Beispiel eine Beratung oder Auskunft) nicht an seinen Auftraggeber (Mandanten), sondern an eine andere natürliche oder juristische Person zu erbringen. Der Dritte erwirbt damit unmittelbar das Recht, die Leistung zu fordern; § 328 Absatz 1 BGB. Dem begünstigten Dritten steht aus dem fremden Vertrag grundsätzlich kein weitergehendes Recht als dem Vertragspartner zu, von dem er seinen Anspruch herleitet. Im Bereich der Steuerberatung wird der Vertrag zu Gunsten Dritter zumeist in Treuhandverhältnissen des steuerlichen Beraters erheblich sein, beispielsweise dort, wo der Berater als Treuhänder die Mittelverwendung zu überwachen oder Sicherheiten zu prüfen hat.

[1631] Vgl. hierzu ausführlich oben Kapitel C. II. 7. a.

Den Schwerpunkt der Haftung des steuerlichen Beraters gegenüber Dritten im deutschen Recht stellt der Vertrag mit Schutzwirkung zugunsten Dritter dar. Hier steht der Anspruch auf die Hauptleistung des Mandatsvertrages grundsätzlich allein dem Gläubiger (also dem Mandanten) zu, der Dritte ist jedoch in die vertraglichen Sorgfalts- und Obhutspflichten einbezogen und kann bei deren Verletzung vertragliche Schadensersatzansprüche geltend machen. Grundlage der Haftung aus Vertrag mit Schutzwirkung zugunsten Dritter ist die Einbeziehung des Dritten in den Schutzbereich von Neben- oder Hauptpflichten des Vertrags.

Im Rahmen des Rechtsinstituts der Drittschadensliquidation im deutschen Recht kann der Mandant trotz mangelnden eigenen Schadens vom steuerlichen Berater die Leistung des Schadensersatzes an sich oder an den Dritten verlangen, wenn der Schaden, der typischerweise beim Mandanten eintreten müsste, aufgrund eines Rechtsverhältnisses zwischen dem Mandanten und einem Dritten auf diesen verlagert wird. Denn der Schädiger soll aus dieser Schadensverlagerung keinen Vorteil ziehen dürfen.

Ein steuerlicher Berater kann im deutschen Recht gegenüber einem Dritten aus *culpa in contrahendo* gemäß §§ 280 Absatz 1, 311 Absätze 2 und 3 BGB haften, wenn er Vertragsverhandlungen mit einem Dritten führt oder an solchen beteiligt ist. Aus *culpa in contrahendo* kann der Berater in Anspruch genommen werden, der nicht Vertragspartner des Dritten ist oder werden sollte, sofern ihm als Vertreter, Verhandlungsgehilfe oder Sachwalter einer Verhandlungspartei seitens des Dritten aufgrund seiner besonderen Sachkunde oder persönlichen Vertrauenswürdigkeit ein besonderes Vertrauen entgegengebracht wurde und/oder wenn er selbst an dem Abschluss des Vertrags ein unmittelbares eigenes wirtschaftliches Interesse hatte.

Der steuerliche Berater kann im deutschen Recht ferner nach den Grundsätzen der Prospekthaftung als Prospektverantwortlicher für unrichtige oder unvollständige Prospektangaben haften, für deren Erstellung er verantwortlich war.

Schließlich kann der steuerliche Berater im deutschen Recht gegenüber einem Dritten auch für eine vorsätzliche sittenwidrige deliktische Schädigung gemäß § 826 BGB haftbar sein.

In den USA wurde eine Haftung des steuerlichen Beraters gegenüber Dritten, mit denen keine vertragliche Beziehung bestand, in der Vergangenheit zumeist aufgrund der historischen Grundregel der *privity of contract* abgelehnt. Nach dieser Lehre konnte eine Haftung für eine Berufspflichtverletzung nur gegenüber Personen angenommen werden, mit denen der Berater in einer vertraglichen Beziehung stand. In der Mehrzahl der Staaten der USA ist die Lehre von der *privity of contract* nicht mehr die relevante Theorie für die Bestimmung der Haftung gegenüber Dritten. Stattdessen existieren in den USA derzeit drei verschiedene Tests, welche von den Gerichten zur Bestimmung der Dritthaftung für ein Fehlverhalten des Beraters angewendet werden. Diese sind der *Ultramares*-Test, der *Restatement*-Test, sowie der *reasonably foreseeable*-Test. Folglich geben in den USA immer mehr Staaten das Erfordernis einer *privity of contract* bei der Bestimmung der Haftung des Beraters gegenüber Dritten zugunsten der Vorhersehbarkeit des Empfängerkreises auf.

Daher wird nun auch im amerikanischen Recht in vielen Staaten eine dritte Person, die auf das Testat oder die sonstige finanzielle Information des Beraters vertraut hat, einen Anspruch auf Ersatz des im Vertrauen auf die Information entstandenen Schaden gegenüber dem Berater geltend machen können. Gleichwohl kann der Anspruch des Dritten gegenüber dem Berater in einigen wenigen amerikanischen Staaten immer noch mangels einer vertraglichen Beziehung oder in den restlichen Staaten aufgrund der fehlenden Voraussehbarkeit des Personenkreises scheitern. Die Begründung der Haftung des steuerlichen Beraters in den USA gegenüber Dritten ist daher zumindest in einigen Staaten etwas schwerer zu begründen als in Deutschland.

i. Mitverschulden

Recht unterschiedlich fällt in beiden untersuchten Ländern die Rechtsfolge aus, wenn auch der Mandant an der Entstehung oder Entwicklung des Schadens schuldhaft beteiligt gewesen ist. In diesen Fällen wird im deutschen Recht gemäß § 254 BGB der Umfang der Haftung des Beraters um einen Betrag gemindert, der billigerweise dem eigenen Verhalten des Mandanten zugerechnet werden muss. Allerdings darf sich der Mandant in der Regel auf eine einwandfreie Vertragserfüllung durch den steuerlichen Berater verlassen; selbst dann, wenn er selbst fachkundig ist. Aus diesem Grund kann dem geschädigten Mandanten kein Mitverschulden angerechnet werden, weil er eine Gefahr, zu deren Vermeidung er einen Fachmann hinzugezogen hat, bei genügender Sorgfalt selbst hätte erkennen und abwenden können.[1632] Die Beteiligung des Mandanten an der Entstehung oder Entwicklung des Schadens führt daher nur in seltenen Fällen zur Minderung des Schadensersatzes des steuerlichen Beraters.

In den USA dagegen hat die Beteiligung des Mandanten im Hinblick auf die Entstehung oder Entwicklung des Schadens regelmäßig einen Einfluss auf die Haftung des steuerlichen Beraters. In vielen Staaten steht dem steuerlichen Berater das Rechtsinstitut der *contributory negligence* als eine wirksame Verteidigungs-

1632 BGH, ZIP 1992, 548, 552; BGH, WM 1992, 739, 740; BGH, NJW 1993, 2045, 2047; BGH, NJW-RR 1995, 252, 252 f.; BGH, WM 1997, 321, 323; BGH, NJW 1997, 2238, 2239 jeweils m. w. Nachw.

möglichkeit in einer *Tort of Negligence*-Klage zur Verfügung. Aufgrund der Rechtsfolge der *contributory negligence* entfällt die Haftung des Beklagten komplett, obwohl der Beklagte seine Sorgfaltspflicht gegenüber dem Kläger in fahrlässiger Weise verletzt hat und normalerweise zum Ersatz des Schadens verpflichtet wäre. *Contributory negligence* steht als Verteidigungsmöglichkeit gegenüber einem Schadensersatz aus der vertraglichen Haftung des Beraters nicht zur Verfügung, es sei denn der vertragliche Schadensersatzanspruch basiert auf der Verletzung der deliktischen Sorgfaltspflicht. In einigen Staaten der USA existiert das Rechtsinstitut der *comparative negligence*, bei der es sich um eine moderne Variante der *contributory negligence* handelt, bei der eine Aufteilung des Schadens zwischen den Parteien anhand des Grades ihres Mitverschuldens – ähnlich dem der Schadensaufteilung im deutschen Recht – erfolgt. In manchen der Staaten, in denen die *comparative negligence* existiert, führt auch diese zu einem völligen Haftungsausschluss, wenn das Mitverschulden des Klägers 50% überschreitet.

Es hat sich gezeigt, dass im amerikanischen Recht ein Mitverschulden des Mandanten fast immer beachtlich ist. Im Gegensatz zum deutschen Recht darf sich der Mandant eines amerikanischen Beraters – anders als ein Mandant eines deutschen Beraters – nicht regelmäßig auf eine einwandfreie Vertragserfüllung durch den steuerlichen Berater verlassen. In den Staaten der USA, in denen das Rechtsinstitut der *contributory negligence* existiert, führt das Mitverschulden des Mandanten auch immer zum Ausschluss der Haftung des Beraters aus einer *Tort of Negligence*-Klage oder eines vertraglichen Schadensersatzanspruches, der auf der Verletzung einer deliktischen Sorgfaltspflicht basiert. Hierin liegt eine deutliche Besserstellung des amerikanischen Beraters gegenüber seinem deutschen Kollegen.

j. Verjährung

Mit den Verjährungsregelungen für die Haftung des steuerlichen Beraters wird in beiden Rechtsordnungen versucht einen angemessenen Ausgleich zwischen den Interessen des steuerlichen Beraters einerseits und des Mandanten andererseits zu finden.

In Deutschland war die Verjährungsregelung für die steuerlichen Berater bis vor kurzem in berufsrechtlichen Spezialgesetzen kodifiziert. Nach § 68 StBerG verjährte der Anspruch des Mandanten auf Schadensersatz aus dem zwischen ihm und dem Steuerberater bestehenden Vertragsverhältnis in drei Jahren von dem Zeitpunkt an, in dem der Anspruch entstanden ist. Für die Verjährung von Ansprüchen eines Mandanten gegen seinen Rechtsanwalt galt § 51b BRAO, der für den Beginn der Verjährungsfrist zusätzlich auf die Beendigung des Auftrags abstellt. Für die Haftung des Wirtschaftsprüfers galt die fünfjährige Verjährungsfrist des § 51a WPO. Mittlerweile sind diese spezialgesetzlichen Verjährungsvorschriften durch die allgemeinen Verjährungsregeln nach §§ 194 ff. BGB ersetzt worden.

Im US-amerikanischen Recht finden auf die Berufshaftung in den meisten Staaten die allgemeinen Verjährungsregeln Anwendung.[1633] Allgemeine Verjährungsfristen für *malpractice* existieren nur vereinzelt.[1634] Danach können die Verjährungsfristen unterschiedlich lang sein, je nachdem ob der Anspruch des Mandanten aus einer strafrechtlich sanktionierten Handlung (Straftat) des steuerlichen Beraters, aus vertraglichen Ansprüchen, dem *Tort of Negligence* oder aus deliktischen Ansprüchen, die den Vorsatz des steuerlichen Beraters erfordern, resultieren. Die Verjährungsfristen für vertragliche Ansprüche – mit Ausnahme der kaufvertragsrechtlichen Ansprüche – sind in den USA im Regelfall länger als die für deliktische Ansprüche. Hier zeigt sich wieder, dass es für den Mandanten entscheidend sein kann, in welcher Klageform er seinen Anspruch gegen den Steuerberater erhebt bzw. geltend macht.

aa. Verjährungsbeginn

Im Wesentlichen besteht zwischen dem Beginn der Verjährungsfristen im deutschen und amerikanischen Recht kein allzu großer Unterschied. Die Rechtsprechung des Bundesgerichtshofs hat im Laufe ihrer Rechtsprechungsgeschichte zu den Verjährungsfristen in der Haftung für steuerliche Beratung auch auf ähnliche Argumente zurückgegriffen, die heute noch in den einzelnen Bundesstaaten der USA diskutiert werden. Weitestgehende Einheit besteht in den beiden Rechtsordnungen darüber, dass die bloße Schädigungshandlung des steuerlichen Beraters nicht ausreichend ist, um die Verjährungsfrist in Gang zu setzen. Vielmehr muss die Kenntnis oder das Kennenmüssen des Mandanten von der Schädigung und einer gewissen Schadenswahrscheinlichkeit hinzutreten.

bb. Hinweispflichten und Sekundäranspruch

Als Besonderheit der Berufshaftung im deutschen Recht musste der steuerliche Berater seinen Mandanten in der Vergangenheit auf die Möglichkeit seiner Haftung hinweisen und ihn über die hierauf anzuwendenden spezialgesetzlichen Verjährungsvorschriften der §§ 68 StBerG, 51b BRAO oder 51a WPO belehren. Unterließ der Berater diese Belehrung, machte er sich erneut schadensersatzpflichtig (so genannter Sekundäranspruch). Zur Belehrung seines Mandanten war der steu-

---

1633 Vgl. hierzu bereits oben Kapitel B. II. 12 a.

1634 So beträgt z.B. im Staat Washington die Verjährungsfrist für *malpractice* generell 4 Jahre; vgl. *Janicki Logging & Construction Company, Inc. v. Schwabe, Williamson & Wyatt, P.C.*, 37 P.3d 309 (Wash. App. 2001). Zum Teil wird aber auch unterschieden, ob die Klage auf vertraglichen oder deliktischen Ansprüchen beruht. So beträgt z.B. im oben genannten Staat New York die Verjährungsfrist auch bei *malpractice* 6 Jahre, wenn der geltend gemachte Anspruch auf Vertrag beruht; vgl. *Benedict v. Whitman Breed Abbot & Morgan*, 282 A.D.2d 416 (NY App. 2001).

erliche Berater allerdings nur verpflichtet, wenn er von seiner eigenen Haftung ausgehen konnte oder musste. Der Bundesgerichtshof verlangte diesbezüglich, dass sich dem Berater der Fehler „aufdrängt“ oder für ihn zumindest „wahrscheinlich“ ist. Richtigerweise wird der Berater aber nicht ständig alle seine Mandate dahingehend überprüfen, ob er möglicherweise zu Lasten des Mandanten auch nur leicht fahrlässig einen Fehler gemacht hat. Daher war eine Nachprüfung nicht allgemein, sondern nur bei einem konkreten Anlass geboten.[1635] Der Berater musste den Mandanten nicht nur auf die eventuelle Pflichtverletzung hinweisen, sondern diesem auch mitteilen, dass der Anspruch der dreijährigen Verjährungsfrist unterlag. Die Hinweispflicht entfiel nur dort, wo der Mandant durch einen Rechtsanwalt hinsichtlich des Primäranspruches vertreten wurde. Diese Hinweispflicht und der sich bei ihrer Verletzung ergebende Sekundäranspruch dürfte mit der Erstreckung der allgemeinen Verjährung des Bürgerlichen Gesetzbuches (§§ 194 ff. BGB) obsolet geworden sein, sie wird jedoch noch auf Sachverhalte in einer Übergangsfrist für eine Weile anzuwenden sein.

Eine Pflicht des steuerlichen Beraters, seinen Mandanten auf eigene Pflichtverletzungen hinzuweisen, gibt es im US-amerikanischen Recht ebenso wenig, wie den daraus resultierenden Sekundäranspruch des Beraters. In den Staaten Florida, Indiana, Iowa, Michigan, Missouri, Ohio, Oklahoma, New York, North Dakota, South Dakota, Texas, Virginia und Washington kommt allerdings die *continuous representation doctrine* zur Anwendung. Im Rahmen der *continuous representation doctrine* beginnt die Verjährung nicht, solange der Berater seinen Mandanten weiterhin in derselben Angelegenheit vertritt, in der die Pflichtverletzung geschah.

Auch wenn die Hinweispflicht, verbunden mit der daran geknüpften Sekundärhaftung, eine spezielle Eigenheit des deutschen Rechts war, so führte die in einigen Staaten der USA angewendete *continuous representation doctrine* doch ähnlichen Ergebnissen wie in Deutschland. Denn in beiden Rechtssystemen wird die Verjährungsfrist nicht verlängert, wenn das Mandat einvernehmlich beendet wird. Nach der nunmehr in Deutschland geltenden allgemeinen Verjährung der §§ 194 ff. BGB, die wesentlich auf die Kenntnis des Schadens abstellt, wird die Behandlung der Verjährung von Ansprüchen eines geschädigten Mandanten mittlerweile in Deutschland ganz ähnlich gehandhabt wie in den USA.

[1635] Vgl. oben Kapitel C. II. 9. b.

3. Pflichtenkreis der steuerlichen Berater

Die Pflichten des steuerlichen Beraters im deutschen Recht ergeben sich grundsätzlich aus dem zwischen dem Berater und dem Mandanten geschlossenen Mandatsvertrag. Der Pflichtenkreis des Beraters ist allerdings nicht nur auf die zwischen dem Berater und seinem Auftraggeber getroffenen Vereinbarungen begrenzt. Die Parteien des Mandatsvertrages verzichten zumeist darauf, alle Einzelheiten des Mandats – einschließlich des genauen Pflichtenumfanges des Beraters – zu regeln. Aufgrund der Tatsache, dass der steuerliche Berater von seinem Mandanten als Fachmann des Steuerrechts beauftragt wird, entsteht zudem die berechtigte Erwartungshaltung des Mandanten, der Berater werde seinen Beruf sorgfältig und gewissenhaft ausüben. Aus dieser Tätigkeit „höherer Art" resultieren eine Anzahl grundsätzlicher Pflichten, die der steuerliche Berater innerhalb jedes Mandats gegenüber dem jeweiligen Mandanten im Rahmen seiner Befugnisse und tatsächlichen Möglichkeiten zu beachten hat. Diese grundsätzlichen Pflichten sind in einer umfassenden Kasuistik durch die Rechtsprechung des Bundesgerichtshofes sowie der Instanzgerichte herausgearbeitet worden. Auch im US-amerikanischen Recht wird für die Bestimmung der Pflichten des steuerlichen Beraters meist auf die Kasuistik (*case law*) der Gerichte zurückgegriffen. Das amerikanische Recht verbindet ebenfalls mit dem Vertrauen des Mandanten in die besondere Fachkenntnis des Beraters auf dem Gebiet des Steuerrechts einen besonderen Schutz, indem es dem Berater gegenüber dem Fachlaien höhere Sorgfaltspflichten auferlegt und zudem das Verhältnis zwischen Berater und Mandanten als eine *fiduciary relationship* klassifiziert.

In der Bestimmung der Pflichten des steuerlichen Beraters greifen beide Rechtsordnungen folglich überwiegend auf die Kasuistik der Rechtsprechung zurück. Im amerikanischen Recht ist dies nicht verwunderlich, da die Rechtstechnik dort sich nicht vorrangig an Gesetzen und Interpretation orientiert, sondern überwiegend in Präjudizien und Fallgruppen denkt. Aber auch im deutschen Recht überrascht die starke Prägung der Berufshaftung durch das Richterrecht nicht. Denn hier beruht die Haftung des steuerlichen Beraters auf den Rechtsinstituten der *„culpa in contrahendo"* des § 311 Absatz 2 BGB und der positiven Forderungsverletzung des § 280 BGB, bei denen der Begriff der Sorgfaltspflicht gesetzlich nicht definiert ist. Der Gesetzgeber hat bewusst darauf verzichtet, einen alle Einzelheiten regelnden subsumtionsfähigen Tatbestand zu formulieren. Gegenüber den bisherigen als Richter- oder Gewohnheitsrecht angewandten Rechtsgrundsätzen der *„culpa in contrahendo"* und der positiven Forderungsverletzung bringen die mit dem Gesetz zur Modernisierung des Schuldrechts kodifizierten Vorschriften des § 311 Absatz 2 und des § 280 BGB daher auch keine wesentlichen Änderungen. Deshalb wird auch in Zukunft dem Richterrecht für die Bestimmung des Pflichtenkreises im Rahmen der steuerlichen Beratung des deutschen Rechts allein entscheidende Bedeutung zukommen.

Die grundlegende Pflicht des *Tax Practitioners* gegenüber seinem Mandanten im amerikanischen Recht ist die fachgerechte und sorgfältige Vertretung des Mandanten. Dabei hat sich der Maßstab der Sorgfaltspflichten von Anwälten und *Accountants* in der steuerlichen Beratung an einem vergleichenden Standard zu orientieren: Der Berater muss danach einen Grad an fachlicher Eignung, Wissen und Sorgfalt aufbringen, der normalerweise (*ordinarily*) von anderen Mitgliedern seiner Berufsgruppe unter denselben Umständen praktiziert wird. Weder Perfektion noch das bestmögliche berufliche Urteilsvermögen werden in den USA vom Berufsangehörigen vorausgesetzt, sondern nur ein Verhalten, das sich an dem vernünftigen Verhalten eines objektiven Mitglieds desselben Berufsstandes orientiert, der auf demselben Gebiet unter ähnlichen Umständen tätig ist. Gibt der Berater vor, Spezialkenntnisse zu besitzen, die über das Fachwissen des gewöhnlichen objektiven Mitglieds seines Berufsstandes hinausgehen, so muss er sich an am Sorgfaltsmaßstab eines Berufsangehörigen messen lassen, der auf demselben Spezialgebiet tätig ist. Übernimmt der Berater Aufgaben in einem Spezialgebiet, so hat er die Verpflichtung, seinen Mandanten an einen Experten zu verweisen oder sich mit dem Spezialgebiet vertraut zu machen. Unterlässt es der Nichtspezialist dieser Verpflichtung nachzukommen, so muss er sich am höheren Sorgfaltsmaßstab des Spezialisten messen lassen. Da für den *Tax Practitioner* das Steuerrecht an sich kein Spezialgebiet ist, wird er immer als ein Spezialist auf diesem Gebiet zu betrachten sein. Der Berater muss danach einen Grad an fachlicher Eignung, Wissen und Sorgfalt aufbringen, der normalerweise (*ordinarily*) von anderen steuerlichen Beratern unter denselben Umständen praktiziert wird. Gleichwohl gibt es aufgrund der Komplexität des Steuerrechts auch für ihn Gebiete, die außerhalb seines Wissenshorizontes liegen. Denn das Steuerrecht als Spezialgebiet des Rechts weist wiederum in sich viele Spezialgebiete auf. Hier muss der *Practitioner* dann einen Experten innerhalb dieses Spezialgebiets des Steuerrechts konsultieren.

Das deutsche Recht geht hier weiter und stellt deutlich schärfere Anforderungen an die Pflichten des steuerlichen Beraters. Nach der Rechtsprechung des Bundesgerichtshofs ist der Berater verpflichtet, den Mandanten kraft des erhaltenen Auftrages steuerlich umfassend zu beraten, ihm insbesondere den relativ sichersten Weg aufzuzeigen und ihn möglichst vor Schaden zu bewahren. Er muss seinen Mandanten erschöpfend beraten und seine Interessen umfassend wahrnehmen. Er hat dafür zu sorgen, dass seinem Mandanten alle ihm zustehenden steuerlichen Vorteile zukommen und alle ungerechtfertigten steuerlichen Nachteile von ihm abgewendet werden. Auf Steuersparmöglichkeiten muss er seinen Mandanten ebenso wie auf Risiken einer bestimmten steuerlichen Gestaltung hinweisen. Der Bundesgerichtshof verlangt eine optimale Wahrnehmung der Interessen des Mandanten durch den Berater. Anders als in den USA ist es deshalb nicht ausreichend, wenn der deutsche Berater einen Grad an fachlicher Eignung, Wissen und Sorgfalt aufbringt, der normalerweise von anderen steuerlichen Beratern unter denselben Umständen praktiziert wird.

4. Grenzen der Pflichten der steuerlichen Berater

Sowohl nach deutschem wie auch nach US-amerikanischen Recht schuldet der steuerliche Berater seinem Mandanten ohne eine ausdrückliche vertragliche Vereinbarung weder seine Tätigkeit überhaupt noch die Richtigkeit seiner Ratschläge bzw. seines Arbeitsproduktes. Danach ist der Inhalt der vertraglichen Vereinbarung zwischen dem Berater und seinem Mandanten für die Bestimmung der geschuldeten Pflichten maßgeblich. Mit der Beendigung des Mandatsverhältnisses enden in beiden Rechtsordnungen zumeist auch die Pflichten, den ehemaligen Mandanten über die Sach- und Rechtslage aus dem beendeten Mandat zu beraten. An gesetzeswidrigen Handlungen des Mandanten darf der steuerliche Berater ebenso wenig mitwirken, wie an Tätigkeiten, die ihm nach den Gesetzen über die Rechtsberatung in dem jeweiligen Land untersagt sind.

Schließlich muss und darf in beiden Rechtssystemen der steuerliche Berater für einen Mandanten dann nicht tätig werden, wenn er sich durch sein Tätigwerden einer Interessenkollision aussetzt.

III. Kritische Betrachtung

Nachdem in der vergleichenden Analyse soeben die grundlegenden Gemeinsamkeiten und Unterschiede in der Haftung für steuerliche Beratung heraus gearbeitet wurden, soll nunmehr ein Versuch unternommen werden, in einer Gesamtwürdigung die Haftung des steuerlichen Beraters im deutschen Recht einer kritischen Betrachtung zu unterziehen, die als Ausgangspunkt für die weitere wissenschaftliche Diskussion dienen soll.

Im Rahmen einer solchen Betrachtung kann wie regelmäßig bei rechtsvergleichenden Untersuchungen nicht mit letzter Sicherheit ausgeschlossen werden, dass Faktoren, die außerhalb des Betrachtungsfelds dieser Untersuchung liegen – hier also des materiellen Rechts der Haftung für steuerliche Beratung, eine andere Sichtweise nahe legen. Insbesondere vor dem Hintergrund des doch sehr vom deutschen Recht unterschiedlichen Prozessrecht der Vereinigten Staaten von Amerika[1636] sowie den dort herrschenden übrigen sozialen Rahmenbedingungen ist eine Aussage zur Strenge der Haftung in den einzelnen Rechtsordnungen nicht immer mit letzter Gewissheit möglich.[1637]

1. Professionalisierung

Beide Rechtsordnungen sind durch eine hohe Professionalisierung der mit der Steuerberatung befassten Berufsgruppen gekennzeichnet. Eine Ausnahme bilden hier lediglich die *Income Tax Return Preparer* in den USA, die jedoch zumeist nur mit der Erstellung von eher standardisierten Einkommensteuererklärungen (*tax returns*) befasst sind. Denn Steuerzahler nehmen die Dienste des *Tax Return Preparer* zumeist nur für die preiswerte Erstellung eines einfachen einkom-

---

[1636] Vgl. zu den Unterschieden in der Rechtsfindung und im Prozeß im Common Law und im Civil Law allgemein auch: *Zweigert/Kötz*, 3. Aufl., § 18.

[1637] Vgl. auch: *Hirte*, S. 302, der auch weitere Ausführungen zur unterschiedlichen Ausgangslage in den USA macht (S. 302- 312). Als Unterschiede von zentraler Bedeutung für das US-amerikanische Haftungsrecht führt *Hirte* auf:
- keine verfahrens(kosten)rechtlichen Sanktionen für die unberechtigte Einleitung eines Verfahrens;
- Zulassung eines Erfolgshonorars (*contingency fee*);
- fehlende Streitwertabhängigkeit von Anwalts- und Gerichtsgebühren;
- Verbreitung der *class action* (Gruppen- oder Verbandsklage);
- Zahlung einer *lump sum* anstelle einer Geldrente;
- *punitive damages* (Strafschadensersatz);
- Vorhandensein eines *jury system*;
- Möglichkeit der *pre-trial discovery* (Vorverfahren zur Erforschung des Sachverhalts); und
- Kompromissbereitschaft des Gläubigers bei der Vollstreckung hoher Summen.

mensteuerlichen *Tax Return* in Anspruch. Da der *Income Tax Return Preparer* hinsichtlich seiner geringen fachlichen Qualifikation und aufgrund mangelnder Professionalisierungsmerkmale gegenüber den anderen steuerberatenden Berufsgruppen aus der Rolle fällt, soll er für die rechtsvergleichende Untersuchung nur am Rande herangezogen werden.

Aufgrund der hohen Professionalisierung der steuerberatenden Berufe und der aufgrund des hierdurch vorhandenen Spezialwissens der steuerlichen Berater besteht eine berechtigte Erwartungshaltung des steuerlichen Laiens, sein Berater möge alle dem Berater übergebenen Aufgaben richtig und zur Zufriedenheit des Laiens erledigen und dabei die für den Laien vorteilhafteste Besteuerung bewirken. Als logische Konsequenz hieraus, wird in beiden Rechtsordnungen für die Haftung der steuerlichen Berater ein strengerer Haftungsmaßstab zugrunde gelegt, der mit dem speziellen Fachwissen der Berufsangehörigen und der Erwartungshaltung der Mandanten in den steuerlichen Fachmann begründet wird.

2. Erlaubnis zur Rechtsberatung

Die Wahrnehmung komplizierter juristischer Aufgaben durch einen juristischen Laien kann nicht im Interesse der Allgemeinheit liegen. Darum wird in beiden Rechtsordnungen die Rechtsberatung durch Nichtjuristen (*Certified Public Accountants*, Steuerberater und Wirtschaftsprüfer) beschränkt. Zulässig ist aber in beiden Rechtssystemen stets diejenige Rechtsberatung, die im unmittelbaren Zusammenhang mit der steuerlichen Beratung steht. In Deutschland wurde dies erst kürzlich durch die Erweiterung des Anwendungsbereiches Art. 1 § 5 Nr. 2 RBerG auf die Steuerberater bestimmt. Zuvor galt diese Regelung nur für den Wirtschaftsprüfer. Für den Steuerberater war bis dahin die Abgrenzung zwischen erlaubter Steuerrechtsberatung und unzulässiger Rechtsberatung nahezu unmöglich. Die Erweiterung des Anwendungsbereich des Art. 1 § 5 Nr. 2 RBerG auch auf den Steuerberater ist deshalb eine begrüßenswerte Entwicklung, die nicht nur eine Angleichung zwischen den Wirtschaftsprüfern und Steuerberatern im Rahmen der Steuerberatung schafft, sondern zugleich auch eine den USA vergleichbare Regelung schafft und somit zur internationalen Rechtsvereinheitlichung beiträgt.

3. Die Klageformen: Oder Annäherung von vertraglicher und deliktischer Haftung

Die Haftung basiert in Deutschland – aufgrund der nur eingeschränkten Ersetzbarkeit bloßer Vermögensschäden[1638] im Deliktsrecht – überwiegend auf dem Mandatsvertrag, also auf vertraglicher Grundlage. Bei der Frage der Dritthaftung werden aber auch zunehmend deliktische Anspruchsgrundlagen diskutiert.

Die Untersuchung hat gezeigt, dass die Tatbestandsvoraussetzungen in den untersuchten Rechtsordnungen recht ähnlich sind, und dies losgelöst von der Frage, ob ein vertraglicher oder deliktischer Anspruch gegeben ist. Denn es wird sowohl im Vertragsrecht als auch im Deliktsrecht die Verletzung einer gegenüber dem Mandanten bestehenden Pflicht (entweder vertraglicher oder anderer Art) sowie die Entstehung eines dadurch kausal verursachten Schadens verlangt.[1639] Da die deutsche Rechtsprechung den Katalog der vom steuerlichen Berater geschuldeten Pflichten immer weiter ausufern lässt, nähert sich die vertragliche Berufshaftung in Deutschland immer weiter der deliktischen Haftung an, deren Hauptmerkmal, die Rechtsgutsverletzung, ebenso wie die Sorgfaltspflichtverletzung der vertraglichen Berufshaftung durch die Kasuistik der Rechtsprechung geprägt wird. So unterscheidet der Bundesgerichtshof im Rahmen der Berufshaftung, in Fällen in denen kein Vermögensschaden vorliegt, wie zum Beispiel in Fällen der Arzthaftung, nicht immer deutlich zwischen vertraglicher und deliktischer Anspruchsgrundlage.[1640] Auch der Richtlinienvorschlag der EU zur Dienstleistungshaftung[1641] unterscheidet nicht zwischen vertraglicher und deliktischer Haftung. Der Vorschlag verlangt als Voraussetzung der Haftung allgemein eine Pflichtverletzung und einen kausalen Schaden, die der Dienstleistungsempfänger zu beweisen hat, und ein Verschulden, für dessen Nichtvorliegen der Dienstleistende beweispflichtig ist. Auch eine kürzlich erschienene rechtsvergleichende Untersuchung über die Haftung für Schäden durch mangelhafte Dienstleistungen, die im Auftrag der Europäischen Kommission erfolgte, kommt zu dem Schluss, dass sich in den untersuchten Rechtsordnungen Vertrags- und Deliktsrecht immer weiter annäherten und die Grenzen immer unschärfer werden.[1642]

1638 Vgl. hierzu Kapitel II. 2.

1639 Freilich ist die deliktsrechtliche Haftung des § 823 Abs. 1 BGB dogmatisch anders angesiedelt als die vertragliche Haftung, da dort die Frage einer Rechtsgutsverletzung gestellt wird. Doch bestimmt bereits der Begriff „unerlaubte Handlung" auch hier als eigentlichen Anknüpfungspunkt der Haftung die Pflichtverletzung hinsichtlich eines geschützten Rechtsguts; vgl. insoweit auch *Poll*, S. 169.

1640 Vgl. etwa BGH, NJW 1989, 1536, 1537.

1641 ABl EG C 12 v. 18.01.1991, S. 8 ff.

1642 *Magnus/Micklitz*, Comperative Analysis of National Liability Systems for Remedying Damage Caused by Defective Consumer Services, Part D: The Comparative Part, S. 5 f., 28, 51

Die haftungsrechtliche Verantwortlichkeit der Berufsangehörigen in Deutschland wie auch in den USA ist bereits jetzt dogmatisch weitgehend losgelöst von den Unterscheidungen des Vertrags- und Deliktsrechts. Einige Gerichte in den USA ignorieren bereits die Unterschiede in den Klagearten und kommen zu dem Schluss, dass im Wesentlichen immer eine *Tort*-Klage für *malpractice* vorliegt, ganz gleich welche der Klageformen der Kläger gewählt hat.[1643] Im Schrifttum wird in den USA vielfach auch nur unzureichend zwischen den Klageformen unterschieden.[1644] Die dem steuerlichen Berater obliegenden Sorgfaltspflichten sind dort wesensgleich, ganz gleich ob man sie nun als vertragliche oder deliktische Sorgfaltspflichten charakterisiert. Auch in Deutschland gilt: Sowohl der für den steuerlichen Berater geltende Pflichtenkatalog bzw. Sorgfaltsmaßstab als auch die Beachtung der erforderlichen Sorgfalt bzw. die Einhaltung der dem Berater obliegenden Pflichten ist eine Rechtsfrage, die auch ohne ausdrückliche Vereinbarungen losgelöst vom Vertrag beurteilt wird. Auch wenn die vertraglichen Vereinbarungen zwischen Berater und Mandant einen Einfluss auf die Bestimmung und den Umfang der Pflichten im Einzelfall haben können, ist die Haftung dennoch keine rein vertragliche im klassischen Sinne, sondern eine gesetzlich auferlegte. Es existiert demnach ein eigenständiges System der Berufshaftung der steuerberatenden Berufe.

4. Anforderung an die Pflichten

In Deutschland und den USA ist die Anzahl der Haftungsfälle in den letzten Jahrzehnten deutlich angestiegen. Dies ist nicht zuletzt bedingt durch eine Verschärfung der Haftungsgrundlagen in beiden Rechtsordnungen, die aus einer Erweiterung der Pflichten der steuerlichen Berater gegenüber ihren Mandanten resultiert.

(http://www.europa.eu.int/comm/consumers/cons_safe/serv_safe/liability/reportd_en.pdf): *"The most striking feature of the comparision is that the distinction between contract and tort law becomes more and more meaningless in the field of liability for personal injuries caused through any of the examined services."* (a.a.O., S. 8). *"As is the case with other kinds of services which are offered to the public at large also for services of public utilities the distinction between contract law and tort law though still relevant is of decreasing importance."* (a.a.O., S. 51).

1643 *Chicago Title Ins. Co. v. Holt*, 244 S.E.2d 177, 180 (N.C. Ct. App. 1978); *Woodburn v. Turley*, 625 F.2d 589, 592 (5th Cir. 1980); *Pham v. Nguyen*, 763 S.W.2d 467, 469 (Tex.App. 1988); *Black v. Wills*, 758 S.W.2d 809, 814 (Tex.App. 1988); *Gabel v. Sandoval*, 648 S.W.2d 398, 399 (Tex.App. 1983); *Citizens State Bank v. Shapiro*, 575 S.W.2d 375, 386 (Tex.Civ.App. 1978, writ ref'd n.r.e.)

1644 Vgl.: *Wolfman/Holden/Harris*, a.a.O., § 601.1, S. 425 f. (die jedoch auf Unterschiede in den Rechtsfolgen aufmerksam machen); *Mallen/Smith*, a.a.O., § 8.1, S. 555 („*No matter how the undertaking to exercise ordinary skill and knowledge is characterized, the essential claim is for legal alpractice. The theories share the same facts and, except for the effect of certain defenses, such as the statute of limitations, usually reach the same result.*").

Dennoch lassen sich in den beiden Rechtsordnungen deutliche Unterschiede in der Haftungsstrenge erkennen.

a. Ausuferung des Pflichtenkatalogs hin zur faktischen Gefährdungshaftung

Durch die Rechtsprechung der deutschen Gerichte, insbesondere des Bundesgerichtshofs, nimmt der Umfang des Pflichtenkatalogs stetig zu. Denn sie stellen bei der Beurteilung des Pflichtenmaßstabes nicht auf die übliche, vernünftige oder durchschnittliche Sorgfalt des Berufsangehörigen ab, sondern verlangen vielmehr vom steuerlichen Berater die sorgfältige und gewissenhafte Ausübung seiner beruflichen Tätigkeiten, wobei sich die Rechtsprechung am Leitbild des immer perfekten Beraters zu orientieren scheint. Das für den steuerlichen Berater tatsächlich Machbare wird von den Gerichten dabei aus den Augen verloren. Die dogmatisch auf der Verletzung vertraglicher Pflichten begründete Haftung des steuerlichen Beraters nach deutschem Recht verschiebt sich somit kontinuierlich weg von einer Verschuldenshaftung hin zu einer reinen Gefährdungshaftung. Die Grenzen zur Gefährdungshaftung sind meines Erachtens dabei *de-facto* bereits vielfach überschritten worden.

Dabei lässt sich die Haftung für steuerliche Beratung nur schwerlich mit dem Rechtsinstitut der Gefährdungshaftung in Einklang bringen. Denn der Grundgedanke der Gefährdungshaftung ist, dass eine Person, die eine Gefahrenquelle betreibt und beherrscht sowie den Nutzen aus ihrem Betrieb zieht, alle typischen Schäden ersetzen soll, die Dritten daraus entstehen.[1645] Der Zurechnungsgrund der Gefährdungshaftung liegt damit nicht in der Vorwerfbarkeit der Verletzung einer vertraglichen Pflicht, sondern in dem Umstand begründet, dass für Sonderrechte, die man in Anspruch nimmt, für hierbei entstehende Risiken durch Übernahme der damit verbundenen eventuellen Schäden aufzukommen ist.[1646] Da die Rechtsordnung die gefährdende Tätigkeit als sozial nützlich ansieht, verbietet sie den Betrieb der Gefahrenquelle nicht von vornherein, sondern belastet den Nutznießer der Gefahrenquelle mit dem Haftungsrisiko und stellt so das Gütergleichgewicht zwischen dem Nutznießer der Gefahrenquelle und dem hierdurch Beeinträchtigten wieder her.[1647] Bei der steuerlichen Beratung besteht die Gefahrenquelle im Wesentlichen in der Komplexität des deutschen Steuerrechts. Der Steuerberater ist für das Steuerrecht nicht verantwortlich – es handelt sich dabei um keine von ihm geschaffene Gefahrenquelle. Ferner hat der Berater auch keinen Einfluss auf den Lebenssachverhalt, an den das komplexe Steuerrecht anknüpft. Die latente Gefahr einer für ihn ungünstigen Besteuerung ist damit zunächst beim Mandanten ange-

---

1645 *Deutsch*, JuS 1981, 317, 318.

1646 *Esser*, Grundlagen und Entwicklung der Gefährdungshaftung, S. 97.

1647 Vgl. *v. Caemmerer*, Wandlungen des Deliktsrechts in Hundert Jahre Deutsches Rechtsleben, S. 49, 63; *Deutsch*, JuS 1981, 317, 318; *Cosack*, VersR 1992, 1439, 1440.

siedelt; denn er ist Adressat der „Gefahrenquelle Steuerrecht“ und er ist auch zugleich verantwortlich für die Lebenssachverhalte, an die das Steuerrecht anknüpft. Um Hilfe im Umgang mit dieser Gefahrenquelle zu erhalten, sucht der Mandant den Kontakt zum steuerlichen Berater.[1648] Von der Schaffung einer Gefährdungslage durch den steuerlichen Berater kann bereits deshalb nicht gesprochen werden.

Eine Gefährdungshaftung der Berufsangehörigen könnte zudem fatale Folgen auf die Präventionswirkung des Haftungsrechts für steuerliche Beratung haben, wie wir später noch sehen werden (dazu mehr in Kapitel *dd.*). Eine Gefährdungshaftung im Rahmen der Haftung für steuerliche Beratung ist mithin abzulehnen.

Dem Berater muss die Möglichkeit verbleiben, durch sorgfältiges und gewissenhaftes Arbeiten im Rahmen des Mandats sein Haftungsrisiko zu minimieren. Nach der jetzigen Rechtsprechung des Bundesgerichtshofs kann der Berater zwar durch sorgfältiges und gewissenhaftes Arbeiten sein Haftungsrisiko senken. Dennoch wird er in vielen Fällen die Haftung auch bei kontinuierlicher Fortbildung und unter Anwendung der höchsten Sorgfaltsstandards nicht vermeiden können. Die ihm aufgrund der Rechtsprechung des Bundesgerichtshofs auferlegten Pflichten lassen sich mit der Leistungsfähigkeit des menschlichen Gehirns nur schwer erfüllen. Die Idealperson, welche die Rechtsprechung im Auge hat, ist ein fachlicher Supermann,[1649] den es in der Realität unter den Berufsangehörigen wohl nicht geben wird und nicht geben kann.

b. Rückführung der Pflichten auf das Machbare nach amerikanischem Vorbild?

Eine Zurückführung des Umfangs des Pflichtenkatalogs auf das für den steuerlichen Berater Machbare ließe sich erreichen, wenn man wie in den USA auch in Deutschland nicht auf den steuerlichen Supermann sondern auf die durchschnittlich qualifizierte Idealperson abstellen würde. Im amerikanischen Recht wird der Sorgfaltsmaßstab der durchschnittlich qualifizierten Idealperson nicht vom Richter, sondern von Experten aus der Berufsgruppe der steuerlichen Berater als *professional standard* festgelegt.

Auch wenn sich in vielen Fällen die erforderliche Sorgfalt nicht von der der durchschnittlich qualifizierten Idealperson unterscheiden dürfte, so ist gleichwohl der in Deutschland von den Gerichten geforderte Maßstab der erforderlichen Sorgfalt deutlich strenger als der amerikanische Maßstab der durchschnittlich qua-

---

1648 Ähnlich für den Bereich der Arzthaftung auch: *Deutsch/Spickhoff*, Medizinrecht, Rn. 141, die gegen die Gefährdungshaftung im Bereich der Arzthaftung einwenden, dass sich der Patient freiwillig in ärztliche Behandlung begebe und die Gefahr damit nicht vom Gefährdenden an das Opfer herangetragen werde.

1649 Vgl. auch *Prinz*, Der juristische Supermann als Maßstab, VersR 1986, 317-320.

lifizierten Idealperson. Denn die professionelle Durchschnittlichkeit eines Standards stellt in Deutschland keinerlei für das Recht verbindliche Vorgabe dar. Liegt eine Abweichung zwischen der erforderlichen Sorgfalt und der Sorgfalt einer durchschnittlich qualifizierten Idealperson vor, so kann sich ein nach der Definition des Bundesgerichtshofs nicht sorgfältig handelnder Berater in Deutschland nicht hinter seinen Kollegen und seiner Berufsgruppe verstecken. Denn der Pflichtenmaßstab des Bundesgerichtshofs ist ein absoluter. Danach hat ein Steuerberater seinen Auftraggeber von sich aus die bedeutsamen steuerlichen Fragen, die bei der Erledigung eines Auftrags auftauchen, darzulegen und ihn über die steuerlichen Folgen in Frage kommender rechtlicher Gestaltungsmöglichkeiten zu belehren. Er ist ferner verpflichtet, den Mandanten „kraft des erhaltenen Auftrags (...) umfassend steuerlich zu beraten, ihm insbesondere den relativ sichersten Weg aufzuzeigen und ihn möglichst vor Schaden zu bewahren.“[1650]

Freilich ist die Einführung des *Expert Testimony* in der amerikanischen Form in Deutschland nicht realisierbar. Denn das deutsche Prozessrecht unterscheidet sich bekanntermaßen wesentlich von dem US-amerikanischen.

Ferner wird in Deutschland oft angeführt, es sprächen die besseren Argumente dafür, eher den steuerlichen Berater den Schaden tragen zu lassen als den Mandanten. Denn der Berater, der als Fachmann an die Öffentlichkeit trete, könne das Schadensrisiko, das er letztlich realisiere, am leichtesten überschauen und damit auch vermeiden und versichern, wobei die Haftpflicht gerade von den Standesvertretern auch als Regulativ für einen angemessenen Standard zur Wahrung der Berufspflichten angesehen werde. Schließlich werde der steuerliche Berater von seinem Mandanten als Fachmann des Steuerrechts beauftragt, so dass bei dem Mandanten die berechtigte Erwartungshaltung vorhanden sei, der Berater werde seinen Beruf sorgfältig und gewissenhaft ausüben.[1651]

Dem ist zwar grundsätzlich zuzustimmen, es wird dabei jedoch übersehen, dass der von der Rechtsprechung der Gerichte geschaffene Pflichtenkatalog überaus komplex und umfassend ist. Dem Berater ist es dadurch häufig unmöglich, sein Schadensrisiko zu überschauen und damit auch zu vermeiden. Wohl wird es einem sorgfältigen und gewissenhaft arbeitenden steuerlichen Berater ohne weiteres möglich sein, seine Organisationspflichten einzuhalten (wie z. B. seinen Fristenkalender ordentlich zu führen und somit die Wahrung von Fristen zu gewährleisten). Ganz anders sieht es bei der Beratungspflicht und der Pflicht zur umfassenden Kenntnis des Steuerrechts aus. Die zentrale Pflicht des Steuerberaters besteht darin, seinen Mandanten umfassend zu beraten[1652] und seine Interessen wahrzu-

---

[1650] Vgl. hierzu bereits oben ausführlich in Kapitel C. III.
[1651] *Peemöller/Meyer-Pries*, DStR 1994, 718, 718; *Scheffler*, NJW 1961, 577, 578.
[1652] *Lang*, WM 1988, Beil. 9, S. 11 ff.; *Hirte*, § 2 b., S. 40 f.; *Späth*, Steuerberaterhaftung, Rn. 131; BGH, MDR 1968, 831, 832.

nehmen.[1653] Danach hat ein steuerlicher Berater „dafür zu sorgen, dass seinem Mandanten alle ihm zustehenden steuerlichen Vorteile zukommen und alle ungerechtfertigten steuerlichen Nachteile von ihm abgewandt werden".[1654] Auf Steuersparmöglichkeiten[1655] muss er genauso wie auf Risiken einer bestimmten steuerlichen Gestaltung[1656] hinweisen.[1657] Ferner hat der steuerliche Steuerberater für die Kenntnis des Steuerrechts grundsätzlich einzustehen. Wie der Rechtsanwalt hat auch er auf seinem Spezialgebiet sich in den zur Verfügung stehenden Fachzeitschriften über den Stand der Rechtsprechung und eventuellen Gesetzesänderungen zu informieren.[1658] Der steuerliche Berater muss ferner auf in Presse und Fachzeitschriften angesprochene Gesetzesvorhaben, die für den Mandanten zu steuerlich günstigeren Gestaltungsmöglichkeiten führen können, hinweisen.[1659]

Aufgrund der nahezu unendlichen Komplexität und der außerordentlichen Fülle von Vorschriften und Veröffentlichungen ist es aber heute selbst dem sorgfältigsten und gewissenhaftesten steuerlichen Berater nicht mehr möglich, seinen ihm von der Rechtsprechung auferlegten Pflichten nachzukommen. Die Vermeidung seiner Haftung wird sich selbst bei aller Sorgfalt und Gewissenhaftigkeit nicht immer bewerkstelligen lassen. Das Haftungsrisiko auf dem Gebiet des Steuerrechts ist überdies höher als in anderen Bereichen der Berufshaftung, so dass die steuerlichen Berater bereits aufgrund des ihrer Tätigkeit zugrunde liegenden überaus komplexen Steuerrechts in der Haftung gegenüber anderen Berufsgruppen benachteiligt sind.

Es kann schlichtweg keinen steuerlichen Berater mit Überfähigkeiten geben, der trotz der extremen Belastungen der täglichen Praxis den hohen Anforderungen der Rechtsprechung genügen wird.[1660] Der in Deutschland überspannte Sorgfaltsmaßstab könnte im Bereich der faktisch immer mehr erfolgenden Spezialisierung entschärft werden. Die Anforderungen an einen nicht spezialisierten Berater sind in Deutschland jetzt schon so übermäßig hoch, so dass für die eigentlich notwendige Anhebung des Sorgfaltsmaßstabes bei spezialisierten Beratern kein ausreichender Spielraum mehr besteht. Ein solcher Spielraum könnte aber durch die Lockerung und Anpassung des allgemeinen Sorgfaltsmaßstabes für den steuerlichen Berater an das für ihn tatsächlich Machbare erzielt werden.

1653 *Gräfe*, in: *Gräfe/Lenzen/Schmeer*, Rn. 140.

1654 So BGH, VersR 1959, 902, 903; BGH, VersR 1981, 1029, 1030; BGH, VersR 1985, 1086, 1087; BGH, NJW-RR 1992, 1010, 1011 f.; BGH, NJW 1993, 1139, 1140; BGH, NJW 1993, 2799, 2800; BGH, WM 1994, 1848, 1850; BGH, NJW 1997, 518, 519; OLG München, NJW-RR 1991, 1127, 1128.

1655 BGH, DStR 1967, 424, 424 f.

1656 BGH, NJW-RR 1987, 1375, 1376; BGH, NJW-RR 1992, 1110, 1111.

1657 *Hirte*, S. 41.

1658 Vgl. auch § 666 BGB; weiterhin BGH NJW 1952, 425, 425; BGH NJW 1958, 825, 825.

1659 OLG Düsseldorf, GI 2000, 67, 69 f.

1660 So auch für die Tätigkeit des Rechtsanwalts: *Gatto*, S. 198; *Prinz*, a.a.O., S. 319.

Ein guter Schritt in Richtung auf einen realistischeren Haftungsmaßstab wäre es daher, sich auch in Deutschland an dem Vorbild einer steuerlichen gebildeten, gewissenhaften und sorgfältigen Idealperson zu orientieren, ohne das tatsächlich von den Angehörigen der jeweiligen Berufsgruppen Machbare aus den Augen zu verlieren. Hierbei soll es sich wohlgemerkt nicht um einen Standard handeln, der sich am durchschnittlichen Berufsangehörigen orientiert. Anknüpfungspunkt sollte vielmehr eine fiktive Idealperson aus der jeweiligen Berufsgruppe der steuerlichen Berater sein. Gibt der steuerliche Berater darüber hinaus Spezialkenntnisse gegenüber dem Mandanten vor, wird er sich freilich auch hieran messen lassen müssen.

Ein Absinken des Qualitätsstandards der Leistungen auf dem Gebiet der steuerlichen Beratung wäre hierdurch nicht zu befürchten. Denn wenn man von dem steuerlichen Berater mehr als das tatsächlich von ihm Machbare fordert, wird man nicht mehr bekommen können, als bei der Beschränkung auf das Machbare.

c. *Vereinbarkeit von verringertem Haftungsmaßstab mit dem Berufshaftungsrechts*

Es stellt sich nun aber die Frage, ob ein solcher realistischerer Haftungsmaßstab mit der Funktion des Berufshaftungsrechts in Einklang zu bringen ist. Wobei nicht zu verkennen ist, dass sich die Funktion des Berufshaftungsrechts stets am übergeordneten System des Haftungsrechts und der Dogmatik des deutschen Zivilrechts messen lassen muss.[1661]

Oftmals wird die Berufshaftung als eine Vertrauenshaftung aufgrund einer kraft hohen Professionalisierungsgrads erlangten Berufsstellung aufgefasst.[1662] Dem ist grundsätzlich im Hinblick auf die Haftung des steuerlichen Beraters zuzustimmen, da sich der Mandant an den Berater schließlich als den Fachmann auf dem Gebiet des Steuerrechts wendet. Der Mandant kann als steuerlicher Laie meist die Qualität der Tätigkeit des steuerlichen Beraters nicht beurteilen und ist gezwungen, diesem grundsätzlich Vertrauen zu schenken.

Die Hauptfunktionen der Berufshaftung sind damit freilich noch nicht erklärt. Sie liegen einerseits in der Kompensation (dem Schadensausgleich) und der Präventi-

---

1661 Vgl. allgemein zum Berufshaftungsrecht *Mertens*, VersR 1974, 509, 509 ff.; *Hirte*, Berufshaftung, 1996; *Poll*, Die Haftung der freien Berufe, 1994; und zum Haftungsrecht *von Bar*, Gemeineuropäisches Deliktsrecht, Band 1 - 1996 und Band 2 - 1999; *Brüggemeier*, Haftungsrecht, 1999; *Jansen*, ZEuP 2001, 30, 30 ff.

1662 So z.B. *Lorenz*, S. 575, 591 und ihm folgend auch *Mertens*, VersR 1974, 509, 511, f.

on (der Schadensverhinderung).[1663] Damit dienen sie den vorgegebenen, gesellschaftlich definierten Zielen wie Rechtsgüterschutz, allokative Effizienz[1664] und der Sicherheit sowie Qualität von Dienstleistungen usw.[1665] Das Haftungsrecht hat somit neben dem Schadenausgleich die differenzierte Abgrenzung von Handlungsfreiheiten zu leisten, und zwar durch die Definition legitimer schützenswerter Interessen und die Prävention von Interessenverletzungen durch die Auferlegung von Schadensersatz.[1666] Im Zentrum der Haftung des Beraters steht jedoch immer sein Fehlverhalten; das heißt, der Berater hat objektiv „etwas falsch gemacht".[1667] Dieses Fehlverhalten entspricht dem Konzept des Verhaltensunrechts des deutschen Rechts und dem amerikanischen *breach of duty*. Es ergibt sich aus der Verletzung eines Gesetzes oder – wie im Bereich der Haftung des steuerlichen Beraters zumeist einschlägig – aus der Verletzung des allgemeinen Sorgfaltsgebotes. Erforderlich hierfür ist aber immer, dass die Sorgfaltsanforderungen human und erfüllbar bleiben. Denn wie soll der der Berater objektiv „etwas falsch machen", wenn er tatsächlich keine Möglichkeit zur Vermeidung des ihm auferlegten Sorgfaltsgebotes hat. Die Auferlegung des hier vorgeschlagenen „realistischeren Haftungsmaßstabes", der sich am Machbaren orientiert, steht folglich auch im Einklang mit der Funktion des Berufshaftungsrechts.

d. Vereinbarkeit des verringerten Haftungsmaßstab mit den Grundsätzen der ökonomischen Analyse des Rechts

Die ökonomische Analyse des Rechts wird im Haftungsrecht[1668] oft bemüht und kommt vielfach als ein Allheilmittel zur Lösung sämtlicher haftungsrechtlicher Probleme daher, das auch noch Interdisziplinität und Internationalität nicht nur verspricht, sondern geradezu einfordert.[1669] Sie ist insbesondere in den USA seit Mitte der 1960er Jahre stark verbreitet. Die ökonomische Analyse des Rechts versucht das Instrumentarium der Wirtschaftswissenschaften für die Behandlung rechtlicher Probleme fruchtbar zu machen und geht dabei von der Annahme aus,

---

1663 Sei bereits eingangs [?] (siehe oben: Einleitung) *Mataja*, S. 19; vgl. ferner *Brüggemeier*, S. 3; *Hirte*, S. 313-318; *Jansen*, ZEuP 2001, 30, 46 f.; zur Präventivfunktion vgl. auch später ausführlich in Kapitel *dd*.

1664 Hierzu später ausführlich unten in Kapitel *dd*.

1665 Zur rechtsökonomischen „Schlacht" um das effiziente Haftungsrecht insbesondere in den 70er Jahren vgl. die weitergehenden Literaturhinweise bei *Brüggemeier*, in Fn. 10, a.a.O.

1666 *Brüggemeier*, S. 31 und 255.

1667 Vgl. *von Bar*, Gemeineuropäisches Deliktsrecht, Band 2; Rn. 209 ff.

1668 Vgl. allgemein zur ökonomischen Analyse des Bereichs des Haftungsrecht: *Adams*, Ökonomische Analyse der Gefährdungs- und Verschuldenshaftung (1985); *Taupitz*, Ökonomische Analyse des Haftungsrechts, AcP 196 (1996), 114. Zur Ökonomischen Analyse des Rechts allgemein vgl. *Assmann/Kirchner/Schanze*, Ökonomische Analyse des Rechts (1993); *Behrens*, Die Ökonomischen Grundlagen des Rechts (1986); *Schäfer/Ott*, Lehrbuch der ökonomischen Analyse des Zivilrechts, 4. Aufl. (2005).

1669 *Taupitz*, AcP 196 (1996), 114, 115.

dass sich die eigentliche Logik rechtlicher Regelungen erst mit den Ansätzen der Ökonomie aufspüren lasse.[1670] Nach der Lehre der ökonomischen Analyse des Rechts sollen die knappen Ressourcen einer Gesellschaft nicht verschwendet werden.[1671] Dem Recht kommt danach die Aufgabe zu, Rechte und Verantwortlichkeiten mit der Maxime zuzuteilen, den gesamtgesellschaftlichen Wert zu maximieren bzw. die gesamtgesellschaftlichen Kosten zu minimieren.[1672] Die Maximierung der gesamtgesellschaftlichen Effizienz soll erreicht werden durch die Eröffnung von Möglichkeiten für den Einzelnen, seine Zwecke und Bedürfnisse zu maximieren (Prinzip der individuellen Nutzenmaximierung).[1673] Denn nach der ökonomischen Analyse des Rechts ergibt sich die gesamtgesellschaftliche Wohlfahrt aus der Summe der Nutzenniveaus aller Beteiligten.[1674] Es wird ferner angenommen, dass sich der modellhaft vorgestellte „eigennützige" Mensch in seinen Entscheidungen nicht von moralischen Kategorien oder von Pflichtbewusstsein leiten lässt, sondern seine Nutzenmaximierung rein rational wirtschaftlich denkend bewerkstelligt.[1675] Die Kernaussage der ökonomischen Analyse des Rechts lautet folglich: Das Recht hat die Aufgabe, das rational-wirtschaftliche Nutzenstreben des einzelnen in der Weise zu begrenzen oder zu stimulieren, dass das so gesteuerte menschliche Verhalten zur optimalen Nutzung der knappen Ressourcen führt.

Dem Schadensersatzrecht kommt dabei nach der ökonomischen Analyse die Bedeutung zu, den gesamtwirtschaftlichen Wohlfahrtsverlust durch Schäden so gering wie möglich zu halten.[1676] In diesem Sinne hat das Recht nach den Geboten der ökonomischen Analyse die Aufgabe, das Verhalten der Bürger so zu steuern, dass die Entstehung von Schäden möglichst verhindert wird.[1677] Somit nimmt im Rahmen der ökonomischen Analyse folglich die Präventionsfunktion des Schadensrechts eine bedeutende Stellung ein,[1678] während Prävention im Rahmen der traditionellen juristischen Argumentation eher als bloß erwünschter Nebeneffekt und Sekundärzweck des Haftungsrechts neben dessen Ausgleichsfunktion eingeordnet wird.[1679] Die ökonomische Analyse des Rechts identifiziert damit die Steuerungsfunktion in Form der Generalprävention als eine Aufgabe des Haftungs-

---

1670 A.a.O., S. 116 f.
1671 *Behrens*, S. 31 f.; *Schäfer/Ott*, S. 1 f.
1672 *Eidenmüller*, S. 4, 41 ff.
1673 *Behrens*, S. 33.
1674 *Adams*, S. 36; *Behrens*, S. 35.
1675 *Posner*, S. 3 ff.
1676 *Ott/Schäfer*, JZ 1990, 563, 566; *Brüggemeier*, ZHR 152 (1988), 511, 514 f.; *Taupitz*, a.a.O., S. 143 f.; *Schulz*, VersR 1984, 608, 609.
1677 *Taupitz*, a.a.O., S. 138.
1678 *Taupitz*, a.a.O., S. 139 m.w.Nachw.
1679 *Deutsch*, S. 201 f.; *Erman/Schiemann*, BGB, Vor § 823, Rn. 12 ff.; *Mertens*, S. 109; *Palandt/Sprau*, BGB, Einf. v. § 823 Rn. 1.

rechts.[1680] Danach soll ein Sorgfaltsstandard gefunden werden, bei dem die Person, die den Schaden am besten verhindern kann (der so genannte *cheapest cost avoider*), den Anreiz zur gesamtgesellschaftlich optimalen Schadensverhütung findet; wobei jedoch in einer Gesamtbetrachtung auch die Person im Auge zu behalten ist, die den Schaden am besten versichern kann (der so genannte *cheapest insurer*).[1681]

Betrachtet man die Haftung für steuerliche Beratung im Lichte der ökonomischen Analyse, so erscheint es zunächst so, dass in der Regel der Berufsangehörige der *cheapest insurer* im Sinne der Lehre der ökonomischen Analyse des Rechts ist, da er seine Haftung auf seine obligatorische[1682] Haftpflichtversicherung überwälzen kann. Dabei sollte man aber nicht aus den Augen verlieren, dass die Kosten für die Haftpflichtverletzung des Beraters letztlich auch auf den Mandanten mit dem Honorar abgewälzt werden. Je größer das Risiko einer Pflichtverletzung für den Berufsstand wird, umso höher werden auch die vom Berufsangehörigen an seinen Haftpflichtversicherer zu leistenden Versicherungsprämien. Indirekt findet damit schleichend eine Honorarerhöhung zulasten des Mandanten statt. Hierbei handelt es sich um eine reine Kostenverlagerung. Zwar ist es für den Berater immer noch billiger, den Versicherungsschutz für sich zu erlangen, als wenn der Mandant sein jeweiliges Beratungsrisiko im Einzelfall selber versichern müsste. Auch wenn der Versicherungsschutz durch den Berater preiswerter zu erlangen ist als durch den Mandanten, so kann dies nicht darüber hinwegtäuschen, dass es wirtschaftlich nicht sinnvoll sein kann, den Berater durch Ausuferung der ihm obliegenden Pflichten ähnlich einer Gefährdungshaftung für sämtliche Schäden des Mandanten einstehen zu lassen. Denn dann besteht in Zukunft die Gefahr, dass sich die Versicherungsprämien für die mit der Steuerberatung befassten Berufsträger drastisch erhöhen werden. Als Beispiel für eine solche Entwicklung können die Erhöhungen der Versicherungsprämien für Anwälte und Ärzte in den USA dienen. Bei den Ärzten in den USA liegen in einigen besonders haftungsrelevanten Tätigkeitsbereichen die jährlichen Prämien pro Arzt mittlerweile bei weit über 100.000 US-$.[1683] Es ist nicht von der Hand zu weisen, dass die amerikanischen Ärzte diese Kosten in Form von höheren Gebühren für ihre Behandlungsleistungen an die Patienten weitergeben müssen. Dadurch sind unvermeidlich auch die Kosten für Krankenversicherungen und folglich auch die Versicherungsprämien der Krankenversicherungen drastisch angestiegen. Als Folge genießen mittlerweile 43 Millionen Amerikaner überhaupt keinen Krankenversicherungsschutz mehr.[1684] Ob-

---

1680 *Adams*, S. 18.

1681 *Rösler*, S. 126.

1682 § 67 StBerG.

1683 *Lin*, Law Firm Malpractice Premiums Are on the Rise, New York Law Journal (18.03.2003), http://www.law.com/jsp/article.jsp?id=1046833612856.

1684 *Nadolski*, Die Krankenversicherung, 2001, 114, 114 ff.. Ähnlich drastisch bezeichnet selbst die amerikanische Botschaft in Deutschland die Situation des Krankenversicherungsschutzes wohl das amerikanische Gesundheitssystem das teuerste der Welt ist, liegt es in seiner Qualität weltweit allenfalls im Mittelfeld.[1685] Die sozialökonomischen Nachteile einer sich zunehmend weiter verschärfenden Haftung und dem damit verbundenen Einfluss auf die Kosten der Leistungen treten hier besonders deutlich hervor.

Eine ähnliche Entwicklung der Versicherungsprämien könnte sich auch bei den mit der steuerlichen Beratung in Deutschland und den USA betrauten Berufsgruppen abzeichnen. In den USA ist diese Tendenz schon deutlich erkennbar. So verteuerten sich bei den amerikanischen Anwälten die Versicherungsprämien von 2003 auf 2004 um ca. 35-75%.[1686] Dabei bezahlten Anwaltskanzleien in den USA bereits im Jahre 2003 im Durchschnitt zwischen 4.000 und 10.000 US-$ pro Berufsträger im Jahr für ihre Versicherung, um sie gegen Schäden aus fehlerhafter Beratung zu versichern.[1687] Die Versicherungsprämien für Anwälte in den USA dürften nunmehr in vielen Fällen die Grenze von 20.000 US-$ pro Berufsträger deutlich überschritten haben. Einhergehend mit der stetigen Erhöhung der Versicherungsprämien findet sich bei den amerikanischen Berufshaftpflichtversicherungen in neuester Zeit eine Tendenz zur Segmentierung des Versicherungsmarktes bzw. des Versicherungsschutzes. Aufgrund der Erhöhung der Prämien wird nunmehr intensiver nach den Risiken der Tätigkeiten der Anwälte unterschieden. Risikoreichere Tätigkeiten, zu denen insbesondere auch die steuerliche Beratung und dort wiederum die riskanten *Tax Shelter Opinion Letters* gehören, haben in jüngster Zeit zu deutlich höheren Versicherungsprämien geführt.[1688] Dass die höheren Prämien einen Niederschlag auf die Gebühren der Berufsangehörigen fin-

---

in den USA: *„Auch wenn die meisten Amerikaner irgendeine Form der Krankenversicherung haben, gibt es doch Menschen, die sich eine Versicherung nicht leisten können. Ihre medizinische Versorgung ist durch zwei soziale Programme gewährleistet, die 1965 eingerichtet wurden. Medicaid ist ein gemeinsames Programm des Bundes und der Bundesstaaten und finanziert die medizinische Versorgung für Arme. (...) Medicare kommt für die Hauptlast der Arztrechnungen von Rentnern und Behinderten auf. Trotz dieser beiden Programme muss schätzungsweise ein Siebtel der Amerikaner zumindest einen Teil des Jahres ohne Krankenversicherung auskommen. Es handelt sich dabei um Arbeitslose oder um Arbeitnehmer, deren Arbeitgeber keine Krankenversicherung anbieten oder um Menschen, deren Einkommen nur knapp über der Armutsgrenze liegt. Diese Menschen haben zwar auch alle Anspruch auf ärztliche Versorgung im Notfall, jedoch versäumen sie oft die notwendigen Routineuntersuchungen, die helfen Erkrankungen zu vermeiden.“*, vgl. http://usa.usembassy.de/gesellschaft-health.htm.

1685 *El Hage/Hänni*, I-VW-HSG Trendmonitor 3-2003, 3, 3.

1686 Wobei die besonders drastische Steigerung der Versicherungsprämien in diesem Zeitraum nicht an der Verschärfung des Haftungsmaßstabs durch die Rechtsprechung lag, sondern im wesentlichen auf die höheren Schadenssummen im Rahmen der zunehmenden Firmenpleiten in exorbitantem Ausmaß (insbesondere die Fälle Enron und Worldcom stehen dabei im Vordergrund der Entwicklungen) sowie auf die zunehmende Anzahl der hoch riskanten *Tax Shelter Opinion Letters* durch Anwaltskanzleien zurückzuführen ist. Vgl. hierzu: *Lin*, a.a.O.

1687 *Lin*, a.a.O.

1688 *Lin*, a.a.O.

den, ist nicht von der Hand zu weisen. Im Rahmen der *Tax Shelter Opinion Letters*, von denen sich amerikanische Großkonzerne Steuerersparnisse in Millionen- oder gar Milliardenhöhe versprechen und für die Kanzleien sehr hohe Gebühren ihren Mandanten in Rechnung stellen können,[1689] dürfte diese Entwicklung nicht allzu problematisch sein. Die Probleme beginnen jedoch dort, wo eine Einzelperson oder ein kleines Unternehmen sich aufgrund steigender Gebühren keine fachkundige Steuerberatung durch einen *Attorney* oder *CPA* mehr leisten kann und daher auf die Hilfe eines nicht sehr fachkundigen *Tax Return Preparers* angewiesen sein wird.

Aus sozialökonomischer Sicht wird hier der Zugang zur fachkundigen Beratung immer weiter erschwert und dem Mandanten gegebenenfalls zustehende Steuervorteile bzw. -erstattungen bleiben unerkannt bzw. können nicht eingefordert werden. Qualifizierte und qualitativ hochwertige Steuerrechtsberatung durch Berufsgruppen, die einen hohen Professionalisierungsgrad aufweisen, wird damit in den USA in stärkerem Masse als zuvor zu einem Luxusgut. Hierdurch wird Raum für die *Tax Return Preparers* geschaffen, die nur minderwertige standardisierte Beratungsleistungen für Standardfälle erbringen. Einer solchen Entwicklung sollte in Deutschland kein Raum gelassen werden. Eine Zweiteilung der Steuerrechtsberatung in qualitativ hochwertige, aber extrem teure, und qualitativ minderwertige, aber preiswerte Beratung, muss vermieden werden.[1690] Daher erscheint es nicht sinnvoll, die Verschärfung des Haftungsmaßstabs in Deutschland mit dem Argument zu rechtfertigen, der steuerliche Berater könne den Schaden leichter und kostengünstiger versichern als der Mandant und sei insoweit daher der *cheapest insurer* im Sinne der ökonomischen Analyse des Rechts. Eine Verringerung des gesamtwirtschaftlichen Wohlfahrtsverlusts durch Schäden wird durch die Versicherbarkeit des Schadens nicht erzielt.

1689 So ist dem Vergleich der texanischen Kanzlei *Jenkens & Gilchrist* über die Zahlung einer Summe von 81.5 Millionen US-$ an die Kläger einer *Class Action* wegen fehlerhafter *Tax Shelter Opinion Letters* vom 18. Februar 2005 zu entnehmen, dass die Kanzlei in den Jahren 1999 bis 2003 alleine 267 Millionen US-$ mit diesen fehlerhaften *Tax Shelter Opinion Letters* verdiente, wovon der beratende Steuerpartner der Kanzlei alleine 93 Millionen US-$ mit nach Hause nahm; vgl. *Denney et al. v. Jenkens & Gilchrist*, No. 03-CV-5460, 2005 WL 388562 (S.D.N.Y. Feb. 18, 2005) sowie vgl. *Denney et al. v. Jenkens & Gilchrist*, 2005 U.S. App. LEXIS 11149, 412 F.3d 56 und die Ausführungen in FindLaw vom 3. März 2005, Law Firm Settles Tax-Shelter Suit for $81.5 Million (http://news.lp.findlaw.com/andrews/bf/dlr/20050303/20050303denney.html) sowie in The American Lawyer vom 1. März 2005, Jenkens and Several Liability (http://www.law.com/jsp/tal/PubArticleTAL.jsp?id=1107178522472). Vgl. generell zum besonderen Haftungsrisiko der *Tax Shelter Opinion Letters* auch *Heineman*, Tax Shelters and the Exposure to Professionals, in: Ohrenstein and Brown Insurance Advisory - October 5, 2004 (http://www.oandb.com/newsroom-headlines-307.html).

1690 Da man vor dem Hintergrund des Rechtsberatungsgesetzes eine Steuerrechtsberatung durch nur mäßig qualifizierte Berater, die die erforderliche Sachkunde auf ihrem Gebiet der Rechtsberatung nicht vorweisen können, ohnehin nicht gestatten könnte, wäre ein mit den *Tax Return Preparers* vergleichbarer Beruf in Deutschland ohnehin undenkbar.

Der von der deutschen Rechtsprechung geschaffene ausufernde Pflichtenkatalog und die hierdurch geschaffene Haftungsverschärfung, die zu einer sich immer mehr einer Gefährdungshaftung annähernden Haftung des steuerlichen Beraters führen, kann auch nicht mit dem Argument begründet werden, der steuerliche Berater sei der *cheapest cost avoider* im Sinne der ökonomischen Analyse des Rechts. Denn es muss zu Recht bezweifelt werden, ob der strenge Haftungsmaßstab der deutschen Rechtsprechung dem Berater überhaupt einen Anreiz zur gesamtgesellschaftlich optimalen Schadensverhütung gibt. Wenn nämlich die konkreten von der Rechtsprechung vorgegebenen Verhaltenspflichten vom Berater nicht erfüllbar sind, so kann sich der Berater im Rahmen der steuerlichen Beratung des Mandanten hieran auch nicht orientieren. Der Umstand, dass sich ein Berater auch bei Anwendung größter Sorgfalt nicht seiner Haftung entziehen kann, wird ihm keinen Anreiz zu Maßnahmen der Schadensvermeidung liefern.[1691] Aufgrund des viel zu umfassenden Pflichtenkatalogs des Steuerberaters nach deutschem Recht fehlen daher bereits die psychologischen Voraussetzungen für die Vermeidung von Schadensfällen im Bereich der Haftung für Steuerberatung, da der Berater kaum durch planende und organisatorische Strategien seine Haftung vermeiden kann. Nur wenn dem Berater die tatsächliche Möglichkeit gegeben wird, sein Haftungsrisiko zu verringern, werden ihm gleichzeitig auch deutliche Handlungsanreize zur Prävention von Schäden ermöglicht. Dem hier in dieser Arbeit vorgeschlagenen Haftungsmaßstab, der sich an dem Vorbild einer steuerlichen gebildeten, gewissenhaften und sorgfältigen Idealperson orientiert, ohne dabei das tatsächlich von den Angehörigen der jeweiligen Berufsgruppen Machbare aus den Augen zu verlieren, ist somit eine höhere Schadenspräventionswirkung zuzubilligen als dem Haftungsmaßstab der Rechtsprechung.

Es kann somit festgehalten werden, dass der in dieser Arbeit vorgeschlagene „realistischere Haftungsmaßstab“ nicht nur mit den Grundsätzen der ökonomischen Analyse des Rechts vereinbar ist, sondern sogar in ihrem Sinne eine aktive Steuerungsfunktion zur Schadensvermeidung leisten und damit einer der zentralsten Aufgaben des Haftungsrechts gemäß der ökonomischen Analyse des Rechts dienen kann.

e. Vorgeschlagener Haftungsmaßstab

Nach dem hier in dieser Arbeit vorgeschlagenen Haftungsmaßstabes sollte sich die Rechtsprechung in Deutschland bei der Herausarbeitung des im Rahmen der

---

1691 Vgl. generell auch zu den negativen Auswirkungen der Einführung einer verschuldensunabhängigen Haftung auf die Schadensprävention *Cosack*, VersR 1992, 1439, 1439 ff.; *Fuchs*, Arztrecht 1996, 319, 326 f.; *Laufs/Adolf*, NJW 1998, 1750, 1755. *Cosack* (a. a. O.) spricht sogar von einer „fatalistischen Haltung im Hinblick auf Schadensvermeidungsmaßnahmen“, die aus der Aussicht resultiere, sich der Haftung auch bei Anwendung größter Sorgfalt nicht entziehen zu können.

steuerlichen Beratung durch die Berufsangehörigen anzuwendenden Pflichtenmaßstabs an dem Vorbild einer steuerlichen gebildeten, gewissenhaften und sorgfältigen Idealperson zu orientieren, ohne das tatsächlich von den Angehörigen der jeweiligen Berufsgruppen Machbare aus den Augen zu verlieren. Dies soll wohlgemerkt nicht ein Standard sein, der sich am durchschnittlichen Berufsangehörigen orientiert. Anknüpfungspunkt sollte vielmehr eine fiktive Idealperson aus der jeweiligen Berufsgruppe der steuerlichen Berater sein. Gibt der steuerliche Berater darüber hinaus Spezialkenntnisse gegenüber dem Mandanten vor, wird er sich freilich auch hieran messen lassen müssen.

5. Einfluss des Pflichtenkataloges auf Zusammenhang von Pflichtverletzung und Schaden

Obwohl das rechtliche Instrumentarium der Kausalität im deutschen Recht – aufgrund des mehrstufigen Filterinstrumentariums der Äquivalenz- und Adäquanztheorie sowie der zusätzlichen Korrektur durch den Schutzzweck und Schutzbereich der verletzten Norm – viel feiner gestaltet ist als im US-amerikanischen Recht, wird ein Ursachenzusammenhang zwischen der Pflichtverletzung durch den Berater und dem entstandenen Schaden des Mandanten im deutschen Recht eher anzunehmen sein. Denn durch die ausufernd weite Fassung des Pflichtenkatalogs durch die deutsche Rechtsprechung ist unweigerlich auch der Schutzzweck der Norm erweitert worden. In der Praxis ist es daher eher die Ausnahme, wenn der Ursachenzusammenhang zwischen Pflichtverletzung und Schaden einmal nicht vorliegt. Darüber besteht oftmals noch eine Beweislastumkehr zugunsten des Mandanten. Das Filter des Ursachenzusammenhangs ist folglich im deutschen Recht nahezu bedeutungslos geworden. Der vorgeschlagene Haftungsmaßstab würde auch den Ursachenzusammenhang im deutschen Recht der Haftung für steuerliche Beratung wieder zum Leben verhelfen und ihm die Bedeutung zurückgeben, die ihm im Rahmen der vom Gesetzgeber bestimmten rechtlichen Dogmatik auch ursprünglich beigemessen wurde.

6. Fortschreitende Abkehr vom Verschuldensprinzip

Wie wir oben bereits gesehen haben,[1692] werden die Sorgfaltspflichten der Berufsangehörigen nicht mehr nur ausschließlich als Verhaltenspflichten, sondern zunehmend auch als Risikozuweisungen verstanden. Die haftungsrechtliche Funktion der Risikozuweisung mittels Sorgfaltspflichten hat mithin auch einen wesentlichen Einfluss auf den Grundsatz der Verschuldenshaftung im deutschen Zivil-

[1692] Kapitel d. aa.

recht.[1693] Ausgangspunkt der Verschuldenshaftung ist die Verankerung dieses Prinzips im Bürgerlichen Gesetzbuch. Dabei folgt das Bürgerliche Gesetzbuch im Wesentlichen dem Verschuldensprinzip des römischen Zivilrechts.[1694] So formulierte *von Jhering* über die Schuld im römischen Zivilrecht:

„Nicht die Zufügung des Schadens verpflichtet zum Schadensersatz, sondern die Schuld."

Auch wenn das Bürgerliche Gesetzbuch formal als gefeiertes Ergebnis begrifflich-systematischer Gelehrsamkeit verstanden wird, so ist man sich jedoch weitgehend darüber einig, dass es inhaltlich eine verspätete Kodifikation war, die das Rechtsverständnis seiner Zeit schon beim Inkrafttreten bereits nicht mehr zutreffend widerspiegelte. Das Bürgerliche Gesetzbuch ist geprägt durch die romanistische Pandektistik und Begriffsjurisprudenz der zweiten Hälfte des 19. Jahrhunderts.[1695] Die Aufgabe des Haftungsrechts bestand zu dieser Zeit in einem eher quasistrafrechtlichen Schutz des Bürgers in einem elementaren Kernbereich: Leben, Körper, Freiheit und Eigentum. Dies beruhte nicht zuletzt auch auf der Weltanschauung des Liberalismus.[1696] Das freie Spiel des Marktes, die individuelle Verantwortung des Einzelnen[1697] und wirtschaftspolitische Motive[1698] standen dabei im Vordergrund. Das gesetzliche Leitbild des Bürgerlichen Gesetzbuches erwies sich aber bereits nach seinem Inkrafttreten rasch als zu eng. Die am personalistischen Leitbild orientierte Kodifikation hatte keine Antworten auf die rechtlichen Fragestellungen und Sachverhalte der Industriegesellschaft parat.[1699] Es bot weder einen Schutz der Persönlichkeit in ihren unterschiedlichen Facetten und auch das Vermögen (z.B. das Recht am Gewerbebetrieb oder die Berufshaftung für reine Vermögensschäden) war nicht geschützt. Mit diesen neuen Rechtsgütern verlor das Haftungsrecht des Bürgerlichen Gesetzbuches, das nur als reiner Deliktsrechtsschutz ausgeformt war, seine harten Konturen. Ein differenzierter Interessenschutz machte dabei die richterliche Herausbildung von Sorgfalts- und Verhaltenspflichten zum Schutz spezifischer Interessen erforderlich.[1700] Diese Entwick-

---

1693 Vgl. zur Entwicklung der Verschuldenshaftung die Übersichten bei *Brüggemeier*, S. 8 ff. und *Rösler*, S. 122 ff.

1694 Vgl. *von Caemmerer*, Das Verschuldensprinzip, S. 261 und 264.

1695 *Windscheid*, Recht und Rechtswissenschaft (1854), in: *ders.*, Gesammelte Reden und Abhandlungen, S. 3, 9: „Der Traum des Naturrechts ist ausgeträumt."; vgl auch *Brüggemeier*, S. 8 f.

1696 *Rösler*, S. 122.

1697 Vgl. *Esser*, S. 50 ff.

1698 Der technische und wirtschaftliche Fortschritt sollten nicht durch neue Haftungsrisiken gebremst werden; vgl. *von Caemmerer*, Das Verschuldensprinzip, S. 261, 264.

1699 So erkannte bereits *von Savigny* mit den ersten Anfängen des Eisenbahnverkehrs in den 30er Jahren des 19. Jahrhunderts, dass das gemeine römische Recht keine Antwort hierauf parat hatte; vgl. *Brüggemeier*, S. 9 (Fn. 39) m.w.Nachw. Vgl. ferner: *Rösler*, S. 124.

1700 *Brüggemeier*, S. 11. Vgl. zur Entwicklung des Verschuldens im Haftungsrechts allgemein auch *Brüggemeier*, S. 8 ff. und *Rösler*, S. 122 ff.

lung wurde insbesondere durch die im Wege der Industrialisierung geschaffenen neuen Gefahrenquellen und den hiermit verbundenen Unfällen sowie durch die Abkehr vom totalen Wirtschaftsliberalismus und die Hinwendung zur Idee des sozialen Rechtsstaates begünstigt.[1701] Nicht nur im Rahmen der Gefährdungshaftung wurde die Verschuldenshaftung von der Rechtsprechung immer weiter aufgeweicht. Mit dem gewandelten Verständnis der Funktion des Haftungsrechts, das nun nicht mehr nur auf den Schadensausgleich als einziges oder zumindest vorrangiges Ziel abstellte, sondern zunehmend den Blick auf die Prävention und die Versicherbarkeit des Schadens richtete, fand eine immer weitergehende Verobjektivierung des Fahrlässigkeitsmaßstabes und damit eine Haftungserweiterung durch eine de-facto Verdrängung der Verschuldenshaftung statt.[1702] Das Haftungsrecht entwickelte sich über das Unfallrecht und das Recht der Schadensverteilung bei gewerblichen Aktivitäten (Unternehmens- bzw. Gefährdungshaftung) weiter zu einem Recht judizieller Schutzpolitiken; in ihren Entscheidungen nehmen die Gerichte nunmehr die redistributive Zuordnung von Risiken und die Neudefinition legitimer Schutzinteressen vor.[1703]

In diesem Sinne lässt sich auch die dogmatische Durchbrechung des zivilrechtlichen Prinzips der Verschuldenshaftung vor dem Hintergrund des gewandelten Verständnisses der Funktion des Haftungsrechts verstehen. Da nach dem gewandelten Verständnis des Haftungsrechts die Gedanken der Prävention und der sozialen Gerechtigkeit der Haftung nunmehr überwiegend bereits bei der Bestimmung des Sorgfaltsmaßstabes Eingang finden, bleibt für das Merkmal des Verschuldens nur noch in seltenen Fällen Raum. So lässt sich auch erklären, warum die Rechtsprechung der deutschen Gerichte von der objektiven Pflichtverletzung zumeist automatisch auf das Verschulden des steuerlichen Beraters schließt[1704] und eine dogmatische Ausdifferenzierung zwischen der Pflichtverletzung des steuerlichen Beraters einerseits sowie dem Verschulden andererseits vernachlässigt wird.

Im amerikanischen Recht findet das Verschulden bei der Bestimmung der *breach of duty* im Rahmen der *Tort of Negligence*-Klage Eingang in den Haftungstatbestand.[1705] Allerdings wird das Verschulden hier nur in den seltensten Fällen auszuschließen und die Verletzung der Sorgfaltspflicht (*breach of duty*) zu verneinen sein; nämlich nur dann, wenn der Berater alles getan hat, was eine durchschnittlich qualifizierte Idealperson aus dem Berufsstand des Freiberuflers unter den sel-

---

1701 *Rösler*, S. 124.

1702 *Zweigert/Kötz*, S. 656; *Rösler*, S. 125.

1703 *Brüggemeier*, S. 11 m. w .Nachw.

1704 Vgl. etwa BGH, VersR 1985, 1086, 1087; BGH, WM 1986, 675, 676; BGH, NJW-RR 1992, 1110, 1114. In BGH, NJW-RR 1992, 1110, 1114 führte der BGH aus: „Der Beklagte hätte erkennen müssen, dass das Umschwenken auf die Argumentation einer Betriebsaufspaltung den Klägern keine Vorteile bringen, sie vielmehr gewerbesteuerlich benachteiligen würde. Schon deshalb (!) hat er schuldhaft (!) gehandelt."

1705 Vgl. ausführlich oben Kapitel B. II. 2. e) (ii) und unter: B. II. 2. d).

ben oder vergleichbaren Umständen getan hätte, um die Verursachung des Schadens zu verhindern.[1706] Wie in Deutschland gilt dort also auch ein objektiver Maßstab der Vorwerfbarkeit, über den auch die Gedanken der Prävention und sozialen Gerechtigkeit Eingang finden. Die Anforderungen an die Sorgfalt sind in beiden Rechtsordnungen somit losgelöst von den individuellen Möglichkeiten des Einzelnen.[1707]

Beachtenswert ist vor diesem Hintergrund auch der mit dem Gesetz zur Modernisierung des Schuldrechts neu eingeführte § 280 Absatz 1 BGB. Gemäß dieser Vorschrift muss der Mandant die Pflichtverletzung, die Entstehung eines Schadens und den Ursachenzusammenhang zwischen der Pflichtverletzung des Beraters und dem Schaden als Voraussetzung für seinen Schadensersatzanspruch gegen den Berater darlegen. Für sie trägt nach der Fassung der Vorschrift der Mandant in Übereinstimmung mit der bisherigen Rechtslage weiterhin die Beweislast.[1708] Das Nichtvertretenmüssen ist hingegen ein Einwendungstatbestand, für den gemäß § 280 Absatz 1 Satz 2 BGB der Schuldner (also der Berater) beweispflichtig ist. Insoweit nähert der Gesetzgeber das Bürgerliche Gesetzbuch der tatsächlichen Rechtswirklichkeit an. Denn die Rechtsprechung[1709] schloss bereits bislang von der objektiven Pflichtverletzung zumeist automatisch auf das Verschulden des steuerlichen Beraters.[1710] Der Berater musste deshalb auch vor Einführung des neuen § 280 Absatz 1 BGB die Umstände vortragen, die ausnahmsweise sein Verschulden entfallen lassen sollten.

Folgerichtig ist es daher, das Merkmal des Verschuldens nur noch in einigen wenigen und besonders gelagerten Ausnahmefällen in der Haftung des steuerlichen Beraters überhaupt relevant werden zu lassen. Eine Entlastung wird dem Berater praktisch nur dann möglich sein, wenn er die vollständige Erbringung aller ihm obliegenden Sorgfaltspflichten darlegen kann.[1711] Gerade vor dem Hintergrund des nahezu in Bedeutungslosigkeit verfallenen Verschuldensprinzips ist es umso wichtiger, als Korrektiv den in dieser Arbeit vorgeschlagenen Haftungsmaßstab zur Anwendung zu bringen.

1706 Vgl. oben Kapitel B. II. 2. e) (ii).

1707 So im Ergebnis auch: *Rösler*, S. 123.

1708 *Palandt/Heinrichs*, SMG, § 280 Rn. 34.

1709 Vgl. etwa BGH, VersR 1985, 1086, 1087; BGH, WM 1986, 675, 676; BGH, NJW-RR 1992, 1110, 1114.

1710 Obwohl Rechtsprechung und neueres Schrifttum darin übereinstimmten, dass § 282 BGB a.F. auf die positive Vertragsverletzung nicht entsprechend angewendet werden könne, wurde eine Ersatzpflicht des Schuldners bei Zweifeln über das Vertretenmüssen eigentlich immer bejaht; vgl. *Palandt/Heinrichs*, BGB, § 280 Rn. 34.

1711 RGZ 74, 342, 344; BGH, NJW 1965, 1583, 1585.

7. Mitwirken des Mandanten

Die strengere Haftung des deutschen Rechts wird auch bei einem Mitverschulden des Mandanten an der Entstehung des Schadens deutlich. Denn aufgrund der derzeitigen Rechtsprechung des Bundesgerichtshofs, die als Folge des vom Bundesgerichtshof geschaffenen ausufernden Pflichtenkataloges herrührt, kann sich ein Mandant regelmäßig auf die einwandfreie Beratung durch den steuerlichen Berater verlassen. Wendet man den hier vorgeschlagenen Haftungsmaßstab an, so wird das eigene Verhalten des Mandanten wieder öfter zu einem Mitverschulden im Sinne des § 254 BGB führen. Denn wenn sich die Mitwirkungspflichten des Mandanten nicht mehr so stark im Schatten der allzu ausufernden Pflichten des steuerlichen Beraters nach der momentanen Rechtsprechung verstecken können, muss ihnen unweigerlich wieder mehr Bedeutung im Rahmen der Haftung zugemessen werden.

8. Zeitliche Begrenzung der Haftung

Die gesetzlich normierten Verjährungsfristen[1712] für die einzelnen Gruppen der mit der Steuerberatung in Deutschland betrauten Berufsangehörigen führten bisher im Allgemeinen zu einer Besserstellung der deutschen steuerlichen Berater gegenüber den amerikanischen Beratern, die sich aber aufgrund der Hinweispflichten des Berufsangehörigen auf die eigene Pflichtverletzung und den damit verknüpften Sekundäranspruch wieder relativierte. Die Anwendung der allgemeinen Verjährungsregeln auf die Haftung der steuerlichen Berater führt in den USA dazu, dass die Verjährungsfristen unterschiedlich lang sein können, je nachdem, in welcher Klageform der Mandant den Anspruch gegenüber seinem Berater geltend macht.

Eine Besonderheit der Berufshaftung des deutschen Beraters bildete bislang seine Verpflichtung den Mandanten auf die Möglichkeit seiner Haftung hinzuweisen und ihn über die darauf anzuwendenden Verjährungsvorschriften zu belehren. Die Unterlassung einer solchen Belehrung machte den deutschen Berater aufgrund des so genannten Sekundäranspruches gegenüber dem Mandanten schadenersatzpflichtig. Meines Erachtens war die Ausdehnung dieser auf Rechtsanwälte geprägten Rechtsprechung auf den Steuerberater nicht konsequent. Auch wenn der Steuerberater selbst kein Jurist war, hatte er sogar einen juristisch viel besser geschulten und rechtskundigeren Mandanten über rechtliche Ansprüche gegen ihn zu belehren. In den USA besteht eine Hinweispflicht des Beraters nicht, ganz

[1712] § 68 StBerG (Steuerberater), § 51b BRAO (Rechtsanwalt) und § 51a WPO (Wirtschaftsprüfer).

gleich ob es sich bei dem Berater um einen *Attorney* oder um einen *CPA* handelt.[1713]

Mit der nunmehr in Deutschland geltenden Regelverjährung des Bürgerlichen Gesetzbuchs gleicht sich die Verjährung für Pflichtverletzungen im Rahmen der steuerlichen Beratung nunmehr den amerikanischen Regelungen an. Da die Verjährungsregeln des Bürgerlichen Gesetzbuchs sich generell zunächst an der Entstehung des Schadens orientieren und darüber die Verjährungsfristen kürzer sind, wenn der Mandant Kenntnis vom Schaden hat, dürfte nun sowohl den Interessen des Mandanten als auch den Interessen des steuerlichen Beraters hinreichend Rechnung getragen sein. Die dogmatisch verfehlte Verpflichtung zum Hinweis über die eigene Pflichtverletzung dürfte nun hinfällig geworden sein.

[1713] Allerdings kommt in den Staaten Florida, Indiana, Iowa, Michigan, Missouri, Ohio, Oklahoma, New York, North Dakota, South Dakota, Texas,Virginia und Washington die „*continuous representation doctrine*" zur Anwendung. Im Rahmen der „*continuous representation doctrine*" beginnt die Verjährung nicht, solange der Berater seinen Mandanten weiterhin in derselben Angelegenheit vertritt, in der die Pflichtverletzung geschah. Auch wenn die Hinweispflicht, verbunden mit der daran geknüpften Sekundärhaftung, eine spezielle Eigenheit des deutschen Rechts ist, so führt die in einigen Staaten angewendete „*continuous representation doctrine*" doch zu Annäherungen in den Ergebnissen.

E. Ausblick

Die vorliegende Arbeit hat aufgezeigt, dass die Haftung der steuerlichen Berater in Deutschland in eine Schieflage geraten ist, die mit den dogmatischen Grundlagen des deutschen Rechts (insbesondere den Grundlagen des Haftungsrechts) allein nicht in Einklang zu bringen ist und auch ernsthaft Gefahr läuft, zu sozialökonomischen Ineffizienzen zu führen.

Aufgrund der immer weiter ausufernden Kasuistik der Rechtsprechung und der damit einhergehenden Verschärfung und Erweiterung der Pflichten des steuerlichen Beraters ist es selbst dem sorgfältigsten und gewissenhaftesten Berater nicht mehr möglich, die an ihn gestellten Pflichten in vollem Umfang zu erfüllen. Dies kann fatale Folgen auf die Schadensprävention haben. Denn der Umstand, dass sich ein Berater auch bei Anwendung größter Sorgfalt nicht seiner Haftung entziehen kann, wird ihm keinen besonderen Anreiz geben, Maßnahmen zur Schadensverhinderung zu ergreifen. Zudem werden zunehmend höhere Versicherungsprämien der Berufshaftpflichtversicherungen der Berater über die Gebühren auf die Mandanten abgewälzt werden. Am Beispiel der USA ließ sich erkennen, dass hierdurch der Zugang zur fachkundigen Beratung erschwert werden kann. Auch in Deutschland besteht die Gefahr, dass qualifizierte Beratung durch Berater mit einem hohen Professionalisierungsgrad zu einem Luxusgut wird, das sich nicht mehr jeder leisten kann. Eine Zweiteilung der steuerlichen Beratung in qualitativ hochwertige, aber extrem teure, und minderwertige, aber preiswerte Beratung, wie sie in den USA existiert, sollte in Deutschland vermieden werden. Zwar existiert in Deutschland keine mit dem Beruf des *Tax Return Preparer* in den USA vergleichbare Berufsgruppe, da Steuerberatung nur den Steuerberatern, Wirtschaftsprüfern und Rechtsanwälten vorbehalten ist. Gleichwohl ist bereits jetzt eine Abwanderung beratungsbedüftiger Steuerpflichtiger vom vermeintlich teuren aber qualifizierten Steuerberater zur vermeintlich preiswerten aber nicht für komplexere Fälle geeigneten Steuersoftware zu beobachten. Für eine *de facto* Gefährdungshaftung, wie sie durch den immer weiter werdenden Pflichtenmaßstab aufgrund der Rechtsprechung der deutschen Gerichte herbeigeführt wurde, ist im Bereich der Steuerberatung daher kein Platz.

Anhand des Vergleichs mit der Haftung für steuerliche Beratung in den USA sind in dieser Arbeit aber durchweg Wege aus dieser Schieflage aufgezeigt worden. Hierzu gehört insbesondere der hier empfohlene Haftungsmaßstab, der kein Absinken des Qualitätsstandards in der deutschen Beratungspraxis erwarten lässt. Im Gegenteil: Der hier vorgestellte Haftungsmaßstab gibt dem Berater einen Anreiz zur Haftungsvermeidung und leistet damit einen Beitrag zur Schadensprävention im Bereich der steuerlichen Beratung. Die sozialökonomischen Nachteile der immer strenger werdenden Haftung aufgrund der Rechtsprechung der deutschen Obergerichte ließen sich hierdurch abfedern. Der Zugang zur fachlich hochwertigen Steuerberatung durch Berater mit einem hohen Professionalisierungsgrad bliebe hierdurch auch für die weniger finanzkräftigen Steuerpflichtigen gewahrt.

Das Berufshaftungsrecht für die steuerlichen Berater würde dann auch wieder zu einem guten Stück seinen Weg in sein dogmatisches Gefüge finden. Denn der hier vorgeschlagene Haftungsmaßstab würde ein wirksames Korrektiv zur aufgeweichten Trennung zwischen Vertrags- und Deliktsrecht sowie zur Abkehr vom Verschuldensprinzip darstellen.

Da das Recht der Berufshaftung im Wesentlichen durch die Kasuistik der Rechtsprechung der Gerichte geprägt ist und ein Eingriff durch den Gesetzgeber nur in Randgebieten sinnvoll sein kann (wie es z.B. im Rahmen der Erstreckung der Regelverjährung des BGB auch auf die Berufsangehörigen geschehen ist), sollten sich die deutschen Obergerichte nicht scheuen, auch einmal den Blick in andere Rechtsordnungen zu wagen. Am Beispiel der Haftung für steuerliche Beratung in den USA könnten sie viele hilfreiche Erkenntnisse erlangen. Freilich kann man diese Erkenntnisse nicht unreflektiert und in unveränderter Form im deutschen Recht anwenden. Der hier vorgeschlagene Haftungsmaßstab zeigt jedoch eine Möglichkeit auf, wie man die Erkenntnisse einer anderen Rechtsordnung weiterentwickeln und für die eigene Rechtsordnung fruchtbar machen kann.

Literaturverzeichnis zum amerikanischen Recht

Andersen, Eric G
A New Look at Material Breach in the Law of Contracts
21 UC Davis L. Rev. 1073 (1988)

Anderson, Roy Ryden / Steele, Walter W.
Fiduciary Duty, Tort and Contract: A Primer on the Legal Malpractice Puzzle
47 SMU L. Rev. 235 (1994)

Atiyah, P. S.
The Rise and Fall of Freedom of Contract
Oxford, 1979

Bagby, John W. / Ruhnka, John C.
The Controversy Over Third Party Rights: Towards More Predictable Parameters of Auditor Liability
22 Ga. L.Rev. 149 (1987-88)

Baty, Thomas
Vicarious Liability a Short History of the Liability of Employers
Oxford, 1916

Bauman, John H.
Damages for Legal Malpractice: An Appraisal of the Crumbling Dike and the Threatening Flood
61 Temp. L. Rev. 1127 (1988)

Beale, Joseph H.
The Proximate Consequences of an Act
33 Harv.L.Rev. 633 (1920)

Beck, Susan
Gimme Shelters
The American Lawyer, November 1999, S. 105

Bertschy, Timothy L.
Negligent Performance of Service Contracts and the Economic Loss Doctrine
17 J. Marshall L. Rev. 249 (1984)

Bidwell, Percy Wells / Falconer, John I.
History of the Agriculture in the Northern United States, 1620-1860
1941

Bishop, William
Economic Loss in Tort
Oxford Journal of Legal Studies (1982) 2, S. 1

Blechschmitt, Frank
"Common Law" und "Equity" im englischen Recht
ZfRV 1987, 3

Blumenwitz, Dieter
Einführung in das angloamerikanische Recht
4. Auflage München 1990

Braucher, Robert
Freedom of Contract and the Second Restatement
78 Yale L.J.598 (1969)

Calabresi, Guido
The Costs of Accidents; a legal and economic analysis
New Haven 1970

Carr-Saunders, Alexander Morris / Wilson, P.A.
The Professions
London 1933 (Nachdruck London 1964)

Cohen, Morris R.
The Basis of Contract
46 Harv. L. Rev. 553 (1932)

Cooter, Robert / Eisenberg, Melvin A.
Damages for Breach of Contract
73 Cal. L. Rev. 1432 (1985)

Cooter, Robert / Freedman, Bradley J.
The Fiduciary Relationship: Its Economic Character and Legal Consequences
66 N.Y.U. L. Rev. 1045 (1991).

DeMott, Deborah A.
Beyond Metaphor: An Analysis of Fiduciary Obligations
1988 Duke L.J. 879

Dias, Reginal Walter / Markesinis, B.S.
The English Law of Torts
A Comparative Introduction
Brüssel 1976

Dobbs, Dan B.
Law of Remedies
2nd ed.
St. Paul, Minn., 1993

Dzienkowski, John S.
Professional Responsibility Standards, Rules and Statutes
1998-1999 ed.
St. Paul, Minn., 1998

Eisenberg, Melvin A.
The Responsive Model of Contract Law
36 Stan. L. Rev. 1107 (1984)

Eddey, Keith
The English Legal System
4th ed. London 1987

El Hage, Bernard / Hänni, Cyrill
Der Patient als Prosumer - Ein Rezept für die Krankenversicherer
I-VW-HSG Trendmonitor 3-2003, 3

Fain, Constance Frisby
Accountant Liability
21 Ohio N.U.L. Rev. 355 (1995)

Farnsworth, E. Allan
Legal Remedies for Breach of Contract
70 Colum. L. Rev. 1145 (1970)

ders.
United States Contract Law
3rd ed. 1999

Fink, Mark H.
Third-Party Liability of Public Accountants
71 Mich. Bar. J. 1286 (1992)

Finman, Ted / Schneyer, Theodore J.
The Role of Bar Assocations Ethics Opinions in Regulating Lawyer Conduct: A Critique of the Work of the ABA Committee on Ethics and Professional Responsibility
29 U.C.L.A. L. Rev. 67 (1981)

Frankel, Tamar
Fiduciary Law
71 Calif. L.Rev. 795 (1983)

Franklin, Marc A. / Rabin, Robert L.
Tort Law and Alternatives
6th ed. Westbury, NY, 1996

Fried, Charles
Contract as Promise: A Theory of Contractual Obligation by Charles Fried
Cambridge, Mass., 1981

Friedlander, Mark K.
The Impact of Moorman and its Progency on Contrsuction Litigation
77 Ill. B.J. 654 (1989)

Friedman, Lawrence
A History of American Law
2nd ed. 1985

Gilles, Stephen G.
Inevitable Accident in Classical English Tort Law,
43 Emory L.J. 575 (1994)

Goldberg, Victor P.
Recovery fo Pure Economic Loss in Tort: Another Lookat Robbins Dry Dock v. Flint
20 J. Legal Stud. 249 (1991).

Gorley, James R
The Foreseen, The Foreseeable, and Beyond – Accountant's Liability to Nonclients
14 Seton Hall L. Rev. 528 (1984);

Green, Leon
Rationale of Proximate Cause
Kansas City 1927

Gross, Edward
Work and Society
New York 1958

Hagen, Thomas E.
Certified Public Accountants' Liability for Malpractice: Effect of Compliance with GAAP and GAAS
13 J. of Contemp. Law 65 (1967)

Hanbury, Harold Geresville / Maudsley, Ronald Hartling
Modern Equity
13th ed. London 1989

Heineman, Geoffrey W.
Tax Shelters and the Exposure to Professionals
Ohrenstein & Brown Insurance Advisory - October 5, 2004
http://www.oandb.com/newsroom-headlines-307.html

Herwitz, David R./Barrett, Matthew J.
Accounting for Lawyers
2nd ed. Westbury, N.Y., 1997

Hicks, Frederick C.
Materials and Methods of Legal Research
3rd rev. Ed. Rochester, N.Y., 1942

Hnatt, Kelly M.
Purely Economic Loss: A Standard for Recovery
73 Iowa L. Rev. 1181 (1988)

Holden, James P.
Standards of Practice and Treasury Circular 230
46 N.Y.U. Tax. Inst., Ch. 46 (1988)

Holdsworth, William
History of English Law
3rd ed. London 1927

Holmes, Oliver Wendell
The Common Law
Boston 1881 (Nachdruck: New York 1991)

Horwitz, Morton J.
Transformation of American Law, 1780-1860
Cambridge, MA, 1977

ders.
The Rise of Modern Contract Law
unveröffentlicht
Harvard Law School Library – Red Set # AVG 2050

Hunter, Howard O.
Modern Law of Contracts
3rd ed. Boston 1993

Jackson, J. A. (Hrsg.)
Professions and Professionalization
London 1970

Jackson, Robert H.
Full Faith and Credit – The Lawyer's Clause of the Constitution
45 Colum. L. Rev. 1 (1945).

James, Fleming Jr. / Perry, Roger F.
Legal Cause
60 Yale L.J. 761 (1951)

Jones, Michael
Textbook onTorts
3rd ed. London 1991

Kappus, Andreas
Specific Performance
Jura 1990, 126

Kessler, Friedrich
Contracts of Adhesion – Some Thoughts About Freedom of Contract
43 Colum. L. Rev. 629 (1943)

Kötz, Hein
Vorbeugender Rechtsschutz im Zivilrecht
AcP 174 (1974), 145

Lin, Anthony
Law Firm Malpractice Premiums Are on the Rise
New York Law Journal, 18.03.2003
http://www.law.com/jsp/article.jsp?id=1046833612856

Lück, Wolfgang / Holzer, Peter
Die Krise des wirtschaftsprüfenden Berufsstands in den USA
DB 1993, 237

Lück, Wolfgang / Knetsch, Katja
Zur Haftung des wirtschaftsprüfenden Berufsstands in den USA
DB 1992, 901

Lunt, Dudley Cammett.
Tales of the Delaware Bench and Bar
Delaware 1963

Maine, Sir Henry
Ancient Law
1861

Maitland, Frederick W.
The Forms of Action at Common Law
2nd ed. 1962

Mallen, Ronald E. / Smith, Jeffrey M.
Legal Malpractice
Volumes I – IV
4th ed. St. Paul, Minn. 1996 (as amended by 1999 Pocket Part)

Mallen Ronald E. / Levit, V.
Legal Malpractice
2nd ed.
St. Paul, Minn. 1982

Manning, Blanche M.
Legal Malpractice: Is it a Tort or a Contract?
21 Loy. L.J. 741 (1990)

Marinelli, Arthur J.
Accountants' Liability to Third Parties
16 Ohio N.U.L. Rev. 1, 1 ff. (1989).

Markesinis, B. S.
The Need to Set Acceptable Boundaries Between Contract and Tort
1987

Marple, William E.
Requiescat for an Etipah: Breach of Contract is Not a Tort
56 Tex. B.J. 656 (1993)

McLaughlin, James Angell
Proximate Cause
39 Harv.L.Rev. 149 (1925)

Metcalfe, Oswald Killingbreck / Westwood, John
General Principles of English Law
6th ed. London 1992

Morris, Richard B.
The Legal Profession in America on the Eve of the Revolution
in: Political Separation and Legal Continuity 8 1976

Moss, Debra Cassens
Going Bare - Practicing Without Malpractice Insurance
ABA Journal, December 1987, p. 87

Murphy, Edward J. / Speidel, Richard E. / Ayres, Ian
Contract Law
5th ed. Westbury, NY, 1997

Murray, John Edward J.R.
Contracts – Cases and Materials
4th ed.
Charlottesville, VA, 1991

Murray, John Edward J.R.
On Contracts
3rd ed.
New York 1990

Nadolski, Heike
Zur Reform des amerikanischen Gesundheitswesens
Die Krankenversicherung, 2001, 114

National Conference of Lawyers and Certified Public Accountants
Lawyers And Certified Public Accountants: A Study of Interprofessional Relations
36 Tax Lawyer 26 (1982)

Palmer, George E.
The Law of Restitution
Boston 1978

Pashall, Sauel S.
Liability to Non-clients: The Accountants Role and Responsibility
53 Mo. L. Rev. 693 (1988)

Patterson, Edwin W.
An Apology for Consideration
58 Colum. L.Rev, 929 (1958)

Penegar, Kenneth L.
The Professional Project: A Response to Terell and Wildman
41 Emory L.J. 473 (1992)

Phillips, Jerry J. / Terry, Nicolas P. / Maraist, Frank L. / McClellan, Frank M.
Tort Law: Cases, Materials, Problems
2nd ed. Charlottesville, VA, 1997

Pollack, Frederick / Martland, F.W.
History of English Law
2nd ed. 1898

Portuonodo, Joseph J.
Malpractice Risks of Tax Practitioners
46 N.Y.U. Inst. on Fed. Tax'n, § 18 (1988)

Prichard, M.J.
Case and the Rule in Williams v. Holland
[1964] C.L.J. 234

Prosser, William L. (Begr.)
Bearbeitet von:
Keeton, W. Page / Dobbs, Dan B. / Keeton, Robert E. / Owen, David G.
5th ed. St. Paul, Minn., 1984
(zitiert: Prosser/Keeton)

Rabin, Robert L.
The Historical Development of the Fault Principle: A Reinterpretation,
15 Ga.L.Rev. 925 (1981)

Raby, William L.
AICPA Responsibilities Statements of Tax Practice,
Nachdruck in: Tax Adviser 160 (March 1989)

Rich
Financial Professionals' Liability to Clients for Lost Tax Benefits,
80 Tax Notes 217 July 13, 1998

Rhode, Deborah L.
Professional Responsibility
2nd ed. New York City1998

Rule, Caroline
What and When Can a Taxpayer Recover From a Negligent Tax Advisor?
Journal of Taxation, March 2000, 176

Sabella, Joseph D.
Stand der Arzthaftpflichtversicherung in den USA
VersR 1990, 1186

Schlueter, Linda L. / Redden, Kenneth R.
Punitive Damages
3rd ed. (Loseblattausgabe)
Charlottesville, VA, 1995 (Stand der Ergänzungslieferungen: Ende 1999)

Schwartz, Gary T.
Tort Law and the Economy in Nineteenth Century America: a Reinterpretation
90 Yale Law Journal 1717 (1981)

Scott, Austin
The Fiduciary Principle
37 Calif. L. Rev. 539 (1949).

Sealy, L.S.
Fiduciary Relationships
1962 Cambridge L.J. 69

Shafiroff, Ira L.
Liability of Tax Return Preparers
New York City 1989

Shepherd, J. C.
Towards a Unified Concept of Fiduciary Relationships
97 Law Q. Rev. 51 (1981).

Smith, Jeffery M.
Legal Cause in Actions of Tort
25 Harv.L.Rev. 103 (1911)

Smith, Peter F. / Baley, S.H.
On the Modern English Legal System
2nd ed. London 1991

Speidel, Richard E.
Article 2 and Relational Sales Contracts
26 Loy. L.A. L. Rev. 789 (1993)

Stein, Steven G. M. / et al.
A Blueprint for the Duties and Liabilities of Design Professionals After Moorman
60 Chi.-Kent L. Rev. 163 (1984).

Story, William Wetmore
Treatise on the Law of Contract Not Under Seal
Boston 1844

Street, Harry (Begr.)
The Law of Torts
fortgeführt von Brazier, Margaret
9th ed. London 1993

Thompson, Kirsten L.
Liability of Professionals, Officers, and Directors
28 Tort & Ins. L.J. 376 (1993).

Todres, Jacob L.
Malpractice and the Tax Practitioner: An Analysis of the Areas in which Malpractice Occurs
48 Emory L.J. 547

Wade, John W.
The Attorney's Liability for Negligence
12 Vand. L. Rev. 755 (1956)

Weir, Tony
A Casebook on Tort
7th ed. London 1992

Wenger, Leopold
Die Theorie der richterlichen Entscheidungstätigkeit in den Vereinigten Staaten von Amerika in: Festschrift Rabel I
Tübingen 1954

Wheeler, Sally / Shaw, Jo
Contract Law
Oxford, 1994

Wigmore, John Henry
Responsibility for Tortious Acts: Its History
7 Harv. L. Rev. 315 (1894)

Williams, Glanville
The Aims of Tort Law
(1951) 4 C.L.P. 137

Williams, Glanville
Vicarious Liability and the Master's Indemnity
(1957) 20 M.L.R. 220

Winfield, Sir Percy Henry / Jolowicz, John Anthony
Winfield and Jolowicz on Tort
by: Rogers, W.H.V.
14th ed. London 1994

Wolfman, Bernard / Holden, James P. / Harris, Kenneth L.
Standards of Tax Practice
5th ed. Arlington, VA 1999

Wolfman, Bernard / Holden, James P. / Schenk, Deborah H.
Ethical Problems In Federal Tax Practice
3rd ed. Boston, New York Toronto, London 1995

Wolfram, Charles W.
Modern Legal Ethics
St. Paul, Minn., 1988

Zweigert, Konrad / Kötz, Hein
Einführung in die Rechtsvergleichung
3. Auflage Tübingen 1996

Literaturverzeichnis zum deutschen Recht

Adam, Roman F.

Die Kausalität der fehlerhaften Rechtswahrnehmung durch Anwälte und Steuerberater für den eingetretenen Schaden
VersR 2001, 809

Adams, Michael

Ökonomische Analyse der Gefährdungs- und Verschuldenshaftung
Heidelberg 1985

Albrecht, Achim / Flohr, Dennis / Lange, Günter

Schuldrecht 2002
Recklinghausen 2001

Assmann, Heinz-Dieter

Prospekthaftung als Haftung für die Verletzung kapitalmarktbezogener Informationsverkehrspflichten nach deutschem und US-amerikanischem Recht
Habil., Frankfurt/M. 1984

Assmann, Heinz-Dieter / Kirchner, Christian / Schanze, Erich

Ökonomische Analyse des Rechts
Tübingen 1993

Bar, Christian von

Gemeineuropäisches Deliktsrecht
Bd. I: Die Kernbereiche des Deliktsrechts, seine Angleichung in Europa und seine Einbettung in die Gesamtrechtsordnungen
München 1996

Baumgärtel, Gottfried / Laumen, Hans-Willi

Handbuch der Beweislast im Zivilrecht
Band 1 2. Auflage
Köln 1991

Baur, Fritz

Hypothetische Indizienprozesse
in: Festschrift für Karl Larenz
München 1973

Behrens, Peter
Die ökonomischen Grundlagen des Rechts
Tübingen 1986

Berg, Hans
Zur Abgrenzung von vertraglicher Drittschutzwirkung und Drittschadensliquidation
NJW 1978, 2018

Birk, Dieter
Steuerrecht I – Allgemeines Steuerrecht
München 1988

Borgmann, Brigitte
Die Rechtsprechung des BGH zum Anwalthaftungsrecht in der Zeit von Mitte 2002 bis Ende 2004
NJW 2005, 22

Borgmann, Brigitte / Jungk, Anke / Grams, Holger
Anwaltshaftung
4. Auflage München 2005

Brors, Christiane
Quasivertragliche Haftung trotz verbotener Rechtsberatung?
ZIP 2001, 317

Brüggemeier, Gert
Prinzipien des Haftungsrechts: Eine systematische Darstellung auf rechtsvergleichender Grundlage
Baden-Baden 1999

Bruns, Jan
Die vertragliche Haftung des Rechtsanwalts gegenüber dem Mandanten nach neuer Rechtslage
VersR 2002, 524

ders.
Wegfall der Sekundärhaftung? – Die Auswirkungen des Schuldrechtsmodernisierungsgesetzes auf die Verjährung von Schadensersatzansprüchen des Mandanten gegenüber dem Rechtsanwalt
BB 2003, 1347

Burhoff, Detlef
Haftungsfragen bei Gefälligkeiten im privaten Bereich
NWB 1993, 2815

Busse, Alexander
Zulässigkeit und Grenzen formularmäßiger Haftungshöchstsummenbeschränkungen im Steuerberatungsvertrag
DStR 1995, 660

Caemmerer, Ernst von
Das Problem der überholenden Kausalität im Schadensersatzrecht
Karlsruhe 1962

ders.
Das Verschuldensprinzip in rechtsvergleichender Sicht
RabelsZ 42 (1978), 5

ders.
Wandlungen des Deliktsrechts in Hundert Jahre Deutsches Rechtsleben
in: Festschrift zum 100jährigen Bestehen des Deutschen Juristentages
Bd. II
Karlsruhe 1960

Canaris, Claus-Wilhelm
Die Vertrauenshaftung im deutschen Privatrecht
Habil. 1967
München 1971

ders.
Die Haftung des Sachverständigen zwischen Schutzwirkungen für Dritte und Dritthaftung aus culpa in contrahendo
JZ 1998, 603

ders.
Schadensersatz wegen Pflichtverletzung, anfängliche Unmöglichkeit und Aufwendungsersatz im Entwurf des Schuldrechtsmodernisierungsgesetzes
DB 2001, 1815

Chemnitz, Jürgen
Anmerkung zu BGH, AnwBl. 1988, 490
AnwBl. 1988, 492

Chemnitz, Jürgen / Johnigk, Frank
Rechtsberatungsgesetz - Kommentar
11. Auflage
Münster 2003

Clausnitzer, Martin
Verjährung vertraglicher Schadensersatzansprüche gegen Steuerberater
DStR 1991, 1362

Cosack, Tilman
Die Gefährdungshaftung im Vordringen - Hintergründe und Entwicklungslinien der aktuellen Tendenz im deliktischen Haftungsrecht
VersR 1992, 1439

Daheim, Hansjürgen
Der Beruf in der modernen Gesellschaft
2. Auflage
Köln 1970

Deutsch, Erwin
Fahrlässigkeit und erforderliche Sorgfalt: eine privatrechtliche Untersuchung
ergänzte Auflage Köln 1995

ders.
Gefährdungshaftung – Tatbestand und Schutzbereich
JuS 1981, 317

Deutsch, Erwin / Spickhoff, Andreas
Medizinrecht
5. Auflage Berlin 2003

Dittges, Thomas / Graß, Arno
Die zivilrechtliche Haftung des Steuerberaters für Beratungsfehler
DStR 1995, 819

Dopfer, Claus
Das Unwahrscheinliche, hier wird's Ereignis
– Entgegnung zu Söffing in DB 1981, 1635
DB 1982, 1027

Ebke, Werner
Wirtschaftsprüfer und Dritthaftung
Bielefeld 1983

ders.
Keine Dritthaftung des Pflichtprüfers für Fahrlässigkeit nach den Grundsätzen des Vertrages mit Schutzwirkung zugunsten Dritter
BB 1997, 1731

Ebke, Werner / Scheel, Hansjörg
Die Haftung des Wirtschaftsprüfers für fahrlässig verursachte Vermögensschäden Dritter
WM 1991, 389

Eckert, Jörn
Die Verjährung vertraglicher Schadensersatzansprüche gegen Rechtsanwälte und Steuerberater
NJW 1989, 2081

Eidenmüller, Horst
Effizienz als Rechtsprinzip: Möglichkeiten und Grenzen der ökonomischen Analyse des Rechts
Tübingen 1995

Ellerkmann, Dirk
Prüfung des Werbeprospekts für Kapitalanlage durch Wirtschaftsprüfer
WuB I G 8

Erman, Walter (Begr.)
Handkommentar zum Bürgerlichen Gesetzbuch
1. und 2. Band
11. Auflage Köln 2004

Esser, Josef
Grundlagen und Entwicklung der Gefährdungshaftung
2. Auflage München 1969

Esser, Josef (Begr.)/Schmidt, Eike
Schuldrecht Band I, Allgemeiner Teil, Teilband 2
8. Auflage Heidelberg 2000

Fasolt, Volker
Das deutsche Steuerrecht zu Beginn des 21. Jahrhunderts – Notwendige Reformen aus Sicht des steuerberatenden Berufsstands
DStR 2000, 7

Feuerich, Wilhelm E. / Weyland, Dag
Bundesrechtsanwaltsordnung - Kommentar
6. Auflage
München 2003

Fissenewert, Peter
Zur verspätet abgegebenen Steuererklärung durch steuerliche Berater - Zugleich Anmerkung zum BGH-Urteil vom 17.10.1991, IX ZR 255/90 - DStR 1992, 443

Flämig, Christian
Standort und Zukunft des steuerberatenden Berufs
DStZ 1984, 263

Fleischmann, Eugen
Die freien Berufe im Rechtsstaat: eine Untersuchung von Begriff und Wesen der freien Berufe und ihrer verfassungsrechtlichen Stellung nach dem Grundgesetz unter besonderer Berücksichtigung der freien Heil- und Beratungsberufe
Diss., Tübingen 1970

Franzen, Klaus (Begr.)/Gast-de Hahn, Brigitte (Begr.)/Joecks, Wolfgang
Steuerstrafrecht: Kommentar
6. Auflage München 2005

Fuchs, Maximilian
Grundlagen und Probleme einer privatrechtlich ausgestalteten Arzthaftung
Arztrecht 1996, 319

Ganter, Gerhard
Der Ersatz eines „rechtswidrigen“ Vorteils in der Berufshaftung rechtlicher und steuerlicher Berater
NJW 1996, 1310

Gatto, John D.
Die Anwaltshaftung im US-amerikanischen und deutschen Recht: eine rechtsvergleichende Untersuchung der zivilrechtlichen Anwaltspflichten im Anwalt-Mandant-Verhältnis
Frankfurt am Main 1993

Gehre, Horst
Steuerberatungsgesetz – Kommentar
4. Auflage München 1999

Gehre, Horst (Begr.) / von Borstel, Rainer
Steuerberatungsgesetz - Kommentar
5. Auflage München 2005

Geib, Gerd / Gelhausen, Hans Friedrich / u.a.
Wirtschaftsprüferhandbuch 2000
Band I
12. Auflage Düsseldorf 2000

Gierke, Otto von
Dauernde Schuldverhältnisse
JherJb. 64, 355

Gottwald, Peter
Kausalität und Zurechnung
Karlsruher Forum 1986, 3

Gounalakis, Georgios
Haftung des Steuerberaters – Gefahrenanalyse und Risikobegrenzung
NJW 1998, 3593

Graf, Jens
Zur Haftung des Wirtschaftsprüfers wegen fehlerhafter Prüfung eines Wertpapierprospektes
EWiR 2005, 341

Gräfe, Jürgen
Zur Entstehung von Schadensersatzansprüchen gegen Steuerberater
BB 1980, 1265

Gräfe, Jürgen / Lenzen, Rolf / Schmeer, Andreas
Steuerberaterhaftung
3. Auflage Herne/Berlin 1998

Habersack, Mathias
Die Mitgliedschaft – subjektives und „sonstiges“ Recht
Tübingen 1996

Hagen, Hans-Joachim
Fristenkalender
AnwBl. 1994, 463

Härtig, Niko
Rechtsberatung und Rechtsdienstleistungen: Der Diskussionsentwurf des Bundesministeriums der Justiz
BB 2004, 2421

Heinemann, Klaus
Baustein anwaltlicher Berufshaftung: die Beweislast
NJW 1990, 2345

Hesse, Hans Albrecht
Berufe im Wandel
2. Auflage
Stuttgart 1972

Heukamp, Wessel
Brauchen wir eine kapitalmarktrechtliche Dritthaftung von Wirtschaftsprüfern?
ZHR 2005, 471

Hirte, Heribert
Berufshaftung
München 1996

Hönle, Michael
Der Wirtschaftsprüfer, ein Organ der Rechtspflege
BB 1981, 466

Honsell, Heinrich
Probleme der Haftung für Auskunft und Gutachten
JuS 1976, 621

Horn, Nobert
Vertragsdauer
in: Gutachten und Vorschläge zur Überarbeitung des Schuldrechts
Bd. I
Herausgegeben vom Bundesministerium der Justiz
Köln 1981

von der Horst, Ulrich
Grundlagen und Umfang der Haftung des Steuerberaters und Möglichkeiten der Haftungsbeschränkung
DStR 1995, 2027

Janert, Ingo / Schuster, Thorsten
Dritthaftung des Wirtschaftsprüfers am Beispiel der Haftung für Prospektgutachten
BB 2005, 987

Jansen, Nils
Auf dem Weg zum europäischen Haftungsrecht
ZEuP 2001, 30

Jauernig, Othmar
Bürgerliches Gesetzbuch: Kommentar
11. Auflage
München 2004

Karl, Roland
Rechtsberatung steuerberatender Berufe und ihre zivil- und versicherungsrechtlichen Konsequenzen
StB 2005, 102

Katzenmeier, Christian
Vertragliche und deliktische Haftung in ihrem Zusammenspiel
Berlin 1994

Keunecke, Ulrich
Die Prospekthaftung von Steuerberatern, Rechtsanwälten und Wirtschaftsprüfern
StB 2003, 296

Kirschbaum, Günter
Der Steuerberater als Unternehmensberater
DStR 1998, 429

Kleine-Cosack, Michael
Erweiterte Werbemöglichkeiten für Steuerberater
Anmerkung zu: OLG Nürnberg, Urteil vom 23. 2. 1995 - 3 U 263/95
NWB 1995, 1617

Koehler, Wolfgang
Wiedereinsetzung in den vorherigen Stand -Rechtsprechungsübersicht zur Versagung und Gewährung der Wiedereinsetzung in den vorigen Stand
NWB F.2 S. 5411 - Heft 8 v. 19.02.1990

Kuhls, C. / Meurers, Th. / Maxl, P. / Schäfer, H / Goez, Chr. /. Willerscheid, K.
Steuerberatungsgesetz
2. Auflage Herne/Berlin 2004

Lammel, Siegbert
Anmerkung zu BGH, NJW 1973, 321,
BGH, NJW 1973, 700

Lang, Arno
Die neuere Rechtsprechung des Bundesgerichtshofes zu Auftrag, Geschäftsbesorgung und Geschäftsführung ohne Auftrag
WM 1988, Beil. 9

Lange, Hans-Friedrich
Schadensersatzanspruch gegen Steuerberater bei Nichtkenntnis der BFH-Rechtsprechung
DB 2003, 869

Lange, Hermann / Schiemann, Gottfried
Schadensersatz
3. Auflage
Tübingen 2003

Larenz, Karl
Erwiderung zu: Heiseke, Jürgen
Zur Schutzwirkung eines Schuldvertrages gegenüber dritten Personen
NJW 1960, 78

ders.
Lehrbuch des Schuldrechts
II. Band: Besonderer Teil, 1. Halbband
13. Auflage München 1986

ders.
Lehrbuch des Schuldrechts
I. Band: Allgemeiner Teil
14. Auflage München 1987

ders. (Begr.)
Lehrbuch des Schuldrechts
II. Band: Besonderer Teil, 2. Halbband
13. Auflage München 1994

Laufs, Adolf
Arzt und Recht - Fortschritte und Aufgaben
NJW 1998, 1750

Leibner, Wolfgang / Holzkämper, Volker
Beraterhaftung: Aktuelle Entwicklungen in Gesetzgebung und Rechtsprechung DB 2004, 2087

Leser, Hans G. (Hrsg.)
Ernst Rabel: Gesammelte Aufsätze
Bd. II Tübingen 1965

L, H. (H.L.)
Haftung des Steuerberaters bei schuldhaften Handlungen oder Unterlassungen seiner Angestellten
DB 2002, 297

Lorenz, Werner
Das Problem der Haftung für primäre Vermögensschäden bei der Erteilung einer unrichtigen Auskunft
in: Festschrift für Karl Larenz zum 70. Geburtstag
München 1973, S. 575

Magnus, Ulrich / Micklitz, Hans.-W.
Comparative Analysis of National Liability Systems for Remedying Damage Caused by Defective Services
Final Report
Part D: The Comparative Part
April 2004
http://www.europa.eu.int/comm/consumers/cons_safe/serv_safe/liability/reportd_en.pdf

Mansel, Heinz-Peter
Neues Verjährungsrecht und Anwaltsvertrag – Vorteile für den Rechtsanwalt
NJW 2002, 418

Mataja, Victor
Das Recht des Schadensersatzes vom Standpunkte der Nationalökonomie
Berlin 1888

Meilicke, Wienand
Wird das Steuerstrafrecht für die Steuerpraxis zum russischen Roulette?
BB 1984, 1885

Mertens, Hans-Joachim
Der Begriff des Vermögensschadens im Bürgerlichen Recht
Stuttgart 1967

ders.
Berufshaftung – Haftungsprobleme alter Professionen
VersR 1974, 509

Messmer, Eugen
Anm.zu BGH, DStR 1967,424
DStR 1967, 425

Meßmer, Kurt
„Steuergerechtigkeit" durch Normenflut, offene und verdeckte Subventionen und Entlastung der Finanzgerichtsbarkeit
BB 1981, Beil. 1

Mittelsteiner, Karl-Heinz
Die Standesrichtlinien der Steuerbevollmächtigten
DStR 1965, 309

ders.
Anmerkung zu OLG Koblenz, DStR 1975, 673
DStR 1975, 673

ders.
Die Standesrichtlinien der Steuerberater und Steuerbevollmächtigten
DStR 1977, 306

Musielak, Hans-Joachim
Die Haftung für Rat, Auskunft und Gutachten
Berlin 1974

Mutze, Otto
Zur Verjährung der Schadensersatzansprüche des Mandanten gegen den Steuerberater und Steuerbevollmächtigte nach § 68 StBerG – Verjährungsbeginn durch Bundesgerichtshof geregelt –
StB 1979, 189

Nann, Werner
Wirtschaftsprüferhaftung
Frankfurt 1985

Ott, Claus / Schäfer, Hans-Bernd
Schmerzensgeld bei Körperverletzungen
JZ 1990, 663

Palandt, Otto (Begr.)
Gesetz zur Modernisierung des Schuldrechts (SMG)
Ergänzungsband zu Palandt, Bürgerliches Gesetzbuch, 61. Auflage
München 2002

Palandt, Otto (Begr.)
Bürgerliches Gesetzbuch: Kommentar
64. Auflage München 2005

Peemöller, Volker H. / Meyer-Pries, Lars
Abschlußüberwachung im Rahmen der Abschlußerstellung durch den Steuerberater
DStR 1994, 718

Peter, Karl-F. / Charlier, R.
Steuerberatungsgesetz, Kommentar mit Berufsrecht und Praxis der Steuerberatung
3. Auflage
Herne/Berlin 1984 (Losebblatt mit akt. Erg.-Lfg.)

Pick, Eckhart
Zum Stand der Schuldrechtsmodernisierung
ZIP 2001, 1173

Platz, Jürgen
Erfordernis der Einwilligung der Mandanten zur Mandatsübertragung
StB 2003, 108

Poll, Jens
Die Haftung der freien Berufe zwischen standesrechtlicher Privilegierung und europäischer Orientierung: eine rechtsvergleichende Untersuchung des deutschen Rechtskreises und des Common Law am Beispiel des Rechtsanwalts
Paderborn 1994

Posner, Richard A.
Economic Analysis of Law
5. edition New York 1998

Prinz, Matthias
Der juristische Supermann als Maßstab
VersR 1986, 317

Raupach, Arndt / Tipke, Klaus / Uelner, Adalbert
Niedergang oder Neuordnung des deutschen Einkommensteuerrechts
1985

Rebmann, Kurt / Säcker, Franz Jürgen / Rixecker, Roland (Hrsg.)
Münchener Kommentar zum Bürgerlichen Gesetzbuch

Band 1 - §§ 1-240
4. Auflage
München 2001

Band 2 - §§ 241-432
4. Auflage
München 2001

Band 4 - § 611-704
4. Auflage
München 2005

Band 5 - §§705-853
4. Auflage
München 2004

Reitz, Werner
Die bußgeldrechtliche Verantwortung des steuerlichen Beraters
DStR 1984, 91

Rennen, Günter / Caliebe, Gabriele
Rechtsberatungsgesetz
3. Auflage
München 2001

Ring, Gerhard
Werberecht der steuerberatenden Berufe
1990

Rinsche, Franz-Josef
Die Haftung des Rechtsanwalts und Notars
6. Auflage
Köln 1998

Robrecht, Friedrich
Die Haftung des Rechtsanwalts für Auskünfte über die Solvenz seines Mandanten
AnwBl 1973, 57

Rösler, Hannes
Haftungsgründe und -Grenzen für fahrlässiges Verhalten: Die Idee einer juristischen Kausalität im englischen und deutschen Deliktsrecht
Baden-Baden 1999

Rosenberg, Leo (Begr.) / Schwab, Karl Heinz /. Gottwald, Peter
Zivilprozeßrecht
16. Auflage München 2004

Rother, Werner
Haftungsbeschränkung im Schadensersatzrecht
München 1965

Sabella, Joseph D.
Stand der Arzthaftpflichtversicherung in den USA
VersR 1990, 1186

Sack, Rolf
Das Anstandsgefühl aller Billig- und Gerechtdenkenden und die Moral als Bestimmungsfaktoren der guten Sitte
NJW 1985, 761

Schäfer, Hans-Bernd / Ott, Claus
Lehrbuch der ökonomischen Analyse des Zivilrechts
4. Auflage
Berlin 2005

Schäfer, Harald
Unternehmensberatung durch Steuerberater
DStR 1997, 794

Schall, Herbert
Buchführung und Bilanz als Berufstätigkeit des Rechtsanwalts
BB 1989, 2019

Scheffler, Friedrich
Anwaltspflichten – Anwaltsverschulden
NJW 1961, 577

Schindhelm, Malte/Grothe, Helmut
Die Dritthaftung des Steuerberaters nach Vertragsgrundsätzen
DStR1989, 445

Schulz, Dominik
Der Organisationsbereich einer Rechtsanwaltskanzlei unter besonderer Berücksichtigung der anwaltlichen Organisationspflichten
Dissertation Regensburg 1997

Schulze, Reiner
Grundprobleme der Dritthaftung bei Verletzung von Auskunfts- und Beraterpflichten in der neueren Rechtsprechung
JuS 1983, 81

Schwedhelm, Rolf / Kamps, Heinz-Willi
Unerlaubte Rechtsbesorgung durch Steuerberater und Steuerbevollmächtigte und ihre Folgen
AnwBl 1998, 245

Späth, Wolfgang
Anmerkung zu LG Kassel, VersR 1977, 775
VersR 1977, 775

ders.
Neue Rechtsprechung zur Verjährung von Schadensersatzansprüchen gegen den Steuerberater
StB 1986, 81

ders.
Anmerkung zu OLG Karlsruhe, DStR 1991, 790
DStR 1991, 791

ders.
Anmerkung zu BGH, Urt. v. 06.06.1991
DStR 1991, 1438

ders.
§ 68 StBerG im Wandel der Zeiten und der BGH-Senate
DStR 1993, 624

ders.
Die zivilrechtliche Haftung des Steuerberaters
4. Auflage
Bonn 1994

ders.
Die Wahrung der Fristen in der Steuerberaterkanzlei
NWB 1995, 3773

Spiess, Hans
Anmerkung zu BGH, DStR 1993, 34
DStR 1993, 35

ders.
Konsequenzen der neuesten BGH-Rechtsprechung zur Steuerberaterhaftung bei Kollisionen mit dem Rechtsberatungsgesetz
DStR 2000, 287

von Staudinger, Julius (Begr.)
Kommentar zum Bürgerlichen Gesetzbuch

Buch 1 – Allgemeiner Teil 5
§§ 164-240
Neubearbeitung 2004
Berlin 2004

Buch 2 – Recht der Schuldverhältnisse
§§ 249-254
Neubearbeitung 2005
Berlin 2005

Steinkraus, Astrid / Schaaf, Christian
Das Berufsrecht der Rechtsanwälte
JuS 2001, 167

Streck, Michael
Der Steuerberater als Testamentsvollstrecker und Vermögensverwalter
DStR 1991, 592

Sundermeier, Bernd / Gruber, Claudia
Die Haftung des Steuerberaters in der wirtschaftlichen Krise des Mandanten
DStR 2000, 929

Taupitz, Jochen
Ökonomische Analyse und Haftungsrecht - Eine Zwischenbilanz
AcP 196 (1996), 114

Tipke, Klaus / Lang, Joachim
Steuerrecht
17. Auflage
Köln 2002

Volkenborn, Wilhelm / Wenzler, Mathias
Auswirkungen der Schuldrechtsreform auf die steuerliche Beratung
GodStFachtg 2002, 7

Vollkommer, Max
Beweiserleichterungen für den Mandanten bei Verletzung von Aufklärungs- und Beratungspflichten durch den Anwalt?
in: Festschrift für Gottfried Baumgärtel
Hrsg.: Prütting, Hans (u.a.)
Köln 1990

Wallner, Franz
Zur Rechtsnatur des Steuerberatungsvertrags
DStR 1969, 375

ders.
Anmerkung zu LG Itzehoe, Urt. v.20.04.1978, 6 O 138/77
Stbg 1978, 201

Weidemann, Jan
Stumpfes Schwert Anwaltshaftung
NJW 2002, 196

Welser, Rudolf
Die Haftung für Rat, Auskunft und Gutachten
Wien 1983

Windscheid, Bernhard
in: Oertmann, Paul (Hrsg.)
Windscheid Gesammelte Reden und Abhandlungen
Leipzig 1904

Wittsiepe, Richard / Friemel, Martin
Die Auswirkungen des Internet auf die Dienstleistung Steuerberatung
NWB 1996, 3339

Siegltrum, Anna
Der Vertrag mit Schutzwirkung für Dritte:
vom „Fürsorgeverhältnis" zu „gegenläufigen" Interessen
Diss., Passau 1991
Frankfurt/M. 1992

Zimmer, Daniel
Das neue Recht der Leistungsstörungen
NJW 2002, 1

Zimmermann, Reinhard
Die Verjährung
JuS 1984, 409

Zuck, Rüdiger
Anmerkung zu BGH, JZ 1988, 556
JZ 1988, 558

Zugehör, Horst
Die Verjährung in der Berufshaftung des Rechtsanwalts
NJW-Beil. 1995, 1

ders.
Berufliche „Dritthaftung“ – insbesondere der Rechtsanwälte, Steuerberater, Wirtschaftsprüfer und Notare – in der deutschen Rechtsprechung
NJW 2000, 1601

ders.
Schwerpunkte der zivilrechtlichen Steuerberaterhaftung (Teil 1)
DStR 2001, 1613

ders.
Schwerpunkte der zivilrechtlichen Steuerberaterhaftung (Teil 2)
DStR 2001, 1663

ders.
Höchstpersönliche (Lebens-, Glaubens-, Gewissens-)Entscheidungen des Mandanten und Haftung des steuerlichen Beraters
DStR 2003, 1124

ders.
Grundzüge des neuen Leistungsstörungsrechts für die Rechtsberaterhaftung
ZGS 2003, 272

Zweigert, Konrad / Kötz, Hein
Einführung in die Rechtsvergleichung auf dem Gebiete des Privatrechts
Bd. 1: Grundlagen
2. Auflage Tübingen 1984

dies.
Einführung in die Rechtsvergleichung
3. Auflage Tübingen 1996

FSC
www.fsc.org
MIX
Papier | Fördert gute Waldnutzung
FSC® C083411

Kolibri 360 GmbH
Ferdinand-Jühlke-Straße 7
99095 Erfurt, Deutschland
produktsicherheit@kolibri360.de

Druck:
CPI Druckdienstleistungen GmbH
im Auftrag der
Kolibri 360 GmbH
Ferdinand-Jühlke-Str. 7
99095 Erfurt